10.35

HUMANISM IN FRANCE
at the end of the Middle Ages
and in the early Renaissance

edited by A. H. T. Levi

Manchester University Press
Barnes & Noble Inc., New York

© 1970 MANCHESTER UNIVERSITY PRESS

Published by the University of Manchester at
THE UNIVERSITY PRESS
316–324 Oxford Road, Manchester M13 9NR

UK standard book number: 7190 0403 9

Published in the United States, 1970, by
BARNES & NOBLE INC.
105 Fifth Avenue, New York, N.Y. 10003

US standard book number: 389 03980 2

CONTENTS

CONTENTS

THE CONTRIBUTORS

Nicholas Mann, M.A., Ph.D., Lecturer in French at the University of Warwick.

Giuseppe Di Stefano, Attaché de Recherche au CNRS; Assistente alla Cattedra di Letterature Francesi, University of Turin.

Gilbert Ouy, Maître de Recherche au CNRS.

Henri Weber, Professeur à la Faculté des Lettres de Montpellier.

Franco Simone, Professeur de Littérature Française à la Faculté des Lettres de l'Université de Turin et directeur des *Studi Francesi*.

Eugene F. Rice jr., B.A., M.A., Ph.D., Professor of History at Columbia University.

Pierre Jodogne, Docteur en philosophie et lettres (Belgique).

Lionello Sozzi, Chargé de Cours à l'Université de Turin.

R. R. Bolgar, M.A., Ph.D., Fellow of King's College, Cambridge.

M. A. Screech, D. Litt., Professor of French, University College London.

Ruth Calder, B.A., Lecturer in French at the University of Kent at Canterbury.

A. H. T. Levi, M.A., D.Phil., Reader in French at the University of Warwick.

Terence C. Cave, M.A., Ph.D., Lecturer in French at the University of Warwick.

Guy Demerson, Chargé d'Enseignement à la Faculté des Lettres de Clermont.

I. D. McFarlane, M.B.E., M.A., D.U. (Paris), Professor of French Language and Literature at the University of St Andrews.

INTRODUCTION

The papers which comprise the chapters of this volume were contributed by the speakers at a symposium on the French Renaissance entitled *Humanism in France at the end of the Middle Ages and in the early Renaissance* which was held by the School of French of the University of Warwick at Warwick in April 1969. Few of the papers were given precisely as they appear here. To most of them at least references and notes have been added, while some have undergone modification in the light of the discussion immediately following their delivery. The first acknowledgement it is appropriate to make on behalf of all the scholars whose work is represented here is to the members of the symposium, nearly a hundred in all. They included specialists with international reputations in their fields, and although their names may not all appear in the present volume, many of the papers owe much to their helpful and expert contributions to the discussions.

The symposium was generally considered to have been successful in bringing together a community of scholars united by their interest in French humanism during the late Middle Ages and early Renaissance, and including alongside the acknowledged experts students engaged on their first research. The speakers were deliberately chosen in such a way as to provide a representative selection of work by scholars of different ages, nationalities and interests, so that the work of younger scholars appears here with that of more senior ones, the work of scholars primarily interested in medieval French humanism appears with that of scholars whose interests focus more firmly on the sixteenth century, and the work of English scholars appears with that of scholars from other important centres of French studies, notably including that of several of Professor Franco Simone's colleagues from *Studi Francesi*. Since time had necessarily to be limited, this framework made it unhappily impossible to invite many other scholars of distinction to contribute papers. But it seemed to the organizers of the symposium that it was better to aim at a selection of speakers which was representative than to attempt to assemble a group of the greatest possible eminence.

The symposium could not have taken place without the support of those who contributed papers to it, or without financial assistance from the University of Warwick and the French government, to whose *attaché culturel*, Mme Brigitte Marger, we are most grateful.

In the present volume the papers are grouped according to a roughly chronological scheme. Since they were written independently of one another, and since no attempt was made to influence any contributor's choice of subject within the general field, the spontaneous emergence in them of new focal points of research interest takes on special significance. Virtually all the papers can be read as essays in definition, or as attempts to pinpoint the continuities and discontinuities between medieval and Renaissance humanism in France and to elucidate, or even calibrate, what can be seen as shifts in sensibility. Whether the individual papers are concerned to attempt a synthesis on the basis of the evolution or exploitation of some particular theme or attitude, or whether they set themselves the task of elucidating some particular text, all the papers here are at least relevant to the attempt to assess the precise nature of the evolution in attitudes, values and patterns of imaginative interest in the humanist literature of France between the fourteenth and sixteenth centuries. Almost all the papers examine a series of texts, themes or attitudes in order to pinpoint the values which they explain or explore.

The first, Dr N. Mann's *Petrarch's role as moralist in fifteenth-century France*, immediately raises this central concern of the whole symposium. Petrarch's *De remediis* has been seen as a medieval compendium of moral comment in the traditional style, but also as the revolutionary herald of a humanism to come. It clearly contained 'an unresolved conflict between Stoicism and Christianity'. Dr Mann's examination of the history of its interpretation and popularity suggests that the Stoic and humanist originality of the work was in fact sometimes correctly perceived in France, while in northern Europe generally it was still being regarded as the product of a devout Christian moralist.

The two following papers, M. G. di Stefano's *L'Hellénisme en France à l'orée de la renaissance* and M. G. Ouy's *Gerson et l'Angle-*

terre, deal with two important concerns of students of fifteenth-century French humanism: the pre-history of the interest in Greek at Paris and the humanism of Gerson, whose notes on the 1395 Oxford letter on the schism, together with a new text of that letter, form the basis for M. Ouy's commentary.

The fourth paper, *La Facétie et le bon mot du Pogge à Des Périers* by M. Henri Weber, cuts another, more purely literary section in the undulating terrain of late medieval and early Renaissance humanism, showing how the Renaissance *facétie* depends on a command of the expressive qualities of language not common in the middle ages. The history of the *facéties* of the fifteenth and sixteenth centuries shows not only a change in linguistic power but also reflects the *états d'esprit* of a number of different epochs and illuminates a tradition which led up to Erasmus's *Praise of folly*.

Professor Franco Simone's contribution to the symposium, *Une Entreprise oubliée des humanistes français*, is concerned with the examination of the Renaissance sense of historical distance and defines the changing historical contexts in which French Renaissance humanists saw their own work. The changes in the historical perspectives in which the French humanists saw themselves reflected a growing self-confidence among them as they achieved a definition of their own aims and achievements.

Professor E. Rice's paper, *Lefèvre d'Etaples and Renaissance Aristotelianism*, is largely concerned with the relationship between French and Italian humanism. Lefèvre owed much to a certain branch of Italian humanism, but he also fitted into a French tradition which defined itself against the Italians. Professor Rice's paper makes clear how far the French evangelical reformer belongs to and how far he is separated from the central humanist traditions of his age.

M. P. Jodogne's paper *Les 'Rhétoriqueurs' et l'humanisme* demonstrates conclusively that the term *rhétoriqueurs* was originally confined to a pejorative usage, but that, without the school conventionally known as that of the *rhétoriqueurs*, the Pléiade could neither have conceived nor achieved its aims.

Both the following essays, Professor L. Sozzi's *La dignitas hominis dans la littérature de la renaissance* and Dr R. R. Bolgar's *Humanism as a value system with reference to Budé and Vivès*, return to what proved to be the symposium's major preoccupation with the values of the French humanists. Both these papers draw conclusions about the attitudes to human existence and about the conditions regarded as necessary for its fulfilment which define a specific tradition within Renaissance humanism.

The paper by Professor M. A. Screech and Mrs Calder, *Some Renaissance attitudes to laughter*, examines the developing theory of comedy and finds prismatically reflected in it the changes and diversities of a whole evolving culture. This essay is of particular interest to students of Rabelais. My own paper *The Neoplatonist calculus* is, like many of these essays, a sketch for a longer and more detailed study. It outlines a possible synthesis which might make it more easy to define the central concerns of a series of humanist authors who exploited neoplatonist themes in different ways and for different purposes.

The next paper, Dr T. Cave's *The triumph of Bacchus and its interpretation in the French renaissance: Ronsard's 'Hinne de Bacus'*, offers a new interpretation of Ronsard's poem. By dealing with the different ways in which a particular myth was exploited for half a century, it not only explains Ronsard's poem but, measuring his use of the myth against that of earlier authors, it demonstrates Ronsard's originality. A further treatment of a common myth used by the Pléiade is offered in the next paper, M. G. Demerson's *Le Mythe des âges et la conception de l'ordre dans le lyrisme de la Pléiade*, where the different usages of common material by a group of authors casts light on their individual originality.

The last paper, which in fact closed the symposium, is Professor I. McFarlane's *George Buchanan and French humanism*. Professor McFarlane is concerned with the influence of French Renaissance humanism and reminds us in the end how fragile and speculative are assumptions about a period in which concrete historical evidence is so thin. Some of the outstanding difficulties in interpreting Buchanan's career and attitudes are solved in this paper, which also provides us with a brief glimpse into the international importance of French Renaissance humanism.

But in all these papers, whether they attempt syntheses or prismatically reflect historical shifts in the focus of imaginative interest by examining some precise theme, view or attitude, there is above all a concern for definition, for establishing how, why and in what direction the sensibility of late medieval and Renaissance French humanists evolved. It may well be that the comparatively random choice of subjects by so many different scholars points more conclusively to the centres of research interest than any series of studies on set themes could possibly have done.

These papers at least indicate the underlying concern of their authors to pinpoint within the French humanist tradition the series of value shifts which are accessible only to students of imaginative literature but which may well also be constitutive of the phenomenon we call the Renaissance in France.

Warwick, 1969 A. H. T. LEVI

Nicholas Mann

PETRARCH'S ROLE AS MORALIST IN FIFTEENTH-CENTURY FRANCE

Petrarch's fame as lyric poet and as Laura's laureate lover is a product of Renaissance literary sensibility. His vernacular works, however fundamental their influence upon the subsequent development of European poetry, were not initially responsible for his renown, and we would risk doing a grave injustice to the 'first humanist' if we allowed the accidents of literary history to blind us to the other, and major, side of his creativity. When Petrarch was crowned laureate on the Capitoline in 1341 it was certainly not as Italian poet that he was honoured, and indeed it is doubtful whether his lyrics were then generally known. That he could refer to the *Canzoniere* as 'nugelle' in the *Seniles*[1] indicates that he did not regard himself primarily as a poet in the modern sense. Only in Italy did his reputation come early to rest on the sonnets and the *Trionfi*: elsewhere in Europe they were for long practically unknown, and it was only in the sixteenth century that poetic Petrarchism was to emerge as a common phenomenon. Thus it is typical of attitudes north of the Alps that for the French, even in Ronsard's day, the *Trionfi* could be regarded as a work of moral philosophy rather than as a paragon of the poetic art.[2]

In the century following Petrarch's death, it was his Latin, moral treatises which were to be diffused throughout Europe. Outside Italy his reputation rested upon such works as the *De otio religioso*, *De remediis*, *De vita solitaria* and his version of Boccaccio's Griselda story. From the popularity which these writings enjoyed, it is evident that his fame was that of a moralist, yet relatively little attention has been paid to the diffusion and influence of his moral philosophy and to the part it played in the dissemination of ideas intrinsically linked to the development of humanism.

6

If we are to consider Petrarch in this light, and if we are regrettably obliged by the profusion of the material to single out any one work for consideration independent of the others, it is undoubtedly to the *De remediis utriusque fortune* that we must turn. This is the work of Petrarch's maturity; he put the finishing touches to what was in all likelihood a second and definitive version at Pavia on 4 October 1366, when he was 62 years old.[3] The *summa* of his thought, it is of all his works the most encyclopedic in scope: in its two books it sets out in the guise of remedies for prosperous and adverse fortune his reflections on almost every aspect of life. It ranges from the metaphysical to the mundane, from happiness, hope and virtue to inheritance, horses and games of chance, from grief, ingratitude and death to fleas, stomach-ache and gout. For every joy which life has to offer, Petrarch has a caution, for every misfortune, a consolation; yet his wisdom is today sorely neglected, for reasons which anyone who has been tempted to sample it may well understand.

Couched in the form of a dialogue, but one that scarcely ever comes to life, in which the protagonists are Reason and Joy or Hope in the first book and Sorrow or Fear in the second, the *De remediis* is a vast, often repetitive, sometimes contradictory exposition of the workings of its author's mind. As fascinating to dip into as it is rebarbative to read from cover to cover, it was of all Petrarch's works the most popular up to, and indeed well into the age of printing. Its total extant manuscript tradition, if we include translations, abridged versions and excerpts, exceeds two hundred manuscripts, and at least another sixty are known to have existed. By the end of the fifteenth century, it was known throughout the area which would be defined by joining York, Zwolle, Cracow, Naples and Alcobaça, and doubtless even further afield.[4] By the end of the same century it had already run to three separate editions and sixteen partial ones; by the end of the sixteenth it had been printed a further eleven times in Latin, eleven times in German, six times in Spanish, three times in Italian, twice in French and once each in English and Czech, not to mention at least ten further editions of excerpts or abridged versions.[5] No other of Petrarch's works, and perhaps no other single work of the fourteenth century, enjoyed such a remarkable fortune. And if one illustration may be given of the authoritative status which the *De remediis* enjoyed, it is the fact that in a number of fourteenth and fifteenth century manuscripts, excerpts from it were added to the *De remediis fortuitorum* attributed to Seneca. It is thus scarcely an exaggeration to say of Petrarch's remedies, as he did of Seneca's, that they were 'passim in manibus vul gi'.[6] The importance of the *De remediis* has already been recognized. In 1932 Antero Meozzi stated that it particularly satisfied the spirit of its time,[7] a remark echoed in 1949 by George Sarton, who, defending it against Lynn Thorndike's accusation that it was a 'childish sort of conversation book, perhaps intended for elementary instruction in Latin', wrote: 'the immense success which the *De remediis* obtained proves that Petrarch had understood the needs of his contemporaries and of the following generations'.[8]

More recently still, Franco Simone has underlined the same premise, extending its significance to the sixteenth century in France, and going some way towards defining the needs in question. In *Il Rinascimento francese* he recalls that Petrarch had composed the *De remediis* 'con il ben dichiarato proposito di compiacere a quella casistica morale tipica di tutto un gusto et di una mentalità che in Francia, all'inizio del Cinquecento, erano ancora vigorosi ed operanti'. For him, its success rests upon its ability to satisfy in a traditional way a need for encyclopedic knowledge and subtle moral analysis which was characteristic of French culture at the time.[9]

A wholly different approach to the popularity of the *De remediis* was made by Konrad Burdach, who in 1917 published an edition of the *Ackermann aus Böhmen* in which he apparently mistook the influence of Seneca for that of Petrarch and consequently declared that the *De remediis utriusque fortune* was the 'Grundbuch der werdenden Renaissance',[10] or, more forcibly still but with no more apparent justification, in 1933, 'ein Weltbuch für das gesamte Zeitalter der Renaissance'.[11] Something of the same assumption colours an article on *Fortuna* in the Middle Ages and the Renaissance, where Alfred Doren states that the *De remediis* was the most important single pioneering work for the conception of Fortune in centuries to come.[12]

We are thus confronted with two schools of thought: a traditional work, dependent for its popularity on being precisely in accord with the spirit of the times, or a revolutionary work, shaping a whole new philosophical conception fundamental to the Renaissance.

All this acquires a peculiar interest in the context of French cultural history, for it was into French that the *De remediis* was first translated, in 1378, by a certain Jean Daudin at the request of Charles V[13] and, as recent research has shown, it was in France that Petrarch enjoyed the greatest following outside Italy in the decades immediately succeeding his death.[14]

Some attention has furthermore been devoted to the impact in France of Petrarch's views on fortune; his embassy to Jean le Bon in 1361 and the speech he made to that illustrious example of the fall of princes are well known, as are his subsequent references to the occasion and the interest shown in his remarks about fortune by the king and the Dauphin, the future Charles V.[15] It is with this episode that the early popularity of the *De remediis* in France is often associated, and it is not wholly impossible that Charles V's desire to have the work translated sprang in part from the speech he had heard some seventeen years earlier. Yet if the papal library at Avignon is in any way an accurate barometer of changing literary taste, then it reveals a sudden rise in interest in Petrarch at this very moment: between 1375 and 1379 the library acquired ten manuscripts of works by Petrarch, having previously had none; by 1403 it had a further five.[16]

I am inclined to believe that Daudin's translation is not so much a sign of the interest shown in Petrarch's views on any one subject as of a growing concern with his moral philosophy as a whole, and it seems to me fitting that of all his works the *De remediis* should be selected for translation. To see this, as is usual, in the context of the Boethian tradition is, however, to oversimplify the issue: a similarity with the *De consolatione philosophiae* does not entirely explain the popularity of the *De remediis*, and it would be rash to identify the fortunes of the two works too closely. One might note, for instance, that whereas the *Consolatio* was one of the books most frequently borrowed from the Sorbonne library in the first half of the fifteenth century, there does not appear to have been a copy of the *De remediis* in the library at all, and if there was, it was certainly never borrowed during the period *c.* 1403–1536.[17] Besides, Petrarch's first book, in which he scorns the gifts and blessings of prosperous fortune, belongs more to the tradition of the *contemptus mundi* than to that of the *consolatio*, and the fact that many more of the quotations from the *De remediis* which we find in the works of other writers are derived from the first book than from the second[18] tends to suggest that it was not primarily for its consolatory side that the treatise was valued.

H F—B

There was, however, nothing intrinsically new about Petrarch's view that prosperous fortune is harder to bear than the adverse kind. His 'insidiosior est blanda fortuna quam minax' has precedents in Ambrose and Augustine and even in Seneca.[19] Yet it was precisely in adding this extra dimension to the philosophical discussion of the problem of fortune that Petrarch was breaking with the tradition of the *De remediis fortuitorum* (if it be by Seneca), and with the whole Boethian tradition, which in any case he considerably extended by the range of topics on which he offered consolation.

Since it was, as I have suggested, the first book of Petrarch's *De remediis* which proved the more popular, it is perhaps not incorrect to suggest that it was his innovation that was the more appreciated, and I thus believe that in considering the fortunes of the *De remediis* one should not over-emphasize continuity of literary tradition at the expense of a certain novelty. Petrarch was saying something new, however apparently traditional the framework in which he chose to say it.

This is evident from his approach to the topic of fortune. On the one hand he explicitly states in the preface to the second book of the *De remediis* that life is a perpetual struggle, a view that springs from the conviction that our temporal existence constantly brings us into conflict with situations that are not of our own making and are incompatible with our personalities. Although he rarely makes any attempt to define the causes of such situations and does not consistently attribute them to divine providence, to a stoic *fatum* nor to a malignant goddess with a wheel by the name of *Fortuna*, he presents these contingencies under the general heading of fortune.

Yet on the other hand Petrarch admits that St Jerome had denied the existence of both fate and fortune, and excuses his use of the name of fortune in his title and elsewhere by claiming that it was deliberately intended to make his book accessible to a wider audience. He appeals to the deeper understanding of a more learned public: 'docti autem, qui perrari sunt, quid intendam scient, nec vulgari cognomine turbabuntur'.[20]

His intention appears to have been not so much to present a double truth as to make his fundamental belief in a determinist universe acceptable to two very different categories of reader.[21] The theme of *ineluctabile fatum*, if less evident than in other of his Latin works, is nonetheless, as Klaus Heitmann has shown, constantly present in the *De remediis*.[22] Although a comprehensive vision of *natura* as representing world order is lacking, nature is still seen as a force which shapes men's destinies and cannot be resisted: 'assuescite, o mortales, naturae legibus et ineluctabili iugo colla submittite'.[23] At the same time nature is a benevolent force, 'blanda parens et benigna', 'parens prudentissima',[24] and thus its effects on man, however they may appear at first sight, are beneficial.

Such is the loosely woven philosophical structure of the *De remediis* that the exact relationship between *natura* and *fortuna* is, however, left vague. It would appear that whilst Nature determines the framework of men's daily lives, Fortune is responsible for the accidental details and thus plays a role analogous to that of the Stoic *fatum*. At this level, Petrarch simply does not take divine providence into account. Yet he is nothing if not a Christian, and his cosmology bears the stamp of his faith. God is father to us all; his will shapes our destinies and we must comply with it: 'Dei est, cuius in manibus sortes sunt hominum, non quas vobis opinione vestra speque improba fingitis, sed quas ille a praescientia sua videt.'[25]

Man has, however, some measure of free will, and in particular he can sin. Death in a state of sin, says Petrarch, cannot be blamed on nature or fortune, but is the fault of the man himself.[26] Thus in a Christian context *fatum* is in no sense *ineluctabile*: the good man—*pius homo*—is under the sway neither of the devil nor of fate, for God frees him from all evil.[27]

Such inconsistencies as these are typical of the *De remediis* and are inevitable, given the almost interchangeable value in Petrarch's usage of words such as *natura, fortuna, fatum* and *providentia*. The truth is that he is far more interested in man's reactions to the human condition and to the determinist universe in which he lives than in any theoretical consideration of the causes of things. He thus produces answers for particular situations, not a global philosophy, and in concentrating on the individual's attempts to withstand the blows of fortune, he very frequently gives expression to a specifically Stoic theme, that of the *consensus animi*. 'It may be hard to be forced, but he who is willing cannot be forced: indignation and regret exaggerate the burdens of necessity; fortune's sting is weakened by patience and agreement. If you do not wish to be forced, do of your own accord what you will be forced to do.' 'Whatever is done willingly is done more

easily, and necessity ceases to exist when the will has been brought
to bear on it.' 'Do willingly what you would have to do un-
willingly,'[28] and so on.

Yet since there is no great divergence between Christian and
Stoic views on free will, the *consensus animi* can often be directed
to a Christian moralistic end. To the complaint, for example, that
fortune has made one a servant, Reason's and Petrarch's reply is
that it is possible to free oneself by one's actions and one's attitude: he who bears the yoke willingly bears it lightly, and can
turn the service of men into the service of God, which is the best
service of all.[29] And even if a lack of consistent philosophy is
matched by an absence of systematic theology, there is certainly
enough to give a thoroughly Christian colouring to the *De
remediis*, especially in dialogues such as *De religione*, where Christianity is explicitly stated to be 'religio optima ac perfecta'.[30]

Thus one might argue that a Stoic thread is permanently
woven into basically Christian thinking. Petrarch's occasional
discussion of the problem of sin and the existence of evil, for
example, is not merely a traditional one. Whilst on the one hand
he stresses the inevitability of original sin[31] or the purposeful
presence of evil in the world in the shape of the snares of the
devil[32] and the less agreeable products of God's creation,[33] on
the other he is at pains to attribute all blame for sin to the
individual[34] and to point out that the wise man will choose good
from evil.[35] Again, he denies that there is any evil in the case of
pain, however grievous,[36] and in the case of cruelty he recommends that it may be turned to a good end,[37] stating elsewhere
that in order to remove evil it is sufficient to remove its cause.[38]

If in the disparate theological and philosophical patterns
which the *De remediis* displays there are thus signs of an unresolved
conflict between Stoicism and Christianity, a conflict which is
peculiarly Petrarchan, it is in the ethical framework of the
treatise that the Stoic side is made most explicit. The dialogue
itself, which is intrinsic to the work, is carried on between none
other than Right Reason and the four affections. Gaudium and
Spes, Dolor and Metus are clearly the ἡδονή, ἐπιθυμία, λύπη and
φόβος first laid down by Plato and later taken up by Cicero in his
Tusculan disputations.[39]

Yet despite the fact that Reason always triumphs over what is,
it must be admitted, generally rather half-hearted if persistent
opposition from the *passiones animi*, it would be misleading to

suggest that Petrarch's ethics are resolutely Stoic. It cannot for instance be said that his aim is that state of apathy which would result from the annihilation of the affections, for in a Christian context he recognizes their value. Sorrow at sin, he says, is useful, and joy at virtue and the memory of good works is honourable.[40] Or again, although one could hardly accuse him of Epicureanism, especially since he singles Epicurus out for criticism several times,[41] there is more of a kind of ἀταραξία than there is ἀπάθεια in his 'dulcia pariter et amara despicias'[42] or his assertion that the noble mind is equally contemptuous of pleasures and pains.[43]

Thus wherever one turns in the *De remediis*, one is confronted by conflicting attitudes. A typical instance is to be found in the long dialogue *De totius corporis dolore ac languore vario* (II, 114), which is incidentally the only one in which any of the affections is allowed a say, and for a moment the dialogue livens into dialectic. There, a lengthy exposition of the self-sufficient Stoic attitude towards pain as being the best means of assuaging it is followed, unconvincingly, by the precept that man must not trust in himself but must turn to God for help.[44]

Yet because the Stoic system of virtues is constantly present as the very sinews of the moral debate, it comes as no surprise to find that the Christian canons of the virtues and vices are absent. When they are hinted at, it is because Petrarch is applying a Stoic concept, that of the interrelation of the virtues, to a Christian context. 'Such is the consanguinity and relation of the virtues, [. . .] that the man who has one of necessity possesses all virtues, and consequently if he lacks one he will also lack all the rest. Now if this is true of moral virtues, may we not think likewise of theological ones? If you thus have hope, you must have charity and faith at the same time.'[45]

It is when one examines Petrarch's conception of virtue that one becomes aware of the extent to which his moral thinking differs from orthodoxy. In itself, his use of the couplet temperance and fortitude has nothing strikingly original about it; as Heitmann has shown, it was a common enough combination in the Middle Ages, and springs from the Epictetan ἀνέχου–ἀπέχου or, more likely, from Augustine's *continentia-sustinentia*.[46] On the other hand, rather more important is his insistence on a not specifically Christian *virtus* as the root of individual glory[47] and a component of the Stoic τόνος.

Although he once goes so far as to suggest that virtue is a sufficient end in itself and not merely a means to an end,[48] his more usual attitude is that without virtue and the effort that must be made to win it there is no possibility of nobility and glory.[49] In the many *exempla* that are the very fibre of the *De remediis*, the most recurrent note is that of the individual achievements of great men; even an *exemplum* concerning Lactantius, which seems to have enjoyed a success and manuscript tradition of its own, at least tacitly admits the possibility and validity of individual distinction, while ostensibly being concerned with praise of poverty.[50]

It is in this realm in fact that the classical origin of so many of Petrarch's examples makes itself most plainly felt, for if on the one hand 'invalidum et caducum animal est homo',[51] there is no doubt on the other that Petrarch himself immensely appreciated the lives and achievements of great men and valued their examples of glory highly, so long as that glory was based on virtue: 'if it is true glory that you desire, make sure that your virtue is solid'.[52] And if he emphasizes such individual distinction, it was also no doubt to remind his readers of the superiority of the heroes of whom he spoke to the *vulgus*, whose attitudes and attributes he so frequently reviles.[53]

One could easily pinpoint a host of other statements which might be described as Stoic: in places Petrarch makes his *Ratio* the mouthpiece of cosmopolitanism,[54] apathy, the harmony of the universe and an ethic of endurance. One could, too, multiply the examples of uncontrovertible Christian moralizing, and indeed it would be quite incorrect to under-estimate the ever-present assumptions of eternal life and the invalidity of the world. The *De remediis*, like the Bible, can be made to prove almost anything by quotations taken out of context.

To present a coherent picture of Petrarch's moral philosophy as seen through the *De remediis* is not my aim. It has already been attempted,[55] and it is still open to doubt whether it is in fact possible. If I have chosen to detach, from the many interpretations which may be and have been made, one particular one—the co-existence and unresolved conflict of two ethical systems admirably suited for synthesis and yet never here forming a coherent whole—it is because I believe this dichotomy to be illuminating for the subsequent history of Petrarch's treatise. Whether or not he consciously stated his thoughts in an ambiguous way, leaving them open to interpretation in a Stoic or a Christian light, is perhaps less important than the fact that Stoic elements are definitely present and were subsequently interpreted in a particular way by readers of the *De remediis*. Ideally, one would wish to compare attitudes towards the work in the different parts of Europe where it was read, but such a comparison is beyond the scope of this paper and it is to Petrarch's French readers that we must now turn.

The historical framework for the first 125 years of the fortunes of the *De remediis* in France is conveniently provided by two separate translations: the first, by Jean Daudin, a canon of the Sainte-Chapelle, completed at Paris in 1378, a mere twelve years after Petrarch had finished his great work; the second, anonymous, executed at Rouen in the *scriptorium* of the Cardinal of Amboise and finished on 6 May 1503.[56] Some thirty extant French manuscripts of the Latin text alone testify to the popularity of the work in France during the intervening years.

Yet none of them antedates the first translation, and it is thus that Daudin provides us with the earliest indication of the way in which the *De remediis* was received. His translator's prologue has often been quoted in recent years and I do not wish to repeat what has already been said, but it is certainly significant that Daudin describes the treatise and its properties in terms which indicate that he had seen and even understood the Stoic nuances of the original. The work is not merely of great doctrinal value— 'tres plantureux et habondant en tout fruit de doctrine morale et tres doulz et souef en aornement d'eloquence'—but was specifically designed, he says, 'pour remedier aux langoureuses pensées humaines'. A few lines further on, a quotation from Boethius makes the matter clear:

> en celle maniere, humain courage, duquel, selon ce que dit Boece, la santé n'est autre chose que vertu, ne la maladie autre chose que vice, par les proufitables enseignemens de ce livre soit preservé et gardé sain de toutes grevances de passions ou de mauvaises affections, et que, s'il advient [que] par mauvais gouvernement il perde sa santé, elle soit tantost reparée et restituée par la doctrine de ce present livre.[57]

Virtue and vice are thus linked to the health of 'humain courage', which in turn depends upon the absence, or the molestations, of the passions or evil affections. Indeed, it seems that Daudin is going further than Petrarch and suggesting apathy as the ideal state of mind, for later on he takes up the theme again, declaring that the book is to act as 'armes de raison inexpugnables' against every onslaught of fortune, and that its doctrine 'enseigne eschever et curer toutes maladies de la pensée, c'est à dire toutes passions ou affections desordonnées de courage'. At all events, behind the conventional hyperbole of the dedication an interesting evaluation of Charles V's *gloire* is evident: Daudin refers to him as 'resplendissant par dessus tous mortels en clarté de très noble estrace' and declares that it would be unworthy of his highness to be 'polluée ou entechée de populaires affections'. Besides, he continues, 'vostre serenité clere sans obscurté, veut continuelement de sa haultesse espandre et estandre en eulx exemples de vertus . . .'[58]

There seems no doubt as to the nature of Daudin's interpretation of the *De remediis*: nowhere in his preface does he make the slightest reference to a Christian context: he is preaching a kind of *morale laïque*, and one eminently suitable for a king.

But if vernacular humanism at the court of France was so far advanced in 1378, it would be a grave mistake to imagine that such attitudes were prevalent all over the area we now call France, or indeed even in the highest circles. Such an acute understanding as was shown by Daudin is exceptional and far from being characteristic of all Petrarch's admirers.

In order to make the difference plain, I should like first to take an isolated example, that of Pierre Flamenc. A canon lawyer who became prior of the Benedictine monastery of Saint-Benoît at Montpellier in 1375 and was subsequently made provost of the college attached to it, where he remained until about 1403, he is known to us principally in his role as vicar-general of the Bishop of Maguelone, in whose name he conferred degrees upon pupils of the *studium* of Montpellier over a period of about a dozen years. His literary leavings consist of a notebook in which he recorded the fruits of his reading, and a series of sermons and speeches made at degree ceremonies. He is interesting for us, first because his notebook is filled with lengthy extracts from the Latin works of Petrarch, and in particular from the moral treatises, to which he probably had access at Avignon, and second because he made very considerable use of Petrarchan borrowings in his own compositions.[59]

It is here that we see the other, and more usual, face of the coin. One could of course pick out from the mass of material in

Flamenc's notebook a number of passages illustrative of Stoic attitudes, such as an extract from the dialogue *De gravi negotio ac labore* glorifying effort: 'Labor area est virtutum . . .', and listing a whole host of antique heroes who by their individual efforts had risen to glory,[60] or such as the statement that 'nichil eque civitates amplificat ut civium virtus et gloria',[61] or again the notion that 'sequitur claritas possessorem suum quocunque perrexerit',[62] but to emphasize such phrases would be to falsify the issue. Though what Flamenc took is less revealing than what he made of it, it is abundantly clear both from the mass of borrowings and from the way in which they are used that he was not concerned with Petrarch's Stoicism. On the other hand he was very much concerned to present the laureate as an authority.

He refers to him most frequently as 'venerabilis', 'venerabilis Franciscus' or 'venerabilis laureatus', which is an immediate indication of the admiration and respect he accorded him. But he also calls him 'homo Dei' and even 'sanctus homo Dei',[63] phrases which betoken more than mere admiration and suggest the veneration normally reserved for the Fathers of the Church, at the same time recognizing a didactic value in Petrarch's works. It is thus that when Flamenc illustrates his sermons and speeches with passages from the *De remediis* or the other Latin works, what he chooses is often unexceptional and even banal. Petrarch is readily adapted to the context of university oration: his chapter 'De pontificatu' is excerpted to provide amplification for the topic *de rectoratu*;[64] such praise of effort as 'labor est materia virtutis et gloriae' slips painlessly, and unmeaningfully, into the scholastic context.[65] Dozens of passages eulogizing diligence and obedience or warning against *voluptas* or laziness find their way into Flamenc's speeches. So too, in point of fact, does a great deal of classical material, but this is used almost exclusively for illustration and exemplification and does not carry with it any of the antique ethos which pervades so much of Petrarch's writing.

Characteristically, Flamenc draws more on the first book of the *De remediis* than on the second, having more use for admonition of the dangers of success than for consolation; but a measure of how far we are from any deep appreciation of Petrarch's thought is revealed when we find him borrowing a long eulogy of *virtus* from the *De remediis*, yet omitting the subject and applying the whole thing to his particular topic: *sacra legalis sciencia*.[66]

Flamenc is an isolated case in the sense that he cannot be designated a humanist and because it has proved impossible to show that he had any personal links with the humanists. He must certainly have come into contact with some of them in the entourage of Benedict XIII at Marseille, where, as abbot of Saint-Victor, he subsequently played host to the Anti-pope, but any such meeting took place after the period of his literary activity and it is impossible to know whether it had any effect on him. On the other hand he can hardly have been unique and he serves admirably as a paradigm of a certain kind of attitude towards Petrarch that was prevalent all over Europe and to some extent in France, even among the humanists.

He also serves as a useful illustration of what, to my mind, is a vital distinction to be drawn when one is considering the influence of Petrarch in the years following his death. We cannot deny that Flamenc knew Petrarch's works, and even knew certain of them well; it is probable that such knowledge was fairly common. On the other hand we cannot claim that he shows any sign of having understood them in any deep sense, and such an understanding was in all likelihood a rare phenomenon, but one that does definitely distinguish certain of the humanists—in particular, as Dario Cecchetti has shown, Nicolas de Clamanges.[67] For Flamenc, Petrarch was in the last analysis merely one more authority, however important; for the humanists, it may well be that he was something more.

The first example I should like to consider is that of Jean Gerson. Gilbert Ouy has made it abundantly clear that any theory that Gerson was untouched by the spirit of humanism is wholly incorrect; he has further revealed how he was at an early age attracted to Petrarch's *Bucolicum carmen*, and even imitated it.[68] But what of the *De remediis*? It is most illuminating to find that Gerson quotes and paraphrases it at considerable length in one of his early French sermons, addressed to the royal court on Ash Wednesday 1389, and treating the theme 'Quaerite dominum dum inveniri potest'.[69] In this sermon he launches a fairly direct attack on the pretentions and vanities of the court and even on the dangers of royal presumption, and almost the whole of the second part of it, which contains the attack, is derived from the *De remediis*.

'Tu me diras espoir,' he begins. 'Je suis en fine flour de jonesse' (thus translating Petrarch's 'florida est aetas'), 'j'ay encore beaucop à vivre.' 'Es-tu en fine flour de jonesse', comes Reason's answer, 'en parlant seche celle flour.' And so it goes on.[70] One by one he attacks worldly presumptions in a kind of dramatic dialogue differing only from Petrarch's by the absence of the protagonists' names and by the addition of certain *sententiae* from other sources. Here, the 'tu', the individual in the congregation, replaces *Gaudium* (for the borrowings are from the first book), and Gerson himself takes the part of Reason. Youth, beauty, strength and wisdom are all raised up and laid low, until gradually the criticism becomes more pointed:

> Se tu me dis: je suis noble de sang et de si grant encienneté qu'il n'est memoire du contraire, je te respon que c'est fole ventence que soy louer de prouesses d'autruy. Car se tes ancestres n'eussent fait aucun bien beau fait de grant prouesse et de grant louenge, onques ne eusses esté nommé noble. Fay doncques aucun fait qui soit à louer et recommender avant que tu te glorifies de ta noblesse.[71]

Having thus established more clearly the objects of his admonition, Gerson continues to castigate the vices of the nobility, continuing also to borrow from the *De remediis*. Fine clothes? They diminish your natural beauty and emphasize your deformities. Riches? If you keep them shut up you will never be anything but their servant. Many friends? You may have fewer than you think. 'En adversité voit-on l'ami.' Power? The more powerful you are the less licence you have to do what you wish unless it be good and honest.[72]

Finally the preacher turns to the king and, borrowing from Petrarch the stock examples of Marcus Aurelius and Diocletian, reminds him of the sorrows and cares of the royal state:

> Et pourtant que j'ay encommencé a parler du Roy, se tu me dis que tu es roy, certainement c'est noble nom et riche mais il est chier vendu qui bien veult faire son devoir. Car a peine puet il avoir chascun jour ung moment de repos, quiconques est roy, se il fait son devoir. Et pour ce propose pluseurs foys Augustus Cesar de laissier et de renoncier a l'emperiere de Romme, et Dioclecianus de fait y renonça ne pour prier qu'il le retint il ne le voult consentir. Et depuis que Marchus Aurelius fut adopté par l'empereur a succeder apres luy, ne feit si belle chiere, ne si lye, comme il le faisoit paravant, mais estoit tousiours triste et pensif.[73]

Gerson here recognizes the effectiveness both of the structure of the *De remediis* and of its content, and it is interesting to see how readily Petrarchan *sententiae* slip into a precise and topical moralizing context and acquire a practical value. Yet it can

hardly be said here that he is using Petrarch as an *auctor* in the
usual sense: he does not name his source and his words are thus
deprived to a certain extent of the authoritative status which
their author's name would give to them. Gerson just preserved
his literary integrity by a brief reference to Petrarch as the
source of the *sententia* 'felix nescit amari', actually not by Petrarch
at all but taken by him from Lucan,[74] but apart from this his
silence seems to betoken a desire to present the ideas as his own.

This might tempt one to say that he was deeply influenced
by the *De remediis* and that its message had penetrated his own
thoughts so far as to shape them significantly, yet at the same time
one cannot help noticing that there is nothing particularly
striking about the material Gerson derives from Petrarch, even
if the fact that he does so is of some cultural importance. Most of
the admonitions in question barely rise above the commonplace,
however neatly they are expressed, and although they are borrowed from a Stoic context they are here presented as being in
accord with, if only loosely connected with, the Christian theme
that Gerson was exploring. In order to weave in material which
he must have considered valuable, he departed quite considerably
from the matter at hand, and it can hardly be said that the discussion justifies his conclusion, which is: 'et pour ce devons querir
nostre seigneur en la cresche aux beufs et non pas es palaiz
dorez et panpellotez'.[75]

An even clearer example of the way in which Petrarchan
material, particularly of the unexceptional kind, was so as-
similated by the humanists as to become part of their everyday
literary expression is provided by the letters of Jean de Montreuil, happily available to us in a modern edition by Ezio
Ornato,[76] who has already dwelt at some length on the way
in which the provost of Lille used what he had culled from
Petrarch.[77]

In one letter, written after 1407, Jean de Montreuil calls him
'devotissimus catholicus ac celeberrimus philosophus moralis',
a phrase not unreminiscent of Flamenc's 'sanctus homo Dei', and
discusses at length what he seems to consider his greatest work,
the *De remediis*. After revealing that he had done it what must
have been for a humanist the supreme honour of collating five
manuscripts of it, a process which took him two months, he
goes on to refer to its 'percommoda et exuberans atque pregnans
[. . .] materia, disertissimus ornatissimusque et contextus', and

asks his unknown correspondent (possibly Francesco Zabarella) who else has ever encompassed in a single volume so much eloquence and 'doctrinam adeo salubrem, civilem et moralem, humanam quoque prudenciam tocius experientie indicem'.[78] Jean de Montreuil's exuberant praise of the *De remediis* is as valuable an indication of its popularity as was Daudin's preface. Quite apart from its stylistic merits and the wealth of its material, the provost of Lille sees every word of it as encouraging the reader 'ad bene beateque vivendum'. Like Daudin, it is doctrine that he emphasizes, but without in the least insisting on the Stoic context. And consequently we see a gradual widening of its scope: the *moral laïque* for a king that Daudin had outlined becomes for Gerson a practical morality for king and court alike, and for Jean de Montreuil a 'speculum humane vite' whose teaching no one but a fool can ignore.

Little wonder, then, that of all Petrarch's works it is the *De remediis* that returns most frequently in Jean de Montreuil's letters, and that, like Gerson, he does not always acknowledge his source. Many of his quotations are characteristically Petrarchan, such as those directed against the *vulgus* and even some anti-feminist ones which demonstrate admirably the extreme narrowness of the gap between literary topic and actual experience, a gap bridged here by Petrarch's words. Other quotations contain fairly unexceptional *sententiae* which led Ornato to say that the spiritual richness of the Petrarchan original was inserted into a traditional moral framework:[79] any deeper significance which the phrases may have had in their original context was sacrificed to the banal orthodoxy of the sense which the new context demanded. It is perhaps because the *De remediis* lent itself so readily to conventional interpretation that it was so frequently used, and it is thus precisely the unexceptional quality of what Jean de Montreuil derived from a work to which he accorded such exceptional praise that leads me to insist again on the ambiguity of the *De remediis*. Petrarch's treatise must owe a certain measure of its very considerable success to the great flexibility of interpretation which it offered to its readers.

We have as yet, unfortunately, little evidence concerning the use of the *De remediis* by other French humanists in the early fifteenth century. We do know, however, that Jean Courtecuisse quoted from it as an authoritative work[80] and that Clément de Fauquembergue, the chronicler and *greffier* of the Paris *Parlement*, copied down an extract from it concerning illegitimate sons.[81] All this tends to suggest that Petrarch's principal role was for most, as for Flamenc, that of an authority who could be relied upon to produce works of consolation or admonition for all circumstances, and future research will doubtless uncover further examples of this kind of use.

I do not, however, wish to suggest that the success and influence of the *De remediis* were confined in France to the humanists and to writers of Latin. The translations did not have an enormous circulation but they are highly relevant, as is shown by the fact that Daudin's was printed twice in the first half of the sixteenth century.[82] Indeed, there is some evidence that Daudin's vision was responsible for endowing those who read his translation with a clearer notion of the philosophical significance of the *De remediis* than was perhaps possessed by a good many of those who read it in Latin. As an example, I should like to quote the case of Henri Romain, a canon of Tours, who, around the middle of the fifteenth century, composed an abridged version of Livy and a kind of universal history entitled the *Livre des histoires romaines* in the manuscripts, but going under the name of *Compendium historial* in its two sixteenth-century editions.[83]

Romain owned a copy of Daudin's translation (now Paris, MS Arsenal 2671), and quotes from it several times in his major work. Significantly enough, he cites the translator's prologue as if it were by Petrarch himself, and the passage he chooses makes Daudin's point clear: 'Garde toy, dist-il, que le roy que tu as en garde et a enseigner ne se cuide acquerir le tiltre de tres excellans serenité autrement que en surmontant terriennes passions . . .'[84] and so on. If the work is seen once again as a *speculum principum*, the Stoic message of virtue overcoming the passions emerges clearly. Further, the five other quotations in the course of the *Livre des histoires romaines*, all taken from the first book of the *De remediis*, are not entirely neutral in tone: they plead on the one hand against sophistry and excess or abuse of *engin*, Petrarch's *ingenium*, on the other in favour of memory when—and only when—it is devoted to God and the recollection of divine justice and mercy. Many of Petrarch's derogatory remarks on eloquence are quoted, as also are his condemnation of actors and song: all this material has an authentically Petrarchan flavour to it, at least in part guaranteed by the length of the quotations.[85] It is a measure of the importance which Romain accorded to

Petrarch's moral authority that he should have chosen to illustrate his history with such judgments as these; it is significant, too, that he should have seen the dual possibility of interpretation which the work provided.

At no point in the fifteenth century in France is the *De remediis* so clearly sited in a Stoic context, however, as by Martin Le Franc, the provost of Lausanne. It has long been known that his *Estrif de Fortune et de Vertu*, dating from the same period as Romain's work, owes much to the *De remediis*, even if precise verbal echoes to prove it are lacking.[86] The most evident meeting points of the two works are, first, the dialogue form itself (and it was not for nothing that Klaus Heitmann entitled his study of the *De remediis Fortuna und Virtus*); second, the non-Christian interpretation of *Vertu*; and third, the long passage where Fortune lists her gifts and deprivations in terms immediately reminiscent of Petrarch's dialogues.[87]

Typical of the emphasis on individual effort in the face of adversity, and clearly derived from the *De remediis*, is a passage such as the one where *Fortune* is complaining of lowly birth and *Vertu* replies:

> Force n'est dont tu partes, mais que au terme vigoureusement tendes, et plus de los auras d'estre engendré de pere deshonneste si notablement te maintiens et gouvernes, que estant filz de roy habandonné a vice: ta naissance aussi n'estoit en ta puissance; dont nature te separa saillir te convient. Mais de bonnes meurs il fault que tu rendes compte. Et se pour bastardise ne acquiers paternel heritaige, certainement à plus emple patrimoyne te peux rescourre. C'est vertu laquelle atout son tresor infiny à ta bonne voulenté habondamment et voulentairement se présente.[88]

I have only one further work to discuss, and that is the second French translation of the *De remediis*, which will bring this brief investigation to a close. Again, it is the translator's prologue which provides vital information on the attitude and expectations of the age. It starts with a discussion of the passions, naming all eleven of them and then following Boethius in reducing them to four, the four protagonists of the *De remediis*. 'Nous devons rejetter et rebouter les joyes et craintes de ce monde et chasser de nous vaine esperance, sans avoir douleur ne tristesse des choses qui adviennent.' These four affections, the translator says, cause in us infinite occasions for evil and sin which it is very difficult for us to resist except through the reason that God

gave us when he created us and through the virtues which depend
on it and are necessary to us. His purpose in translating the work
was to enable those who do not understand Latin to

> proffiter et plus facillement resister aux pechez, maulx et inconveniens
> que causent en nous les dessus dictes quatre passions, ausquelles nous
> est besoing obvier et resister si nous voullons vivre en repos en ce
> monde et parvenir au repos perpetuel qui est la gloire de paradis.[89]

The wheel has come full circle: the Stoic framework is recognized,
but now its aim has explicitly become peace on earth, ἀταραξία
almost, and eternal repose in heaven. The Christian interpretation has come to the fore.

Any final evaluation of Petrarch's role as a moralist would have
to take into account the part he played in the reawakening of
Stoicism. I have attempted to show that the *De remediis* had a
contribution to make, and that on occasions, in the century and a
quarter following Petrarch's death, it was properly understood.
It remains to be seen whether this fact is truly significant or not;
I suspect that the most important feature of Petrarch's success was
the speed with which he became an authority. This in itself
indicates a favourable judgment on the content of his works, but
at the same time it implies an ignorance of his personal philosophy which was the price of familiarity, an unquestioning
attitude which may well explain the quoting of material that is
not often striking for its novelty. The *De remediis*, being the most
medieval of Petrarch's works in conception and the most encyclopedic in scope, clearly had something for everyone and a
moral for every occasion. But the wealth of classical material
which it contained often went unnoticed or was interpreted in a
medieval way, and the humanist scholar was doubtless frequently
eclipsed in his readers' eyes by the medieval moralist: if the *De
remediis* was often quoted, it is doubtful whether it was as frequently understood.

Yet I think there is already sufficient evidence to show that in
France such was not always the case. The translators and vernacular writers, and to some extent the humanists, did mingle with
their respect an awareness of values other than the conventional,
an awareness that does not mark the reception of the *De remediis*
elsewhere in northern Europe,[90] and that stands out despite the
traditional framework within which it was habitually expressed.

In fifteenth-century France the desire to see Petrarch as a

man of God and a devout Christian moralist—a desire fully catered for by his major Latin work—was blended with a certain admiration for its more revolutionary, Stoic side. It would be interesting to know how such attitudes were to evolve in the sixteenth century and why in France the *De remediis* was still in such demand as to justify a series of eight editions of the Latin text between 1546 and 1585. Petrarch's role as a moralist did not come to an end with the fifteenth century, and his evident success deserves more attention than it has received.

NOTES

[1] *Seniles*, XIII, 10.

[2] Cf. F. Simone, *Il Rinascimento francese*, Turin, 1965², p. 201.

[3] Cf. K. Heitmann, 'La genesi del *De remediis utriusque fortune*', *Convivium*, XXV (1957), pp. 9–30.

[4] Details of these manuscripts and their diffusion are to be found in the second and third chapters of an unpublished Cambridge PhD dissertation: C. N. J. Mann, *The fortunes of Petrarch's 'De Remediis'*, 1967.

[5] Most of these editions are listed in W. Fiske, *Francis Petrarch's treatise De Remediis Utriusque Fortunae: text and versions* (*Bibliographical Notices*, III), Florence, 1888.

[6] *De remediis*, II, *praef.* (ed. in *Opera omnia*, Basle, 1554, I, p. 3).

[7] A. Meozzi, *Azione e diffusione della letteratura italiana in Europa*, I, Pisa, 1932, p. 150.

[8] G. Sarton, 'A second preface to volume forty. In defence of Petrarch's book on the remedies for good and evil fortune', *Isis*, XL (1949), p. 98; cf. L. Thorndike in *American Historical Review*, LIV (1948–1949), p. 108.

[9] Cf. F. Simone, *op. cit.*, p. 148.

[10] K. Burdach and A. Bernt, ed., *Der Ackermann aus Böhmen* (*Vom Mittelalter zur Reformation*, III, 1), Berlin, 1917, p. 302.

[11] *Id.*, 'Die humanistichen Wirkungen der Trostschrift des Boethius', *Deutsche Vierteljahrsschrift für Literaturwissenschaft und Geistesgeschichte*, XI (1933), p. 543.

[12] Cf. A. Doren, 'Fortuna im Mittelalter und in der Renaissance', *Vorträge der Bibliothek Warburg*, I (1922–23), p. 107.

[13] Cf. L. Delisle, 'Anciennes traductions françaises du traité de Pétrarque sur les remèdes de l'une et de l'autre fortune', *Notices et extraits des manuscrits de la Bibliothèque nationale*, XXXIV (1891), pp. 273–304.

[14] Cf. F. Simone, *op. cit.*, chs. II and V; E. Ornato, 'La prima fortuna del Petrarca in Francia: I. Le letture petrarchesche di Jean de Montreuil; II. Il contributo del Petrarca alla formazione culturale di Jean de Montreuil', *Studi Francesi*, 14 (1961), pp. 201–17 and *ibid.*, 15 (1961), pp. 401–14; D. Cecchetti, 'Sulla fortuna del Petrarca in Francia: un testo dimenticato di Nicolas de Clamanges', *ibid.*, 32 (1967), pp. 201–22;

id., 'Un'egloga inedita di Nicolas de Clamanges', in *Miscellanea di studi e richerche sul Quattrocento francese*, ed. F. Simone, Turin, 1967, pp. 27–57; G. Ouy, 'Gerson, émule de Pétrarque; le *Pastorium Carmen*, poème de jeunesse de Gerson et la renaissance de l'églogue en France à la fin du XIVᵉ siècle', *Romania*, LXXXVIII (1967), pp. 175–231; N. Mann, 'La fortune de Pétrarque en France: recherches sur le *De remediis*', *Studi Francesi*, 37 (1969), pp. 1–15.

[15] The most recent contribution to the study of this subject, including a new edition of Petrarch's speech, is C. Godi, 'L'orazione del Petrarca per Giovanni il Buono', *Italia medioevale e umanistica*, VIII (1965), pp. 45–83.

[16] Cf. M. Faucon, *La librairie des papes d'Avignon, sa formation, sa composition, ses catalogues (1316–1420)*, II, Paris, 1887, pp. 30, 138–39, 154.

[17] Cf. Paris, Mazarine, MS. 3323 (*Registrum bibliothecae Sorbonae*).

[18] F. N. M. Diekstra's statement (*A dialogue between reason and adversity*, Assen, 1968, p. 21, n. 2) that there was a greater number of medieval transcriptions of book II is not corroborated by the evidence of the manuscripts.

[19] *De remediis*, I, *praef*, p. 3; cf. K. Heitmann, *Fortuna und Virtus, Eine Studie zu Petrarcas Lebensweisheit*, Cologne, 1958, pp. 150–52.

[20] Cf. *De remediis*, II, *praef.*, p. 125.

[21] Cf. K. Heitmann, *op. cit.*, p. 252.

[22] *Ibid.*, pp. 40–43.

[23] *De remediis*, II, 117, p. 235.

[24] *Ibid.*, II, 93, p. 212; I, 60, p. 70; cf. II, 119, p. 240: 'parens benignissima'.

[25] *Ibid.*, I, 90, p. 92.

[26] Cf. II, 126, p. 247: 'D. Morior in peccatis. R. Haec iam naturae nec fortunae, sed tua propria culpa est.'

[27] Cf. I, 13, p. 18: 'Etenim pius homo neque demoni pessimo neque fato subiacet, Deus enim liberat pium ab omni malo.'

[28] Cf. II, 57, p. 176; II, 119, p. 240; II, 67, p. 184, where further examples are to be found; see also K. Heitmann, *op. cit.*, pp. 86–87.

[29] Cf. II, 7, p. 133.

[30] I. 13, pp. 17–18.

[31] I, 14, p. 18: 'in ipsa hominum origine latens pestis est.'

[32] II, 13, p. 141: 'incidunt in tentationem et laqueum diaboli.'

[33] Cf. especially II, 90 (p. 206).

[34] I, *praef.*, p. 1: 'culpa omnis in nobis est.'

[35] II, 48, p. 169: 'bona de malis elicere sapientis est.'

[36] II, 114, p. 226: 'ut dolor corporis molestissimus sit, malum tamen utique non sit.'

[37] II, 39, p. 163: 'crudelitas mala quidem, et naturae hominum adversa, sed utili vitiis et lascivienti populo frenum.'

[38] II, 35, p. 160: 'tolle mali materiam, malum omne sustuleris.'

[39] Cf. K. Heitmann, *op. cit.*, pp. 91–96.

[40] II, 93, pp. 210–11: 'tristitia nempe de peccato utilis [...] at gaudium de virtute deque memoria bonorum operum honestum.'

[41] Cf. I, 12, p. 17 and I, 18, p. 24.

[42] I, *praef.*, pp. 5–6.

[43] II, 114, p. 230: 'generosa mens aeque voluptatum dolorumque contemptrix.'

[44] Cf. II, 114, pp. 228–29.

[45] I, 122, p. 121.

[46] Cf. K. Heitmann, *op. cit.*, pp. 61–69.

[47] Cf. II, 130, p. 251; 'virtus radix est gloriae.'

[48] I, 81, p. 86: 'magnum satis ipsa sibi virtus est praemium.'

[49] Cf. for instance II, 56, p. 175, the long list of men whose *labor* made them famous, beginning 'labor area est virtutum, requies voluptatum: nil sine labore laudabile, nil excelsum', and the statement in II, 114, p. 227, that 'virtus enim non fortuita sed deliberativa prorsus et electiva est, non casu equidem quaerenda, sed studio'.

[50] Cf. II, 9, p. 136, transcribed separately in MSS Berne, Bürgerbibl., 440, f. IVr; Cambrai, Bibl. mun., 166, f. lv; Paris, B.N., Nouv. acq. lat. 1985, f. lv; Arsenal, 338, f. Ar.

[51] II, 94, p. 213.

[52] Cf. I, 92, p. 93. The whole of this dialogue (*De gloria*) is particularly relevant here.

[53] Cf. especially I, 11–12, pp. 15–17.

[54] Cf. for instance the *exemplum* of Socrates in II, 67, p. 183, probably derived from Cicero, *Tusc.*, V, 37, 108.

[55] By K. Heitmann in his *Fortuna und Virtus...*, *cit.*; see the remarks of B. L. Ullman in *Speculum*, XXXIV (1959), p. 661.

[56] Cf. F. Simone, *op. cit.*, p. 150.

[57] Quoted from the edition of L. Delisle, *op. cit.*, pp. 291–92.

[58] *Ibid.*, pp. 292–93.

[59] Cf. A. Germain, 'Pierre Flamenchi: étude d'après ses manuscrits autographes, entièrement inédits', *Publications de la Société archéologique de Montpellier*, VIII, no. 44 (1884), pp. 307–76, and F. Simone, *op. cit.*, pp. 28–9, 32; N. Mann, 'Pierre Flamenc, admirateur de Pétrarque', *Romania* (in press) and *id.*, 'Le recueil de Pierre Flamenc: analyse et reconstruction', *Scriptorium* (in press).

[60] *De remediis*, II, 56, p. 175: cf. Marseilles, Arch. dép. des B.-d.-R., MS. I.H.678, ff. 99r, 137r, 176r.

[61] II, 4, p. 128; cf. MS *cit.*, ff. 91r, 137v, 187r.

[62] II, 88, p. 204: cf. MS. *cit.*, ff. 6r, 179v.

[63] Cf. MS. *cit.*, ff. 163r, 19v.

[64] Cf. MS. *cit.*, f. 99v: a passage from *De remediis*, I, 107, p. 108.

[65] Cf. MS. *cit.*, f. 98v: the quotation is from *De remediis*, I, 21, p. 27.

[66] Cf. MS. *cit.*, f. 191v, quoting from *De remediis*, II, 9, p. 134.

[67] In his article 'Sulla fortuna del Petrarca in Francia...', *cit.*

[68] Cf. G. Ouy, 'Gerson, émule de Pétrarque...', *cit.*

[69] A Latin translation of this sermon is to be found in *J. Gersonii Opera Omnia*, ed. Du Pin, Antwerp (1706), III, cols 1078 ff. The original French is here quoted after Paris, B.N., MS. fr. 13318.

[70] MS. *cit.*, f. lxxxixr; cf. *De remediis*, I, 1, p. 7.

[71] MS. *cit.*, f. lxxxixv; cf. *De remediis*, I, 16, p. 21.

[72] MS. *cit.*, f. iiiixxr (*sic*); cf. *De remediis*, I, 53, 50, 51 and 91.

[73] MS cit., ff. iiii^{xxv}–iiii^{xx}i^r; cf. De remediis, I, 96, p. 97.

[74] Pharsalia, VII, 727, quoted on f. iiii^{xxr} and noticed by F. Simone, op. cit., p. 59, n. 3, and L. Mourin, Jean Gerson, prédicateur français, Bruges, 1952, p. 379, n. 1.

[75] MS cit., f. iiii^{xx}i^r.

[76] Jean de Montreuil, Opera, I, 1: Epistolario, ed. E. Ornato, Turin, 1963.

[77] Cf. his two articles 'La prima fortuna del Petrarca in Francia...', cit.

[78] Epistolario, ed. cit., Ep. 208, pp. 315–16.

[79] E. Ornato, 'Il contributo del Petrarca...', cit., p. 414.

[80] Cf. G. Di Stefano, L'œuvre oratoire française de Jean Courtecuisse, Turin, 1969, pp. 202, 238–9. For a discussion of Courtecuisse's use of other Petrarchan works, cf. id., 'L'opera oratoria di Jean Courtecuisse e la letteratura parenetica del secolo XV', in Miscellanea di Studi e Richerche sul Quattrocento francese, cit., pp. 139–43.

[81] Cf. Paris, B.N., MS. lat. 5703, f. 1^r.

[82] At Paris by Galliot du Pré in 1523 and by Denis Janot in 1534: cf. W. Fiske, op. cit., Nos. 54–55, and F. Simone, op. cit., p. 151.

[83] MSS.: Chantilly, Musée Condé, 282; Dresden, Staatsbibl., O^c. 77, 78–79; Paris, Arsenal, 3513, 5767, and B.N., fr. 1020. Editions: Paris, A. Verard, 1509; Paris, N. Couteau, for Galliot du Pré, 1528.

[84] Livre des histoires romaines, I, 4: Paris, Arsenal, MS. 3513, f. 8v.

[85] Cf. ibid., MS. cit., ff. 38v, 41v, 42v, 69v, 70r.

[86] Cf. A. Piaget, Martin Le Franc, prévôt de Lausanne, Lausanne, 1888, pp. 184–87.

[87] Cf. Martin Le Franc, L'Estrif de Fortune et de Vertu, Paris, 1519, sig. p.vii^v–r.iii^r, r.vi^v–s.iiii^v.

[88] Ibid., sig. r.vi^v. I have tentatively substituted convient for comment, which is the reading given by the edition.

[89] Quoted from the edition given by L. Delisle, op. cit., p. 297.

[90] Cf. for instance N. Mann, 'Arnold Geilhoven: an early disciple of Petrarch in the Low Countries', Journal of the Warburg and Courtauld Institutes, XXXII (1969), pp. 73–108.

Giuseppe Di Stefano

L'HELLÉNISME EN FRANCE À L'ORÉE DE LA RENAISSANCE

Le fonds grec de la Bibliothèque nationale de Paris se compose aujourd'hui de quelque cinq mille manuscrits. Cette collection est l'une des plus riches, la plus riche peut-être, du monde. Sa constitution et son enrichissement sont toutefois relativement récents. Ce n'est qu'à partir du début du XVIe siècle qu'est attestée la constitution d'un noyau de fonds grec à la librairie royale. Mais, le XVe siècle mourant, la campagne de Charles VIII en Italie avait permis de puiser dans la magnifique collection du roi de Naples deux bonnes dizaines d'exemplaires. Toutefois, l'acquis le plus prometteur de l'expédition fut, à cet égard, le contact avec Janus Lascaris dont l'activité auprès de François Ier marque un tournant décisif pour l'héllénisme en France. La bibliothèque royale possédait, à la mort de François Ier, un fonds grec qui, riche de cinq cent quarante six exemplaires pouvait rivaliser, en richesse sinon en date, avec les six cents manuscrits que Bessarion avait légués au Sénat de Venise (1468), ou avec les mille manuscrits qui composaient le fonds grec de la Bibliothèque vaticane à la mort de Sixte IV (1484).

Si donc l'action de François Ier a eu l'effet de fonder une institution destinée à s'accroître au cours des siècles, notre tâche sera celle plus ingrate de mener une enquête sur la période qui précède les heureux débuts de l'hellénisme en France.

Le sujet n'est pas traité ici pour la première fois. Depuis la fresque d'Egger (1869), qui comme toute étude d'ensemble ramasse des notices de toute origine, jusqu'à la précieuse mosaïque composée par Roberto Weiss, des contributions de valeur souvent inégale ont été apportées à notre sujet, tant et si bien que nous pouvons déjà consulter de bonnes études qui éclairent ce problème d'histoire de la civilisation. En général, on peut dire que

29

les caractéristiques de la survivance du grec dans les différentes régions varient avec la géographie. Il est des centres pour lesquels la connaissance du grec depuis l'antiquité n'a pas connu de solution de continuité. C'est notamment le cas de l'Italie méridionale et de la Sicile, régions fortement hellénisées. A la cour sicilienne, depuis Roger jusqu'à Frédéric II et Manfred, les traducteurs ont été très actifs. Lorsqu'en 1266 la bataille de Bénévent marqua la fin des Hohenstaufen, cette tradition n'a pas été interrompue à la cour angevine, et il en a été de même à la cour aragonaise. En dehors de la cour, la culture grecque dans le midi d'Italie et en Sicile s'est assurée une place dans les couvents, protégée contre les coups et les revers des événements politiques; l'ordre des Basiliens, surtout, a été le dépositaire de la culture hellénique pendant le moyen âge. D'ailleurs, dans ces mêmes régions, l'office divin a été célébré pendant fort longtemps selon le rite byzantin plutôt que selon le rite romain, tandis que, jusqu'au XIVe siècle, certains diocèses n'ont connu que des évêques appartenant à l'ordre basilien.

Des observations à peu près semblables sont à faire pour la diffusion du grec dans la péninsule ibérique; là aussi l'œuvre des traducteurs a été très importante. On remarquera, de plus, que, à cause de la superposition des influences et des échanges, bien souvent les textes grecs ont connu la mise en latin par l'intermédiaire d'une version arabe due à un auteur anonyme.

Parmi les centres les moins exposés traditionnellement à l'influence directe de la civilisation byzantine, Florence a été certainement l'un des foyers les plus actifs dans le renouvellement de la culture qui a conduit à la renaissance des lettres grecques en Occident. C'est à Florence que Manuel Chrysoloras, en 1397, a obtenu la première chaire officielle pour l'enseignement public du grec. C'est au même Chrysoloras que nous devons la compilation de la première grammaire de la langue grecque, celle sur laquelle les humanistes se sont initiés à l'étude du grec. On a pu même démontrer que, trente ans avant Chrysoloras, Léonce Pilate lisait publiquement le grec à Florence. Lascaris eut en Laurent de Médicis un mécène proprement «magnifique» et la bibliothèque de la puissante famille, qui en 1456 et en 1465 ne possédait aucun manuscrit grec, en comptait trois cent dix en 1495.

En France, en revanche, l'histoire de l'évolution de l'intérêt pour le grec se présente comme une suite de tentatives. On peut dire, d'une manière générale, que pendant le moyen age l'étude de la langue grecque n'y a pas été répandue et que, notamment à Paris, son établissement est tardif. Il est hors de doute, cependant, que certaines traductions du grec ont été faites à Paris, comme il est hors de doute, par ce fait même, que certains savants actifs à Paris ont connu les éléments de la langue grecque. Mais ce ne sont que des cas individuels. L'abbaye de Saint-Denis, le seul centre que ait eu une tradition dans ce domaine, fait figure d'exception et, en tout cas, cette belle tradition s'éteint non sans vicissitudes avant la fin du XIVe siècle. D'ailleurs, les manuscrits figurant dans la bibliothèque de Saint-Denis sont au nombre de quatre. D'autres abbayes ne possèdent qu'un seul exemplaire «égaré» ou, c'est le cas de Saint-Victor, tout au plus deux. L'écart devient éloquent si l'on pense qu'un particulier, Miccolò da Cotrone, au XIIIe siècle, possédait des manuscrits grecs.

Quant aux tentatives faites pour instaurer un collège oriental à Paris, les indications certaines nous font reculer au moins jusqu'à la première moitié du XIIIe siècle. C'est en effet en 1248 que le pape Innocent IV signifiait au chancelier de l'Université de Paris sa décision d'appeler à Paris des jeunes connaissant (*peritos*) la langue arabe ainsi que les autres langues orientales (l'Orient est celui de l'époque, c'est-à-dire la partie orientale de la Méditerranée). Mais ce n'est pas exactement un édit concernant l'institution d'un collège pour l'enseignement des langues orientales. A Paris, il existait un collège, celui de Constantinople, fondé par Philippe-Auguste, ayant ces fonctions, mais il n'a jamais joué un rôle de premier plan; en 1362, il ne comptait qu'un seul étudiant, si bien qu'il fut désaffecté. Les jeunes dont il est question dans le texte de 1248 seraient des boursiers destinés à être envoyés comme missionnaires dans les pays orientaux du monde chrétien. J'insiste sur ce point, parce que parfois on a confondu les deux institutions, à savoir le collège destiné à des étudiants eux-mêmes orientaux et le collège dans lequel des maîtres orientaux ou experts dans les langues orientales enseigneraient ces langues à des Européens. Les buts de pareils collèges apparaissent très clairement dans les écrits de Bacon: il déplore notamment que l'hébreu, le grec et l'arabe ne soient pas mieux connus de ses contemporains; il fait ressortir les inconvénients de cette ignorance principalement pour la philosophie et pour l'interprétation des textes et souhaite l'intervention des princes.

Mais c'est Raymon Lull qui, dans les années 1300, a déployé

tous ses efforts pour cette cause, renouvelant les appels pour que l'enseignement des langues orientales soit institué en Occident et en l'occurence à Paris. Lull a écrit au moins trois lettres, respectivement au roi de France, à un haut personnage de la cour royale et à l'Université. Ces lettres ont en commun le but de faire des démarches auprès du roi afin que soit fondé à Paris un «studium Arabicum, Tartaricum et Grecum». La requête de Lull ne vise point à faire appeler à Paris des étudiants des pays d'Orient pour en faire des experts «in sacra pagina». Elle vise nettement à faire appeler à Paris des maîtres experts dans les langues orientales. Or, tout en appuyant sa requête sur l'esprit de mission, Raymon Lull, comme Bacon, n'omet pas de faire remarquer l'utilité plus proprement et plus strictement culturelle de l'institution: seulement la connaissance des langues peut permettre de puiser directement aux trésors de la littérature et de la pensée grecques et arabes.

Il semble que cette fois l'Université de Paris et la cour elle-même ne soient pas restées insensibles aux sollicitations et aient usé de tout leur pouvoir pour cette cause. Nous possédons, en effet, une lettre par laquelle l'Université, en la personne d'un maître régent, Laurent d'Aquilée, lié à la cour pendant le règne de Philippe le Bel, s'adresse au pape «pro fundatione novi studii Parisius in greco». Malheureusement, cette lettre, qui a été publiée deux fois d'après deux différentes sources, est sans date. Nous ne sommes pas, non plus, suffisamment renseignés sur la biographie de Laurent d'Aquilée. Un texte de lui nous apprend qu'il a été maître régent ès-arts sous Philippe le Bel; il y a lieu de penser qu'il a séjourné à Paris vers 1297–1301. Le dernier éditeur du précieux document, le regretté Mgr De Luca, l'a situé à une date voisine de celle du concile de Vienne, à savoir vers 1311–12. Dans les Actes du concile, comme nous allons le voir, il est question, en effet, des mêmes arguments. Toutefois, pour l'esprit et pour la lettre, le texte de Laurent d'Aquilée est très proche des épîtres de Lull. Il est plus simple de croire par conséquent que, comme Omont l'avait suggéré lorsqu'il eut à éditer le document pour la première fois et comme M. Weiss vient de le suggérer, la date la plus probable de la lettre soit à fixer aux environs de 1300, c'est-à-dire qu'il faut y voir «uno dei risultati immediati dell'epistola lulliana».

La lettre de Laurent d'Aquilée est moins une supplique qu'un projet. On y retrouve tous les arguments traditionnels sur la nécessité et les avantages de l'institution. Le document précise notamment que le collège oriental devrait se composer de six maîtres et de vingt étudiants. Le financement serait à la charge des chapitres. En outre, il faut bien remarquer que Laurent d'Aquilée, comme Lull et comme Bacon, s'efforce de mettre en lumière les répercussions de la mise en place de cette équipe d'orientalistes qui s'occuperaient notamment de la traduction de certains textes apocrifs qui existent en grec et en arabe. Quelle que soit la date de ce texte, son importance reste inaltérée. Sur la foi de ces documents, on peut affirmer d'une manière précise qu'au début du XIVe siècle il a existé en France un courant d'opinion favorable, pour des raisons différentes mais complémentaires, à l'institution de l'enseignement des langues orientales. Nous en sommes d'autant plus sûrs que ces projets ont fait aussi l'objet d'études et d'opuscules.

Pierre Dubois a consacré trois chapitres de son *De recuperatione Terre Sancte* au problème des langues, étudié en particulier sous l'aspect économique et politique. Cela tient à ce que le texte qui nous est conservé est celui dédié, entre 1305 et 1306, au roi d'Angleterre. Dans ce texte, l'auteur souligne que cet enseignement donnerait à nous les Occidentaux la possibilité de nous procurer à des frais modiques les «res preciosas» qui là-bas sont très abondantes et que nous payons très chères puisqu'elles nous font défaut. Or, nous savons que Pierre Dubois a préparé, en 1308, une nouvelle rédaction de son opuscule et qu'il l'a dédiée au pape. Il aurait été utile de pouvoir procéder à une confrontation entre les deux versions pour voir si elles présentaient des suggestions différentes sur les points qui nous intéressent. D'autant plus que, même dans la version connue de son texte, il est question des avantages qu'en retirerait l'Eglise, qui ne rencontrerait plus d'interlocuteur de taille dans les controverses (*ut non esset qui posset sapiencie romane ecclesie resistere*). De toute façon, le texte de Pierre Dubois renferme un programme précis pour l'organisation des écoles, leur localisation et leur but. L'auteur a étalé ces mêmes arguments notamment dans un texte de 1302, qui s'insère dans la polémique entre Philippe le Bel et Boniface VIII. Pierre Dubois n'est pas tendre envers ce dernier, à qui il reproche surtout de ne rien faire pour l'instruction de ses brebis, seul moyen pour rendre au monde chrétien son unité:

Et n'ensuiet pas nostre seigneur Jhesu Crist qui envoia preschier la foy crestienne par .LX. et .XII., disciples, esquelx il dona le sens et les languages de toutes genz. Mais le dit Bonifaces fut en ce negligent, quar onques par soy ne par autre ne regarda ni n'ensegna la centiesme partie de la gent du monde. Il estoit greigneur besoing que il feist arabic, caldei, grieus, ebrieus et touz autres lenguages, des quelx il y a moult de crestiens qui ne croient pas comme l'église de Rome pource que eux n'ont esté de ce enseignié, si comme le Pentarcos de vers Orient .IXᵉ. evesques que il ha souz li pres de touz les grieus et pluseours autres; des quelx enseigner il laissa la cure pour les plus obeissanz suppediter, grever et molester que il est desus dit. Se celi qui par miracles ne pooit donner les lenguages eust fait apprendre en touz les lenguages de lettres tant d'escoliers bien disposez pour aprendre que il soffisient pour envoier a touz les puebles preeschier la foy crestienne, et se eus n'eussient assez seu pour ce faire a sa vie, ses successeurs les y eussent envoiez en parfeçant ce qu'il eust commencié.

Finalement, en 1312, le concile de Vienne émet une décision préconisant l'institution de *studia* ou de chaires pour l'enseignement des langues orientales dans tout l'Occident: à la cour romaine, d'abord, «ubicunque residere contigerit», à Paris pour la France, à Oxford pour la Grande-Bretagne, à Bologne pour l'Italie et à Salamanque pour la péninsule ibérique. Ce décret du concile de Vienne fut publié seulement en 1317 par le pape Jean XXII; en 1434, le concile de Bâle renouvela l'édit du concile de Vienne relatif à l'enseignement des langues orientales, ce qui nous aide à comprendre dans quelle mesure l'édit de 1317 fut appliqué. Rappelons que l'étude des langues orientales fut instituée à Oxford, en 1517, dans le respect de l'arrêt du concile de Vienne.

Dans quelle mesure les décisions du concile ont-elles réellement suscité l'enseignement des langues à Paris? Comme ces décisions ne font que sceller une longue série de voeux faits dans ce sens, on s'attendrait à ce que l'écho ait été favorable. Or, nous n'avons pas, à ma connaissance, de documents qui attestent d'une manière certaine que l'arrêt conciliaire ait été suivi d'effet, au moins pour ce qui concerne la langue grecque. Les quelques documents ayant trait à l'enseignement des langues concernent exclusivement la langue hébraïque. Par ailleurs, le seul document que nous puissions exploiter pour vérifier si ces initiatives ont été prises émane encore une fois de la chancellerie pontificale. Ce document est connu depuis fort longtemps et son interprétation a donné lieu à des opinions divergentes. En outre, il faut préciser qu'il ne se réfère pas notamment à la langue grecque, mais à l'ensemble des langues orientales, dont l'enseignement était prévu dans le décret de 1312. Il s'agit d'une lettre écrite en 1326 par le pape Jean XXII à l'évêque de Paris «ut inquirat de magistris qui Parisiis regunt in hebraica, graeca, arabica et chaldaea linguis». Pourquoi cette «enquête» voulue par le pontife? Plutôt que de nous en tenir au libellé des éditeurs du Cartulaire de l'Université où le mot «inquirere» garde une valeur équivoque, examinons d'abord le texte lui-même dans le passage controversé:

Cupientes ut fidei christiane religio dilatato tentorii sui loco funiculos suos faciat longiores et proinde salus proveniat animabus, plenam volumus habere notitiam qualiter statutum felicis recordationis Clementis pape V predecessoris nostri de scolis in ebrayce, grece, arabice et chaldee linguarum generibus in Parisiensi et certis aliis studiis erigendis et a certis viris catholicis sufficientem habentibus linguarum ipsarum notitiam scolis regendis eisdem, ac de provisione annua ipsis regentibus in stipendiis competentibus et sumptibus facienda, in Concilio viennensi editum, quod dilatationem fidei et profectum animarum earundem respicere noscitur, observatur in parisiensi studio prelibato.

De ce texte Jourdain a pu conclure que l'attitude du pape Jean XXII et en définitive de la curie romaine «tend plutôt à restreindre qu'à favoriser l'extension de l'étude des langues». Autrement dit, «comme si le contact des sciences de l'Orient lui paraissait menacer l'orthodoxie chrétienne, le souverain pontife recommande que les maîtres chargés du nouvel enseignement soient l'objet d'une surveillance sévère, afin qu'ils n'introduisent pas dans les écoles, à la faveur d'explications grammaticales, des doctrines particulières, funestes pour la piété». Ce jugement vient d'une appréciation toute personnelle du texte et ne trouve un appui réel ni dans d'autres textes ni dans les faits. Néanmoins, d'autres érudits se sont ralliés à cette opinion — Omont notamment pour qui «dès 1325 son enseignement (à savoir celui donné au collège oriental, qui pour Omont se confond avec l'ancien collège de Constantinople qui inspirait des craintes pour l'orthodoxie), était l'objet d'une surveillance particulière de la part de l'autorité pontificale, et sa décadence ne tardait point à s'accentuer».

Je sais bien que l'enseignement de la pensée grecque à Paris a été frappé par l'interdit ecclésiastique. Mais il s'agit là d'un enseignement philosophique, que l'on ne saurait nullement assimiler à ou confondre avec la tâche plus pratique et moins

ambitieuse du grammairien. De plus, l'enseignement d'Aristote
était fondé exclusivement sur des textes en langue latine, et point
en grec.

Pour qu'une telle interprétation du texte de Jean XXII soit
valable, il faudrait être absolument sûr que le collège oriental, que
l'on ne saurait confondre avec le collège de Constantinople, ait
existé. Or, il s'en faut de beaucoup que nous soyons certains que
l'édit de 1312 ou, si l'on préfère, de 1317 ait été appliqué avec
rigueur. A mon avis, ce n'est pas dans le sens qu'ont voulu
Jourdain et Omont qu'il faut regarder le texte de 1326. L'enquête
ordonnée par le souverain pontife a moins pour but de savoir
comment on enseigne les langues orientales que de savoir *si* on les
enseigne. C'est dans ce sens, d'ailleurs, que M. Weiss l'interprète
lorsqu'il dit que «nel 1326 Giovanni XXII chiedeva l'applica-
zione del decreto del concilio di Vienna, ma l'eco a Parigi non
fu ritenuta». L'épître pontificale se termine par la recommanda-
tion de fournir des renseignements sur le nombre des maîtres et
des élèves: tous les textes, les projets faits pour l'institution du
collège ont traité de ce point essentiel pour l'organisation et le
fonctionnement de l'étude. Celui de 1326 n'est que l'aboutissement
d'une longue et toujours impuissante action.

Si donc le texte manque de clarté et de précision, d'autres faits
confirment qu'il faut l'interpréter dans le sens que je viens
d'indiquer. Tout d'abord la question de la rétribution des maîtres.
Selon le projet, la responsabilité en incombait au clergé des
diocèses ou aux abbayes. Nous savons que des différends sont
nés à ce sujet et que l'on a fait appel à l'autorité pontificale.
Loin de saisir l'occasion d'étouffer un enseignement qu'elle-
même avait suscité, l'autorité pontificale a constamment obligé
les chanoines récalcitrants au respect du décret du concile de
Vienne. Au sein de l'Eglise, il a existé toute une tradition à cet
égard et nul doute ne peut subsister. Les documents ont été
produits ou signalés par Jourdain lui-même. Nous savons ainsi
que les chanoines d'une ancienne église de Dijon ont payé une
somme desintée à un juif converti qui résidait à Paris et qui
devait enseigner les langues hébraïque et chaldaïque; d'autres
documents se réfèrent à des différends surgis pendant le pontificat
d'Innocent IV, d'Alexandre IV, d'Honorius IV. Et Omont lui-
même souligne que «plusieurs bulles adressées au chancelier de
l'Eglise de Paris montrent la sollicitude des papes pour cette
institution». Malheureusement, nul document ne se rapporte

explicitement à l'enseignement du grec, et je conclus de ce fait aussi qu'il ne s'est pas répandu.

Quoi qu'il en soit, une conclusion générale se dégage: tandis que dans d'autres centres culturels, au XIVe siècle, se manifeste un réveil d'intérêt pour le grec et une constante évolution dans la connaissance de cette langue, à Paris on constate un état de stagnation sinon de régression et, malgré les sollicitations favorables, cette situation s'accentue notamment dans la seconde partie du siècle. Si bien que, on n'est pas étonné de ce qu'aux alentours de 1400, la période qui nous intéresse, des érudits enseignant à l'Université s'avouent vaincus par «l'estrangeté de la langue grecque». C'est, somme toute, le traditionnel *grecum est, non legitur* qui se perpétue. Cela est d'autant plus vrai que les frères prêcheurs envoyaient leurs étudiants à Barcelone pour y apprendre l'arabe, l'hébreu, et le grec.

Quant à la tentative pour instaurer l'enseignement du grec à Paris au XIVe siècle, ce n'est nullement un hasard si l'idée d'enquêter sur l'application des décisions du concile de Vienne venait du côté de la cour pontificale d'Avignon. Pour la curie romaine la connaissance de la langue grecque revêtait une importance primordiale pour l'établissement ou le maintien des rapports avec le monde byzantin. La cour pontificale avait, d'abord, besoin d'experts en langue grecque soit pour les missions en Orient, soit pour faire avancer les tentatives d'union avec l'Eglise orientale. On reconnaît là le leitmotif qui revient dans tout projet mis sur pied pour la fondation de l'enseignement des langues orientales. Les tentatives d'union, d'ailleurs, étaient encouragées par l'empereur, pressé par le péril turc. Les démarches ont été faites d'un côté et de l'autre, mais, on le sait, Byzance devait être engloutie avant que l'union ne se fasse. Une nécessité politique, voire missionnaire, explique donc l'intérêt que la cour d'Avignon a porté au monde grec. Dans les projets concernant l'étude des langues, on a songé aux traductions en tant que contributions à la recherche de la vérité et à l'apaisement des controverses. Cette attitude ne pouvait pas ne pas engendrer de répercussions sur le plan culturel.

Siège provisoire de la cour pontificale sous Clément V, la ville venaissine est organisée par Jean XXII (1316–34) pour devenir la capitale de l'Europe. Parmi les premiers soucis des pontifes figure celui de donner à la ville un complexe d'institutions académiques lui permettant de jouer son propre rôle face aux autres universités. Les actes du concile de Vienne et les autres documents nous disent que l'organisation d'un *studium* oriental a été au centre des préoccupations et des délibérations du premier pape avignonnais et de son successeur. D'ailleurs en tant que pôle d'attraction, point de convergence pour le monde chrétien, la curie pouvait employer à cette tâche les prélats de toute origine. La situation dans l'Orient était propre à provoquer l'émigration vers les pays occidentaux. Où mieux qu'à la curie romaine, «ubicunque residere contigerit», l'orthodoxie pouvait-elle être sauvegardée? Les pontifes de l'époque accordaient donc sans doute moins d'importance à cette question, qui se révèle sans objet, que certains érudits du XIXe et du XXe siècle.

En ce qui concerne l'étude du grec en Avignon, les textes, bien que peu nombreux, nous fournissent pour une fois des indications nettes, en quoi Avignon diffère des autres centres européens. D'abord, on est obligé de penser que les décisions de 1312 ou de 1317, par lesquelles un *studium* devait être fondé *in curia*, ont dû être respectées, en principe, par l'autorité pontificale elle-même, qui en a surveillé l'application dans les autres centres. On manque, à ma connaissance, de données précises quant à l'activité de ce *studium*, mais on connaît les noms de prélats qui ont enseigné les langues sous le pontificat de Jean XXII et de ses successeurs. Nous savons notamment que l'évêque Conrad de Cammin et un nommé frater Bonifacius ont été élus «magistri linguarum in curia». De plus, il existe un témoignage précis sur e fait que «Raynerius de Constansa presbyter et Alexander Petiti clericus, nuntii regis Armenie» devaient «docere in curia linguas eorum». Finalement, nous savons que Barlaam de Seminara et frère «Narsesius, archiepiscopus Manesgarde n» ont été «in curia legentes grecum»: ces charges sont notifiées dans des documents pontificaux et ont dû revêtir un caractère officiel. En outre, par une lettre de Francesco Bruni, secrétaire pontifical, nous savons que Simon, archevêque de Thèbes, ami ou disciple de Barlaam, a enseigné le grec en Avignon, et il est certain que le même personnage a eu en Avignon une activité de traducteur du grec et que des textes grecs ont été traduits à la demande de personnages avignonnais. En conclusion, même si les documents ne sont guère nombreux, si bien que Denifle a pu affirmer que «das Studium an der Curie war nicht stabil», nul ne saurait mettre en doute qu'il y a eu en Avignon au XIVe siècle une activité hellénisante.

La bibliothèque pontificale, précieuse pour les renseignements qu'elle nous fournit sur l'état et le progrès de la vie intellectuelle en Avignon au XIVe siècle, possédait des manuscrits grecs. Nous les remarquons, au nombre de trente-trois, dans le catalogue de 1311 (c'est la «recensio perusina») et ce sont les mêmes que nous retrouvons dans l'inventaire fait pendant le pontificat de Jean XXII. Les livres sont signalés comme étant dans deux caisses qui en contiennent respectivement treize et vingt. Pour les titres, cela va sans dire, le nom d'Aristote revient le plus souvent, mais je signale également que pour bien des numéros on n'a pas su indiquer le titre de l'ouvrage. Les autres catalogues, par contre, nous fournissent des indications moins précises. Déjà pour l'inventaire fait sous Benoît XII, en 1339, on a eu de la difficulté à classer les deux groupes de manuscrits qui se trouvent encore partagés, vraisemblablement les mêmes, et groupés avec des manuscrits hébreux. Les connaissances de la langue grecque restaient limitées et cet inconvénient a dû se répercuter aussi sur ces volumes. En 1369, on ne trouve mentionnés explicitement que sept volumes en langue grecque.

Un écart aussi marqué me paraît suspect et je suis obligé de faire deux hypothèses. D'abord, on peut penser que les manuscrits grecs auraient été répartis dans des locaux voisins de la librairie pontificale et affectés à l'étude de la littérature grecque. Je pense évidemment moins aux textes d'Aristote, que l'on préférait lire en latin, qu'aux manuels attestés dans les inventaires précédents. Cette hypothèse supposerait toutefois, pour être retenue, une intense activité d'enseignement qui, dans l'état actuel des recherches, n'est attestée par aucun témoignage. Si l'on possédait des renseignements précis sur l'existence du *studium*, on n'éprouverait aucune difficulté à admettre que les manuscrits y auraient été déposés. D'autre part, on remarquera que dans le catalogue de 1369 paraissent quelque cent vingt manuscrits hébreux. Or, dans les catalogues précédents il s'en faut de beaucoup que ce même chiffre soit atteint. On remarquera, de plus, que sur cent vingt manuscrits, cent seize, c'est-à-dire la quasi-totalité, ont été inventoriés sous le même numéro avec l'indication vague «Item CXVI libri de litera hebraica». Cette rubrique conclut l'inventaire de la riche bibliothèque. Cinq des sept manuscrits grecs ont été inventoriés au numéro qui précède celui contenant les manuscrits hébreux. Pour extravagant que cela puisse paraître, l'expérience nous apprend que ceux qui ont eu pour tâche de dresser l'inventaire d'une bibliothèque n'ont pas su toujours distinguer un manuscrit grec d'un manuscrit en langue hébraïque. Un exemple très éloquent est resté dans les inventaires de la bibliothèque Visconti-Sforza, publiés par Mlle Pellegrin. *Dans la consignatio librorum* de 1426 un volume est ainsi décrit: «Liber unus in littera *greca seu ebraica...*»; et si on lit les anciens catalogues de la Bibliothèque vaticane, on remarquera que le fonds grec est décrit sommairement, sans l'indication des *incipit* et des *explicit*. D'où le soupçon, qui me paraît bien fondé, que les deux derniers numéros du catalogue de la bibliothèque d'Urbain V auraient pu cacher au moins les trente manuscrits grecs dont nous connaissons déjà l'existence. Autrement dit, il ne me paraît pas hasardé de dire qu'au rédacteur sont restés à inventorier quelque cent vingt manuscrits qui ne se présentaient pas en écriture latine; après un tri sommaire et hâtif, il aurait traité le tout comme étant le fonds hébreux de la librairie. Cette confusion, d'ailleurs, était amorcée dès 1339, lorsqu'on avait ainsi classé les exemplaires: «Item invenerunt in quodam alio cofino rubei coloris *certos libros grecos et hebraicos*», et: «Item invenerunt in quodam alio cofino simili precedenti *quosdam alios libros grecos et hebraicos*».

Les manuscrits grecs ne sont plus mentionnés dans l'inventaire de la librairie de Grégoire XI, fait en 1375, et ne reparaissent plus après. J'ignore ce qu'ils sont devenus. Le fonds grec de la Bibliothèque vaticane n'est pas le bénéficiaire direct du fonds grec avignonnais; en 1443, la bibliothèque d'Eugène IV ne possédait que deux manuscrits grecs.

Quant à l'origine de ce noyau de manuscrits grecs, qui provenaient de la bibliothèque de Boniface VIII, une hypothèse fort intéressante a été suggérée par Heiberg. «Nous savons, écrivait-il, qu'une foule de manuscrits grecs avaient été rassemblés par les Hohenstaufen; on ne serait donc pas loin de supposer qu'après la défaite de Manfred une partie de la collection ait passé au pouvoir du pape». Cette hypothèse rejoint d'une part la géographie de la diffusion des connaissances du grec au moyen âge et d'autre part les hypothèses et les constatations faites sur les origines du fonds grec de la Bibliothèque nationale de Paris.

Les inventaires des bibliothèques montrent l'aspect, dirai-je

statique, de l'état des études de grec en Avignon au XIVᵉ siècle.
Par d'autres voies, nous savons que la présence de prélats d'origine
orientale et les ambassades fournissaient aux savants avignonnais
les occasions les meilleures pour s'initier à la langue grecque ou
pour se procurer des manuscrits en cette langue. C'est grâce à
la présence d'érudits grecs que Pétrarque, Francesco Bruni ont
pu apprendre des éléments de la langue grecque. C'est par le
contact avec les ambassadeurs de l'empereur de Byzance se
rendant à Avignon que Pétrarque peut demander et obtenir une
copie du texte d'Homère et, à la suite de ce succès, solliciter
l'envoi d'Hésiode et d'Euripide. L'un des érudits, Simon
Atumano, a été le possesseur du manuscrit qui est fondamental
pour l'établissement du texte d'Euripide. Il possédait aussi
Hésiode, Homère, Platon, Sophocle et sans doute aussi Plutarque.

L'indifférence générale, voire officielle à un moment donné,
à l'égard de la langue grecque attestée pour les années 1400 et
qui intéresse une large période autour de cette date, est strictement liée à la situation politique qui caractérise la France à la
même époque. Cette situation entraîne pour la culture des
avantages aussi bien que des inconvénients et des limites. D'une
part, ce sont les troubles intérieurs et extérieurs du royaume, les
vicissitudes du Schisme et, d'une manière générale, le manque
d'un besoin réel d'entretenir des rapports constants avec l'Orient;
puisque ces rapports ne sauraient relever uniquement d'une
nécessité de l'esprit, il y eu là un frein à la reprise ou bien au
maintien de l'étude des langues. D'autre part, on remarquera que
la cour avait inauguré avec Jean le Bon une véritable politique
dans le domaine des traductions. Mais, il s'agit essentiellement
d'une œuvre de vulgarisation. Si l'on traduit des textes grecs en
français — Aristote surtout — en réalité il s'agit de textes qui,
depuis longtemps ou par acquisition récente, sont répandus en
langue latine. Les deux facteurs ont donc eu une influence
négative pour la survivance de la langue grecque, dans le cas
où au début du siècle l'institution aurait pris pied, ce qui
d'ailleurs reste à prouver. En outre, il me paraît significatif que
la librairie royale, quelle que soit sa richesse, ne fait place aux
textes grecs, pour autant que nous puissions en juger par les
inventaires, ni sous le règne de Charles V, ni sous celui de son
successeur. C'est seulement à partir de l'année 1518 que, comme
je le disais au début, l'on peut constater la présence d'un noyau

de fonds grec — une quarantaine d'exemplaires — dans la bibliothèque de François Ier au Château de Blois. Partant, si dans l'inventaire de la bibliothèque du duc Jean de Berry, fait en 1416, on trouve «un grant livre ancien, *excript en grec*, fermant a plusieurs fermœrs de cuivre, couvert de vielz cuivre empraint de plusieurs escriptures, et dessus les ays a gros boullons de cuivre d'estrange façon et une manière d'astralade de cuivre sur les ays», il s'agit d'une exception, d'un manuscrit «égaré» qui, encore une fois, n'infirme en rien la thèse générale. D'autre part, les catalogues de la Sorbonne ne contiennent aucune allusion à l'existence de manuscrits grecs. Pour que les manuscrits grecs se répandent à Paris, il faut attendre jusqu'aux alentours de 1480. A cette date, l'arrivée de Georges Hermonyme de Sparte permit aux érudits et aux grands seigneurs de se partager les manuscrits que l'exilé grec avait apportés avec lui ou qu'il avait copiés à Paris même.

La première chaire de grec à Paris remonte toutefois à l'année 1457-58. Elle fut confiée par l'Université à l'érudit italien Gregorio di Città di Castello, dit le Tiphernate. Mais l'enseignement du Tiphernate, très contesté, ne dura qu'un an et demi. Ce n'est qu'un siècle plus tard qu'on dira d'un maître parisien qu'il — il s'agit de François Beluger — «s'acquit beaucoup de réputation par l'intelligence qu'il avait de la langue grecque. Il enseigna longtemps à Paris dans le collège de Navarre et composa de doctes commentaires sur Homère.» Rien de semblable pour les générations précédentes, bien que Philippe de Mézières se vante, dans une lettre au roi, de connaître le grec, et les manuscrits de Nicolas de Clamanges nous révèlent qu'il a fait des tentatives d'écrire en grec.

NOTE

Ces réflexions sont nées d'une étude sur la *Découverte de Plutarque en Occident au XIVe siècle* (Turin, 1968), dans laquelle le lecteur trouvera une bibliographie exhaustive.

Gilbert Ouy

GERSON ET L'ANGLETERRE
A propos d'un texte polémique retrouvé du Chancelier
de Paris contre l'Université d'Oxford, 1396

Pour qui se consacre à l'étude de la première génération des
humanistes français, la communication que vient de nous faire
M. Pierre Jodogne sur l'humanisme des rhétoriqueurs offre un
intérêt tout particulier: elle permet de mettre en évidence la
profonde unité et la continuité du mouvement humaniste en
France de la fin du XIVᵉ au début du XVIᵉ siècle.

Le cas de Gerson, l'une des figures les plus caractéristiques
et les plus attachantes de l'Humanisme français à ses débuts,
illustrera bien mon propos. Il me faudra toutefois déborder
largement la simple présentation d'un document récemment
identifié. En effet, de ceux qu'il m'a été possible de mettre en
lumière au cours des dernières années, ce texte n'est pas le plus
révélateur des tendances humanistes de Gerson: de ce point de
vue, le traité contre Juan de Monzón, par exemple, était bien plus
remarquable, et la polémique y était plus animée et plus
mordante. Mais nous serons ici en présence d'un spécimen fort
peu répandu: le nouveau chancelier s'est fait copier une lettre
de l'Université d'Oxford critiquant les solutions proposées par
l'Université de Paris à la crise du Schisme et, dans les larges
marges réservées à cet usage, il a noté au courant de la plume
les réflexions que lui inspirait ce texte. Réflexions souvent peu
indulgentes: le rigoureux logicien qu'est Gerson traque im-
pitoyablement les fautes de raisonnement commises par l'adversaire.
Mais on le voit aussi exposer ses propres vues quant au dénouement du Schisme avec une netteté qui dissipe utilement certaines
interprétations récemment hasardées. Enfin, son rôle dans les
pourparlers menés en 1396 avec les Anglais se trouve pour la
première fois dégagé.

Les historiens de la littérature ont toujours montré un penchant
— à vrai dire assez compréhensible — pour les périodes de
plein épanouissement et pour les auteurs de premier plan, et une
préférence — explicable elle aussi, sinon justifiée — pour les œuvres
écrites en langue nationale au détriment de la production en latin.

Le siècle de Rabelais et de la Pléiade n'a cessé, à juste raison,
de susciter des recherches et des publications nombreuses, mais
l'on a bien négligé la période au cours de laquelle s'est préparée
cette «Renaissance».

Le XVᵉ siècle n'a pas été, pour autant, laissé complètement en
friche, mais la répartition des travaux qui lui ont été consacrés a
de quoi surprendre, car elle ne reflète guère la hiérarchie des
auteurs et des problèmes. Nul ne songera, certes, à s'indigner que
la bibliographie des ouvrages et articles consacrés à Villon dépasse
largement les trois cents titres et se gonfle chaque année de
publications nouvelles; mais le scandale est qu'en regard, si peu
de chose ait été écrit jusqu'à ces toutes dernières années sur
Nicolas de Clamanges, par exemple. Ne serait-ce pas parce que
ce pionnier de l'humanisme dans notre pays, ce Pétrarque
français ne s'exprimait qu'en langue latine?

Même un auteur que l'on pourrait croire bien connu, comme
le célèbre Gerson, demeure en bonne partie à découvrir. Un
érudit qui a beaucoup contribué à le faire mieux connaître
pouvait tout récemment encore parler à propos de ses œuvres de
«l'exploration d'une véritable forêt vierge». Dans l'ouvrage qu'il
consacre à *La Théologie mystique de Gerson*,[1] Mgr André Combes
souligne avec raison la nécessité de commencer par le commence-
ment, c'est-à-dire de rechercher et d'étudier les manuscrits et
d'éditer correctement les œuvres — tout au moins les plus
importantes — avant de disserter à leur propos. Et, prêchant
d'exemple, cet infatigable chercheur n'a pas utilisé moins de
soixante manuscrits pour établir son édition critique de la
Theologia mystica.

C'est en partant du même principe, mais en m'attachant bien
davantage au côté technique de la recherche, tout particulièrement à l'examen matériel, «archéologique» et «archivistique» des
manuscrits que j'ai pu, depuis une dizaine d'années, retrouver
quelque dix opuscules perdus du grand théologien.[2] Certains de
ces textes, notamment ceux qui remontent à ses années de
jeunesse, éclairent d'un jour assez nouveau la genèse et l'évolution
de sa pensée.

Il y a plus d'un quart de siècle que Mgr Combes, précisément, a fait justice une fois pour toutes du schéma selon lequel Gerson, parce que théologien, ne pouvait être tenu pour un humaniste.[3] S'il prenait aujourd'hui fantaisie à quelque renfloueur d'épaves de ressortir cette théorie, on aurait beau jeu de lui opposer certains des textes gersoniens récemment découverts comme le traité contre Juan de Monzón ou le *Pastorium carmen*.

En fait, la question qui se pose actuellement n'est plus du tout celle de savoir *si* Gerson a ou non sa place au sein du mouvement humaniste, mais bien plutôt quelle est cette place.

Du point de vue chronologique, tout d'abord, il est dès maintenant évident que Gerson a nettement devancé dans cette voie Jean de Montreuil — un peu trop vite désigné par Georg Voigt comme «der erste rechte Humanist in Frankreich». L'*Epistola Ia*, probablement adressée à Pierre d'Ailly[4] et le *Pastorium carmen*, déjà nommé, deux textes qui paraissent datables des années 1381-83, témoignent chez Gerson à peine sorti de l'adolescence d'une familiarité avec les auteurs antiques et avec Pétrarque, d'une connaissance du latin de loin supérieures à celles dont faisait preuve Jean de Montreuil — pourtant son aîné de presque quinze ans — quand il rédigeait si péniblement, un peu plus tard, sa première lettre à Coluccio Salutati.[5]

Du point de vue de la valeur littéraire — bien qu'il s'agisse là d'un critère moins sûr, entaché de subjectivité — il semble permis d'affirmer que Gerson se situe, avec son ami Nicolas de Clamanges, au tout premier rang des humanistes de sa génération. Mais y occupe-t-il une place à part? Faut-il admettre l'existence de ce que M. Etienne Gilson nomme «un humanisme de théologiens»[6] s'opposant à un humanisme laïque?

Rien n'est plus douteux. M. Pierre Jodogne nous a énoncé une série de caractéristiques de ces humanistes de la fin du XVe siècle que l'on a affublés — il nous a expliqué pourquoi — du nom de «grands rhétoriqueurs». Or, toutes ces caractéristiques, sans exception, nous les trouvons déjà réunies un siècle plus tôt chez les humanistes français de la première génération, qu'il s'agisse de Jean de Montreuil ou de Gerson.

Déjà à cette époque — peut-être même serait-il plus juste de dire: surtout à cette époque — on serait en droit de parler d'un *humanisme de chancelleries*. Tous les protagonistes du mouvement appartiennent à une grande chancellerie: Jean de Montreuil, Gontier Col, Jacques de Nouvion, Jean Lebègue etc. sont des

notaires de la chancellerie royale; Ambrogio Migli qui — bien
qu'italien ou plutôt parce qu'italien — a joué un rôle de premier
plan dans l'essor de l'humanisme français — est secrétaire de
Louis d'Orléans; Nicolas de Clamanges, Jean Muret ou Giovanni
Moccia sont membres de la chancellerie pontificale d'Avignon;
Jean Gerson enfin, a la charge de la chancellerie de l'Université
de Paris. Le rappeler n'est pas jouer sur les mots: le chancelier
de l'Université n'avait longtemps été qu'une sorte de secrétaire
préposé par le pape à la collation des grades; il ne commença
à prendre de l'importance qu'à la faveur de la situation créée par
le Schisme, et l'on sait combien l'habile Pierre d'Ailly sut tirer
parti des circonstances. Mais ce fut surtout Gerson qui, par sa
forte personnalité et le rayonnement de sa pensée et de son
œuvre, conféra à cette charge plutôt modeste ses lettres de noblesse.

Rien ne sépare Gerson de cette catégorie sociale: tout comme
la plupart du personnel des chancelleries à cette époque, il est
d'humble origine. Comme eux, il a reçu une formation humaniste,
et ce dans l'établissement le plus apte à la dispenser: au Collège
de Navarre, véritable pépinière de grands lettrés et de hauts
fonctionnaires. Chez lui aussi, une vive conscience de ses responsabilités va de pair avec un profond sentiment national. Il partage
avec les serviteurs dévoués d'une monarchie en voie de centralisa-
tion des vues politiques qu'il a éloquemment développées dans
son célèbre sermon *Vivat rex*. Et ce sont les mêmes ennemis qui
feront périr Jean de Montreuil ou Gontier Col et contraindront
à l'exil le chancelier parisien.

Du moins l'indéniable désintéressement de Gerson l'oppose-t-il
à des «parvenus» ambitieux et avides? Autour de lui, les hommes
d'Eglise accumulent les prébendes, les laïcs s'emploient à
arrondir le patrimoine qu'ils transmettront à leurs enfants. Lui,
au contraire, pousse si loin le mépris des biens et des honneurs
qu'on le verra, dans les dernières années de sa vie, refuser le
canonicat qui lui avait été conféré à Lyon à la demande de son
ami Gérard Machet.

Certes, le contraste frappe. Mais, sans mettre un instant en
doute l'évidente sincérité du personnage, il faut bien remarquer
que cette «vertu» qu'il prêche et met en pratique se situe — s'il
est permis d'employer cette image — exactement dans la même
bande du spectre que le «vice» majeur de la couche sociale à
laquelle tout le rattache: elle en est comme la réplique «en
négatif», et confirme dialectiquement l'appartenance de Gerson

à une catégorie qui d'ailleurs se reconnaît en lui, qui le respecte et l'admire sans l'imiter, et dont il est la bonne conscience.

Un schéma analogue pourrait peut-être rendre compte de l'opposition — à laquelle certains auteurs ont sans doute attaché une importance exagérée — entre Gerson et divers personnages du même milieu au sujet de la valeur morale de l'œuvre de Jean de Meun. Nous manquons d'éléments pour connaître les secrets de la vie privée des clercs de la chancellerie royale, mais rien ne permet d'affirmer *a priori* que leurs mœurs aient été beaucoup plus édifiantes que celles de leurs collègues milanais de la chancellerie des Visconti.[7] Quoi qu'il en soit, ils appréciaient chez Jean de Meun un certain cynisme auquel, très logiquement, Gerson s'opposait au nom d'une foi en principe partagée par tous, au nom d'un idéal moral théoriquement admis dans ce milieu et que le chancelier parisien, quant à lui, mettait en pratique; ce qui lui valait le respect et l'admiration d'un Jean de Montreuil. Si les divergences dans l'appréciation du *Roman de la rose* avaient constitué — comme certains l'ont cru — l'indice d'un profond antagonisme, les attitudes eussent été, de part et d'autre, bien différentes.

Conscience de leurs responsabilités et de l'importance nouvelle de leur rôle; haute conception du métier de secrétaire et foi dans le pouvoir de la parole écrite. M. Jodogne a souligné ces traits caractéristiques chez un Lemaire des Belges, mais nous les remarquons déjà chez Alain Chartier et, à la génération antérieure, chez Jean de Montreuil, et aussi, bien entendu, chez Gerson.

Il n'est pas besoin d'attendre la fin du XVe siècle pour trouver chez des lettrés français un vif intérêt pour l'histoire, qui, dès la fin du siècle précédent, se sépare de la chronique médiévale sans d'ailleurs se substituer à elle. Jean de Montreuil a multiplié les essais historiques, non point, certes, dans un esprit spéculatif et scientifique, mais pour établir plus solidement les droits du roi de France son maître face aux prétentions anglaises. Et l'on trouve déjà chez nos humanistes de la première génération cette idée chère aux rhétoriqueurs que le récit des grands exploits est presque aussi important pour la gloire d'une nation que ces exploits eux-mêmes. C'est la thèse même que développe le jeune Gerson en 1389 ou 1390 dans son introduction au traité contre Juan de Monzón, véritable manifeste de l'humanisme français:

Gallia, que viris semper et strenuis bello et omni sapientia eruditis illustrata est, gravium et eloquentium hystoricorum atque poetarum magnam hactenus passa est inopiam. O si illam attigisset prior illa scriptorum solers industria, quamquam Dei nutu habunde aucta famataque sit, apud omnes tamen et maxime posteros, clarior et quodammodo immortalior effulsisset. Nam quid Grecorum, Romanorum atque Troianorum regna, etiam post ruinam, ad semotissimos populos celeberrima reddidit? Interrogati Salustius atque Naso fatebuntur id elegantem scriptorum eloquentiam effecisse, que famam illis genuit, muris etiam cadentibus, perire non valentem: adeo longevior vivaciorque est scriptorum quam urbium duratio.

Hec si nostris scribendi sollicitudo obtigisset, viros sane haberemus quos Ytalis Grecisque aut preponere liceret aut opponere, ac unde mordax lividaque emulorum Gallici nominis insultatio repercuti posset. Nequaquam insuper mendicanda nobis semper forent ab externis insignia virtutum exempla: nostra quippe in promptu essent, quibus habundaremus. Neque enim tot prefulgida virorum illustrissimorum nomina extinxisset oblivio, nec memorandorum tot gestorum memoriam, litteris non adiutam, vetustas consumpsisset.[8]

Un tel texte se passe de commentaire. Est il vraiment besoin de souligner de nouveau le caractère «renaissant» de certains thèmes et la beauté de la langue?

Et, de même que Jean de Montreuil, secrétaire royal, se servira un peu plus tard de l'histoire pour exalter la grandeur du royaume de France et défendre les droits de la couronne, de même le chancelier parisien retrace le passé glorieux de son université pour mieux déjouer les tentatives de ceux qui voudraient la dépouiller de son primat intellectuel. Au premier rang de ces ennemis se situe Pétrarque qui, bien que mort depuis près de quinze ans, vit toujours par ses écrits et ses nombreux disciples italiens. Il faut lui arracher ses armes et les retourner contre lui pour le mieux combattre.

Comme Jean de Montreuil recherchant les sources troyennes de la royauté française, évoquant la grande figure de Charlemagne pour soutenir les intérêts menacés de son roi, Gerson remonte aux plus lointaines origines du *Studium Parisiense* pour s'opposer plus efficacement aux empiètements des universités rivales:

> Parisiensis studii Universitas, ut origine prior, sic gloria et dignitate ceteris eminentior semper fuit.
>
> Eius ortum quidam e Roma trahunt, alii ab Athenis, ex Egipto alii; nonnulli vero traducunt eam a Prophetis; reliqui e paradiso, sive illo terrestri ubi Ade infusa divinorum atque humanorum cognitio traditur, sive e celesti, ubi, si poetis fides est, ex Iovis vertice progenita est Minerva, sapientie dea...

Omissa autem super hiis disceptatione, certum id habemus reliqua studia aut post hoc aut ab hoc derivata esse, velut ex fonte vivido qui in quatuor Facultates ceu totidem flumina sese impertiens, superficiem omnem terre undis doctrinarum reddit irriguam.[9]

Lorsque, six ans après le traité contre Juan de Monzón, Gerson, devenu entre-temps chancelier de l'Université de Paris, s'opposera durement à l'Université d'Oxford sur le choix de la meilleure issue pour sortir du Schisme, ce n'est pas seulement la «voie de cession» qu'il défendra, mais aussi et bien plus encore la primauté parisienne.

A la faveur d'une «Enquête sur les manuscrits autographes du Chancelier Gerson et sur les copies faites par son frère le Célestin Jean Gerson»,[10] j'avais déjà eu l'occasion, il y a quelques années, de présenter aux médiévistes le gros recueil qui porte à la Bibliothèque nationale de Paris la cote Lat. 14643. Coté *P. 9* dans le catalogue dressé au début du XVIe siècle par le bibliothécaire de l'abbaye parisienne de Saint-Victor, Claude de Grandrue, il fait partie de la série d'environ quatrevingts volumes que j'ai pu identifier comme provenant du legs de l'humaniste normand Simon de Plumetot. J'ignore encore quelles purent être les relations entre ce personnage et le chancelier Gerson, mais une seule chose est sûre: tous les autographes de Gerson que j'ai pu identifier dans le fonds de Saint-Victor y sont entrés par l'intermédiaire de Simon de Plumetot.

Compte non tenu de quelques feuillets ajoutés plus tard par Plumetot et en partie écrits de sa main, et de quelques documents un peu plus anciens, nous sommes en présence d'un volumineux dossier formé de pièces intéressant l'activité de l'Université de Paris — et tout particulièrement ses efforts pour mettre un terme au Schisme — au cours des années 1394 à 1398. On reconnaît aisément, d'un bout à l'autre du recueil, les mains de quelques copistes attitrés, pas toujours très habiles, mais généralement soigneux et assez cultivés. Une main ferme et élégante intervient fréquemment dans tout le manuscrit, soit pour copier des textes, soit, le plus souvent, pour corriger, faire des renvois, annoter. Il était évident dès le premier coup d'œil que cette main était celle du personnage qui avait constitué le recueil. L'étude du contenu montrait d'autre part que ce personnage jouait un rôle important dans l'Université de Paris. Une attentive comparaison avec des autographes indiscutables m'a permis il y a quelques années d'identifier avec certitude cette main comme étant celle du chancelier Gerson.[11] Il est sans doute inutile de refaire ici la démonstration.

Le document qui nous concerne occupe les feuillets 285 r⁰ à 289 r⁰ du recueil. Il est écrit de la même main, mais d'une écriture moins ornée, qu'une partie du document qui précède (*Somnium* d'Honoré Bouvet) que j'ai étudié il y a quelques années.[12] Le papier est identique (filigrane: hache à long manche, n⁰ 7512 du répertoire de Briquet, qui n'est attesté que dans des documents parisiens de 1395). Ce détail confirme la première hypothèse qui vient à l'esprit, à savoir que l'on est en présence d'une pièce rigoureusement contemporaine des évènements, non d'une copie postérieure.

Gerson a, selon son habitude, soigneusement relu la transcription — assez correcte dans l'ensemble — suppléant les mots omis par le copiste et corrigeant ses fautes. Puis, dans les larges marges visiblement réservées à cet usage, il a souligné par des «manchettes» les articulations du texte («Divisio huius epistole in tres partes, Prima pars...») et noté les réflexions que lui inspirait la lettre des universitaires oxoniens.

Il est fort improbable que Gerson ait envisagé de faire copier et diffuser le texte d'Oxford accompagné de sa glose. Il s'agissait évidemment de notes faites à son propre usage, d'une sorte d'aide-mémoire préparé en vue des discussions qu'il s'apprêtait à soutenir à Compiègne avec les envoyés de l'Université d'Oxford accompagnant l'ambassadeur William Scroope. Mais, si nous sommes informés par Gerson lui-même de sa présence aux conversations franco-anglaises de juillet 1396,[13] rien n'indique qu'il y ait pris la parole. Il n'eut sans doute pas à le faire puisque, comme nous l'apprend le Religieux de Saint-Denis, les clercs d'Oxford filèrent à l'anglaise dès qu'ils eurent délivré à Charles VI le message dont ils étaient porteurs:

> Quamvis prefati legati famosissimi dicerentur et eminentis sciencie, pluries tamen rogati ut cum Gallicis clericis de materia unionis collacionem haberent, acquiescere tamen noluerunt, dicentes quod ad hoc missi non erant; legacioneque peracta et regi Francie vale dicto, post quatriduum redierunt.[14]

Du fait qu'elles n'étaient pas destinées directement à la publication, ces notes ont pour nous plus de valeur: nous sommes assurés que le chancelier parisien y exprimait son opinion en toute spontanéité, sans avoir à dissimuler sa vraie pensée sous de prudents euphémismes. Tout au plus, au contraire, aura it-il ensuite, en public, atténué l'excessive brutalité de certains jugements écrits.

C'est donc, en somme, Gerson lui-même qui va nous confier ce qu'il pensait des problèmes du Schisme et tout particulièrement de la «voie de cession», et ce à une date qui nous est connue avec précision: le début de juillet 1396.

Le fait n'est pas sans importance: Gerson est, de tous les personnages de cette période, l'un de ceux dont les écrits et les actes ont le plus attiré l'attention des historiens et suscité le plus d'interprétations souvent contradictoires. Deux ouvrages récents, *Gerson and the great Schism* du Prof. John Morrall[15] et *La Théologie mystique de Gerson* de Mgr André Combes,[16] se sont attachés à reconstituer l'évolution de la pensée ecclésiologique et de l'attitude politique du chancelier face au Schisme.

C'est en toute sincérité que j'avais tenu, dès le début de cet exposé, à rendre hommage aux savantes et patientes recherches de Mgr André Combes. C'est avec la même sincérité que j'exprimerai ici certains désaccords avec son interprétation.*

Dans son récent ouvrage cité plus haut, il regrette «que l'on ait attribué à Gerson une attitude pratique ou une position doctrinale que ces textes, en réalité, ne supportent pas. De là — ajoute-t-il — bien des simplifications ou des confusions dont l'histoire ne cesse de souffrir». Et, comme «exemple de ce qu'il faudrait, tout d'abord, éviter», il cite l'explication donnée par Mgr P. Glorieux d'un passage du traité *De substractione obediencie*: pour l'éditeur de Gerson, le chancelier, à l'époque où il rédigeait

---

* J'ai appris la nouvelle du décès d'André Combes peu avant de recevoir les épreuves de cet article. A la tristesse que m'inspire la disparition prématurée d'un grand érudit que je connaissais depuis plus de vingt ans s'ajoute le regret de critiquer certains de ses interprétations maintenant qu'il ne peut plus me répondre. Il y a quelques mois, j'avais tenu—comme c'était depuis longtemps l'habitude entre nous—à lui faire part de mes objections. Une première réponse assez hâtive ne m'avait pas convaincu et je lui avais mieux développé mes arguments. Je m'attendais a recevoir la réponse point par point, méthodique et précise, qu'il écrivait toujours en pareil cas, et m'étonnais d'un silence prolongé dont il n'était guère coutumier. Je viens, hélas, d'en avoir l'explication. Mais ce chercheur, qui pratiqua lui-même une critique sans indulgence parce qu'il la savait indispensable au progrès de la connaissance, n'était pas homme à s'offenser d'être critiqué. Au reste, il s'agit ici d'un point secondaire et si—comme je le crois—l'interprétation proposée par André Combes doit être écartée, cela ne diminuera en rien la valeur d'une œuvre magistrale.

ce traité (février ou août 1395), était partisan de la voie de cession. Pour Mgr Combes, c'est là un véritable contre-sens:
«Partisan de la voie de cession, Gerson l'a été; il ne l'est plus».[17]

A l'appui de cette assertion, l'auteur cite un passage du *De
substractione*. Relisons le avec lui:

> Testatur Deum huius schedulae scriptor quod non illa ad differendum
> prosecutionem unionis Ecclesiaticae vel viae cessionis, quas et verbis
> et factis *hactenus* maxime cordi habuit et cum opportunitas accesserit
> se habiturum et ostensurum promittit...

En soulignant ce «hactenus», l'érudit montre qu'il y attache une
grande importance, comme s'il s'agissait d'un tournant brusque
dans l'évolution de notre personnage: «*Jusqu'ici* — dit Gerson —
j'ai eu à cœur la voie de cession». On attend avec impatience le
«*Mais, à partir d'aujourd'hui*» qui ne peut manquer de suivre.
Déception: ce qui suit ce *hactenus*, c'est tout bonnement la
promesse formelle de continuer!

Au reste, cet adverbe ne saurait, dans ce contexte, avoir la
signification décisive qu'on pourrait être tenté de lui accorder
puisque ce n'est pas seulement à la voie de cession que Gerson
affirme avoir été *jusqu'ici* attaché, mais aussi, en même temps, à
l'union de l'Eglise: «unionis ecclesiasticae vel viae cessionis, quas...
hactenus maxime cordi habuit».

Mais poursuivons notre lecture:

> sed pro honore et integritate fidei, evitatione deterioris schismatis,
> custodiendo famam Universitatis, servato iure et honore Theologicae
> Facultatis et iuramento quod ad praedicta habet inviolabiliter
> observando. Quantum ad omnes conditiones videtur dicendum brevi
> verbo quod, quamvis via cessionis *secundum se considerata* sit optima,
> tamen potest fieri prorsus inutilis si principes et clerus alterius obedi-
> entiae nullomodo isti viae velint consentire.

Le soulignement est, cette fois, mieux justifié. Il est bien vrai
que Gerson n'envisage pas la voie de cession *en soi*, et qu'il n'y
voit pas une panacée ou un remède miraculeux (mais avait-il
auparavant cédé à de telles illusions?). Elle est à ses yeux *la
meilleure* (c'est ainsi, plutôt que par *excellente*, qu'il faudrait
traduire *optima*: c'est par le superlatif relatif que se rend norma-
lement le choix entre plusieurs possibilités), mais elle ne dé-
bouchera pas automatiquement, il le sait, sur la réunification de
l'Eglise.

Et c'est là, précisément, que Gerson se sépare nettement de la
tendance «extrémiste» de l'Université: celle-ci se recrutait moins,

en vérité, à la Faculté de Théologie que parmi les Juristes, les Médecins, et surtout au sein de la tumultueuse Faculté des Arts: le chancelier déplorait, d'ailleurs, que le mode de votation adopté aux assemblées universitaires n'accordât aux Théologiens — bien plus compétents, estimait-il — qu'un quart des voix, et ne donnât pas plus de poids au vote d'un docteur solennel qu'à celui d'un simple licencié.[18]

Pour ces «extrémistes», la voie de cession impliquait *immédiatement* l'ultimatum au pape d'Avignon et la soustraction d'obédience en cas de refus de celui-ci. Pour Gerson, la soustraction d'obédience ne pouvait être le point de départ, mais bien plutôt l'aboutissement du processus. Il fallait tout d'abord faire en sorte que le mouvement fût suivi tant par les autres princes de l'obédience avignonnaise que par ceux de l'obédience de Rome, sinon, le remède risquait d'être pire que le mal. D'où tous les efforts déployés pour faire accepter la formule par les partisans de Boniface; d'où, notamment, ces âpres discussions avec les tenants de la voie de concile.

En admettant même — ce qui ne me paraît pas tellement évident – que Gerson ait quelque peu atténué, nuancé sa position (mais non pas, certes, abjuré la voie de cession!) entre décembre 1392, date à laquelle il rédigeait sa *Disputatio de iurisdictione spirituali* et 1395, date du traité *De substractione obedientiae*, on aurait plutôt lieu d'être surpris qu'il ait si peu évolué.

En effet, la situation s'est, entre-temps, sensiblement modifiée. Benoit XIII, qui a succédé en septembre 1394 à Clément VII, a nommé Pierre d'Ailly évêque du Puy le 2 avril 1395 et, le 13, a désigné Gerson pour prendre sa succession à la chancellerie.

C'est à juste raison, à mon avis, que le Prof. Morrall rejette la thèse psychologiste selon laquelle bien des prises de position de Gerson s'expliqueraient dès lors par une reconnaissance personnelle envers le nouveau pape d'Avignon;[19] à ce propos, j'ai déjà eu l'occasion de montrer le peu d'importance qu'il convient d'accorder à cette formule: *motu proprio* qui figure dans la bulle de nomination de Gerson à la chancellerie comme dans celles de ses prédécesseurs.[20] Cette formule n'était pas, toutefois, entièrement vide de sens; elle avait en fait une signification très technique, puisqu'elle équivalait, les apparences étant sauves, à autoriser le cumul des bénéfices. Et précisément Benoit XIII, afin d'accroître quelque peu les maigres revenus de la chancellerie, adjoignit dès le 12 juillet 1395 à cette dignité un bénéfice du diocèse de Paris, avec ou sans charge d'âmes, sitôt qu'il viendrait à vaquer;[21] or on sait que Gerson était déjà titulaire d'un bénéfice à Bruges.

Faut-il en conclure, avec ses adversaires de la fraction extrémiste, que, de même que son maître et ami Pierre d'Ailly, il se serait laissé «acheter» par le nouveau pape?[22] Il faudrait bien mal connaître Gerson pour répondre par l'affirmative.

Il est juste, en revanche, de prendre en considération la position ambigüe dans laquelle se trouvait placé, en de telles circonstances, le Chancelier de l'Université, à la fois porte-parole de celle-ci et représentant du pape. Situation inconfortable entre toutes et qui contribuait, avec une foule d'autres inconvénients énumérés par Gerson dans une lettre célèbre,[23] à faire de la chancellerie un pesant fardeau dont il eût souhaité pouvoir se décharger. Comme le suggère discrètement Morrall,[24] ce n'est certes pas ce don de la chancellerie qui aurait pu justifier que notre théologien vouât à Pedro de Luna une reconnaissance éternelle!

Mais peut-être précisément le fait d'être ainsi placé entre l'arbre et l'écorce conduisit-il cet homme honnête jusqu'au scrupule à se sentir une responsabilité toute particulière dans la solution du Schisme, alors que tant d'autres à sa place eussent adopté une attitude de prudente expectative.

Si les réserves et les nuances dont Gerson assortit sa proclamation d'attachement à la voie de cession ont pu être interprétées par un excellent érudit moderne comme un abandon de fait de cette solution, il est probable qu'elles firent la même impression sur les universitaires extrémistes, impatients de voir le roi de France proclamer la soustraction. Subordonner la soustraction à l'entente des princes les plus influents des deux obédiences, n'était-ce pas, pratiquement, poser des préalables que l'on savait d'avance irréalisables? N'était-ce pas une façon habile de différer indéfiniment la soustraction et de faire ainsi, sans trop se compromettre, le jeu de Benoit XIII?

Pour être sans doute beaucoup moins machiavélique, le calcul de Gerson n'en était pas ¦moins très réaliste. Il fut, en fait, à deux doigts de réussir en dépit de l'agitation brouillonne de la majorité des universitaires parisiens et de l'immobilisme bougon des clercs d'Oxford.

Il faut en effet se souvenir qu'au cours des deux années précédentes, les démarches de la diplomatie française (Jean de

Montreuil semble avoir joué dans les négociations un rôle important) avaient porté leurs fruits: les relations entre le roi de France et le roi d'Angleterre étaient devenues très cordiales. En mars 1396, à quelques jours de distance, une trève de vingt-huit ans était signée entre les deux royaumes, puis Simon de Cramaud célébrait par procuration le mariage d'Isabelle, fille de Charles VI, avec Richard II.[25] En août de cette même année, au cours d'une entrevue franco-anglaise à Calais, Richard se laissa gagner, malgré l'opposition de son clergé, et notamment de l'Université d'Oxford, à la politique religieuse de son ancien rival devenu son beau-père: il envoya une ambassade aux deux pontifes, chargée de leur remettre à chacun une lettre rédigée en termes identiques dont le Religieux de Saint-Denis rapporte ainsi la teneur:

> ...Quia cupidine et ambicione ducti, nitimini summum gradum per-
> tinaciter retinere in tocius Christianitatis dedecus et detrimentum,
> sciatis nos et patrem nostrum Francie, per fide dignorum consilium,
> *viam cessionis amborum contendencium eligisse velut expediciorem ad unionem*
> *habendam,* et hoc vobis certificamus per latorem presencium. Huic
> ergo si acquiescere velitis, nobis infra festum Marie Magdalene[26]
> remandetis. Nam deinceps procul dubio intendimus totis viribus
> laborare ut Ecclesia mater nostra permaneat in pulcritudine pacis.[27]

Entre-temps, le nouveau concile du clergé de France, réuni à Paris à partir du 16 août 1396, adopta dans sa majorité l'attitude même que souhaitait Gerson: il vota en effet l'ajournement de la soustraction d'obédience jusqu'à ce que Benoît XIII eût été de nouveau mis en demeure de se rallier à la voie de cession. Il est intéressant de noter que les arguments développés à cette occasion par Elie de Lestrange évêque de Saintes, mettant en garde le concile contre les dangers d'une proclamation immédiate de la soustraction d'obédience[28] étaient ceux-là mêmes que Gerson avait exposés l'année précédente dans son traité *De substractione obedientiae.* Dans l'été de 1397, une triple ambassade franco-anglo-castillane se rendait successivement à Avignon, puis à Rome pour demander aux deux pontifes rivaux d'accepter la voie de cession.

La sage politique préconisée par Gerson semblait donc sur le point de triompher. Les manœuvres dilatoires des deux papes, le vote de la soustraction arraché dans d'étranges conditions au concile de 1398,[29] enfin la révolution qui détrôna Richard II en 1399 allaient ruiner définitivement cet espoir et prolonger de plus de quinze ans la division de l'Eglise.

Tel est le contexte d'ensemble dans lequel il importait, me semble-t-il, de replacer le nouveau document gersonien que l'on va lire.[30]

Celui-ci n'a guère besoin d'une minutieuse exégèse. Il est assez clair pour écarter en particulier toutes les fausses interprétations que l'on pourrait être tenté de proposer quant à la position de Gerson sur la voie de cession, dont il vise à donner une définition précise et sans ambiguïté. Mais c'est aux historiens du Schisme, auxquels je tenais à le livrer, qu'il appartiendra d'en dégager tous les aspects.

Bien que des notes de ce genre ne se prêtent guère, d'ordinaire, aux effets de style ou aux vastes envolées, le lecteur y remarquera certains morceaux de harangue, sans doute préparés en vue de la *disputatio* qui aurait dû avoir lieu à Compiègne, où des réminiscences des discours cicéroniens se mêlent curieusement à des échos bibliques: même dans de telles discussions, à caractère plutôt technique, l'humanisme ne perdait pas ses droits.

Mais on y verra surtout la marque d'un esprit lucide épris de rigueur et de logique, et l'on y sentira aussi frémir parfois l'homme lui-même, tantôt véhément, tantôt caustique, toujours profondément sincère.

Il serait intéressant de rapprocher ces notes de certains traités polémiques de Jean de Montreuil que nous éditerons prochainement, où apparaissent ces mêmes qualités d'esprit et d'expression. Elles caractérisent bien ces «humanistes de chancelleries» qui jouèrent à l'époque considérée un rôle si capital et pourtant encore si mal dégagé dans la détermination de la politique comme dans l'élaboration de nouveaux modes de pensée.

EPISTOLA STUDII OXONIENSISIS AD REGEM ANGLORUM SUPER FACTO SCISMATIS ECCLESIE

[285r⁰] Christianissimo principi et domino suo Richardo, Dei gracia regi Anglie et Francie ac domino Hybernie strenuissimo, Universitas studii generalis Oxonie, unitatis et pacis amatrix veracissima, subiectionem, reverenciam et honorem maiestati regie debitam, et pacem Ecclesie invictissime procurare.

Illustrissime[1] principum et domine serenissime, super lugubri scissura per quam navicula Petri pene per medium laceratur tenerrime condolens et exinanita pietate compaciens, que semper gessit Ecclesiam Christi in visceribus caritatis celsitudo vestri nuper imperii nobis solempni precepit edito viam abolendi scismatis in epistola quadam studio Parisiensi elaborata propositam et multiplici rationum congerie roboratam diligenter examinare, ac deinde quid de ea sentiendum decreverimus, vel si quid aliud melius nostro iudicio sentiremus, id in scripta redigere curaremus, et vestris obtutibus presentare.

Nos autem et vestre in hac parte devocioni summo opere congaudemus, et labores nobis iniunctos, quamvis sub breviculo indulti temporis cohartatos assumimus, aggredimur, perficimus ut valemus, nec solum ut non incurramus iubentis maiestatis offensam, quinymo ut matri nostre, que nos regeneravit in lucem gracie, debitum pietatis officium exsolvamus. Quis enim tantis Ecclesie calamitatibus tam inveterato et quasi iam pene desperato scismate pereclitantis non compaciatur, non defleat, non obcurrat? Flevit olim Propheta sancte civitatis exidium, crebras cum lacrimis lamentaciones ingeminans. Quanto magis nobis deplorandum est infelix discidium unitatis in quo fundamenta morum, non menium evertuntur; in quo non bonorum temporalium timetur amissio, sed virtutum, nec imminet captivitas corporum, sed pessima servitus animarum. Et quid acceptius, quid utilius, quidve laudabilius in hac vita esse potest quam reges et ceteros seculi potentatus animari contra scismaticos et pacem Ecclesie procurare? Hoc est enim iniunctum celitus regibus officium; hoc debitum eis ministerium. Ceterum, ut ait Ysidorus, intra Ecclesiam potestates necessarie non essent nisi quod non prevalent sacerdotes efficere per doctrine sermonem, potestas hoc imperet per discipline terrorem, et iterum cognoscat, inquid, princeps seculi Deo se debere, rationem esse reddituram propter Ecclesiam quam a Cristo tuendam suscepit. Nam, sive augeatur pax et disciplina Ecclesie per fideles principes, sive solvatur, ille ab eis rationem exigit qui eorum potestati Ecclesiam suam tradidit.

Nostrum ergo erit unitati sancte matris Ecclesie hortando scribendoque consulere, vestra autem et aliorum principum catholicorum intererit manum potestatis apponere, et gladium quem non sine causa portatis ad nutum Ecclesie extrahere si oportet.

Quamobrem, ut aggrediamur opus iniunctum, viam Parisiensium sub proprio tenore verborum in medium deducamus:

Via[2]—inquiunt—ista, quam velut faciliorem, magis ydoneam et compendiosam pro nunc eligendam esse arbitramus, est plena et ultronea

H F—E

renunciatio utriusque partium ad ius quod habet vel habere se pretendit; quam inter quasque alias humano reperibiles ingenio, profunda
per nos super hoc meditatione longaque et vigilanti hincinde discussione
prehabitis, longe prestare credimus.

Porro, licet hec via et cetera in eadem epistola contenta forti
zelo et subtili ac eleganti stilo sint dicta, nobis tamen, salva pace
tanti studii, videtur longe aliter senciendum aliterque dicendum.
Quod ne dictum ex levitate quis putet, tria per ordinem facie-
mus:[3] primo enim ostendemus insufficienciam huius vie; secundo
ad rationes que videntur maioris ponderis respondebimus;
tercio quod nobis visum fuerit in hac materia apponemus.

Primo[4] quidem, licet cessionem adversarii domini nostri
Bonifacii, eciam cum submissione plena sui Collegii, reputemus
iustam, rationabilem et legalem, iusticia exigente ut felicis
recordationis Urbanus sextus, qui secundum partem de pos-
sessione papatus fuerat spoliatus,[5] sit in suo successore in integrum restitutus; hec tamen[6] via duplicis renunciationis sive cessionis nobis insufficiens et diminute posita exinde videtur quia,
eadem concessa vel posita in effectu, adhuc radix et fundamentum
continuationis huius discordie starent inter diversa et adversa
collegia cardinalium sicut prius. Quomodo, quesumus, ex nuda
huiusmodi duplici renunciatione[7] potius sequeretur unitas in
Ecclesia quam si uterque pro eodem tempore moreretur?
Nimirum neque per mortem neque per renunciationem verisimiliter subduceretur facultas seu voluntas aut alterutrius aut
utriusque Collegii ad summum futurum pontificem eligendum.
Nonne[8] pene in unoquolibet titulo sunt duo cardinales, unus
verus et alius pretensus, et quomodo ex nuda renunciatione,
capitum absque tractatu non parvo, forent ipsi concordes?

Ymo,[9] posita huiusmodi [285v°] utriuslibet partium renunciatione, aut utrumque Collegium separatim eligeret sibi futurum
summum pontificem,[10] et tunc staret maledicta dissensio sicut
prius; aut ad unum tantum Collegium spectabit electio, et quid
si dicamus: ad nostrum—quod recte dicendum non ambigimus,
qui de nostro capite minime dubitamus? Haut dubium tamen
quin adversarii pertinaciter dicant quod ad suum. Et quomodo in
tanta discordia tam conatuum quam assertionum apparebit
medium unionis?

Quod si 3[0] simul ad utrumque Collegium pertinebit electio,
ubi erit locus tutus ad conveniendum, cum utraque pars timebit
sibi infra potestatem alterius convenire, ne forte dolo sibi clam

aut palam violencia inferatur? Vel si forte, qualicumque securitate interposita, in locum unum aliquem convenirent, timendum verisimiliter foret ne, utroque Collegio seorsum conspirante et pro parte sua totis viribus satagente, non in unum aliquem concordarent, et Ecclesiam simili priori scismate lacerarent; quineciam de cardinalibus eundem sibi titulum vendicantibus non parva foret altercatio quis eorum videretur esse maior, altero fortassis allegante pro se antiquioritatem, reliquo inficiente propter interpositam occasione scismatis degradationem. Quomodo ergo verum erit?[11,12] Quomodo circa medium radicis tercie huius epistole dicitur: per suam — inquiunt — voluntatem? Si adesset, totum in ictu oculi sedaretur! Nichil, ut ait Comicus, dicto facilius. Suum, inquiunt, tantummodo dictum, et illud per exiguum requiritur. Sed illud non tam comice dictum quam comice probatum putamus.

Ex hiis ergo et allis que sequuntur elucet nobis huiuscemodi duplicem renunciationem nichil verissimiliter ad intentam unionem valere, eciam si poneretur in, effectu, nisi pluribus securitatibus interpositis eciam difficillimis, et tractatu permaximo precedente. Que omnia uno tantum modo dicto aut in momento temporis solo utriusque verbo, eodemque brevissimo aut una voce dissillaba fieri non modi difficillimum, sed prope impossibile iudicamus.

Sed[13] iam veniamus ad secundum, quod supra facere proposuimus, in quo, ut insufficiencia huiusmodi vie magis eluceat, rationes quibus ipsa fulcitur temptabimus infirmare. Que rationes, licet ex quaduplici radice proficiscantur in genere, videlicet ex parte vie, ex parte cause, ex parte contendentium et ex parte sancte matris Ecclesie, prima tamen racio que sumitur ex parte vie sola si refellatur, cetere que secuntur ad stabilimentum huius vie modicum, ne dicamus nichil, possunt adminiculari; quia magis hortando seu vias alias improbando quam istam de qua nunc agitur directe roborando procedunt. Ceterum, hec prima via, ut aiunt, ex quadruplici fonte manat: fontes autem sunt facilitas, securitas, perfectio, et quia illesus propemodum servatur honor utriusque obediencie.

Primo enim non tam arguunt quam asserunt quod ista via inter quascumque alias humano ingenio reperibiles facilior, quam nos tamen satis difficilem arbitramur. Neque[14] enim totum residuum Ecclesie preter hos duos de quibus nunc fit sermo, neque aliqua creatura sive in celo sive in terra, solis eisdem duobus renittentibus nec consencientibus, sufficit istam viam facere in lucem venire; quod si ad hos duos tantum hec ipsa facilitas retorqueatur, putamus vel utrumque vel alterum absque magna difficultate non posse a suscepta dignitate sponte recedere, tum propter repugnantem interius forsitan appetitum, tum propter contradictionem subditorum, tum propter verissimilem suspicionem imminencium ex huius recessu periculorum. Quod ex eo liquere vel maxime potest quoniam, sicut a multis et magnis dicitur, adversarius domini nostri nuper electus, licet obligatus sit ad renunciandum sub certis conditionibus, interposito iuramento, nullatenus acquiescit cedere iuri suo. Quomodo eciam huiusmodi renunciatio non erit opus difficile cum foret tam excellens et tam virtuosum ut par videatur esse martirio ut innuunt infra, radice tercia? Virtus autem, secundum Philosophum, consistit circa difficile. Et si fortassis in presenti negotio procedatur ad tantum ut ad cessionem coactam veniatur, que et innui videtur infra in hac radice prima; et iterum in radice tercia, assumpto Paulo apostolo in testimonium, huiusmodi cessio coacta foret nostro [286r⁰] iudicio via ad pacem difficillima, tum quia[15] in papa iusto foret iniusta, tum quia[16] non posset fieri verissimiliter nisi per brachium seculare, et forte non nisi per bella, vel saltem per substractionem obediencie; que quidem substractio a papa iusto reos scismatis argueret substrahentes. Quinymo, si electio coacta robore careat, ut dicunt adversarii, quanto magis cessio coacta in papa iusto nichil habebit penitus firmitatis; et de facilitate quidem in se tantum dictum sit.

Iam veniamus ad rationem:[17] quis autem nesciat multo facilius esse duos homines per quos stat hoc scisma iuri suo propter pacem cedere quam consilium aliquod generale de distantissimis terrarum partibus convocare aut viros electissimos in compromissum aliquod conciliumve particulare maximo invidiarum certamine congregare?

Hic dicimus primo quod si per assumptum innuant hoc scisma stare per illos duos qui se pretendunt esse papas, inficiendum est ex parte iusti pape,[18] cum hoc scisma stet solum per antipapam et suos.

Secundo dicimus[19] quod ratio in se diminuta est quia arguit faciliorem ex parte facti tantum, et non in ratione vie: arguit enim quod huiusmodi cessio posset fortassis minori conatu fieri aut exclusa maiori seu generaliori fatigatione. Sed quomodo, hac ipsa cessione in effectu posita, facilius exinde quam per aliquam aliam viam, eciam si in effectu poneretur, consequeretur unitas in Ecclesia non deducit. Et forte via compromissi seu generalis consilii, quamvis esset in ratione facti difficilior, esset tamen, si poneretur in effectu, in ratione vie ad pacem et unitatem Ecclesie multo efficacior, proclivior atque verissimilior. Nam, huiusmodi nuda cessione posita[20] in effectu, maneret Ecclesia in dissentione, ut modo, lacerata et variis perplexitatibus ac difficultatibus involuta, ad quas unde vel solvi vel submoveri posset nichil verissimiliter ex nuda huiusmodi cessione deducitur; ymo forsan oporteret ulterius, si pax redderetur Ecclesie, aut consilium aliquod generale vel particulare congregare vel iniri compromissum aut viam aliam querere, reperire et procurare, nisi forte dicatur utrumque Collegium cardinalium simili ratione oportere cedere consequenter. Quo dato Ecclesia redderetur perplexa circa modum et medium futurum pontificem eligendi, nisi diceretur quod ad clerum Romanum pertineret electio summi pontificis sicut olim.

Preterea[21] simili ratione deduci potest quod via ad pacem facilior foret solius adversarii domini nostri Bonifacii plena ac ultronea renunciatio iuris quod se pretendit habere: nam quis nesciat multo facilius esse unum solum hominem per quem stat hoc scisma iuri suo propter pacem cedere quam aliquod generale consilium de distantissimis terrarum partibus congregare aut viros electissimos utriusque partis in aliquod consilium compromissumve particulare maximo invidiarum certamine congregare? Et forte adhuc facilius esset unum quam duos suo iuri cedere; ymo maior pars rationum adductarum pro via dupplicis cessionis eque efficaciter militat pro via simplicis cessionis, quamvis neutra per se sit nostro iudicio via verissimilis, propinqua et efficax unionis.

Secundo[22] in hac prima radice arguunt quod hec via cessionis sit securior quam alia, quia per eam, inquiunt, multo magis quam per quamcumque aliam pacarentur hominum consciencie, cessarentque remorsus et scrupuli, et scisma radicitus tolleretur.

Dicimus[23] hoc dictum non esse undequaque verum, tum propter dissencionem remanentem in collegiis cardinalium post huiusmodi cessionem, tum propter innumeras promotiones et provisiones alternatim factas ad separatas et diversas personas in eisdem beneficiis, tum propter illicitas ordinationes inter scismaticos celebratas. An non securum[24] magis esset ut veritas

per discussionem veniret in lucem, quatinus hii qui sunt peccato scismatis dampnabiliter involuti suam culpam possent
agnoscere et de eadem salubriter penitere quam tam horrendum
et abhominabile crimen sub hac tenebrosa via cessionis abscon-
dere? «Omnis, inquit Salvator, qui male agit odit lucem, et non
venit ad lucem ut non arguantur opera eius.» Non securum est
tam letale wlnus ignorare; et quid a securitate remocius quam
mortem ipsam spiritualem vitam putare? «Cum dixerint[25] inquit
Apostolus, pax et securitas, tunc repentinus superveniet interi-
tus.» Nonne is qui culpabiliter ab Ecclesia separatur catholicos
putat esse scismaticos, et econtra? Et cum sic ipse scismaticus
separet se a catholicis quos putat esse scismaticos, ipsa ergo
separatio est vera mors[286v⁰] anime, in qua tamen putat se
vitam tenere. Sed, esto quod ignorancia excuset scismaticum ne
sit sibi scisma peccatum, quid de illo fiet qui, ut ait Psalmista,
«noluit intelligere ut bene ageret»?

Sed secundo[26] deducitur securitas huius vie ex hoc quod in
aliis viis potest incidere verissimiliter corruptio vel subornatio
iudicum, compromissariorum, notariorum, testium, prelatorum
aut principum per quos res fieret, quia timendum, ut aiunt,
nimis esset ne pars quelibet tenderet toto virium conatu ut pro
ipso diffinitio aut sentencia ferretur, per singulas astucias, artes,
machinaciones et insidias.

Hic dicimus[27] quod hec via suspicione non caret, que omnes
generaliter habet de errore suspectos, eciam consilium generale.
Sed absit ut modo relictus sit solus Helias in Israel; confidimus
in Domino Jhesu, quia adhuc restant septem millia virorum qui
non curvaverunt genua ante Baal.[28] Et mirum valde est quod
ista tam presumpta suspicio gladio proprio confossa non languet!
Nonne eciam in hac via cessionis possunt verissimiliter incidere
inconveniencia recitata? Si enim timenda sit corruptio aut subornatio iudicum, compromissariorum, notariorum, testium, prelatorum aut principum; si timende sunt preces, convenciones et
blandicie, mine, terrores et astucie, artes, machinationes et
insidie, ubi magis, quesumus, quam in his in quibus fuit, est
et non? Et si sentencia concilii generalis sit suspecta de errore,
que alterius iudicis sentencia poterit omnino remanere secura?
Quomodo ergo secura est illa via[29] que, dum vult se securam
reddere, nec se nec aliam securam patitur remanere?

Tertio[30] pro hac prima radice hauriunt motivum de fonte
perfectionis, suadendo quod hec via ceteris est perfectior; que

tamen quantum sit imperfecta liquet ex dictis: nam perfectio vie non ex intentione meriti, sed ex eius sufficiencia ac efficacia ad finem consideranda est. Sicut enim homo tunc, secundum Philosophum, dicitur perfectus cum sufficerit sibi simile generare, sic illa debet dici via ad unionem perfecta que est sufficiens et efficax ad eandem; at econverso, si insufficiens fuerit et diminuta, quomodo potest dici perfecta? Quinymo eo magis timenda magisque repudianda apud nonnullos estimatur hec via duplicis cessionis quo in sanctorum dictis aut factis aut Sancte Scripture locis perpaucis et perraris, ne dicamus nullis, docetur[31] examplariter seu efficaciter approbatur. Nisi forte faciat pro eadem quod Esau propter ruffum pulmentum cessit iuri primogeniture, aut cedens iuri propinquitatis hoc ex lege sustinet obprobrium quod domus eius domus discalciati in perpetuum diceretur; aut sanctus Moyses[32] cessit suo principatui propter scisma Chore tollendum; aut Apostolus Paulus suo cessit apostolatui propter falsos subintroductos fratres et apostolos.

Verum[33] ut hanc viam aliis perfectiorem persuadeant, sic assumunt: perfectius — inquiunt — est ⸢iuri suo libere cedere et seipsum dignitate propter Deum et totius Ecclesie serenam tranquilitatem abdicare quam in magnam perniciem, detrimentum aut scandalum Ecclesie dignitatis fastigium retinere aut diuturno tempore velle pro presidencia contendere. Dicitur[34] quod ex hoc assumpto non sequitur quod hec via duplicis cessionis sit perfecta, nisi hoc adiecto quod utraque pars de qua fit sermo in Ecclesie perniciem, detrimentum et scandalum retineret fastigium dignitatis — quod si concedant de suo, absit ut hoc idem de nostro senciamus: neque enim dicendus est in Ecclesie perniciem presidere qui iuste intronizatus, non preesse desiderat, sed prodesse, timens sue dignitati renunciare ne forte Ecclesia maiori exponatur periculo et graviori incursione turbetur. Cum ergo duo presideant, unus in Ecclesie perniciem, alius in salutem, unus defendit quod iustum est, alius perniciose vendicat quod iniustum est; quamvis perfectius, ymo debitum sit iuri suo cedere potius quam in Ecclesie perniciem, detrimentum et scandalum dignitatis fastigium retinere vel pro eadem velle contendere, quid hoc ad concludendum quod hec via duplicis cessionis sit via perfectior unionis?

Quod autem[35] pro hac via allegatur illud Mathei V⁰: «Qui vult tecum iudicio contendere et tunicam tollere, dimitte ei et palium.» Ecce, inquiunt, viam cessionis veluti perfectissimam a

Christo apertissime predicatam! Hic dicimus[36] cum Augustino
quod hoc preceptum et cetera similia magis ad preparationem
cordis, que [287r⁰] intus est, pertinent, quam ad opus quod in
aperto fit, ut teneatur in secreto animi paciencia cum benivo-
lencia; in manifesto autem id fiat quod eis videatur posse prodesse quibus bene velle debemus. Est ergo sensus secundum
Augustinum: «Qui vult tecum iudicio contendere et tunicam
tollere, dimitte ei» etc. Id est: paratus esto ad palium, eciam si
tollatur, cum paciencia dimittendum. Sed nunquam ex isto
sequitur quod via cessionis sit perfectissima, vel quod iuste
presidens in Ecclesia debeat sponte cedere, ubi verissimiliter sibi
timet quod non exinde sequetur utilitas, sed magis preiudicium
subditorum.

Quod[37] iterum allegatur Apostolus ad Corinthios VI⁰, dicens
ad verecundiam Corinthiorum esse quod frater cum fratre con-
tenderit et iterum iam inquit: «Omnino delictum est in vobis
quod iudicia habetis inter vos. Quare non magis iniuriam accipitis? Quare non magis fraudem patimini?»; dicitur[38] quod Apostolus non intendit generaliter suadere ut Christianus iniuriam
potius accipiat quam deffendat in iudicio se et sua, cum ipsemet
ut se deffenderet et iniuriam pelleret, Cesarem appellaverit:
sic enim dicere esset iura Ecclesie tollere et viam iniuriis aperire.
Sed in hoc redarguit Chorintios quod coram infidelibus volun-
tarie contendebant, sive quod stultos nec habentes sufficientem
ad hoc prudenciam sibi iudices deputabant, et tercio quod cum
fraude et rancore fratres in iudicium trahere conabantur. Ex
quibus non sequitur quin prelatis liceat honorem sui status
deffendere sine dominandi libidine vel rancore: «Quamdiu —
inquit Paulus — Apostolus gencium sum, ministerium meum
honorificabo.» Super quo Gregorius: «Exemplum, inquit, nobis
dedit Apostolus ut et humilitatem teneamus in mente et tamen
ordinis nostri dignitatem servemus in honore, quatinus nec in
nobis sit humilitas timida nec erectio superba»; sed nec ex istis
tollenti temporalia resistere generaliter prohibemur quia, teste
Augustino, dum temporalia a nobis rapiuntur, quidam sunt
tollerandi, quidam vero, servata caritate, prohibendi, non sola
cura ne nostra substrahantur, sed ne rapientes non sua, sed
semetipsos perdant. Verum esto quod abdicacio iuris in favorem
unitatis sit opus magne perfectionis, quid hoc ad perfectionem
vie sub ratione qua via, cum talis abdicatio foret in casu impedimentum permaximum unitatis?

Quod[39] iterum assumunt pro ista via quod per eam immediate queruntur que Christi sunt, sed per alias magis queri videntur que sua sunt, ut puta honor proprius temporaneus et caducus; an non eciam[40] per istam viam queritur ab eis honor proprius cum per hoc ceteris anteponitur quod magis per eandem honor eciam utriusque obediencie servaretur illesus? Aut quomodo per istam immediate querantur que Jhesu Christi sunt magis quam per alias, cum via ista non patitur ut per discussionem in lucem veniat veritas, et a qua propter eius insufficienciam tam longe abest unitas?

Sed[41] illud, inquiunt, est perfectius quod sui causa maxime existit. Sed certe omnes vie gracia cessionis sunt et in eam ad postremum ordinantur ut scilicet per alterius saltem, et nescimus an duorum cessione[m], restituta bona pace, tollatur ab Ecclesia discidium. Cessionis autem via non in aliam aliquam, inquiunt, sed in pacem tantummodo reducitur. Dicimus[42] quod hec ratio ex omni parte infirma est, quia non omnes vie sunt ratione cessionis, nisi degradatio, privatio et depositio cessio nominentur; tum eciam quia non concludit perfectionem duplicis cessionis.

Preterea,[43] inquiunt, illud est perfectius quod magis sine medio et mora finem attingit quam quod longis intervallis et mediis interiectis assequitur. Eiusmodi, ut premissa demonstrant, inquiunt, est libera renunciatio, nequaquam alie. Econtra[44] dicimus: Patet ex dictis quod preter hanc nudam duplicem cessionem, mora non parva et media multiplicia requiruntur pro unione facienda. Non negamus[45] tamen quin renunciatio libera antipape et suorum anticardinalium, stante iure domini nostri, foret expedita via et brevis, et immediatius quam hec duplex cessio faceret unitatem.

Preterea,[46] arguunt, si exemplo Christi tenetur pastor animam suam pro grege suo ponere, quanto magis temporali dignitati renunciare, dicente Gregorio: «Qui terrenam substanciam plus quam oves diligunt, hii nimirum pastoris nomen perdunt.» Hic dicimus quod si pastor pro salute gregis tenetur sue dignitati renunciare, cur eciam non tenebitur pro salvando grege sui gradus fastigium retinere? Quamdiu enim certum est pastori aut probabiliter verisimile quod sua renunciatio esset in augmentum dissencionis et detrimentum Ecclesie, quid aliud esset tunc cedere quam lupum videre venientem et fugere? Verumptamen, habito usquequaque tractatu et ad hoc perducto ut nichil omnino deceret quin vera, certa et stabilis pax redderetur

Ecclesie, hoc dumtaxat exepto quod datus pastor cederet iuri suo nec esset alia [287v⁰] via qualiter humana ratione comprehendi posset ad unitatem verissimilis; quis tunc ambigeret quin vera caritas pastorem in hoc casu scientem hoc aut sine dubitatione credentem ad cedendum efficaciter inclinaret? Alias enim temporalem honorem magis quam eternam videretur affectare salutem. Sed longe hoc ab hac via nuda duplicis cessionis que nec in promptu pacem offert nec verissimile medium propinquum vel remotum quo, data tali cessione, pax possit fieri, patefacit.

Quarto[47] et ultimo in hac prima radice assumitur pro hac via duplicis cessionis quod ipsa sit honoris utriusque partis maxime servativa. Nos autem cum Philosopho proclamamus quod duobus eciam existentibus amicis, sanctum est prehonorare veritatem: absit enim ut appetitus honoris volatilis vel in nobis vel in aliis adeo dominetur ut, eius servandi occasione, velimus quomodolibet excludere viam aliquam rationabilem unitatis, ne nobis velud infidelibus improperetur illud Euvangelii: «Quomodo poteritis credere qui gloriam ab invicem accipitis, et gloriam que a solo Deo est non queritis?»

Nonne[48] alter huiusmodi presidentium fur est et latro tanquam is qui non intravit per hostium, sed ascendit aliunde? Et quid magis incongruum viris catholicis et eruditissimis quam zelare pertinaciter pro unius honore latronis? Porro, cum honor sit premium virtutis, ubi non est, ne dicamus veritas, sed forte nec umbra virtutis, quomodo erit dignitas honoris? Ymo si non est honor verus, quomodo servatur inviolatus? Non est honor ille appellandus ubi laudatur peccator in desideriis anime sue et iniquus benedicitur. Quam sanctum, quam salubre foret regibus et principibus qui in partem scismatici et intrusi pontificis abierunt si quoquomodo possent erroris viam cognoscere et ab eadem cognita cum debita penitencia resilire!

Sed illic,[49] inquiunt, necesse est alterutrius partis dedecus aut scandalum exoriri. Quemadmodum autem poterimus, si fraterne, inquiunt, ulla in nobis sintilla existit caritatis, tot gentium, nationum ac provinciarum quot in utraque parte sunt scandalum querere? «Qui scandalizaverit, inquit Christus, unum de pusillis illis qui in me credunt, expedit ei ut mola asinaria ligetur in colo eius et demergatur in profundum.» Quid igitur de illo erit qui mediam aut maiorem fidelium portionem scandalizaverit? «Si esca, inquit Apostolus, scandalizaverit fratrem meum, non manducabo carnem in eternum.»

Dicimus[50] quod verissimile nobis est notabilem fidelium portionem — quantam tamen nescimus diffinire — occasione huius
execrandi scismatis scandalizari. Sed ve homini illi per quem
scandalum venit. Ve illis qui huic scandaloso scismati introitum
prestiterunt, foverunt et auxerunt. Sed metus, inquiunt, illatus
est nobis. «O modice fidei[51] quare dubitatis?» ait sanctus Iob:
qui timent pruinam, irruet super eos nix. Utinam excusatio ista
non esset ad excusandas excusationes in peccatis! Sed esto erat
metus illatus: num tantus erat ut exsufflari per eum possit tantus
reatus? Quis maior est metus: temporalis pene an gehenne?
Sed gehennam non timuistis quia temporalem vitam preposuistis.
«Qui amat, inquit Salvator, animam suam plusquam me non
est me dignus.» Et quomodo non amat animam suam plusquam
Christum qui metu temporalis pene turbat, lacerat, sauciat et,
inflicto quasi letali vulnere, secundum magnam partem mortificat
corpus Christi quod est Ecclesia, pro qua Dominus Christus mori
dignatus est? Ut ergo revertamur ad motivum, ubi, quesumus,
maius, periculosius aut enormius scandalum quam scisma presens
abhominandissimum, in quo partes reciproce reputant se scis-
maticas et censuras terribiles, ut dicitur, invicem fulminarunt,
cum tamen anathema, ut aiunt canones, fulminari non debeat
nisi pro mortali? Si quo ergo modo sive discussionis sive alio,
quamquam directius et expressius per iusticiam discussivam[52]
verissimiliter posset errantis partis opinio confutari, submoveretur
tam generale scandalum, quis nisi veritatis inimicus non pacaretur,
quis nisi honoris proprii ambitiosus offenderetur, aut quis nisi
invidus aut maliciosus scandalizaretur? Ubi enim quis non ex
culpa nostra, sed ex propria malicia gratis impingit in factum
aut dictum nostrum et decidit in peccatum, non est nobis certe
huiusmodi scandalum imputandum. Audivimus in Euvangelio
docenti Christo dictum fuisse: «Magister, scis quod, audito hoc
verbo, Pharisei scandalizati sunt.» At ille, huiusmodi scandalum
pro nichilo habens: «Sinite, inquit, ceci sunt et duces cecorum.
Omnis enim plantatio quam non plantavit Pater meus celestis
eradicabitur.» Nonne pene in omnibus causis iudicialiter agitatis
altera pars scandalizatur? Non propterea tollenda sunt iura et
iudicia suspendenda. Non tamen negamus quin interdum opera
indifferencia dimittenda sunt propter scandalum pusillorum, sed
tamen post debitam informationem et admonitionem qui non
acquiescit veritati iam, ut dicunt doctores, non ex infirmitate [288r°]
si contingat, sed ex malicia dicetur scandalizari. Quamobrem

dicit Ciprianus: «Quod ad nos attinet consciencie nostre con-
venit semper operam dare ne quis nostra culpa de Ecclesia
pereat; si quis autem ultro et crimine suo perierit et penitenciam
agere atque ad Ecclesiam redire noluerit, nos in die Iudicii
inculpatos futuros credimus qui eorum consulimus sanitati, illos
solos in penis remansuros qui nolunt consilii nostri salubritate
sanari; nec movere debent nos convicia perditorum quominus a
rectitudinis via, a certa regula non recedamus, quam et Apostolus instruit dicens: «Si hominibus placerem, Christi servus non
essem.»

Ex hiis dictis[53] liquet verissimiliter nobis quod hec nuda via
duplicis renunciationis eo modo quo asseritur non est brevis ad
unionem Ecclesie faciendam sed longa, non proclivis, sed adversa,
non aperta sed clausa, non plana sed aspera, non recta sed
curva, ne dicamus nullis, sed plurimis scopulis et sentibus im-
pedita. Patet eciam quod non tantum gustavit de quatuor fonti-
bus prelibatis quod debeat vel sufficiens merito videri, vel ceteris
viis omnibus anteponi.

Quinymo[54] per eadem media, si valeant deduci, patet quod
ubi inter principes seculares super alicuius regni iure scisma subo-
ritur, via facilior, magis ydonea et compendiosa ad pacem inter
eos faciendam foret utriusque principis spontanea et ultronea
renunciatio ad ius quod habet vel se pretendit habere, eo quod
talis via esset magis facilis, magis secura et magis perfecta, et per
illam servaretur honor magis illesus utriusque obediencie, cuius
ulterior deductio est in patulo discurrendo per media supratacta;
que conclusio cum nostra non sit, ipsi viderint si sapiat veritatem,
quia, certi sumus, si predicata fuerit, non pariet unitatem.
Quineciam[55] ex eisdem mediis pro maiori parte deduci potest
quod via magis ydonea et magis compendiosa ad pacem Ecclesie
faciendam foret adversarii domini nostri Bonifacii plena ac
ultronea renunciatio et resignatio iuris quod se pretendit habere
cum plena et effectuali submissione totius sui Collegii in manus
eiusdem domini nostri Bonifacii. Constat enim iuxta evidencias
allegatas quod hec via esset multo brevior quam via compromissi seu generalis consilii maximo invidiarum certamine con-
gregati; et quamvis diceretur in ratione facti difficilior quam via
duplicis cessionis, multo tamen esset ad pacem efficacior, quinymo iustior simpliciter atque legalior [propter] pape violente
factam spoliationem, cui ex nunc debetur in integrum restitutio.[56]
Et quis dubitaret quin hec foret via securior, tum quia per eam

scisma radicitus tolleretur nec haberet locum quoquomodo corruptio vel subornatio iudicum, compromissariorum, notariorum, testium, prelatorum aut principum nec alia pericula que Parisienses timerent in aliis, et nos in communi via timeremus verissimiliter eventura; nec relinqueretur cuiquam rationabilis causa murmuris, nisi forte adversario unitatis, aut si quis vellet quempiam Pharisaice de bono opere lapidare. Ceterum hec via ceteras in perfectione excelleret, tum quia ad finem efficacior, tum quia tanto virtuosior quanto humilior; et cum honor sit premium virtutis, patet quod quanto virtuosior, tanto foret honoris servativior. Vide igitur si non propriis armis Golias ipse prosternitur.[57]

Et si instetur forte quod hec via non est verissimilis, haud dubium nec via Parisiensium verissimilis est. Quod si dicatur non esse hanc viam medium indifferencie, dicimus quod non oportet nos huius medium offerre, qui de utroque non possumus dubitare, maxime cum possimus hanc viam iusticie ex adversariorum evidenciis suadere, et tantum sit circa id quod supra secundo facere promisimus etc.

Ceterum[58] ne in tanto scelestissimi scismatis horrore obmutescere et velud in bello constituti subterfugia querere in animarum nostrarum periculum videamur, presertim nos hinc movente pietate negocii, illinc vero urgente potestate imperii, cui nos contradicere non oportet, non licet, non decet, implebimus nunc tercio quod supra proposuimus, et viam nobis eligibiliorem, salva semper pace non in idipsum consentientium, apponemus.

Ubi primo occurrit non tam laxato ore nobis fore loquendum, cum eis qui et nostrum papam non secuntur et suum, ut dicitur, persecuntur,[59] sed moderatiorem oportet esse lingam nostram ut illic observetur obediencia debita ubi iusticia non negatur; protestamur igitur nos non intendere aliquam viam pertinaciter suadere unde statui domini nostri Bonifacii et iusticie sibi adquisite possit verissimiliter derogari. Sed zelantes pro unitate Ecclesie pro qua Dominus glorie crucifixus est, viam offerimus non tam pacis reformatricem quam errorum in Ecclesia pululancium correctricem; que quidem via si de beneplacito domini nostri Bonifacii et Ecclesie prelatorum ac principum catholicorum possit fieri, foret via consilii generalis; et hec certe via nostro iudicio est aliis viis et auctoritate prestantior et utilitate generalior et pro unitate efficacior: non enim oportet pro istius vie rationabili auctoritate fundanda, cisternas querere dissipatas que continere

aquas non valent sapiencie [288v⁰] salutaris aut coniecturis fan-
tasticis laborare, cum possimus hanc viam in fonte vivo Sacre
Scripture, Novi et Veteris Testamenti et certissimis historiarum
experienciis copiosissime reperire. Verum[60] in Sacra Scriptura
hec via non tantum proponitur ut exemplum, sed tanquam
salubre et expediens iniungitur documentum: docet enim nos
Christus in Euvangelio ut si peccaverit in nos frater noster, primo
secrete corripiendus est ut corrigatur, deinde si non audierit,
adhibendi sunt testes ut de errore confundatur; et si nec tunc
audierit, ad noticiam Ecclesie deducatur. Cum ergo per tot
longos tractus temporis pseudo[61] papa et sui complices iustum
papam non audierint, correpti non obedierint, testibus eciam
adhibitis non resipuerint, quid iam restat, iuxta verbum Christi,
nisi ut dicatur Ecclesie, celebrato suple consilio generali, cuius
sentenciam si decreverint non audire, iam cum ethnicis et pub-
licanis pars eorum computanda est. Quante autem auctoritatis
et reverencie apud sanctos patres huiusmodi consilia tenebantur
patet ex hoc quod magnus sanctus et doctor Gregorius venerari se
quatuor consilia generalia tanquam quatuor euvangelia pro-
fitetur; nec aliquem credimus dubitare quin hec via dignitate,
auctoritate et sanctorum factis conformitate precedat tam viam
compromissi quam assignatam viam duplicis cessionis. Nec
minus[62] in aperto est quantum consilii generalis precellat utilitas
si quis Ecclesie statum consideret usquequaque: quis enim finis
huiusmodi discordiis furialibus unquam erit, nisi adversus huius
presumptores qui pacem Ecclesie dirimunt novis decretis et
oportunis remediis occurratur, quod per viam cessionis aut
compromissi expedite fieri non potest, sed tantum per viam consilii generalis? Quis iterum non videat quantum nostris temporibus pereclitetur Ecclesie fides? Errores et hereses quos infelix temeritas cotidie parturit quis dinumerare potest? Quis ausus
temerarios adversus Ecclesiam, attentatos et oppressiones inius-
tas, dampna, iniurias et scandala pelli faciliter posse de domo
Domini arbitrabitur, nisi prerogativa consilii generalis suffrage-
tur? Durum hoc et excecrabile scisma fortassis Domino per-
mittente ideo introductum est ut multiplicatis erumpnis generale
remedium requiratur.

Tertio[63] foret hec via efficacior pro unitate, tum quia virtus
unita fortior est seipsa dispersa; tum quia verissimile est in
huiuscemodi consilio ad tam utile et tam pium negocium con-
gregato Spiritus Sancti graciam non deesse, cooperantibus eidem

et pro eodem apud Deum interpellantibus orationibus, ob-
secrationibus, postulationibus et ceteris universalis Ecclesie meri-
tis et suffragiis universis, nonnullis eciam votis, ieiuniis, ele-
mosinis ac aliis piis devocionibus circa id temporis suasis, in-
ductis et per prelatos Ecclesie specialiter applicatis: si enim
multum valet deprecatio iusti assidua, ut dicit fides nostra,
quanto magis ut ait Boetius, multorum preces: cum recte sunt,
inefficaces esse non possunt. Preterea, efficacia consilii generalis
non tantum valebit abhominendam illam que in presenti est
reformare scissuram aut eam penitus abolere; verum eciam, ut
pretactum est, contra futuros morbos consimiles novis saluberrimis
antidotis providere.

Sed difficilior,[64] inquiunt, est hec via. Esto quod sit in ratione
facti. An ideo quia arta est via que ducit ad vitam relinquenda
nobis erit, et via lata que ducit ad interitum amplectanda?
Attende finem, fructum considera, et iam non terrebit difficultas
itineris ubi superhabundat utilitas finis. Iustum iter videtur et
congruum ubi tocius Ecclesie utilitas agitur; ubi generale Christianorum vertitur interesse, cooperetur modis quibus potest
diligencia singulorum.

Sed ubi, inquiunt, tuto conveniant? Certe hoc non esse[t]
difficile diffinire, cum universi pro reformatione zelaverint
unitatem: de consensu enim partium potest eligi locus, possunt
et securitates ydonee per utriusque partis principes interponi:
nec enim scisma presens radices habebit in principibus cum
viderint illud in sacerdotibus tendere ad occasum.

Sed timendum,[65] inquiunt, quia cum venerint, minime con-
cordabunt, sicut de cardinalibus supra timendum fore repli-
cavimus. Non equa comparatio. Verissimile est enim cardinales,
et illos maxime quorum fraude, dolo, astucia et inconstancia
tota huiusmodi insanissimi scismatis scaturigo processit, semper
ubicumque convenerint particulariter agere causam suam, pre-
dictas tendere insidias, moliri ut quicquid agitur pro eis agatur.
Suspicantur enim sibi per discussionem scandalum nasci; verentur
ex veritate sibi dispendium generari, preeligentes magis Ecclesiam
scindi quam se confundi. Non sic, certe, non sic de aliis Ecclesie
patribus et prelatis qui sibi huiusmodi conscii non sunt, qui non
suam, sed Ecclesie causam agere proponunt, qui nichil sibi [289r°]
deperire, posita veritate super candelabrum, deprehendunt.
Tales haud dubium, si contingat, intererunt plures certe fer-
ventissimi adminiculatores qui solum Deum, non hominem

verebuntur. In generali ergo consilio esset zeli sinceritas maior
et parcialitas minor et — quod super omnia est — gracia Spiritus
Sancti cooperans efficacior; ex quibus sequetur finis fructuosior
et utilitas generalior. Cur igitur non esset via securior, cur non
perfectior?

Ceterum, quoad difficultates alias propter quas Parisienses
viam generalis consilii postponendam esse contendunt, super-
sedendum fore putamus, tum quia in parte solvuntur ab aliis,
tum quia huiusmodi solutiones ante tempus aperire, posset, ut
verissimiliter credimus, non parvum impedimentum prestare,
propter varias et exquisitas insidias eorum qui paratiores exis-
tunt Ecclesiam scindere quam unire. Quinymo, propter hec et
cetera huiuscemodi, et si que forte essent alia ad que solvenda
nichil in scripturis canonicis aut sanctorum patrum historiis
vel exemplis expresse dictum aut diffinitum esset, forent seniores
provincie congregandi: nam, ut dicit canon, facilius invenitur
quod a pluribus sapientibus queritur. Verus enim repromissor
Dominus ait: «Si duo ex vobis vel tres in unum conveniant super
terram in nomine meo, de omni re quacumque petierint fiet illis
a Patre meo.»

Demum vero, ut hec via sive quecumque alia inter litteratos
viros speculative discussa ad felicem practicam deducatur,
necesse est inter partes mutuum intervenire tractatum quem ante
omnia consulimus ordinandum, ut liquido possit constare ad
quam pacis viam partes decreverint consentire; et si in qualem-
cumque viam consenserint, dummodo per illam unitas Ecclesie
salubriter reformetur bene nobiscum agitur: ad unam viam vel
aliam consensum parcium non possumus extorquere; nec ex
zelo contentionis aliquam viam discutimus, sed gracia unionis.
Si tamen in hanc viam consilii generalis consentirent et unitati
sancte matris Ecclesie sine aliqua parcialitate studerent, spera-
mus quod Ecclesia facilius,[66] firmius et fructuosius unietur, quia
eciam a nonnullis purgaretur erroribus et novis remediis contra
futura pericula muniretur.

Hec igitur, illustrissime princeps et pugil Ecclesie preciose, de
mandato vestre circumspectionis prelocuti sumus, non duricia,
non audacia, non cupiditate inanis glorie, non supersticiosa
credulitate alicui sentencie adherentes, quasi niti vellemus magis
pro oppinione non refellenda quam pro Ecclesia unienda. Absit,
absit ut tam insobrie sapiamus. Hoc tantum cupimus, hoc queri-
mus, hoc rogamus ut ille qui facit sterilem in domo matrem

filiorum letantem, dignetur Ecclesiam suam sponsam benigna pietate respicere et, sive per unam viam sive per aliam, ad optatam reducere concordiam unitatis. Nec miretur regia celsitudo si hoc opus exiguum diminutum appareat aut penitus impolitum: possumus enim allegare pro nobis et temporis brevitatem et ingenii paucitatem: nam ob defectum rei familiaris pene recessit de studio sciencia liberalis; sed et ipsa brevitas indulti nobis temporis non permisit ut aliquod exquisitum profundumve in tam alta materia diceremus, altiora et subtiliora profundiori indagini patrum et columpnarum Ecclesie, ad quos de iure spectat huius rei discussio, cum ea qua decet reverencia relinquentes. Deus, auctor pacis et amator, semper conservet in prosperis vestram regiam maiestatem ad salubre regimen tam regnorum quam Ecclesie in concordancia catholice unitatis.

Data in convocatione nostra apud ecclesiam beate Virginis Marie Oxonie de consensu regencium et non regencium ad hoc specialiter celebrata septimo decimo die mensis marcii, anno Domini millesimo trecentesimo nonagesimo quinto.

NOTES DE GERSON

[1] Prohemium super lamentacione scismatis.

[2] Recitat viam concilii Francie prelatorum et Universitatis Pariensis et aliarum Universitatum Francie.

[3] Divisio huius epistole in tres partes.

[4] Prima pars.

[5] Non debet dici spoliatus, quia nulla fuit eius electio.

[6] Reprobat viam cessionis deducendo ad inconveniens, et prima ratio nichil facit.

[7] Tercia ratio que nichil facit, quia nichil ad presens de nuda renunciatione.

[8] Verbalis tantum est hec reprobatio, quia non capit intellectum clarum vie cessionis, sed eam crude et nude capit, ut sophista.

[9] Quarta ratio apparentior, que tamen potius facit contra viam compromissi vel concilii generalis, nec aliqualiter concludit contra viam cessionis bene consideranti, ut clare patet ex epistola Parisiensium.

[10] Nemo sane mentis hoc di[c]taret, contrarium quoque huius patet clare fuisse et esse de mente Universitatis ex ipsius epistola secunda. Nec obstant sequencia. Constat enim, prout iam — proth dolor! — experiencia docuit, quod, sicut per mortem alterius vel amborum contendentium sine altera provisione aut tractato Ecclesia nunquam ad unionem perveniret, ita nec per utriusque aut alterius renunciationem.

Quis enim nisi insensatus dubitat pastorem sine provisione oves relinquere non debere qui, secundum Christi doctrinam, pro eis animam ponere, quinymo eciam, secundum Augustinum, statum ad quem

H F—F

propter eas ordinatur, ubi earum exposcit utilitas, exponere precipitur
ut, quod est pastor propter oves cum eis prodest, si nocumento eis est,
non esse censeatur. An itaque credis Parisienses, qui unionem Ecclesie
affectu purissimo, quibuscumque postpositis obesse valentibus, totis
viribus prosequti sunt prosequunturque dicte sue et universali omnium
matri Ecclesie Christi sponse de unico pastore ac vicario provideri ut
oves in unum reducantur ovile, de dictorum nuda contendentium
renunciatione fuisse prolocutos? Non sic, certe, non sic, sed de utriusque
coram duobus Collegiis ad concordiam pariter in unum congregatis, aut
seorsum coram suo Collegio cessione facienda; qua peracta super titu-
lorum concurrenciis aliisque dubiis modicis circa hec incidentibus pro-
visionibus congruentibus adhibitis, per veteres cardinales vel forsan pro
bono pacis per ambo Collegia aut aliis modis rationabiliter excogitandis,
concorditer provideatur de pastore. Sed que in hoc, attenta arduitate
materie, minor potest esse difficultas? An nescis cunctos fere reges et
principes, prelatos, viros litteratissimos non protervos religiososque
probissimos ac populares simplices qui celos rapiunt, omnium ad facti
iurisque discussionem pertinencium indissolubili perplexitate reiecta,
semotis scandalis scrupulisque convocationis et presidencie, vexacioni-
bus, sumptibus et dispendiis innumerabilibus, ad hanc cessionis viam
perfectissimam quasi quodam super hac re divine nutu voluntatis
anhelare? Et cum res ita se habeat, quis nisi Iuda traditore nequior
ac infideli deterior, collegiis, ut predictum est, in Christi nomine et ad
eius testimonium pacem relinquentis excequendum congregatis, existente
in eorum medio omnium protectore, violenciam inferre presumet?
Quis, etsi nimium carnalis, locum quemcumque ad conveniendum
electum meticulosum dicet, paratis principibus qui Ecclesiam tuendam
susceperunt in perturbatores ab Ecclesie Sponso sibi commissum gladium
animadversionis exercere? Profecto nullus: durum est enim contra
stimulum calcitrare. Et hec pro dubietatum tuarum solucione pro nunc
sufficiant.

[11, 12] Reprobatio puerilis et verbalis tantum, ut patet per iam dicta.

[13] Secunda pars principalis huius epistole, in qua recitantur alique
rationes Parisiensium epistole, et responsio talis qualis ad easdem.

[14] Hec non sufficit ad improbandum facilitatem ipsius quantum est ex
parte ipsius. Si vero reddatur difficilis ex parte contendentium ut quia
debite requisiti a suis obedienciis cedere nolunt, cum tamen maior pars
utriusque obediencie ipsam viam approbet tanquam sanctiorem,
breviorem, meliorem et iustiorem; tunc iam sufficienter per unitatem
partium provisum est, quia concorditer deliberatum quod recusans in
casu predicto censendus est scismaticus, et sic ad novam electionem, hoc
declarato, concorditer poterit procedi. Cetera vero que hic secuntur
puerilia sunt, ut patet intuenti.

[15] Prima ratio ad reprobandum cessionem coactam.

[16] Secunda ratio, que cum precedente non concludunt [sic] quia
eciam vero pape qui postea fit scismaticus vel unionem Ecclesie impedit
etc. potest licite subtrahi obediencia, secundum deliberationem Universitatis Parisiensis.

[17] Recitat unam rationem pro cessione positam per Parisienses.

[18] Non valet hec reprobatio, quia in tam colorato scismate quod a pluribus sapientissimis ignoratur que pars dici debeat scismatica, eciam verus papa, quicumque sit, ille cum sua obediencia deberent dici scismatici si, oblatis viis ydoneis, eas repudiarent, etc., et libidine dominandi ad unionem nullatenus anhelarent, ymo pocius eam impedirent.

[19] Hec reprobatio potest simpliciter contra te retorqueri, et bene intelligenti ac bonam affectionem habenti pocius confirmat viam cessionis, ut patet ex epistola Parisiensium.

[20] Nichil facit ad propositum, quia nichil ad nos de nuda cessione; si tamen intelligas de cessione secundum intentionem Parisiensium, tunc non videtur veritatem continere: nam per talem cessionem vitaretur omnis facti inquisitio ac iuris ex eo resultantis que, casu huius scismatis considerato et eius diuturnitate, videtur quasi impossibilis, et, si possibilis foret, non tamen expectanda, in scandalum alterutrius partis.

[21] Puerilis est hec reprobatio et non ad rem, sed ad nomen, ut clare patet intuenti.

[22] Hic recitatur secunda ratio Parisiensium pro cessione.

[23] Reprobatur tripliciter ratio Parisiensium per inconveniencia, sed nichil concludit, quia faciliter provideretur ante electionem et alias.

[24] Ratio sophistica et non concludens, sed scismatis nutritiva, cum medium, scilicet intus discussio, sit humanitus impossibile, ut ex epistola Parisiensium liquide constat consideranti.

[25] Alias: dixerunt.

[26] Hic recitatur alia ratio Parisiensium pro via cessionis.

[27] Reprobatio precedentis rationis invectiva et ad divisionem provocativa, prout sunt fere omnes tam precedentes quam sequentes; nec capit intentionem epistole Parisiensium: concilium enim generale in facto potest decipi et errare et maxime in casu presenti, ut deducitur in epistola Parisiensium.

[28] Verba invectiva.

[29] Verba invectiva et iniuriosa.

[30] Reprobatio tercie rationis Parisiensium, que solum ex predictis que defectum paciuntur concludit.

[31] Ymo docetur et practicata reperitur in Clemente primo, Ciriaco, Liberio, Iohanne XII°, Leone IX°, Benedicto X° et Celestino.

[32] Hic est argumentum a negativa, quod non concludit, ut notum est.

[33] Hic recitatur alia ratio Parisiensium pro via cessionis.

[34] Hec solutio Parisiensium valet: nam uterque debite requisitus cedere et renuens, dignitatem retinet in Ecclesie perniciem, detrimentum et scandalum, eciam verus papa, et maxime in casu presenti et attentis circumstanciis scismatis et requisitionibus principum et proborum virorum, iuncto quod non est usquequaque certum an et quis iuste presideat.

[35] Recitat aliam rationem pro cessione.

[36] Solutio insufficiens, quia ex amborum cessione maxima et evidentissima apparet utilitas omnium subditorum; quare, etc.

[37] Recitat aliam rationem pro via cessionis.

[38] Solutio ista parum facilis in casu presentis scismatis, attento et

intellectu argumenti. Si enim Apostolus interrogaretur an propter bonum unionis totius populi Christiani prelatus eciam verus cedere teneretur, non dubium quin respondisset quod sic, alias tanquam nutritor scismatis, ethnicus et publicanus deberet haberi. Si enim tunicam dimittere tenetur, multo magis honorem mundanum et officium quod non gracia sui, sed totius populi Christiani sibi administrandi concessum est.

[39] Recitat aliam rationem pro via cessionis.

[40] Contra arguendo nititur solvere rationi precedenti, sed mirum quod a viris reputatis huiusmodi argumentum procedat, cuius inefficacia clare patet.

[41] Recitat aliam rationem pro via cessionis.

[42] Solutio hec non vadit ad radicem rationis, sed sibi sufficit quod aliqua dicat.

[43] Alia ratio hic recitatur pro via cessionis.

[44] Hec solutio se refert ad predicta, que tamen non procedunt, ut predixi.

[45] Hec contra te potest retorqueri, scilicet quod tuus antipapa renunciet, etc. Sed alterius tantum renunciatio non est verissimilis et licet fieret, non per hoc pacificarentur consciencie, etc.

[46] Recitat aliam rationem pro via cessionis, et ponit solutionem, que solutio potius confirmat viam cessionis quam reprobat, adiciendo minorem, scilicet quod per cessionem vera et stabilis pax Ecclesie redderetur; nec alia via humana ratione potest ad unionem perveniri, ut patet ex discursu secunde Parisiensium epistole, et super hoc est factus tractatus ostendens impossibilitatem vie compromissi et necessitatem vie cessionis per quemdam prepositum Leodiensem.

[47] Hic recitatur alia ratio pro via cessionis et eius solutio. Invectiva contra Parisienses, qui tamen non volatilem honorem querunt, sed brevi itinere pacem sancte matris Ecclesie desiderant. Caveant igitur Oxonienses ne volatilem honorem querant, qui soli viam tam expedientem ac a maxime scientificis non protervientibus et quasi a cuncto populo approbatam, non tam apparendi causa quam animo contradicendi nituntur reprobare, in prolongationem scismatis et pacis Ecclesie impedimentum sub quodam velamine, ut dicitur, laborantem.

[48] An ambo iniusti sint detentores a plerisque litteratis hesitatur, adherente populi multitudine: si ergo per viam discussivam, iam pro altero ferretur sentencia, quod non videtur bene possibile propter oscuritatem et varietatem facti; per hoc tamen eorum consciencia minime pacaretur, quod tamen in sedando scismate maxime est attendendum.

[49] Alia ratio recitatur pro via cessionis.

[50] Incerti ergo sunt Oxonienses an sint scismatici; incerti an Romanis in eorum cupiditate, intrusione et violencia indebite et non exquisita iusticia scisma presens fovendo et nutriendo auxilium prestiterint et parte odio aut alias repulsa et non audita, per violenciam et metum intruso tanquam vero pastori adheserint. Incerti ergo an per eos et eorum partem scandalum venerit, fotum et auctum sit. Cur nolunt ut per utriusque presidentis cessionem sine eorum et quorumcumque scandalo

populi Christiani, unanimes, uno spiritu, unico vero pastori apostolico adhereant, cum discussionis via in concilio generali aut particulari, ut supra tangitur, possibilis non existit, ut bene consideranti cuilibet bone affectionis et non passionato liquide constare potest, etc?

[51] Verba invectiva et iniuriosa.

[52] Istud non procedit quia, ut sepius dictum est, impossibile est veritatem haberi per viam discussivam propter rationes tactas in epistola Parisiensium et in tractatu Prepositi Leodiensis. Modicum eciam ponderat scandalum qui tantum per hoc scandalisari posset.

[53] Hic concludit viam cessionis non esse bonam, et ei attribuit multa mala predicata, sed premisse supraposite non procedunt, ut predixi; quare non mirum si nec conclusio debite sequatur.

[54] Hic via cessionis ad inconveniens deducendo, concludit contra Parisienses quod si inter reges de temporali regno esset controversia, via melior esset utriusque renunciatio; sed male parificat papatum sive sacerdocium et regnum: diversitas de se patet.

[55] Hic ex mediis Parisiensium vult concludere quod alterius cessio esset via melior ad unionem Ecclesie. Miror tamen quod a tali studio talia procedant cum, ut clare constat, conclusio non procedat et argumentatio sit sophistica. Sed mundum credentes suis elenchicis propositionibus decipere et veritatem obtegere, seipsos decipiunt, ac non tam contradictores veritatis quam pacis impeditores ostendunt. Caveant igitur ne pueris sint similes qui, ut serius in scolam perveniant, protractiorem semper viam requirunt. Nec enim substancialiter et profunde consideranti generalis concilii finis alius esse potest quam utriusque cessio. Cur igitur viator, nisi evidenter stolidus aut non libenter ad terminum veniens, semoto breviori itinere, longioris moram querit itineris?

[56] Notorie per vim et metum fuit intrusus, quare, cum nunquam in papatu ius habuit, sed statim ad aliam electionem est processum, nulla competit restitutio.

[57] Verba invectiva.

[58] Tercia pars huius epistole, in qua offerunt Oxonienses viam concilii generalis.

[59] Prosequuntur Parisienses libidinem dominandi; scisma reprobant; scismaticos increpant; unitatem Ecclesie sancte Dei ac pacem populi Christiani modo quo certissime fieri potest rectissima intentione prosequuntur; procrastinationem victant; dilationes inextrincabiles iudiciorum fugiunt; pro matre in qua renati sunt tanquam veri filii corpora, studia et bona propria exponendo, Alemannos, Ungaros, Hyspanos, Arragones, Anglicos et Navarros cum maximis periculis et fortunis per proprios alumpnos pro predicta pace consequenda corporaliter visitantes.

Cur igitur, o Oxoniensis, illis improperas ore laxato loqui? Que lingua moderacior illa quam zelus comedit domus Dei? Caritatem, sine qua non est salus, predicat; veritatem pro extirpando scismate inobliquabiliter coram regibus ac principibus omni servili timore postposito ab ortu scismatis, Spiritu Domini ministrante, locuta est.

Sed tu cur, tanto tempore non condolens nostris miseriis, tacuisti, qui

quasi tuba exaltare debueras vocem tuam? Ubi pro unione scripta tua?
Ubi et ad quos tue solempnes ambassiate et propositiones? Ubi crebre
processiones cum lacrimis? Labitur in quartum iam — proth dolor —
usque lustrum seditiosa tempestas et tu, urgente, ut dicis, imperii
potestate, alias forsitan non facturus, non ad tui, sed Parisiensium
motum, hanc solam cartulam viam concilii plurimas difficultates impos-
sibilitatesque continentem, ut sepe dictum est, porrexisti. Quelibet ab
initio scissure fortassis expediens extitisset, ut aliqualiter tangere videntur
rationes quas allegas; scismatis tamen diuturnitate, factorum et instru-
mentorum contrarietate, cuiuslibetque partium nimia ad suum ad-
herencia, ac aliis subtiliter perquirenti consideratis, ad perfectam in
cordibus catholicorum unionem inducendam insufficiens ac cessione
incompetentior evidenter apparet. Cur eciam Parisienses impingis quod
eorum papam persequuntur, nisi et doctorem veritatis Paulum apostolum
Petro propter legis Mosaice aliquam observanciam in facie resistentem,
Corinthios et alios propter eorum vicia increpantem, ad pacem carita-
temque eos et omnem populum Christianum inducentem, eorum per-
secutorem dicas — quod absit? Cur in electione vie hominis exposcis
beneplacitum, et in circuitu ambulans tuam conscienciam alterius sub-
mittis arbitrio? Quid conditionem adicis? Res dilationem non capit
brevi tempore peritura. Nimis enim cito fieri non posset quod citissime
non fecisse culpabile est. Sed forsan ad pauca respiciens de facili deceptus
es. Quia igitur sapientis est mutare consilium, si, ut in fine huius tue
cartule asseris, modicum tempus habuisti, attencius considera et
diligencius perscrutare; epistolam perlege cessionis; medullam, non
corticem perquire; mentem recipe verbis consonam; scismatis casum
statumque Ecclesie debite contempla et, si pura sinceraque affectione
duxeris, non dubito quin [...] veritatem, clausum in apertum, asperum
in planum, curvum in [...]

   [60] Hec est prima eorum ratio pro concilio generali, quam casu presentis scismatis attento, locum non habere constat, licet, habita unione,
expediens foret ipsum celebrari pro totius Ecclesie statu[s] reformatione.

   [61] Hoc de tuo et te recte dici potest quare, etc.

   [62] Ratio secunda pro concilio generali, que sumitur ex malis pro-
venientibus ex scismate et aliis corrigendis per concilium. Non tamen
concludit quod in casu presentis scismatis sit brevior et melior via ad
unionem perfecte habendam, licet, habita unione, possit locum habere
ut fiat concilium generale etc.

   [63] Tercia ratio pro concilio generali que, intrinsece considerata iuxta
casum presentis scismatis, non concludit, quia licet in hiis que fidei sunt
non sit dicendum concilium posse errare, cum in illis a Spiritu Sancto
regatur, in aliis tamen que facti sunt falli et errare potest ex falsis
testibus aut instrumentis et falsa suggestione aut quia desunt probationes
vel sunt omnino contrarie, propter que mala quibus Spiritui Sancto
resistitur et dyabolo servicium impenditur prevalet spiritus mendax,
Spiritu Sancto concilium deserente et quantum ad ea ipsi concilio
nullatenus assistente.

   [64] Hic unam rationem Parisiensium per argumentum a simili nititur

destruere, quod tamen nullius aut modice est efficacie, cum dissimilitudo faciliter apparere possit. Via enim cessionis mala non est nec ducit ad interitum, ymo facilis, brevis et optima pro scismate presenti sedando, iudicio notabilium virorum totius orbis reputatur; per eam quoque hoc scisma tam intrincatum et radicatum quod nunquam fuit simile perfectius et brevius curaretur quam per concilium generale, quare non fit bona conventio lucis ad tenebras, etc.

[65] Hic respondet ad aliam difficultatem tactam per Parisienses in via concilii generalis; sed responsio sensum atque efficaciam non attingit argumenti. Quid enim ubi de iure partium agitur? Numquid factorum ex quibus ius predictum resultat concordancia ad concordanciam iudicum spectat? Esto enim quod omnium prelatorum unanimis, ut debet, esset consensus Ecclesiam uniendi, ex quo tamen de via spectatur iurisdica, facta discordancia, concordari oportet instrumentis aut testibus aut aliis legitimis documentis; quod tamen, ut superius dictum est, humanitus possible non videtur.

[66] Alias: felicius.

NOTES DE L'INTRODUCTION

[1] André Combes, *La Théologie mystique de Gerson; profil de son évolution*, t. I (1963), t. II (1965), Rome et Paris, Desclée éd., in-8º (coll. «Spiritualitas», I et II).

[2] Cinq ont été publiés jusqu'ici: «Une lettre de jeunesse de Jean Gerson», dans *Romania*, LXXX (1959), pp. 461–72; «La plus ancienne œuvre retrouvée de Jean Gerson: le brouillon inachevé d'un traité contre Juan de Monzón», dans *Romania*, LXXXIII (1962), pp. 433–92 (*v.* note complémentaire dans *Romania*, LXXXVIII (1967), pp. 270–74); «Le *Pastorium Carmen*, poème de jeunesse de Gerson...», dans *Romania*, LXXXVIII (1967), pp. 175–231; «La *Deploratio super civitatem aut regionem que gladium evaginavit super se*», dans *Miscellanea André Combes*, t. II, Rome 1967 in-8º, pp. 351–87; enfin des notes rédigées par Gerson en vue de l'illustration du *Somnium* d'Honoré Bouvet, sous le titre: «Une maquette de manuscrit à peintures», dans *Mélanges Frantz Callot*, Paris 1960 in-8º, pp. 43–51, 1 pl. h.–t.

[3] Voir André Combes, *Jean de Montreuil et le Chancelier Gerson: contribution à l'histoire des rapports de l'Humanisme et de la Théologie en France au début du XVe siècle*, Paris 1942 in-8º, notamment pp. 613–16 et *passim*.

[4] Rééditée par P. Glorieux, *Jean Gerson, œuvres complètes*, vol. II, *L'œuvre épistolaire*, Paris 1960, nº I, pp. 1–4.

[5] Voir G. Billanovich et G. Ouy, «La première correspondance échangée entre Jean de Montreuil et Coluccio Salutati», dans *Italia Medioevale e Umanistica*, VII (1964), pp. 337–74.

[6] Voir Etienne Gilson, *La Philosophie au moyen âge*, 2e éd. revue et augm., Paris, 1952, in-8º, p. 753.

[7] Je publierai prochainement de curieuses lettres découvertes il y a quelques années dans un recueil probablement constitué par Ambrogio Migli, qui éclairent d'une lumière assez crue l'atmosphère de la chancellerie milanaise à l'époque où Ambrogio y travaillait encore, peu

avant d'aller se mettre au service de Louis d'Orléans et de se lier d'amitié avec Jean de Montreuil et d'autres humanistes parisiens.

[8] G. Ouy, «La plus ancienne œuvre retrouvée de Jean Gerson...», *op. cit.*, p. 472.

[9] *Ibid.*, p. 474-75.

[10] Dans *Scriptorium*, XVI[2] (1962), pp. 275-301 et pl. h.-t. 22-28. Voir en particulier pp. 297-98 et pl. 24 c.

[11] Voir passage cité, et aussi G. Ouy, «Une maquette...», *op. cit.*, pp. 44-47.

[12] *Ibid.*

[13] Gerson, *Propositio facta coram Anglicis*, éd. P. Glorieux cit., vol. VI (1965), p. 130: «Scio qui praesens interfui dum proponeretur haec conclusio Compendii...» A noter l'emploi fréquent par Gerson de cette formule «interfui», «presens interfui»: voir «La plus ancienne œuvre», *op. cit.*, p. 442.

[14] *Chronique du Religieux de Saint-Denys*, éd. L. Bellaguet (Coll. des Documents inédits), t. II, Paris 1840, in-4°, p. 432.

[15] John B. Morrall, *Gerson and the great Schism*, Manchester 1960, in-8°.

[16] *Op. cit.*

[17] A. Combes, *La Théol. myst.*, *op. cit.* I, p. 212.

[18] Gerson, *De substractione Schismatis* [*sic*], éd. P. Glorieux cit. vol. VI, p. 23.

[19] J. B. Morrall, *op. cit.*, p. 40: 'Gerson's main motive in taking this line cannot have been merely the sense of personal obligation to Benedict for his elevation to the chancellorship. There is evidence that the university honour was not felt by Gerson to be a welcome burden... His refusal to support the plea for substraction of obedience must have had other than personal grounds. In fact, it is sufficient explanation of his attitude that he viewed "substraction" as a further step in that disunity of the Church which it was his ardent desire to terminate.'

[20] Voir. G. Ouy, «La plus ancienne œuvre», *op. cit.*, pp. 457-60.

[21] Voir Noël Valois, *La France et le grand Schisme d'Occident*, t. III, Paris 1901 in-8°, p. 71 et n. 2.

[22] Voir notamment Morrall, *op. cit.*, p. 39.

[23] Voir Gerson, *Causae propter quas Cancellariam dimittere voluit*, éd. cit., II, n° 2, pp. 17-23.

[24] Morrall, *op. et loc. cit.*

[25] Voir N. Valois, *op. cit.*, III, p. 75, n. 2 et p. 102.

[26] 22 juillet 1397.

[27] *Chronique du Religieux de Saint-Denis*, *op. cit.*, II, p. 448.

[28] Résumé dans N. Valois, *op. cit.*, III, p. 106.

[29] Les circonstances de ce vote ont été minutieusement analysées par N. Valois, *op. cit.*, III, pp. 148 sqq.

[30] Outre qu'il n'apparaissait guère possible de publier le commentaire de Gerson sans le texte commenté, la réédition de celui-ci s'imposait. La seule édition existante était jusqu'ici celle de Du Boulay (*Hist. Univ. Paris.*, t. IV, Paris, 1668, pp. 776-85), non seulement très fautive, mais par endroits inintelligible: utilisant notre manuscrit, l'historien du

XVIIᵉ siècle avait en effet négligé de reproduire, les confondant avec la glose, diverses additions ou corrections, indispensables au sens, que Gerson avait portées en marge de la copie imparfaite sur laquelle il notait ses remarques.

Henri Weber

LA FACÉTIE ET LE BON MOT
DU POGGE À DES PÉRIERS

Notre intention est ici de caractériser un genre qui naît et s'épanouit entre 1440 et 1560 et qui permet, par le succès même qu'il connaît dans toute l'Europe, de préciser un aspect essentiel, quelque peu négligé, de l'humanisme. Les œuvres majeures qui le caractérisent sont les *Facéties* du Pogge, composées entre 1438 et 1452, imprimées pour la première fois en 1477, et celles de Bebelius, Heinrich Bebel, composées probablement en 1506 et publiées en 1508 dans un ensemble d'*Opuscula*. Il s'agit, dans les deux cas, de courtes histoires rédigées en latin, qui tantôt se réduisent à une réplique, à un bon mot, tantôt, sous une forme très dense et très concentrée, constituent une véritable narration analogue à celle d'un fabliau ou d'une nouvelle.

Si les facéties latines ont été l'objet d'une bonne étude de Konrad Vollert, dans une dissertation de doctorat de l'Université de Berlin en 1911,[1] s'il a su joindre à l'étude de ces recueils celle des facéties allemandes de la fin du XVᵉ, on peut lui reprocher d'avoir négligé volontairement les *motti* italiens qui pourtant nous paraissent indispensables pour comprendre, dans ce genre, la liaison intime de l'écrit et de la parole.

Le titre du recueil de contes de Bonaventure Des Periers: *Nouvelles Récréations et joyeux devis*, même s'il a été donné par les éditeurs, correspond, dans sa seconde partie, aux *motti* italiens et, comme l'a montré Lionello Sozzi, dans la thèse passionnante qu'il lui a consacrée et qui nous a fourni l'idée même de cette communication, certaines des prétendues nouvelles de Des Périers ne sont que l'assemblage de deux ou trois bons mots, suivant une technique qui est beaucoup plus apparentée à celle de Bebelius qu'à celle de Pogge.[2] Il faut toutefois remarquer qu'à notre connaissance (il faudrait à ce sujet une enquête plus approfondie) on ne trouve pas en France, dans la première moitié du XVIe siècle des recueils de bons mots ou de facéties proprement dites. Le titre de joyeux devis que l'on rencontre à l'époque de Des Periers est attaché à des recueils de contes. Les bons mots et les facéties sont inclus dans des contes, des nouvelles ou dans des ouvrages de plus longue haleine comme les *Propos rustiques*, les *Discours d'Eutrapel* de Noël du Fail, les *Bigarrures* de Tabourot des Accords, Les *Serées* de Guillaume Bouchet, enfin l'œuvre même de Rabelais. Mais le caractère, la structure, l'esprit de ces ouvrages ne se comprennent que par l'influence ou le succès des recueils italiens ou latins.

Ce sont d'ailleurs les facéties latines, celles du Pogge, connues et diffusées par manuscrit avant même d'être publiées, qui, plus directement que le *Decameron*, ont fait naître la nouvelle en France, en particulier *Les Cent Nouvelles nouvelles*, composées entre 1456 et 1467, à la cour du Duc de Bourgogne Philippe le Bon.[3] La facétie latine, avec tout l'esprit humaniste dont elle est chargée, est, à notre avis, ce qui, en France, détermine le passage du fabliau à la nouvelle proprement dite, même si, dans leur rudesse, et quelquefois leur lourdeur narrative, *Les Cent Nouvelles nouvelles* paraissent assez éloignées de l'élégante brièveté du Pogge.

Peut-on déceler les origines de la facétie et déterminer l'évolution du genre pendant un siècle? Il semble que certaines pratiques de l'éloquence et les habitudes de la vie publique soient, à Rome, à l'origine des recueils de bons mots.

Le plus connu, qui n'est d'ailleurs pas entièrement conservé, est le recueil des bons mots de Ciceron, composé après sa mort, par son affranchi Tiron. Un certain nombre d'entre eux, ainsi que les mots d'Auguste ou d'autres empereurs romains, nous ont été transmis par ces mélanges de questions diverses, curieuses, grammaticales, anecdotiques ou mythologiques que constituent les *Nuits attiques* d'Aulu-Gelle et les *Saturnales* de Macrobe. Ces recueils ont été très largement exploités par les humanistes italiens et par Erasme.

Du côté grec, les disciples de Platon ont toujours attaché une très grande importance aux propos échangés à la fin des banquets; par ailleurs l'enseignement oral de certains philosophes, Diogène le cynique, Aristippe de Cyrène semble avoir souvent pris la forme de propos à l'emporte pièce ou de répliques inattendues qui

ont été collectionnés à une époque tardive par Diogène
Laërce (IIIe siècle ap. J.-C.) dans ses *Vies des philosophes*. Plutarque
de son côté, dans ses *Vies des hommes illustres*, recueille les mots
historiques ou les reparties piquantes de ses héros et, surtout, il
consacre un de ses plus longs traités aux *Propos de table ou
Symposiaques*. Il s'y montre soucieux d'unir la plaisanterie à des
questions d'érudition mineure, de savoir vivre ou même de
morale, suivant une formule célèbre et maintes fois reprise qui
consiste à mêler l'utile à l'agréable.

A l'aube de l'humanisme, Pétrarque, dans ses *Rerum memoran-
darum libri*, reprend l'idée d'une collection de mots philosophiques
ou historiques en consacrant une section spéciale aux *Joci ac
Sales*, titre qui fera fortune au XVIe siècle. Il y justifie le droit à
la plaisanterie pour elle-même. «Dans nos discours, comme dans
nos actions et nos pensées, il faut soulager par la plaisanterie, la
fatigue contractée dans l'exercice sérieux.» Mais, c'est Le Pogge
qui a le mérite de créer un genre nouveau, détaché de toute
tradition antique et de tout souci moral ou érudit, en prenant la
décision de rédiger les propos médisants et les bonnes histoires
que se racontent les secrétaires de la chancellerie pontificale réunis
dans un endroit retiré qu'ils avaient baptisé le Bugiale «le
mentoir» si l'on peut ainsi traduire.[4] Il justifie son entreprise dans
sa préface de la même façon que Pétrarque.

> C'est une chose excellente et presque nécessaire, les philosophes le
> recommandent, d'arracher de temps à autre notre esprit à ses pré-
> occupations habituelles, de faire trêve aux pensées tristes et aux soucis
> qui l'accablent, de le provoquer à l'enjouement et à la gaieté par
> quelque plaisante récréation.[5]

Dans les dernières années du XVe siècle, est publié à Florence un
petit livret italien de *Facezie, Piacevolezze*, etc., bonnes histoires et
bons mots racontées de son vivant par le curé Arlotto et recueillies
après sa mort.[6] Elles connaîtront un nombre considérable d'éditions au XVIe siècle. Ancien ouvrier de l'Arte della Lana, ce
prêtre d'une petite paroisse du diocèse de Fiesole n'est pas seulement auteur de bons mots, il est aussi le héros de bons tours qui,
en quelque sorte, mettent en scène ses reparties. Nous avons là
un équivalent, beaucoup plus savoureux, de ce que sera en
France la médiocre *Légende de Pierre Faifeu*.

Les *Facéties* de Bebelius seront également en liaison intime avec
les propos des paysans souabes, aussi bien qu'avec les propos
d'humanistes et de lettrés. Mais, sous la double influence de

l'évangélisme et de l'humanisme, le genre va devenir plus didactique. Le souci de mêler l'utilité à l'agrément domine la puissante
personnalité d'Erasme qui va reprendre plus directement la
tradition de Plutarque et des érudits latins. Ses *Apophtegmata*
recueillent à la fois les mots historiques rapportées par Plutarque,
les reparties piquantes de Diogène et de Socrate, les bons mots
de Ciceron ou d'Auguste. Une section de ses *Colloques* renoue
avec les *Propos de table* de Plutarque. On y trouve, à côté du
repas poétique ou du repas théologique, le repas des histoires
plaisantes. Ce dernier contient d'abord une série d'histoires de
voleurs, de caractère purement divertissant, cependant, les
dernières histoires, groupées autour du personnage de Louis XI,
sont des apologues à valeur politique ou morale, un peu analogues
à ceux que l'on trouve au début du *Zadig* de Voltaire.

Vers 1524, Les *Joci ac Sales mire festivi* du Strasbourgeois Othmar
Nachtigall, plus connu sous son nom latin de Luscinius, prétens
dent eux aussi ne viser qu'au divertissement, mais ils recueillent
un grand nombre d'épigrammes grecques et latines, d'anecdotes
latines en même temps que des facéties du Pogge. Le souci de
l'érudition humaniste s'y manifeste comme dans le recueil plus
tardif du Bâlois Joachim Cast: *Convivalium sermonum liber* (1541)
dont le titre s'inspire de Plutarque et où, seul, le choix des
anecdotes présente une originalité. La place considérable faite à
tout ce qui dénonce les vices du clergé, le scandale des couvents,
des indulgences et de la confession y témoigne de l'esprit de la
Réforme. Par contre, Lodovico Domenichi en 1546, probablement parce qu'il écrit en italien, ne laisse apparaître aucun souci
didactique et se maintient tout entier dans le domaine de la
tradition orale et divertissante.

Y a-t-il une théorie de ce genre particulier édifiée au moment de
la Renaissance? Le *De sermone* de Pontano, composé entre 1499 et
1502, publié en 1509, bien qu'il soit essentiellement un art de la
conversation plaisante, nous paraît être, en dehors des courte-
préfaces du Pogge, de Bebelius et de Luscinius, l'ouvrage théori-
que le plus important sur le sujet, il est aussi, par la quantité
d'exemples cités, un véritable recueil de facéties et de bons mots.
Le but proclamé reste celui de la détente et du rire. L'idéal de
l'«homo facetus et urbanus» est, en quelque sorte, celui de
l'honnête homme avant la lettre: «qui ne cherche dans les
plaisanteries et les bons mots que le divertissement et la récréation

après le travail, qui sait assaisoner de sel ses propos, y mêle de l'enjouement et choisit les mots les mieux disposés et les plus aptes à faire naître la plaisanterie.»[7] Pontano se refuse à joindre à ce délassement toute idée d'utilité morale. En opposant la «facetudo» qui est la qualité propre à la conversation privée, à la «facunditas» qui est la vertu de l'orateur, il dessine déjà l'opposition chère à Montaigne entre la vie publique et la vie privée. Celle-ci se tourne naturellement vers le plaisir raffiné de la conversation. Pontano, il est vrai, s'efforce de constituer une sorte d'éthique de la «facetudo» conçue comme un juste milieu «mediocritas», évitant l'obscénité trop directe, la raillerie offensante pour le partenaire, la grossièreté ou la subtilité froide.[8] Mais c'est là encore une sorte d'épicurisme de bonne société qui ne veut pas gâter le plaisir du bon mot par le dépit de celui qui en serait la victime. Les brefs commentaires que Domenichi place à la fin de chaque anecdote vont dans le même sens.[9] Il faut donc respecter les limites de la pudeur, mais ces limites sont fort variables; Le Pogge ne s'en est pas soucié et Pontano nous explique qu'une action en elle-même honteuse et dégoûtante peut être racontée fort joliment. Il en fournit quelques exemples que je n'oserais citer et auxquels je vous renvoie.[10] Lodovico Domenichi se fait, lui, un paravent des commentaires sévères qu'il ajoute aux histoires fort lestes qu'il recueille soigneusement. Ainsi, malgré toutes les précautions oratoires prises par Pontano et tous ceux qui ont parlé de la facétie, il y a dans le plaisir qu'elle offre un léger goût de scandale, une sorte d'irrespect fondamental que rachète obligatoirement l'art de dire.

Tout ceci nous permet de distinguer et d'opposer plus nettement facéties et fabliaux, Si le but, souvent proclamé par les auteurs de fabliaux est de faire rire, comme a pu le constater J. Bédier: «Ce sont risées pour esbattre» qui font oublier «duel et pesance»,[11] la plupart d'entre eux ne parviennent pas à se débarasser de l'exigence d'une moralité placée en tête ou à la fin du récit. S'agit-il, comme le suggère Peter Nykrog, d'une convention rhétorique issue de l'enseignement médiéval ou de la persistance de la tradition de l'«exemplum», à travers l'*Isopet* de Marie de France?[12] Il n'en reste pas moins que, seule, la facétie latine se débarrasse totalement de la convention de la moralité, comme aussi de cette sorte d'écran que constituent les commentaires, si brefs soient-ils, des nobles dames et seigneurs qui dans le *Decameron* sont assemblés pour raconter les nouvelles.

C'est là une affirmation de l'esprit humaniste qui tend à proclamer et à légitimer, dans tous les domaines, le droit au plaisir qui deviendra, chez Rabelais, la proclamation éclatante des effets bénéfiques du rire.

Ce qui caractérise également l'humanisme, dans les *Facéties*, c'est une prise de conscience plus aigüe des pouvoirs et des mécanismes du langage. Aux figures et au rythme qui ornent le beau style oratoire ou poétique, correspond, dans le domaine plaisant, la recherche du jeu de mots et des procédés qui font naître le rire, recherche qui s'appuie sur les analyses de Ciceron dans le *De oratore*[13] et de Quintilien dans l'*Institutio oratoria*.[14] Ciceron part de la définition du rire fournie par Aristote — le sujet du rire est toujours quelque laideur morale ou déformation physique[15] — pour fonder son étude sur la distinction entre la plaisanterie qui vient des mots et celle qui vient des choses. C'est là d'ailleurs, à notre avis, une distinction arbitraire, heureusement corrigée par la remarque suivante: «Rien n'est plus agréable que lorsqu'on peut rire à la fois de la chose et du mot.»[16] En effet, l'intérêt qu'offrent ces recueils de facéties réside précisément dans l'union d'un art raffiné des procédés du langage avec la vérité psychologique et sociale qui fait revivre une époque.

Pontano, dans son *De sermone*, insiste sur le concept traditionnel de l'union de l'art et de la nature.[17] L'art qui estompe certaines crudités permet aussi, grâce à l'accumulation des observations, de dégager des préceptes pour l'invention des plaisanteries, mais, en insistant également sur le rôle de la nature dans cette découverte, il souligne le caractère spontané de beaucoup de facéties. Il cite par exemple cet échange de répliques entre deux paysans: l'un, portant un bonnet trop petit, a la plus grande partie de la tête découverte, l'autre, les pieds nus. Ce dernier interroge ainsi son compagnon: «Combien as-tu payé ce petit champignon?» Et l'autre de répondre: «Et toi combien tes chaussures?»[18] Selon Pontano, la première remarque est née d'une observation spontanée, la seconde est aidée par l'art qui permet d'opposer les pieds à la tête. Si la limite ainsi définie entre nature et art n'est guère convaincante, l'important est que l'exemple soit pris dans la conversation de deux paysans; il y a chez les humanistes les plus raffinés une conscience certaine du pouvoir créateur du langage populaire.[19] Le Pogge note un certain nombre de répliques de paysans toscans, Bebelius se fera plus abondamment encore l'écho des bonnes histoires colportés dans les tavernes de village par les paysans souabes. C'est le même sentiment qui, plus tard, incitera Montaigne à admirer les chansons en patois périgourdin ou celles qui ont été recueillies chez les indigènes du Brésil.[20]

Ce qui caractérise donc la facétie ce sont ses liens intimes avec le caractère spontané de la parole et de la tradition orale, même si, lors qu'il les écrit, Le Pogge se montre soucieux d'une brieveté concentrée qui les dépouille de cette luxuriance savoureuse propre au langage parlé. Quel que soit le bonheur des improvisations créatrices du langage, la linguistique moderne nous montre qu'elles obéissent à des lois rigoureuses. Ciceron avait déjà essayé de dénombrer tous les procédés qui font naître le rire. Mais son classement, tout empirique, ne témoigne d'aucun effort systématique. Un essai très limité a été tenté de nos jours par Violette Morin dans la revue *Communications*.[21] Mais il ne porte que sur un certain nombre d'histoires drôles du journal *France-Soir*, forme quelque peu abâtardie de la facétie. Nous nous contenterons, en simplifiant quelque peu, d'emprunter aux différents théoriciens quelques unes de leurs remarques, pour analyser les procédés les plus apparents. Nous distinguerons d'abord le mot simple, qui est généralement, comme l'image et la comparaison, la découverte d'un rapport inattendu entre deux réalités. Puis la réplique ou l'échange de répliques, qui établit un rapport nouveau d'opposition, de progression ou de similitude, entre les images découvertes.

Réduit à sa forme la plus simple, le «motto» est une sorte de proverbe qui fait apparaître, dans une vision familière et concrète, un rapport abstrait, le symbole d'une vérité générale. Il a d'autant plus de valeur que l'idée abstraite reste implicite. *Il cane scherzando colle mosche, spesso se le mangia*, c'est à dire «Le chien en jouant avec les mouches finit souvent par les manger».[22]

La personnification, grâce à un détail physique très particulier, est un moyen analogue de suggérer l'idée abstraite: *La scriptura sacra ha il naso di cera*: «La Sainte Ecriture a un nez de cire» disait Boccace, dans son commentaire de Dante, voulant dire que l'on peut en plier le sens à n'importe quelle fin.[23] Ici le contraste entre la familiarité de l'image et la majesté de la Sainte Ecriture souligne l'irrespect caractéristique du «motto». Au lieu de définir de biais une entité abstraite, la comparaison peut être un trait satirique lancé contre une autre personne. Les images animales sont particulièrement propices à ramener la prétention sociale à son origine matérielle. Le sel de la plaisanterie se trouve alors dans l'inattendu du développement d'une image banale. Le trait se trouve concentré dans le dernier mot: «Une femme débauchée avait tendu à ses fenêtres le matin toutes sortes de vêtements offerts par son amant. Une matrone passant devant le logis vit cet étalage. «En voici une qui fait ses robes, comme l'araignée fait sa toile, avec son cul.»[24] Cette facétie du Pogge nous montre comment le mot de la fin doit être préparé par quelques circonstances qui l'expliquent, situé ici dans le cadre naturel d'une rue de petite ville.

Fréquemment l'image est reprise dans la réplique et retournée contre celui qui l'avait employée. Ainsi un avare, séduit par l'esprit d'un homme fort petit, lui manifeste le désir de le mettre dans son escarcelle pour l'avoir toujours à sa disposition. Et l'autre de répondre: «Malheur à moi, vous ne m'en sortiriez jamais!»[25] L'image employée dans l'attaque est en relation directe avec le caractère de l'avare, c'est ce qui en fait la justesse psychologique et permet en même temps la réplique.

La recherche de la surprise aboutit à un effet particulièrement heureux lorsqu'un intermédiaire est sauté dans une suite d'actions. On peut utiliser ainsi la cause pour désigner l'effet ou l'effet pour la cause. C'est ce que Ciceron appelait la *métalepse*. C'est sur un procédé de ce genre qu'est fondé le mot suivant emprunté au recueil de Domenichi:[26]

> Tomasone étant assis sur un banc et voyant s'avancer Giovanni D. avec une grande robe de damas et tout en sueur, un compagnon lui dit: «Regarde D. comme il sue.» Tomasone répond: «Pourquoi ne veux-tu pas qu'il sue, puisqu'il a une vigne sur le dos.» D. avait en effet vendu une vigne pour acheter ce vêtement.

L'imprévu de l'expression réside dans la substitution de la chose vendue à la chose achetée, qui permet une explication causale, en apparence logique, mais en même temps totalement invraisemblable de la sensation présente (l'homme qui transpire). Ce mélange de logique et d'absurdité est un des meilleurs condiments de la plaisanterie.

On trouve, dans le même recueil, un exemple du même procédé sur lequel se greffe cette fois un jeu de mots:

> P. Bresciano avait vendu quatre champs pour acheter un très beau cheval turc et il le faisait sauter en chevauchant. Un gentilhomme le voyant dit à son compagnon: «Oh comme il saute bien, ce turc!»

L'autre répondit: «Voyez comme c'est vraiment un bon cheval. Il saute quatre champs d'un seul coup.»[27]

Si fin soit-il, le procédé n'a cependant de valeur que par sa liaison avec les circonstances et la vision directe: la plaisanterie est ici un moyen de revanche social contre l'étalage de la vanité, elle rétablit l'équilibre rompu par un luxe qui paraît insultant au spectateur.

Le jeu de mots que nous avons vu apparaître ici sous forme indirecte, avec le glissement de la valeur intransitive à la valeur transitive du verbe sauter, peut être quelquefois une sorte d'image réalisée matériellement et se trouver lié à une mise en scène:

A Florence, il y avait un bourgeois nommé Messire Valore (c'était au temps du duc d'Athènes) qui, parce qu'il était suspect au dit Duc, se fit passer pour fou. Entre autres actions il emplit son vêtement de cerises. «Becquetez-moi,» dit-il, «Je suis la commune de Florence» (Piluccatemi, sono il comune).[28]

Ciceron se méfie du jeu de mots qu'il appelle *ambiguitas* et recommande de ne l'employer qu'avec circonspection, peut-être parce qu'il en a lui-même abusé. Pourtant, les analyses de la linguistique moderne, utilisées par Jean Cohen dans ses *Structures du langage poétique*, ont montré que la distinction entre signifiant et signifié pouvant se renverser, le signifié premier devenant le signifiant d'un signifié second et ainsi de suite, ce jeu sur les sens multiples d'un même groupe phonétique peut-être à la fois le principe essentiel du langage poétique et celui du comique de mots. Ceci donne d'ailleurs des fondements linguistiques solides à la parenté remarquée par de nombreux poètes entre la poésie et l'humour. Le plus souvent le jeu de mots est lié à l'art de la réplique, au plaisir de saisir la balle au bond et de la renvoyer, c'est ce que Ciceron avait déjà fort bien remarqué. «La plaisanterie est encore plus heureuse, écrit-il, lorsque, dans la dispute, un mot lancé est saisi par l'adversaire» et il ajoutait: «L'un des moyens les plus connus de provoquer le rire, c'est de faire attendre une chose et d'en dire une autre.[29]

En voici un exemple très simple, mais difficilement traduisible, puisqu'il s'agit du mot *voce* qui signifie d'abord voix, puis réputation:

Un altro ragionandosi d'un fanciullo, che imparava a cantare, figliuolo d'una donna di non molto buona fama, essendo domandato: come ha egli buona voce? rispose: Ha miglior voce che la madre.

«Molto arguto», commente Domenichi.[30] Le plaisir réside ici dans le caractère indirect et inattendu de l'attaque contre la mère.

Au lieu de porter sur un substantif, le jeu de mots peut porter sur un groupe de mots, sur une formule employée généralement avec une valeur politique ou religieuse, brusquement ramenée à son sens matériel. C'est une histoire du Pogge:

> Giovanni Andrea, Docteur Bolonais, dont la renommée est si répandue, fut surpris par sa femme en train de besogner sa servante. La femme, que son mari n'avait pas habituée à pareil scandale, se tourna vers lui: «Ah Giovanni, s'écria-t-elle, où est donc cette fameuse sagesse? — Ici même, dans ce vagin, répondit le mari, et elle y est fort bien.»[31]

Si l'on songe à tous les développements liés à la formule *ubi sunt, ubi nunc*, le contraste avec la brutalité de la réponse est particulièrement savoureux. Tous les détails préparatoires ont d'ailleurs leur importance, puisqu'ils mettent en relief la renommée du docteur bolonais, la surprise de sa femme; le fait même qu'il s'agisse d'une servante, nous ramène à une humanité très quotidienne. Enfin le jeu de mots assumé par un homme d'esprit dans une situation délicate met les rieurs de son côté.[32]

Pour qu'il y ait bon mot, il n'est pas indispensable qu'il y ait jeu sur le sens précis d'un mot. Le trait dans la réponse peut être donné par la simple existence d'une relation de symétrie et d'opposition, opposition d'autant plus piquante que la raison qui la justifie n'a pas besoin d'être explicitée: Ridolfo de Camerino, assiégé et se refusant à sortir de la ville pour livrer bataille se justifie ainsi: «Ridolfo ne sort pas de la ville, pour t'empêcher d'y entrer.»[33]

De la même façon, mais avec plus de force, parce que l'antithèse résume ici tout l'esprit révolutionnaire, un «ciompo» de Florence répond à un membre de la noble famille des Albizzi, qui lui demande: «Comment ferez-vous pour tenir le pouvoir, vous qui n'en avez pas l'habitude, alors que nous, qui sommes nés pour cela, n'avons pas pu le conserver? — Nous ferons le contraire de ce que vous avez fait.»[34] L. Domenichi commente: «Belle réponse pour un plébéien.»

La réplique peut également faire apparaître une conséquence imprévue de l'insulte provisoirement acceptée, qui se retourne alors contre celui qui l'a lancée. Là encore presque tout l'art réside dans la question intermédiaire qui semble sans conséquence et provoque en réalité le renversement de la situation.

Un Docteur de Bologne faisait à un Légat je ne sais quelle demande, et insitait tellement que le Légat finit par le traiter d'idiot et de fou: – «Et depuis quand vous êtes vous aperçu que je suis fou ?» demanda le Docteur — «Depuis tout à l'heure» dit le Légat. – «Vous vous trompez, répliqua l'autre, je fus un grand fou le jour que je vous fis Docteur en droit civil.»[35]

Un mécanisme analogue plus parfait, parce que plus simple et plus rapide, fait toute la valeur de la réplique d'un enfant précoce qui avait répondu brillamment aux questions du Cardinal Angelotto: «Les enfants, dit le Cardinal, qui montrent tant d'esprit et de savoir voient leur intelligence décroître à mesure qu'ils avancent en âge et sont des sots lorsqu'ils atteignent la vieillesse» — «Je le vois bien par vous même, répliqua aussitôt le gamin, personne n'a dû être plus savant et plus spirituel que vous quand vous étiez jeune.»[36]

Si une certaine forme logique de la déduction peut créer la surprise, une fausse logique peut avoir également beaucoup de saveur, en particulier celle qui consiste à juger nécessaire la réciprocité dans un cas où, précisément, elle ne peut jouer. Un jeune Florentin est surpris par son père avec sa belle mère. Le bruit de la dispute attire un voisin qui demande la cause du scandale. «C'est la faute de mon fils, dit enfin le père — «Mais non, dit le fils, c'est lui qui a commencé: mille fois, il a fait l'amour avec ma mère, et je n'ai jamais rien dit; pour une fois que je touche à sa femme... le voici qui pousse des cris comme un insensé.»[37]

La L[e] des *Cent Nouvelles nouvelles* apporte une variation in-attendue à ce thème. C'est le fils prodigue fêté par ses parents à son retour qui doit coucher dans le lit de sa grand mère car il n'y a que deux lits à la maison. L'occasion faisant le larron, au milieu de la nuit, la grand mère appelle au secours. Le fils s'enfuit, on lui demande «Et vien ça, qu'as-tu meffait à ton pere, qui te veult tuer? Ma foy, dist-il, rien... Il me veult tout le mal du monde pour une pouvre foiz que j'ay voulu ronciner sa mere; il a ronciné la mienne plus de cinq cenz foiz, et je n'en parlay oncques ung seul mot.»[38]

Voisine de la fausse logique, mais plus subtile, peut être une rupture des règles habituelles de la langue, ce que la sémantique appellerait aujourd'hui la règle de la pertinence. On aboutit alors à une opposition inattendue entre deux pronoms personnels différents, là où l'usage voudrait l'emploi de la même personne et ceci peut traduire une vérité psychologique. Laurent le Magnifique dit un jour à son fils Pierre: «Il ne me vient aucune fantaisie que tu ne te paies» (*Non mi vien mai voglia alcuna che tu non te la cavi*).[39]

Enfin la réplique, reposant sur une apparence évidente mais fausse en réalité, peut jaillir d'un véritable dialogue, où se succèdent interrogations et réponses. Nous dépassons alors le stade du simple bon mot pour nous acheminer vers la facétie narrative. Bebelius nous en fournit un excellent exemple. Un voyageur roux dépose vingt sous sur le comptoir d'un aubergiste et les reprend presque aussitôt. L'aubergiste en demande la raison: «Parce que tu es roux, répond le voyageur, et que j'ai rarement vu des roux en qui l'on puisse avoir confiance — Mais, réplique l'aubergiste, tu es plus roux que moi — Justement je te connais d'autant mieux que je puis te juger d'après moi.»[40]

Ceci nous conduit à la facétie proprement dite où la réplique finale est préparée par une série d'actions, ce que dans l'analyse structuraliste on nomme des séquences. Si le bon mot lui-même réside dans le changement d'aiguillage sémantique du mot ou de l'expression, qui crée la surprise, dans le domaine narratif, ce changement est la péripétie, mais l'extrême concentration de la facétie en général veut que les péripéties soient réduites au minimum.

Voici une histoire du Pogge, celle d'une veuve qui «désirant le salut de son âme et l'agrément d'une compagnie plutôt que la satisfaction des sens» souhaite se remarier avec un homme d'âge. La voisine promet de lui trouver ce qu'il lui faut et revient le lendemain en lui proposant un vieillard qui a perdu toutes ses qualités viriles. — «Jamais», réplique la veuve. C'est là l'imprévu dans la séquence narrative. L'explication qui vient ensuite se résume en une image liée à un jeu sur le mot «paix», qui est dans la tradition des bons mots: «A aucun prix, je ne le prendrai pour mari, car si le Pacificateur manque,» ainsi appelait-elle le bâton qui sert à planter les hommes «qui mettra la paix (car il faut vivre en paix entre époux), lorsqu'il surgira entre nous une querelle ou une dispute?».[41]

Il est souvent intéressant de comparer les facéties du Pogge ou de Bebelius aux contes médiévaux qui en sont quelquefois l'origine. Il arrive que le conte soit alors réduit au dernier épisode, celui qui justifie le bon mot; telle est l'histoire de la

femme contredisante que, sous une forme très ancienne, nous
trouvons dans le *Romulus* de Marie de France[42]: Un mari fait
dériver un cours d'eau pour la construction d'un vivier, ses
ouvriers lui demandent de faire apporter le repas sur le chantier,
il les adresse à sa femme en leur recommandant de lui dire qu'il
a refusé leur requête, seul moyen qu'elle y satisfasse. Elle apporte
le repas. Le mari veut s'asseoir auprès de sa femme, elle s'éloigne
à reculons, à mesure qu'il approche, et tombe dans l'eau. Les
ouvriers veulent la repêcher: «Cherchez la source du torrent dit
le mari, car, par esprit de contradiction, elle l'a sûrement
remonté.» L'histoire est reprise dans les *Exempla* de Jacques de
Vitry[43] et plus tard dans les facéties du Pogge qui la réduit au
tout dernier épisode:

> Un homme dont la femme s'était noyée, la cherchait en remontant le
> cours de l'eau. Un passant, tout surpris, lui dit qu'il fallait la chercher
> en descendant la rivière. – Comme cela, répondit, l'homme, je ne la
> trouverais jamais. C'était de son vivant une femme si acariâtre, si
> difficile à vivre, si contrariante, que, même après sa mort, elle n'aura
> voulu flotter qu'en rebroussant le cours de l'eau.[44]

Les transformations subis par d'autres contes médiévaux
témoignent, soit d'un désir analogue de raffinement dans le jeu
de mots, soit d'une transformation du contexte social. Le
Castoiement d'un père à son fils, forme versifiée de la *Disciplina
clericalis* de Pierre Alphonse, elle-même issue d'un recueil d'origine
orientale Le *Roman des sept sages*, nous offre le conte des deux
«lecheors» ou des deux jongleurs.[45] Le premier met aux pieds de
son compagnon les os jetés par la compagnie et l'accuse de
gloutonnerie auprès du roi. L'accusé répond que c'est son
compagnon qui a agi comme un chien en mangeant les os. Le
Pogge situe l'histoire à Vérone dont le seigneur'portait, au moyen
âge, le titre de «Cane» et met la réplique dans la bouche de
Dante comme une réponse de l'intellectuel méprisé à l'insolence
des Grands:

> Dante était une fois à table entre l'aîné et le plus jeune des Cane della
> Scala. Pour se moquer de lui les valets... jetaient en cachette tous les
> os aux pieds de Dante. Quand on eût ôté la table tout le monde se
> tourna vers le poète... Mais lui, en homme prompt à la riposte –
> «Il n'y a pas de quoi s'étonner, dit-il, les chiens (*Cani*) ont mangé
> leurs os; mais moi je ne suis pas un chien.[46]

Mais ce qui caractérise le plus certainement la facétie latine,
lorsqu'elle dépasse le simple échange de répliques, c'est la con-

centration des éléments narratifs et leur progression vers l'effet
final. On connaît plusieurs versions médiévales du fabliau des
Trois Dames qui trouvèrent un anel. J. Bédier en énumère vingt deux
du moyen âge à La Fontaine.[47] A défaut d'une confrontation
générale on peut opposer le fabliau le plus connu à la facétie de
Bebelius. Il s'agit d'un concours entre trois dames pour déterminer
celle qui se jouera le plus astucieusement de son mari afin d'avoir
l'anneau qu'elles viennent de trouver. Dans le fabliau, les trois
ruses occupent une part à peu près égale du récit. La première
femme fait croire à son mari qu'il est devenu moine, la seconde,
après avoir disparu une semaine exactement, le fait passer pour
fou, la troisième enfin se substituant, au dernier moment, à
une nièce que son mari donne en mariage à un jeune homme se
trouve bel et bien marié avec celui-ci. Bebelius supprime toutes
les interventions de l'amant de la femme dans chacune des trois
ruses, il ne retient du fabliau que le premier épisode auquel il
consacre les trois quarts de la facétie. Il emprunte à d'autres
fabliaux ou à des recueils d'«exempla» deux ruses différentes en
particulier celle de la femme qui fait croire à son mari qu'il est
mort.[48] Mais les deux dernières ruses ne sont mentionnées très
rapidement que pour concourir à la scène finale où se retrouvent
les trois maris. Le premier,

> n'ayant pu rejoindre, ce soir là, les moines, fut persuadé par sa femme
> de célébrer le lendemain matin l'office divin. Il s'approchait de l'autel
> et commençait à entonner un chant maladroit et grossier quand la
> seconde femme fit avancer le sien tout nu vers l'autel, pour servir la
> première messe de son voisin. Il s'imaginait, comme l'en avait per-
> suadé son épouse, qu'il était tout habillé. La troisième, ayant con-
> vaincu le sien qu'il était mort, le fit apporter à l'église sur une civière.
> En se redressant à demi, ce dernier aperçut un de ses voisins en train
> de chanter la messe en vêtements de moine et l'autre, la servant, tout
> nu: «Pour sûr, s'écria-t-il, si je n'étais pas mort, j'éclaterais de rire
> devant la folie de mes voisins.» On se demande maintenant à laquelle
> des trois femmes appartient la palme.[49]

L'extrême concentration ainsi réalisée par un calcul très précis
des menus détails nécessaires à l'information témoigne d'un
raffinement assez rare de la construction narrative.

Peu après Bebelius, Ph. de Vigneuls, dans un recueil de
nouvelles resté manuscrit et daté de 1515, reprend chaque ruse et
les dilue dans une nouvelle plus longue; bien que les trois hommes
se trouvent également réunis à l'église au dernier moment, il
n'obtient pas le même effet.[50]

Si nous voulons maintenant étudier plus précisément l'esprit de
ces facéties et le témoignage qu'elles nous apportent sur une
époque, nous constatons d'abord que les «motti» italiens, parce
qu'ils sont souvent attribués à des personnages célèbres, poètes
comme Dante, artistes, comme Donatello, hommes d'état comme
Cosme ou Laurent de Medicis, dessinent déjà une sorte de
galerie de portraits, peut-être plus légendaires qu'historiques,
mais où apparaît la puissante individualité de ces hommes d'une
forte race. C'est l'âpreté de la réplique du grand exilé florentin,
hôte des Cane della Scala, la conscience de sa valeur d'artiste
chez Donatello répondant à plusieurs requêtes d'un envoyé du
patriarche: «Dis-lui que je ne veux pas venir, que je suis patriarche
dans mon art»;[51] c'est la violence de ses colères et la rapidité avec
laquelle elles peuvent s'apaiser. Un de ses élèves l'ayant quitté
pour se rendre à Ferrare, Donatello le poursuit jusque dans cette
ville, pour le tuer. Lorsqu'il l'aperçoit enfin, le jeune homme lui
sourit de loin, Donatello lui sourit aussitôt et ils se mettent à
plaisanter.[52] Parmi les mots d'esprit souvent des plus fins attribués à Laurent de Medicis l'un d'eux caractérise le poète:
«Ugolino Martelli ayant demandé pourquoi il se levait si tard,
Lorenzo lui demanda ce qu'il avait fait de si bonne heure. Et
s'étant assuré qu'il ne s'était occupé que de bagatelles, lui
répondit: «Ce que je rêvais à cette heure vaut beaucoup mieux
que ce que vous, vous faisiez.»[53]

Au delà de la fierté même d'une race, se dessine aussi dans les
facéties, qu'elles soient italiennes ou allemandes, la conscience de
la dignité intellectuelle, la revendication des droits de la culture
en face des puissants, lorsqu'ils ne savent en apprécier la valeur.
Ainsi, sous le titre significatif: *De contemptoribus poeticis*, Bebelius
s'en prend aux détracteurs de l'humanisme: «Si beaucoup de
gens prennent en haine les études d'humanité, écrit-il, c'est qu'ils
sont incultes et ignorants comme ce renard qui, ayant secoué un
poirier, sans avoir pu en faire tomber les poires, dit: Je n'aurais pu
en manger, elles sont trop vertes.»[54]

Mais l'ignorance est souvent le fait d'une fausse culture qui
n'est pas épargnée dans les facéties. C'est la scolastique qui est
visée à travers ce fils de paysan qui a été étudier à Paris, sans en
avoir profité apparemment, jusqu'au jour où le père, ayant
déposé trois œufs sur la table, le fils lui démontre qu'il y en a
en réalité cinq, puisque trois contiennent deux et que trois et
deux font cinq. Le père réplique alors: «Et bien, tu mangeras les

deux œufs que t'ont procurés tes études et moi les trois qu'ont pondu les poules.»[55] L'ignorance peut aussi accompagner le titre et le grade universitaire. Un homme à qui le podestat semble manquer d'égards, s'écrie: «Mais je suis docteur! — Docteur en quoi? — Je ne m'en souviens plus, mais j'ai mon diplôme à la maison et je vous le montrerai quand vous voudrez.»[56]

Le Pogge, quant à lui, met directement en cause, avec une singulière véhémence, quelques personnages de la cour pontificale, en particulier le cardinal Angelotto auquel il prête ce conseil cynique: «Ici la science et le mérite ne servent à rien, mais ne te décourage pas, travaille, quelque temps, à désapprendre ce que tu sais et à apprendre les vices que tu ignores, si tu veux te faire bien voir du pape.»[57]

D'un point de vue bien différent, mais plus cruellement peut-être, Lodovico Domenichi évoque ainsi la mort de Jules II, le pape guerrier: arrivé à ses derniers moments, il recommandait avec la plus vive passion aux cardinaux qui l'entouraient les intérêts de l'Eglise. Le doyen du Sacré Collège lui répondit: «Occupez-vous de mourir Saint Père et, de notre côté, nous nous occuperons de l'Eglise et de ses Etats.»[58]

Chez Bebelius, qui compose ses facéties une dizaine d'années avant que Luther affiche ses célèbres thèses aux portes de Wittemberg, les attaques contre les abus de l'Eglise sont beaucoup plus systématiques; qu'il s'agisse du cumul des bénéfices,[59] de la confession,[60] des indulgences,[61] de la paillardise et de la cupidité des prêtres et surtout des moines,[62] ces facéties nous offrent un répertoire particulièrement riche où puiseront tour à tour Rabelais, Des Periers ou Marguerite de Navarre. Ce qui transparaît surtout, c'est l'importance de la question d'argent; l'Eglise, dans la mesure où elle draine, par tous les moyens, des sommes considérables, devient, pour toutes les classes sociales, un fardeau insupportable. L'indignation, issue de la morale traditionnelle, exprime parfois aussi, sous une forme naïve, la révolte qui couve. Telles, ces réflexions d'une vieille femme devant le spectacle de la concubine du prêtre se prélassant dans le traîneau du seigneur, un jour de neige. Se rappelant les légendes qui associent de telles femmes aux sorcières, elle constate: «Autrefois, les démons faisaient voyager les concubines des prêtres dans les airs, maintenant les puissants de ce monde les font voyager sur leur char, c'est le monde à l'envers.»[63] Rappelons que c'est précisément en haute Souabe que se succèderont les insurrections paysannes de 1518 à 1523, avant de se généraliser pour devenir, en 1524, la guerre des paysans.

Mais les facéties de Bebelius vont plus loin que la dénonciation indignée des mœurs de l'Eglise. Parce qu'elles sont très proches de l'esprit du terroir, elles se font l'écho d'un certain matérialisme naïf, d'une certaine répugnance à croire à l'immortalité de l'âme ou à des dogmes aussi mystérieux que celui de la Trinité. Sans doute de nombreuses histoires d'enfer ou de paradis peuvent témoigner, à leur manière, d'une certaine foi naïve, elles sont aussi un moyen de faire la satire ou de prendre la défense de telle ou telle catégorie sociale:

> Un groupe de lansquenets se présente, bannière en tête, aux portes de l'Enfer, les démons les repoussent. Ils vont alors au paradis et Saint Pierre leur en refuse l'accès, rappelant le sang versé et les blasphèmes. Indigné, l'un des lansquenets rappelle à Saint Pierre qu'il a publiquement renié son maître, ce qu'aucun d'eux n'a fait. Saint Pierre tout honteux leur ouvre la porte et désormais se montre beaucoup plus indulgent pour les pécheurs.[64]

Mais le matérialisme instinctif peut toucher directement aux sacrements, à travers la plaisanterie. Un tuilier au moment de mourir se refuse à pardonner à ses ennemis comme le lui demande le prêtre qui le menace alors de l'enfer: «S'il en est ainsi, répond le tuilier, va-t'en tout de suite. Je n'ai pas besoin d'extrême onction. Les diables de l'enfer seront alors forcés de me manger tout cru et sans huile.»[65]

Plus typiquement incrédule est l'histoire du paysan qui n'arrivait pas à croire à la résurrection de la chair. Le prêtre cherchant à la convaincre avec la menace de perdre les récompenses éternelles, il répondit: «Si je suis forcé d'y croire, j'y croirai, mais vous verrez bien, mon révérend père, qu'elle n'aura pas lieu cette résurrection dont vous me parlez si souvent.»[66]

Le dogme de la Trinité est l'objet de trois facéties de Bebel. L'une vise plutôt les explications ridicules:

> Un paysan ayant avoué en confession ne rien comprendre au mystère de la Trinité, un prêtre lui dit: «Suppose, pour comprendre, que tu sois Dieu le père, ton fils serait le fils de Dieu et ta femme le Saint Esprit. A la confession suivante, le prêtre demande au paysan s'il croit enfin à la Trinité – Aux deux premières personnes, oui, mais non au Saint Esprit, car ce que le Père et le Fils gagnent par un pénible labeur, l'Esprit le dépense tout entier pour lui seul.»[67]

Une autre histoire qui pourrait paraître particuliérement impie est placée dans la bouche de l'abbé de Zwifalden:

> Lorsque la Sainte Trinité délibérait sur la rédemption du genre humain, le Père dit qu'il était trop vieux pour descendre sur terre. Le Saint Esprit allégua que sa forme de colombe le rendrait ridicule sur la croix. Le Christ alors dit, d'un ton résigné, qu'il voyait bien maintenant qu'il paierait les pots cassés et que toute l'affaire avait été machinée contre lui.[68]

Voici enfin le mot d'un étudiant en médecine, ce qui montre bien que derrière le paravent des bonnes histoires paysannes, c'est surtout une incrédulité cultivée qui se fait jour:

> L'étudiant ayant hasardé, au cours d'un repas avec un théologien' quelques plaisanteries sur la Trinité, celui-ci s'indigne de l'injure faite à sa qualité et, plus encore, à la foi chrétienne: «Rassure-toi, répond l'étudiant, je n'affirmerai rien témérairement ni avec obstination, car, plutôt que d'aller au feu, je croirai même à la quaternité.»[69]

En Italie les attaques contre les dogmes ou les institutions religieuses ne sauraient être aussi précises; cependant, dans les facéties du Pogge on voit se dessiner un scepticisme discret à l'égard des miracles, en particulier des miracles destinés à confirmer le culte des saints. L'un d'eux est situé, à dessein, dans la lointaine Bretagne. Des paysans, pour avoir botté du foin, le jour de la fête de St Pierre et Paul, ne peuvent plus s'arrêter par un effet merveilleux de la volonté des saints. La finesse de l'ironie se manifeste dans l'apparente certitude du témoignage: «Le copiste m'a affirmé qu'il avait vu les moissonneurs occupés à botteler. Qu'en est-il advenu ensuite?».[70] Le Pogge dénonce aussi, par ailleurs, le trafic des religieux avec les reliques et l'exploitation de la crainte de la peste.

Il est curieux aussi de voir dans une histoire du Pogge une des nombreuses variantes du thème *centuplum accipies* que l'on rencontre déjà dans les *Exempla* de Jacques de Vitry, d'Etienne de Bourbon et dans un fabliau. Chez Etienne de Bourbon, l'histoire est tout à fait édifiante: un évêque a converti un sarrazin avec la promesse de l'Evangile: «Donnez et vous recevrez le centuple.» Le sarrazin donne tous ses biens et meurt dans la pauvreté. Le fils va trouver l'évêque, en l'accusant d'avoir formulé des promesses trompeuses. L'évêque conduit le fils au tombeau de son père, adjure le mort de dire la vérité. Une voix s'élève du tombeau pour dire: «j'ai reçu le centuple car je possède la vie éternelle.»[71] L'esprit du fabliau *De Brunain la vache*

au prêtre[72] n'a plus rien d'édifiant: un paysan est persuadé par le
sermon du prêtre de lui donner sa vache dans l'espoir de recevoir
le double. Il voit peu après celle-ci revenir à l'étable, entraînant
avec elle la vache du curé. Ce dernier proteste, mais l'évangile
lui donne tort. L'histoire du Pogge suit en apparence de plus
près l'exemplum, mais tourne en dérision le miracle final. Un
juif converti par les paroles évangéliques, ayant donné tous ses
biens, se trouve réduit à l'extrême pauvreté. Il tombe malade et,
pris de malaise, va se soulager le ventre dans un pré: «l'opération
terminée, comme il cherchait une poignée d'herbes pour se
torcher, il trouve un linge roulé tout plein de pierreries.»[73] Freud,
dans son étude sur les rêves dans le folklore,[74] montre que Le Pogge
a puisé, pour le dénouement de cette histoire, dans la tradition
folklorique de l'or ou du trésor découvert en se soulageant le
ventre, tradition qui, selon lui, confirme l'interprétation de l'or
ou du trésor comme substitut symbolique des défécations.

Dans les recueils de *Motti*, où l'histoire est reprise, on trouve
encore des témoignages indirects d'un scepticisme peut-être plus
général. Dans le Codice Magliabechiano, une sorte de doute sur
l'enfer s'enveloppe de quelques précautions oratoires. Un citoyen
florentin, très spirituel et très prudent, disait en plaisantant qu'il
ne fallait pas que la peur de l'enfer vous conduisit tout droit à
l'hôpital.[75] Un peu plus loin on rencontre ce trait de réalisme très
naturel chez un condottiere comme Francesco Sforza: le pape ne
voulant donner à Francesco Sforza, dans son entreprise contre les
Turcs qu'un petit nombre de soldats, Sforza répondit: Dieu aide
le petit nombre mais c'est le grand nombre qui l'emporte.[76]

Du recueil de Domenichi, on retiendra l'ironie de ce mot de
Julien de Médicis parlant d'un marchand incroyant: «Regardez
comme Dieu est miséricordieux, qui permet que tout le monde
croit en la parole d'un homme qui se refuse à croire»;[77] ou
encore, la portée de cette constatation d'Antonio da Venafro,
plaidant auprès du pape Jules II pour qu'il lève l'interdit jeté
sur les Siennois: «Que votre Sainteté prenne garde à ce qu'elle
fait, si elle laisse traîner les choses trop longtemps, il leur paraîtra
si commode de n'avoir plus besoin d'aller à l'église qu'ils pré-
féreront vivre ainsi qu'autrement.[78]

Cette sorte de scepticisme s'étend naturellement à la manière
de gouverner les hommes. Le pape Alexandre VI ayant demandé
à Antonio da Venafro comment il gouvernait les Siennois, celui-ci
répondit, «avec des mensonges, Saint Père.» L. Domenichi

commente: «Mais cette manière de gouverner ne réussit pas à tout le monde.»[79]

Les lois de la morale, en apparence la plus naturelle, peuvent être remises en question par une plaisanterie qui va loin:

> Andrea Pinocchi s'étant confessé d'en avoir usé quelquefois avec les mâles, le frère s'écrie: «N'as-tu pas honte de faire des choses contre nature? – Excusez-moi, mon frère, vous ne comprenez pas, car cela m'est tout à fait naturel.»[80]

Montaigne, s'il n'avait pas été retenu par un certain respect des conventions sociales, n'aurait pas désapprouvé cette remise en question de l'idée de loi naturelle.

Il faut enfin remarquer que, si les *Motti* ne mettent presque jamais fondamentalement en question la hiérarchie des rapports sociaux, ils soutiennent presque toujours le paysan ou l'artisan contre l'arrogance du noble ou du magistrat. L'esprit est la revanche des humbles contre ce qu'on appelle si bien en italien «la prepotenza»:

> Une noble dame se rendant à la messe un Dimanche rencontre un vilain revêtu de ses plus beaux habits qui se donnait des airs de gentil-homme devant la porte. Elle lui demande si la messe des vilains était terminée. «Mais oui, Madame, et la messe des putains vient justement de commencer, dépêchez-vous, vous avez encore le temps d'y arriver.»[81]

Une histoire du Codice Magliabechiano va beaucoup plus loin, car elle souligne assez cruellement l'exploitation des paysans, mais, ce qui pourrait être une âpre dénonciation est atténué par l'effet bénéfique de la plaisanterie:

> Le marquis Nicolas de Ferrare, allant à la chasse et surpris par la pluie, s'abrite dans la maison d'un paysan. «Bonne nouvelle, Mon-seigneur, lui dit le paysan. – Laquelle? – Cette nuit un âne est né à Votre Seigneurie. – Que veux-tu dire? – J'ai eu un fils. – Les hommes sont-ils donc des ânes? – Oui, dans ce pays-ci, nous suppor-tons tant d'impôts et faisons tant de corvées pour vous que l'on peut réellement nous appeler des ânes.» Le marquis, voyant avec quel esprit il avait dit cela, l'exempta de corvées et d'impôts, lui et toute sa famille.»[82]

Parce qu'ils échappent plus facilement que les traités ou les dialogues des humanistes aux conventions sociales, à la censure directe ou indirecte, les facéties et les bons mots expriment beaucoup plus fidèlement l'état d'esprit d'une époque. Notons encore l'importance que commencent à prendre chez Le

Pogge les histoires de fous. D'abord parce que les fous peuvent
faire entendre de façon plus crue et plus imagée une vérité
pénible aux grands, ensuite parce qu'ils permettent de souligner
la relativité de notre distinction entre la sagesse et la folie.[83] On
voit ainsi peu à peu apparaître les éléments qui donneront naissance à *L'Eloge de la folie.*

Cette étude est loin d'avoir épuisé une riche matière; une
enquête progressive et complète sur la transformation des thèmes
narratifs du moyen âge à travers la facétie et les bons mots
devrait permettre de vérifier l'hypothèse qui fait de ce genre
l'intermédiaire nécessaire entre le fabliau et la nouvelle française.
Il faudrait également préciser les différences de structure et
d'esprit qui distinguent la facétie de la nouvelle de Boccace
ainsi que les rapports entre la facétie, les sotties, les farces et même
plus tard la comédie italienne, car le jeu des répliques dans le
motto peut devenir un élément du dialogue théâtral, comme il
peut, aussi bien, en être issu. Enfin, bien que les études sur
Rabelais et sur Des Périers aient sans doute épuisé les rapproche-
ments possibles entre leurs œuvres et les facéties latines, il y a
certainement encore une ample moisson de découvertes à faire
pour Noël du Fail et pour d'autres conteurs ainsi que pour le
Baron de Faeneste dont quelques anecdotes se rencontrent dans le
recueil de Lodovico Domenichi.

Sans doute de telles études se heurtent à de grandes difficultés:
d'abord, celle de dater la première apparition d'une anecdote
ou d'un mot, puisque les recueils de «motti», de facéties et les
Convivales Sermones s'empruntent mutuellement une bonne partie
de leur répertoire. Ensuite, parce qu'il est presque toujours
impossible d'établir une distinction décisive entre la transmission
écrite et la transmission orale, mais la facétie et le *motto* ont précisément l'intérêt de nous offrir un terrain de choix pour la
rencontre entre l'écrit et la parole. L'auteur du receueil, quand
il existe, n'est que celui qui donne le dernier coup de pouce à une
histoire passée de bouche en bouche. A l'époque où le structural-
isme met en question la notion même d'auteur et la place
exagérée qui lui a été faite, depuis la Renaissance et plus encore
depuis le romantisme, le sociologue, l'historien, le linguiste et
l'homme d'esprit trouveront dans ce domaine un magnifique
champ d'études et de réflexion.

NOTES

[1] Konrad Vollert, *Zur Geschichte der Lateinischen Facetiensammlungen des XV und XVI Jahrhunderts*, dissertation, Berlin, 1912.

[2] L. Sozzi, *Les Contes de Bonaventure des Périers*, Giappichelli, Torino, 1965.

[3] *Les Cent Nouvelles nouvelles*, ed. critique par F. P. Sweetser, TLF, Genève, Droz, 1966.

[4] *Les Facéties de Pogge*, traduites en Français avec le texte latin, Paris, Isidore Liseux, 1878 (2 vol.), t. II, p. 234–35.

[5] *Ibid.*, t. I, p. 3.

[6] La première édition mentionnée porte la date de 1483, date probablement erronée puisqu'Arlotto ne mourut qu'en 1484. Voir, *Les Contes et facéties d'Arlotto de Florence*, éd. P. Ristelhuber, Paris, Lemerre, 1873.

[7] J. J. Pontano, *De sermone*, Libri Sex, ed. S. Lupi et A. Risicato, Lugano, Thesaurus Mundi, 1954, I, ch. xii, p. 17.

[8] *Ibid.*, III, ch. I et II. Quintilien (*Institutio oratoria*, VI, ch. III) établit de façon voisine les limites de la plaisanterie.

[9] Lodovico Domenichi, *Scelta di motti, burle, facetie di diversi signori e d'altre persone private, libri sei, Raccolta da M. Lodivico Domenichi... con l'aggiunta del Settimo libro raccolto da diverse persone*, Fiorenza, Figliuoli di Lorenzo Torrentino, 1566. C'est l'édition que nous citons dans la plupart des cas.

[10] Pontano, *De sermone...*, VI, ch. II, p. 191–92.

[11] J. Bédier, *Les Fabliaux*, Paris, E. Bouillon, 1893, pp. 270–71.

[12] Cf. P. Nykrog, *Les Fabliaux*, Copenhague, 1957, pp. 100–1 et pp. 248–52.

[13] *De oratore*, II, ch. 58 à 70.

[14] *Institutio oratoria*, IV.

[15] Ciceron, *De oratore*, II, ch. 58, 236. Cf. aussi Pontano, *De sermone*, IV, ch. I.

[16] Ciceron, *ibid.*, chap. 59, 238.

[17] *Op. cit.*, IV, ch. 1 et 2.

[18] *Ibid.*, IV, ch. 3.

[19] Quintilien remarquait déjà que l'occasion fournit aux plus ignorants des reparties spirituelles (cf. *Institutio oratoria*, VI, ch. III, 13).

[20] Montaigne, *Essais*, I, xxxi (éd. P. Villey, Alcan 1922–23, t. I, p. 276).

[21] V. Morin, «L'histoire drôle» in *Communications*, n° 8, 1966.

[22] «Facezie e motti dei secoli XV e XVI», *Codice inedito Magliabechiano*, Bologna, Presso Gaetano Romagnoli, 1874, p. 70, n° 92.

[23] *Ibid.*, p. 133, n° 241.

[24] Pogge, *ed. cit.*, p. 104, n° LXIV (t. I).

[25] *Codice Magliabechiano*, n° 183, p. 106. Se trouve aussi chez Domenichi.

[26] L. Domenichi, *ed. cit.*, p. 17. Même histoire plus loin à propos de quelqu'un qui a vendu un four.

[27] *Ibid.*, p. 75.

[28] *Codice Magliabechiano*, n° 325, p. 130.

[29] *De oratore*, II, ch. 63, 255.

[30] Domenchi, *op. cit.*, p. 58.

[31] Le Pogge, *op. cit.*, CCXLVII, t. II, p. 191.

[32] *Ibid.*, t. II, CCXXII, p. 151.

[33] *Ibid.*, t. I, LI, p. 87–88.

[34] *Magliabechiano*, n° 224, p. 124. Histoire reprise par Domenichi, p. 34.

[35] Le Pogge, *op. cit.*, t. I, XCIV, p. 147.

[36] *Ibid.*, t. II, CCXI, p. 138.

[37] *Ibid.*, t. II, CXLIII, p. 40.

[38] *Ed. cit.*, p. 325.

[39] Domenichi, *ed. cit.*, p. 14.

[40] *Facetiarum Henrici Bebeli... libri tres*, Tubingen, Ulrich Mohrard, 1550, I, f° 12.

[41] Le Pogge, t. II, n° CCIX, p. 135.

[42] Conte LXXIV, *De uxore mala et viro suo*, résumé par J. Bédier, *Les Fabliaux*, p. 94.

[43] J. de Vitry, *Exempla*, n° 227 (éd. Crane, Londres, 1890).

[44] Le Pogge, *op. cit.*, t. I, n° LX, p. 99.

[45] *Fabliaux et contes des poètes François...* ed. Barbazan, revue par M. Méon, Paris, 1808, t. II, p. 136 (conte XIX).

[46] Le Pogge, t. I, n° LVIII, p. 96. Repris par les autres recueils de motti (L. Domenichi p. 56). Pontano reprend de plus près la tradition médiévale, en compliquant l'opposition «hommes-chiens» d'un troisième terme – «loups», cf. *De sermone*, VI, ch. II, p. 190–91.

[47] Cf. J. Bédier, *Les Fabliaux*, p. 228–34, et pour la version la plus connue *Fabliaux et contes*, ed. Barbazan, Méon, t. III, p. 220.

[48] Pour ce thème, cf. Ph. de Vitry, ed. Crane, p. 231; Etienne de Bourbon, ed. Lecoy de la Marche, n° 458, et le fabliau intitulé *Le Vilain de Bailleul*.

[49] Bebelius, *ed. cit.*, III, f° 28. Repris dans J. Gast, *Convivales sermones* 1542, f° K 8, *Mulierum astutia*.

[50] Cf. Ch. Livingston, *Les Cent Nouvelles nouvelles de Philippe de Vigneuls chaussetier messin* in *Revue du XVIᵉ siècle*, 1923, p. 159–203.

[51] L. Domenichi, ed. de Venise, 1581, p. 103.

[52] *Magliabechiano*, n° 238, p. 131.

[53] L. Domenichi, *ed. cit.*, p. 68.

[54] Bebelius, *ed. cit.*, I, f° 10, v°.

[55] *Convivales sermones*, f° P 7, *De studente indocto*, et Domenichi, *ed. cit.*, p. 135 (légères variantes).

[56] Domenichi, *ed. cit.*, p. 17.

[57] Le Pogge, *op. cit.*, t. I, n° XXIII, p. 48.

[58] Domenichi, *ed. cit.*, p. 122.

[59] Bebelius, *op. cit.*, II, *De concionatore moguntiae*.

[60] *Ibid.*, II, f° 69, *De confessione cujusdam nobilis*.

[61] *Ibid.*, f° 23 v°, *Contra indoctos curatores animorum* et *Convivales sermones*, *De indulgentiis*, f° H.

[62] Bebelius évoque, en particulier, les manœuvres frauduleuses pour

obtenir les donations de la part des mourants, *op. cit.*, I, f⁰ 20 v⁰, *De monachorum avaritia.*

[63] *Ibid.*, I, f⁰ II r⁰, *De concubina sacerdotis.*

[64] *Ibid.*, I, f⁰ 21, repris dans les *Convivales*, f⁰ H 5, *De Lanceariis fabula.*

[65] Bebelius, *ibid.*, I, f⁰ 6 v⁰, *De invido.* Repris dans les *Convivales*, f⁰ H 2, et par Domenichi, *ed. cit.*, p. 74.

[66] Bebelius, *op. cit.*, II, f⁰ 34 r⁰, *De rustico carnis ressurectione non credente.* Non repris dans les *Convivales.*

[67] Bebelius, II, f⁰ 34 v⁰, *De semplici rustico.*

[68] *Ibid.*, I, f⁰ 24 r⁰, *Fabula quare Christus passus sit.*

[69] *Ibid.*, I, f⁰ 24 v⁰, *Facetum dictum Petri Ludri.*

[70] Le Pogge, *op. cit.*, t. I, n⁰ XCVIII, p. 150.

[71] E. de Bourbon, *ed. cit.*, n⁰ 144, p. 122.

[72] *Fabliaux et contes*, ed. cit., t. III, p. 25.

[73] Le Pogge, *ed. cit.*, t. I, n⁰ IV, p. 16.

[74] S. Freud and D. Oppenheim: *Dreams of folklore*, New York, International University Press, 1958.

[75] *Magliabechiano*, n⁰ 245, p. 135.

[76] *Ibid.*, n⁰ 11, p. 8.

[77] L. Domenichi, *ed. cit.*, p. 68.

[78] *Ibid.*, p. 80.

[79] *Ibid.*, p. 100.

[80] L. Domenichi, ed. de 1581, p. 53.

[81] L. Domenichi, ed de 1566, p. 30.

[82] *Magliabechiano*, n⁰ 28, p. 20.

[83] Cf. Le Pogge, *ed. cit.*, *De medico qui dementes curabat*, t. I, n⁰ 2, p. 10, et *De fatuo dormiente cum archiepiscopo...*, t. II, n⁰ 217, p. 145.

Franco Simone

UNE ENTREPRISE OUBLIÉE DES HUMANISTES FRANÇAIS
De la prise de conscience historique du renouveau culturel à la naissance de la première histoire littéraire

Une trentaine d'années se sont maintenant écoulées depuis les premières recherches sur la prise de conscience historique du renouveau culturel chez les humanistes français. C'est à l'année 1939 que remonte la première estimation critique de cette réflexion générale qu'exprimèrent et répandirent en France, sur le phénomène de la Renaissance, les représentants les plus qualifiés de la culture du XVIe siècle.[1]

Comme il est aisé de le croire, tant d'années n'ont pu s'écouler en vain, pas même pour un genre de recherches aussi limitées, bien que fondamentales. Pour cette raison, il me semble non seulement utile, mais indispensable d'offrir à présent à tous ceux qui croient à l'importance toujours actuelle des études sur la Renaissance, une nouvelle synthèse des recherches entreprises pour faire suite à ces premières trouvailles et pour les développer. Dans cette synthèse, qui n'entend pas être définitive et qui ne sera pas la dernière, je me propose de souligner quelle perspective à la fois utile et inattendue ont fait mûrir les textes réunis pour la première fois il y a trente ans. Je me propose de reprendre une route, ouverte dans une occasion heureuse, et suivie depuis au milieu d'une forêt riche et, pour une bonne part, inconnue, avec l'intention de confirmer de cette façon comment et à quel point les résultats rassemblés en 1949,[2] bien loin de rendre compte d'un aspect partiel d'une appréciation historique plus complexe et souvent contradictoire, sont, en réalité, l'enregistrement fidèle de la voix cristalline de textes, tendant tous à affirmer une conception historiographique originale.[3]

D'autres textes réunis au cours de ces dernières années et d'autres voix m'ont finalement convaincu qu'une certaine perspective, tout juste pressentie au début de ces recherches, est en mesure d'éclairer l'un des travaux les plus fondamentaux que les humanistes français se proposèrent d'accomplir. Tout d'abord, des générations laborieuses ont su, pendant au moins deux siècles, adapter à la tradition médiévale, toujours présente, les deux schémas historiographiques découverts et imposés par le nouveau sens historique de l'humanisme italien; et, en second lieu, on a vu des hommes plus hardis encore qui, une fois parvenus à une sûre autonomie de pensée et d'orientation intellectuelle, ont entrepris de formuler de manière originale le troisième schéma dans lequel, avec une force de conviction qui n'a pas encore été suffisamment illustrée, l'historiographie du XVIIe siècle déposera, comme dans un coffre précieux, le classicisme de l'époque de Louis XIV.[4]

La première et la seconde phase d'une entreprise unique absorbèrent à tel point les capacités littéraires des érudits, petits et grands; elles inspirèrent avec une telle fidélité des œuvres connues et inconnues, écrites en latin et en français, qu'il est légitime de réclamer de nouvelles recherches sur une pensée historiographique dont les vicissitudes mouvantes de l'humanisme et de la Renaissance nous assurent qu'elle a été consciente et cohérente.

Dans un but de clarté, je crois utile de diviser mon exposé en deux parties. Dans la première, je me propose de démontrer que la conscience de la Renaissance chez les humanistes français ne peut avoir qu'une signification historique; dans la deuxième partie, je me propose de rappeler une série de textes susceptibles de montrer dans quelle mesure l'engagement historique des humanistes français a su découvrir des thèmes nouveaux qui dépassaient en importance le thème produit par la conscience de la Renaissance.

1. *La conscience de la Renaissance et sa signification spécifiquement historiographique*

Les faits historiques s'imposent au chercheur selon les modes les plus divers et les plus inattendus. J'avoue, sans me sentir le moins du monde en faute, que lorsque je montrai pour la première fois l'existence et le degré de diffusion de la conscience du renouveau dans les œuvres des humanistes français, un fait aussi général et aussi commun s'imposa à mon attention par le jeu d'une série de textes que je n'avais nullement recherchés.

Je me proposais d'illustrer les débuts de Ronsard dans la poésie et, non sans curiosité, je cherchais à déterminer quelles furent les premières manifestations littéraires du jeune poète déjà actif au cours des années peu connues qui vont de 1540 à 1550. Je voulais relever les poésies latines composées par Ronsard en ces années-là, j'essayais de contrôler ses lectures d'auteurs anciens, grecs et latins.[5] Avec cette intention, de texte en texte, d'auteur en auteur, je parcourus à nouveau la voie principale de l'activité humaniste de cette décennie. En descendant des années de Lemaire de Belges et de Robert Gaguin à celles de Budé et de Lefèvre d'Etaples, je trouvai justement chez ces auteurs les premiers témoignages de leur enthousiasme pour l'époque qu'ils étaient en train de vivre et de construire. J'en arrivai, ensuite, aux textes capitaux d'Erasme et de Rabelais, en ayant soin de noter que la lettre de Gargantua à Pantagruel était l'expression en langue française d'une appréciation historique que plusieurs humanistes avaient déjà formulée en latin,[6] mais aucun d'entre eux mieux qu'Erasme[7] ou, avant lui, Guarino Veronese.[8]

Toutefois, dans la longue série de textes qui alors, comme par enchantement, vinrent s'aligner sous mes yeux pour me faire réfléchir, ce qui me frappa le plus ce ne fut pas le caractère général d'une méditation, mais, plutôt, le fait que cette méditation se manifestait par l'emploi de métaphores, de symboles, de thèmes communs clairement liés à leur origine italienne et à une symbologie médiévale fort évidente.[9] Cette constatation m'empêcha de faire, dans mes recherches, le pas en avant que je ne devais accomplir que plusieurs années après. Je me souviens qu'en 1939, Giuseppe Toffanin, s'intéressant aux témoignages dont j'avais dressé la liste, remarquait qu'ils reflétaient l'enthousiasme — enthousiasme normal, parfaitement logique et toujours répété — des novateurs envers l'œuvre envisagée.[10] Mais je ne fus pas en mesure alors de montrer à mon éminent collègue la seule raison qui rendait unique et incomparable la prise de conscience du renouveau exprimée par les humanistes. C'est seulement quelques années plus tard que je compris comment le terme et la notion de «Renaissance», dans son origine et dans son explication historique, ne peut être dissocié du terme et de la notion de «moyen âge».[11]

Lorsque me fut enfin donné le pouvoir de franchir cette

étape capitale pour une évaluation exacte de l'historiographie humaniste, je pus constater que le terme de «moyen âge» auquel se référaient les humanistes français, ne recouvrait pas la même notion que le mot qui avait été inventé par les humanistes italiens dans leur polémique. Si la notion de «moyen âge» avait une autre signification et recouvrait dans l'historiographie française un champ chronologique différent, c'était en raison de la diversité de civilisation et de culture au sein desquelles cette notion trouvait son utilisation en France. A ce propos il convient de souligner cette diversité en se rapportant à la réalité historique et culturelle à laquelle s'appliquait la notion de «moyen âge» créée et utilisée par les humanistes italiens et, en tout premier lieu, par François Pétrarque. Cette diversité m'apparut bientôt si caractéristique et fondamentale qu'elle poussa ma curiosité à remonter, par-delà la Renaissance, jusqu'à son origine et, précisement, au XIVe siècle.

En vérité, cette origine, je la trouvai déjà chez les premiers opposants français de Pétrarque, ces contemporains du poète dont l'activité s'exerçait dans la ville papale d'Avignon.[12] C'est alors que j'acquis finalement la possibilité de comprendre l'importance de la nouvelle perspective historiographique que je vais maintenant m'employer à étayer par des documents et à éclairer par un commentaire.

De même que la conscience de la Renaissance nous confirme avec quelle lucidité les humanistes se sont rendu compte qu'ils travaillaient dans un âge culturel nouveau pour lequel ils s'attendaient à une gloire digne de l'époque de Périclès et d'Auguste; de même que les humanistes, sanctionnant la rupture avec les siècles qui les avaient précédés, délimitaient chronologiquement une période qu'ils estimaient caractérisée par les ténèbres et l'ignorance, ainsi ces pionniers, grâce à l'ardeur et à l'originalité de leur pensée, se rattachaient à l'antiquité et, s'appuyant sur leur sens profond de l'histoire, cherchaient à l'individualiser et à la définir.

C'est ainsi que la conscience de la Renaissance chez les humanistes français, à peine fut-elle soustraite à sa plus simple évaluation, se révéla comme étant l'assimilation et la réélaboration d'une conception historique. Cette conception historique c'était celle-là même qui avait permis aux humanistes italiens — et leur mérite était singulier — d'imposer à l'Europe un nouveau schéma historiographique susceptible de faire oublier toutes les

tentatives médiévales de subdivision chronologique, et capable,
par la suite, de fournir leurs deux premiers chapitres à toutes les
histoires des littératures modernes.

Si l'on reprend la lecture de textes déjà étudiés et d'autres
jusqu'à présent négligés, et si l'on utilise le phare historiographique désormais repéré avec certitude, alors un panorama
inattendu s'offre aux regards émerveillés du chercheur. C'est ce
phare historiographique qui ne nous permet plus de nous contenter de disposer dans un ordre chronologique, rationnel et
minutieux, les témoignages variés et combien nombreux de la
prise de conscience de la Renaissance.

Prenons un texte comme celui qui nous est offert par Jean
Lemaire de Belges dans le prologue de ses *Illustrations de Gaule et
singularités de Troye* («en ce temps heureux et prospère . . .
qui toutes sciences sont plus esclarcies que jamais»). Ce texte, il
ne nous sera plus possible de le placer simplement dans la longue
liste des témoignages qui confirment la manière dont les humanistes ont généralement identifié à la lumière le renouveau de la
culture; lumière qu'ils opposaient, par fidélité à une métaphore
biblique, aux ténèbres qui avaient recouvert la longue période
du moyen âge.[13] Désormais, il conviendra de souligner dans cette
même page l'allusion aux protecteurs royaux à qui s'adresse
J. Lemaire, afin d'attirer l'attention des érudits sur l'importance
fondamentale des rapports existant entre politique et culture;
rapports qui, pendant la période de J. Lemaire comme pendant
toute la période de l'humanisme et de la Renaissance, influencent
la production des lettres et la dirigent en conformité avec des
intérêts bien précis.

Dans le même ordre d'idées, lorsque je relis les pages, déjà
signalées,[14] qu'Etienne Dolet dédie à la culture de l'humanisme
de son temps dans les *Commentarii linguae latinae*, je ne puis plus me
borner à répéter, comme on l'a fait en toute ingénuité, qu'une
liste semblable de noms et d'œuvres est, en ces années, aussi
commune que banale. La perspective historiographique m'offre
un instrument d'évaluation si sûr qu'il m'est possible d'affirmer
tranquillement qu'une semblable liste d'*auctoritates* de Valla à
Poliziano et à Ficino, de Reuchlin à Erasme, de Thomas More à
Tunstall et à Vives, et, pour les Français, de Nicolas Bérault à
Michel de l'Hospital, de Champier à Rabelais, ne constitue pas
uniquement la preuve que la philologie des humanistes est arrivée
à son prestige le plus grand et a conquis tous les honneurs dans

la culture de son temps. Nous savons maintenant que c'est à l'aide de listes semblables — et celle de Dolet n'était pas différente de celles d'Erasme,[15] de Vives[16] et de Bodin[17] — que la nouvelle historiographie s'efforçait de conserver le souvenir de tant de lettrés, dans l'intention de leur accorder un poste convenable dans la nouvelle histoire, de disposer leurs œuvres dans l'éclairage le mieux approprié pour les intégrer dans les schémas tout disposés à être divisés en chapitres destinés aux divers genres littéraires, en paragraphes qui seraient utilisés pour les biographies et les bibliographies: paragraphes et chapitres qui se révélaient, les uns et les autres, indispensables pour donner l'élan nécessaire à la nouvelle vision de l'histoire littéraire.

Ce sont des préoccupations de cet ordre, nouvelles et plus logiques, qui nous permettent d'exercer une plus grande précision sur les textes qui nous sont offerts par Budé et par ses continuateurs en vue d'une première histoire de l'humanisme français. En réalité, lorsque Budé, que ce soit dans le *De philologia* ou dans le *De studio litterarum recte instituendo*, parle de sa formation et insiste sur sa douloureuse solitude de pionnier, sur sa vocation philologique incomprise, nous, grâce à notre meilleure connaissance de l'œuvre de ces humanistes qui travaillaient autour de Guillaume Fichet et de Robert Gaguin, nous ne nous attarderons pas à souligner la difficulté d'une jeunesse solitaire, mais nous voudrons bien davantage souligner la précision avec laquelle Budé, parfaitement conscient et informé de l'histoire de l'humanisme français, s'est efforcé de repenser et d'assimiler les schémas historiographiques offerts par les maîtres italiens.

Et ceci est véritablement l'avantage le plus indiscutable que nous offre le phare historiographique. Puisqu'il est certain que la conscience de la Renaissance n'a pu pleinement affirmer l'originalité de sa méditation historique qu'en imposant un nouveau schéma historiographique qui organisât nettement les activités anciennes et modernes de la culture en trois périodes précises: antiquité, moyen âge, époque moderne; nous-mêmes, sagement guidés par de semblables certitudes, nous ne pouvons qu'approfondir l'étude des pensées et des œuvres par lesquelles cette originalité s'est manifestée en France pendant les années de l'humanisme et de la Renaissance. A ce propos, il convient, maintenant, de signaler comment le début du XVIe siècle vit se développer une perspective historiographique qu'il est permis de synthétiser de la manière suivante.

Dans un texte du *De philologia*, Budé est absolument explicite au sujet de la durée de la période médiévale. Sans aucune hésitation, l'humaniste reconnaît que la culture moderne a été séparée de la culture antique par une période de mille ans («cum litterae vere latinae annos plus mille intermortuae fuissent»).[18] Dans ce jugement, il répète une formule qui, déjà en 1524, avait été exprimée par Tiraqueau, lorsque cet ami de Rabelais avait déploré l'abandon dans lequel avait été laissée la jurisprudence romaine et cela encore par la génération des juristes qui l'avaient précédé.[19]

Cette formule, avec sa précision chronologique est évidemment d'origine italienne et elle avait été enseignée en France, sinon par Pétrarque,[20] certainement par le Valla des *Elegantiae*.[21] Ce n'est donc pas l'assimilation d'un détail essentiel du schéma historiographique ternaire qui peut surprendre. Ce qui surprend, au contraire, c'est qu'il n'ait été accepté et assimilé que dans les premières décennies du XVIe siècle, alors qu'il avait été, plus d'un siècle auparavant, nettement exprimé et divulgué par les humanistes italiens. En ce qui concerne la genèse de la conception historiographique qui fixe une précise délimitation chronologique au moyen âge, je ne répéterai pas ici la démonstration que j'ai fournie dans un travail récent.[22]

Pour la clarté de ma démonstration, je me limiterai à rappeler le rôle joué par Pétrarque dans une telle innovation. Le père de l'humanisme européen, au moment du couronnement au Capitole en 1341, se présenta comme celui qui, le premier, reprenait la tradition culturelle classique interrompue depuis mille ans par la barbarie du moyen âge. Ce songe d'un poète eut le destin inattendu d'être tenu pour une réalité par les premiers admirateurs du poète toscan. Il fut repris par Boccace, par Coluccio Salutati et par les historiens florentins. Il eut une telle fortune et il fut enrichi dans ses détails de manière telle qu'il est aujourd'hui la base de toute notre historiographie moderne et non seulement de l'historiographie littéraire.[23]

Cependant, ce qu'il convient de ne pas négliger, quand on suit la grande fortune moderne de ce schéma historiographique qui fut celui de Pétrarque avant d'être celui des humanistes, c'est le fait que ce schéma est le produit d'une méditation historique particulière que l'on doit considérer comme typique de la culture italienne. Lorsque, en 1341, Pétrarque médite avec Giovanni Colonna à Rome sur les ruines de la cité antique, le poète exprime une certitude qui soutiendra son activité politique. Pétrarque est convaincu que la splendeur de l'empire romain renaîtra de ses ruines et surgira à nouveau de la décadence aussitôt que le peuple romain saura reconnaître son énergie: «Quid, enim, dubitare potest quin illico surrectura sit, si ceperit se Roma cognoscere?»[24] Ce qui rend Pétrarque si convaincu, c'est la fidélité à la conception cyclique de l'histoire, selon laquelle tout est appelé à revenir dans le destin du peuple romain, qu'il s'agisse du bon ou du mauvais, des faveurs de la fortune ou de ses défaveurs, de la grandeur politique ou de la décadence. Tout revient, répète Pétrarque pour se réconforter dans la malheureuse situation de son époque, mais tout ne revient qu'en Italie, patrie de l'empire politique et religieux, terre bénie des lettres et des arts, antique berceau de toute civilisation. Ce n'est qu'en Italie que l'on peut trouver une semblable destinée et, par voie de conséquence, il n'existe, en dehors de l'Italie, rien d'autre que barbarie.[25]

Cette pensée de Pétrarque qui avait été déjà celle de Dante, sera développée dans la suite par Machiavel. Mais les contemporains français de Pétrarque pensèrent différemment en raison de leur fidélité à un point de vue qui opposait à la conception cyclique de l'histoire une conception évolutive, au primat romain le primat du *regnum Francorum*, au prestige éternel de cette Rome «onde Cristo è romano» (*Purgatorio*, 32, 102) l'aspiration à ces libertés gallicanes au nom desquelles le Dante de la *Monarchia* avait été critiqué par Pierre Dubois et par tous les ardents défenseurs de Philippe le Bel. L'opposition était déjà vive dans la pensée médiévale.[26] Mais le contraste s'accrut dans l'opinion des humanistes parce que Pétrarque y introduisit une composante culturelle particulière. Comme celle-ci refusait aux peuples européens toute possibilité de lutter avec la primauté italienne, elle suscita dans ces peuples, et en particulier chez les Français, le ferme propos de conquérir également cette gloire et de l'adjoindre à toutes les gloires politiques dont le *regnum Francorum* s'enorgueillissait et qu'il se préoccupait de défendre et d'exalter dans les décennies où il était en train de se former et de renforcer la conscience de son individualité et de son autonomie.

La découverte d'une tradition littéraire médiévale dans la culture française du XIVe siècle est le résultat le plus visible de la réaction à la conception historiographique imposée à l'Europe par Pétrarque. Tout le monde sait que ce n'est pas toujours au moyen de l'action directe que s'exerce une influence. Il lui arrive également, et assez souvent, d'agir par réaction.

C'est ainsi qu'au moment où l'humanisme italien se proclamait, à la suite du poète de l'*Africa*, le seul et l'unique héritier de Rome après un oubli qui avait duré mille ans, les premiers humanistes français, défenseurs de la *translatio studii* parce qu'ils étaient les apôtres de la *translatio imperii* de Rome à Paris, soutenaient qu'ils étaient les héritiers directs d'une tradition qui avait eu, déjà au douzième siècle, sa glorieuse manifestation. La différence était capitale parce que le moyen âge qui, pour les Italiens, avait duré mille ans, était réduit pour les Français à deux siècles; ces deux siècles qui aujourd'hui encore demeurent, et pour cause, les plus oubliés de l'histoire de la culture française. C'est donc de la culture glorieuse du siècle d'Abélard et de Bernard de Chartres que se réclament, au XIVe siècle, Jean de Hesdin, dans les premières décennies du XVe, Nicolas de Clamanges, et, à la fin du siècle, Robert Gaguin.[27] A la même époque, Symphorien Champier, préoccupé de défendre la tradition culturelle française et, en particulier, la lyonnaise, dans le *Duellum epistolare* avec Girolamo da Pavia, réimprime, par fidélité à cette préoccupation, l'*Epistola contra Franciscum Petrarcam* de Jean de Hesdin.[28]

Par la suite, la continuité de cette position vis-à-vis de la culture semble disparaître. Les générations d'humanistes du XVIe siècle paraissent renier les gloires médiévales et, de même qu'elles formulent de sévères critiques contre le style latin de Pétrarque, de même, mues par un semblable esprit polémique à l'égard du moyen âge, elles acceptent le schéma historiographique dans sa formulation la plus précise et la plus complète. Aucun doute n'existe sur l'évolution historique de la culture pour Erasme et pour ses successeurs français. Les siècles de l'âge de Périclès et d'Auguste brillent au loin pendant que la décadence, qui a duré mille ans et davantage, est toujours présente à l'esprit. Mais les présages les meilleurs accompagnent maintenant l'âge d'or dans lequel les mécénats de Léon X et de François Ier suscitent les talents les plus sûrs.[29] Pour sa part, Pierre de la Ramée contribuera grandement à l'assimilation et à la diffusion de ce schéma historiographique ternaire. Il y contribuera d'une manière particulière avec un texte encore très peu exploité dont je voudrais me servir pour terminer cette partie de mon exposé.

Vers le milieu du XVIᵉ siècle le schéma historiographique ternaire est si bien assimilé et divulgué dans la culture française que Pierre de la Ramée, excellent représentant des années qui précédèrent le massacre de la Saint Barthélémy (1572), nous offre tous les témoignages qui nous sont nécessaires pour la confirmation de ce qui a été dit plus haut. Animé d'un sens historique profond, le philosophe martyre se pose, à chaque occasion, le problème de l'originalité de la culture française de son temps. Dans son œuvre, nous trouvons des pages profondément méditées sur les rapports entre la culture antique et la culture médiévale,[30] sur la valeur négative des siècles de cette époque intermédiaire et, bien sûr, contre l'Aristotélisme. C'est d'une manière caractéristique que Pierre de la Ramée applique les schémas historiographiques et les utilise dans son originale histoire de la mathématique, ou quand il discourt de la réforme de l'Université de Paris[31], ou encore lorsqu'il célèbre l'union de la philosophie avec la rhétorique[32] selon ce prestigieux idéal classique dont il cherche avec ferveur à promouvoir le retour dans les écoles de son temps.[33]

Ce n'est, cependant, nulle part ailleurs que dans le texte de la *Mathematicae Praefatio Tertia* qu'il nous faut chercher les meilleurs fruits de la nouvelle conception de l'histoire.[34] Dans ces pages où il se propose d'honorer Catherine de Médicis, notre humaniste trace, en tout premier lieu, un panorama minutieux du renouveau culturel florentin tel qu'il a été voulu par Côme de Médicis et perfectionné par Laurent le Magnifique.[35] Mais, tout de suite après, l'historien fait un pas que nous estimerons encore plus important. En réalité, il ne se borne pas à faire coïncider, selon un procédé désormais «classique», le début de la Renaissance avec l'arrivée des lettrés grecs à Florence après la chute de Constantinople. Il ne précise pas seulement que cet événement marque la fin des siècles médiévaux durant lesquels les lettres grecques et latines étaient demeurées *intermortuas*.[36] Mais encore, et d'une manière toujours plus intéressante, l'historien indique dans la venue de Gregorio da Città di Castello, dit le Tifernate, l'origine de l'humanisme français, jugé plus que jamais «grec d'esprits et de formes».[37] Ces éléments historiographiques sont caractéristiques de l'effort accompli par l'érudition française pour préciser de la façon la plus nette les premiers chapitres de la nouvelle histoire

littéraire. De ce fait, l'on comprend bien que, dans cet ordre
d'idées si bien determiné, Pierre de la Ramée conclue ainsi sa
péroraison:

> ...Floruerunt... bonae artes ac literae Florentiae et Lutetiae maiorem-
> que doctorum hominum et operum proventum seculo uno vidimus,
> quam totis antea quatuordecim saeculis maiores nostri viderant. Laureati
> nempe vomeres Cosmorum et Laurentiorum in Italia; triumphales
> aratores Francisci, Henrici, Caroli in Gallia, illos ingeniorum
> proventus, illas doctrinarum fruges, illa musarum adorea condupli-
> carunt.[38]

C'est de cette façon, avec des images agrestes dont le choix
n'est nullement dû au hasard, que Pierre de la Ramée traduit sa
méditation historique et glorifie intentionnellement l'union des
lys de France avec ceux de Florence en la personne de Catherine
de Médicis. Dans l'esprit ardent de l'humaniste, la *Concorde des
deux langages* de Lemaire de Belges devient la *Concorde des deux
civilisations*. A coup sûr, dans le climat de fer et de sang des
guerres de religion, le rêve de Pierre de la Ramée ne pouvait pas
mieux révéler son origine et ses caractéristiques littéraires. Partant, ce n'est pas un rêve que nous suivons, mais un texte clair,
écrit pour conclure toute une période fructueuse de l'historiographie française.

Qu'il me soit permis de souligner ce que cette période offre
d'illuminant et de sûr: la conscience de l'évolution positive de la
nouvelle culture française, sa volonté de se relier à la tradition
antique au-delà de la longue période médiévale nettement déli-
mitée dans ses frontières chronologiques, l'étroite dépendance de
cette tradition littéraire renouvelée vis-à-vis du pouvoir politique
élevé au rang et à la valeur d'un mécénat indispensable. Enfin, la
reconnaissance de l'apport fondamental, grec et italien, au
renouveau culturel français. Tels sont les points bien établis
d'une conception générale qui, uniquement de cette manière
et au prix d'un labeur intense, prépara en France, durant les
meilleures décennies des XVe et XVIe siècles, les bases historiographiques des premiers chapitres de l'histoire littéraire
moderne.

2. *Le* reditus regni Francorum ad stirpem gallicam *et le* reditus
regni Francorum ad stirpem Karoli

Arrivé au terme de la première partie de mon exposé, il me reste
à évoquer toute une autre série de faits et d'œuvres encore moins

connus que les précédents, et que je ne saurais mieux présenter que sous la forme suivante.

Une fois admises, ainsi que l'imposent les textes, l'assimilation et la divulgation du schéma historiographique triparti de la part des premiers historiens français de l'humanisme et de la Renaissance, devons-nous croire vraiment que le nouveau sens de l'histoire, bien vite transmis par les prédécesseurs italiens, ait eu, sur la culture française, un effet aussi déterminant que de l'autre côté des Alpes? Pouvons-nous admettre que l'enseignement des Italiens, leur réflexion historique plus mûre, la disponibilité plus grande de leurs instruments d'information, leur préparation érudite plus étendue et philologiquement plus sûre aient convaincu les Français d'abandonner cette conception évolutive de l'histoire si clairement affirmée par les premiers adversaires de Pétrarque, pour accepter la conception cyclique chère au monde politique et culturel italien?

Comme il est aisé de le penser, une semblable question s'impose par son importance uniquement parce qu'elle nous offre la réponse toute prête. Et la réponse est la suivante. Selon ce que j'entends démontrer maintenant, les historiens français, tout en acceptant le nouveau schéma historiographique qui imposait une division bien nette de l'histoire culturelle en trois périodes, n'oublièrent pas combien était différente de la tradition italienne la tradition dont ils voulaient se réclamer. Forts de cette certitude, ils agirent en conséquence. Et le résultat fut que, d'une manière originale et en opposition nette avec l'enseignement italien, ils enrichirent de noms et peuplèrent d'œuvres la période antique et la période médiévale de leur schéma historique. Celui-ci, comme par l'effet d'un aussi radical changement d'optique, perdit toutes les caractéristiques de son origine italienne pour devenir, de façon claire et évidente, l'expression de la pensée historique française la plus authentique.

Je commencerai encore une fois ma démonstration par un texte de Pierre de la Ramée. En 1559, peu après le milieu du siècle, l'humaniste que nous avons vu faire l'éloge de Catherine de Médicis et souhaiter la rencontre idéale de la culture florentine avec la culture française, publie à Paris un traité intitulé *Liber de moribus veterum Gallorum*[39] et il le dédie au Cardinal Charles de Lorraine. Dans la préface (1558) de la présentation du traité, Pierre de la Ramée dit clairement quelles sont ses intentions. Comme il aime sa patrie («amo patriam sicuti debeo»), comme il sent le devoir d'illustrer les gloires de la nation française, *argumentum eruditis ingeniis gratissimum*, l'humaniste pense que, de même que les Grecs exaltent la Grèce et les Italiens l'Italie, de la même façon les Français doivent narrer les hauts faits de leurs ancêtres et chanter la civilisation, la religion, les coutumes des anciens Gaulois.[40] Cette idée n'est nullement singulière car, en écrivant de la sorte, Pierre de la Ramée participe à cette tendance culturelle, caractéristique de la civilisation française de la Renaissance, que je propose de définir par la formule suivante: *reditus regni Francorum ad stirpem gallicam*.

Qu'un sujet semblable ait eu à l'époque de la Renaissance française une fortune jamais encore suffisamment étudiée jusqu'à maintenant,[41] il est possible de le prouver par la seule énumération des principales œuvres destinées à développer une thèse si audacieuse durant les décennies du XVIe siècle:

1515: J. Tritheim, *Compendium sive Breviarium primi voluminis annalium sive historiarum de origine regum et gestis Francorum*.

1531: J. Bouchet, *Les anciennes et modernes généalogies des Roys de France et mesmement du roy Pharamond*.

1532: J. le Fèvre de Dreux, *Les fleurs et antiquitez des Gaules selon Julien Cesar, jouxte les chroniques et recollection des faictz haultains, gestes exquis et honneste maniere de vivre des saiges et excellens clercz et grans philosophes, les Druides*.

1535: G. Corrozet, *Antique érection des Gaules*.

1540: B. de Chasseneuz, *Epitaphes des roys de France*.

1546: G. Le Rouillé, *Antique préexcellence de Gaule*.

1552: G. Postel, *Histoire mémorable des expéditions depuys le deluge faictes par les Gauloys ou Francoys depuis la France iusques en Asie ou en Thrace et en l'orientale partie de l'Europe*.

1555: J. Périon, *De lingua gallica eiusque cum graeca cognatione libri*.

1555: J. Macer, *De prosperis Gallorum successibus libellus*.

1556: J. Picard, *De prisca celtopaedia*.

1556: G. du Bellay, *Epitome de l'antiquité des Gaules et de France*.

1557: R. Ceneau, *Gallica historia*.

1559: P. de La Ramée, *De moribus veterum Gallorum*.

1573: Fr. Hotman, *Franco-Gallia*.

1578: G. Le Fèvre de la Boderie, *La Galliade*.

1579: E. Forcadel, *De Gallorum imperio et philosophia libri septem*.

1579: Cl. Fauchet, *Antiquités gauloises et françaises*.

1585: N. Taillepied, *Histoire de l'état et république des Druides*.

1586: J. Le Masle, *Discours sur l'origine des Gaulois*.

? : J. Cassan, *Les Dynasties ou traicté des anciens rois des Gaulois*.

Quelle est la signification particulière de toutes ces œuvres dont le but est de glorifier l'antique civilisation des Gaulois? Il serait trop facile de répondre qu'elles montrent le souci français de combattre la primauté latine prônée et vantée par l'humanisme italien. Il serait également trop facile d'attribuer tout l'intérêt manifesté par tant d'auteurs, et des auteurs si pleins de zèle, au succès européen des fausses révélations d'Annius de Viterbe. Celui-ci avait publié en 1498 ses dix-sept *Antiquitatum variarum volumina*, au nombre desquels les volumes XV et XVI réunissaient justement la *Defloratio Berosi Chaldaica* et le *Manethonis sacerdotis Aegyptii supplementum ad Berosum*.[42] Le faux Bérosius répondait parfaitement à une exigence générale de la culture humaniste. Il satisfaisait la curiosité des historiens européens désireux de connaître l'origine la plus reculée de leurs propres patries et, en même temps, il permettait de répondre à la primauté italienne par la réhabilitation et l'exaltation d'autres autonomies culturelles européennes. On ne s'étonne pas du tout que les Français et, parmi les tout premiers, Jean Lemaire de Belges, aient été du nombre des lecteurs qui utilisaient le plus ces faux renseignements. Fort significatif est le témoignage de Geoffroy Tory, lequel, dans la préface de la seconde édition parisienne des *Antiquitates* (1510), rappelle quelles pressions ses amis avaient exercées sur lui pour qu'il se hâte de répandre l'ouvrage.[43] Cet ouvrage eut, entre 1509 et 1515, et à Paris seulement, cinq éditions, ce qui confirme l'intérêt que ces textes suscitaient auprès des érudits.[44]

Ces derniers, avec les lectures de textes habilement falsifiés, ne s'ouvraient nullement à un monde nouveau, mais continuaient à satisfaire des exigences culturelles que révèle de façon évidente l'intérêt, non encore assoupi, pour l'origine troyenne des Francs; interêt d'ailleurs toujours alimenté par les traductions en français des œuvres érudites de Boccace. Sans aucun doute, une préparation philologique plus sérieuse avait su remplacer une narration totalement fabuleuse — exemple typique: les *Faits des Romains* — par une histoire encore mythique, mais qui s'efforçait de défendre les mythes par tous les témoignages historiques possibles. Il est permis de considérer comme très caractéristique d'un climat culturel bien connu la fortune du *De bello gallico* traduit au moins deux fois au XVe siècle,[45] avant que Robert Gaguin, par sa traduction plus connue de 1485, ne précisât dans quelle optique le text latin devait être interprété par un lecteur français.

C'est délibérément que j'évoque R. Gaguin, car l'auteur du *Compendium de Francorum gestis*, s'il manifeste d'une part son propos

d'abandonner les mythes pour l'histoire, d'autre part, déjà dans
un discours de 1476, il confirme quelles intentions avaient les
humanistes français lorsqu'ils lisaient les témoignages rappelant
les rapports entre Rome et les Gaulois. S'adressant très précisément au roi Jean de Portugal en visite à Paris au cours du mois
de Novembre 1476, Robert Gaguin affirmait:

> Ea est... gentis Gallorum in bellis gerendis virtus, ea in societate
> servanda firmitudo, ut quos juvandos susceperint Galli, eos vel suis
> sedibus pulsos restituerint, vel ab iniuria defenderint, vel aluerint
> omnibus fortunis destitutos; ita ut formidolosa sit omni terre Gallorum
> manus. Circumgira, si placet, animo singulas orbis partes: nullam
> invenies qui monumenta virtutis Gallorum non habeat. Quis Asie
> atque Orientis priscos reges olim stipavit, protexit, munivit? Gallorum
> virtus. Quis ad delendam surgentis Romani imperii gloriam propius
> accessit? Gallorum virtus. Testis est Capitolium, cuius vigiles adversus
> irrumpentes Gallos garrulus anser excitavit; testes sunt undecim
> maximi romani pontifices quos sede ejectos Franci reges, fusis Romanis,
> reduxerunt.[46]

Robert Gaguin n'exprimait pas des certitudes différentes dans la
préface à sa traduction du *De bello gallico* où, plus que tout autre,
le passage suivant me semble significatif:

> Et en ce faisant, il [César] nous donne congnoissance de moult de
> choses servant à la gloire du pays de Gaule et de vostre royaulme;
> en telle façon que en lisant le grant nombre et assemblées des gens
> de guerre et les dures rencontres, les sieges et merveilleuses batailles
> des Gauloys faites contre Cesar, il ne semble pas qu'il escripve les
> fais d'une nacion seulement, mais de tout le monde.[47]

Valeur des Gaulois, but anti-romain de leur politique, fonction
anticipatrice de leur culture: ces concepts, que Gaguin résume
dans son activité d'historien engagé, continuent à s'imposer dans
les traités que, par fidélité au *reditus regni Francorum ad stirpem
gallicam*, on voit se préparer en France dans les décennies de
l'humanisme et de la Renaissance.

Toutefois, parmi les œuvres déjà mentionnées, aucune ne me
paraît aussi significative que le traité que Jean Picard publia, en
1556, sous le titre *De prisca celtopaedia*.[48] L'ouvrage – un ouvrage
parmi beaucoup d'autres du même genre – a une place à part,
parce qu'il résume, non sans habileté, le rôle historique de cette
reconnaissance de l'antique civilisation des Gaulois. En cinq
livres bien équilibrés Jean Picard se propose de démontrer
comment les historiens qui l'ont précédé, et, surtout, les humanistes italiens, s'obstinent à tort à refuser à la civilisation des
Gaulois tous les mérites littéraires. En fait, soutient Picard dans

le deuxième livre de son traité,[49] les Gaulois ont su illustrer digne-
ment aussi bien les lettres que la philosophie. Les *humanae litterae*
ont été toutes cultivées et aimées en Gaule, à tel point que c'est par
cette civilisation, et non par une autre, que la Grèce a été formée.
Notre auteur n'hésite pas à reprendre la thèse que, deux ans
auparavant, Périon avait déjà défendue,[50] et il soutient, à son
tour, que la langue française est en concordance parfaite avec la
langue grecque. Dans son cinquième livre, Picard se fait encore
plus audacieux, et, sans sourciller, il soutient la primauté chronologique et géographique de la civilisation gauloise et la dépendance de toutes les autres cultures vis-à-vis de celle de la Gaule.
Enfin, avec vigueur et grande conviction, notre historien dénonce
l'erreur des humanistes italiens qui estiment que les Gaulois et,
par voie de conséquence, leurs successeurs français, sont des
barbares, incapables d'originalité dans les lettres et dans les arts.[51]
    Comme il est facile de l'imaginer, je n'entends pas discuter
cette thèse. A mon avis, elle constitue un document utile pour
connaître les tendances particulières d'une culture liée par des
rapports étroits à une tradition pluriséculaire, plus vivante que
jamais, et encore opérante au cours du XVIe siècle. Cependant,
pour ma démonstration, le traité de Picard, et les œuvres du
même genre qu'il évoque et synthétise, offrent un témoignage bien
plus important. A la lumière du développement historiographique
que je suis en train d'illustrer, toutes les adhésions rappelées ici,
et les autres qui pourront venir s'ajouter pour confirmer le
reditus regni Francorum ad stirpem gallicam, témoignent d'un souci
qu'à mon avis il ne sera plus possible de négliger. L'intérêt,
mythique plus qu'historique, porté à l'antique civilisation des
Gaulois montre comment, par leur méditation sur le schéma
historiographique triparti, les historiens français de l'humanisme
se préoccupèrent d'éclairer la période moderne en déterminant
son début chronologique, sa dépendance italienne, ses caractéristiques grécisantes et, en précisant ensuite, les noms des
pionniers, des défenseurs, des représentants des générations suivantes; tandis que, avec un zèle non moins convaincu, d'autres
historiens, saisis de curiosité pour les antiquités gauloises vou-
lurent approfondir la période antique, et que, pour mener à bien
leur œuvre, ils ne se tournèrent pas exclusivement vers la civilisation romaine, comme le Budé du *De asse* ou le Lazare de Baif du
De re vestiaria. Ils estimèrent indispensable, de remonter, par delà
les Romains, aux ancêtres mythiques. Ainsi, à la civilisation

H F—I

latine ils opposèrent la civilisation celtique,[52] à la dépendance
italienne ils préférèrent la dépendance grecque et, cela, au point
de soutenir que, du fait de l'arrivée en France des savants et des
érudits byzantins après la chute de Constantinople, la civilisation
d'Athènes et de Sparte revenait à ses origines les plus authen-
tiques.[53] Enfin, au prestige de l'empire romain, ils substituèrent
la valeur militaire des Gaulois.[54] Ce souci ne fut pas seulement
patriotique et polémique. Il représenta la manière la plus sûre
dont la culture française, et par elle son historiographie la plus
avancée, affirma son autonomie à l'égard de l'humanisme italien,[55] et s'apprêta non seulement à introduire dans les nouveaux
schémas son histoire littéraire, mais à ajouter aux deux premiers
schémas un troisième, sera qui destiné au classicisme du XVIIe
siècle sera tout entier de pure création et qui française.[56]

A mon avis, ce n'est certes pas un hasard si, dans les dernières
pages de son traité, Picard, après avoir fait allusion à tous les
mérites de la culture gauloise, franchissant d'un bond plusieurs
siècles, se livre à la description d'un riche panorama de la
civilisation française de son époque.[57] C'est de cette façon, et pas
autrement, que l'historien entendait prouver à quel point ses
préoccupations historiographiques étaient prédominantes et de
quelle manière il œuvrait consciemment pour adapter le schéma
italien à la tradition française.

A la rapide synthèse que j'ai tracée, il manquerait une partie
importante si je ne faisais allusion à la façon non moins originale
suivant laquelle les historiens français de l'époque humaniste
repensèrent également le jugement à porter sur la période
médiévale, jugement que les Italiens transmettaient en même
temps que leur conception historiographique générale.

Je dirai brièvement qu'il existe aussi un *reditus regni Francorum
ad stirpem Karoli*. Tout autant que l'autre grand thème dont
j'ai déjà parlé, ce second mouvement culturel a toujours été
négligé par les historiens modernes. Et pourtant, il suffit de suivre
les recherches de E. H. Kantorowicz[58] pour voir apparaître ce
thème dès le XIIe siècle. Il suffit de lire, en gardant ce souci à
l'esprit, les texte des humanistes du XVe siècle, pour éviter de
croire que le culte de Charlemagne, de Charles V à Louis XI,
eut une simple signification politique.[59] En étudiant avec soin les
phases successives du mouvement, il est aisé de se rendre compte
que, au cours du XVIe siècle, demeuraient encore solides le
mythe de Charlemagne, fondateur de l'Université de Paris,

l'appréciation jamais oubliée portée sur le renouveau carolingien, la présence continuelle d'Alcuin dans les notes historiques sur la littérature française, la fortune du thème de la *translatio studii* joint à l'éloge de Paris, nouvelle et moderne Athènes.[60]

Je me réserve de reprendre le plus tôt possible l'étude détaillée de ce mouvement, convaincu que je suis que le *reditus regni Francorum ad stirpem Karoli* représente, plus encore que le *reditus regni Francorum ad stirpem gallicam*, la façon la meilleure dont l'historiographie française travailla à son autonomie. Il suffira de rappeler l'importance de la culture médiévale française pour bien comprendre que les historiens de Louis XII (Longueil et Claude de Seyssel), de François Ier (Jean Bouchet), d'Henri II (Papire Masson, puis Bodin et Fauchet) ne pouvaient accepter passivement la condamnation de dix siècles d'histoire imposée par les Italiens. Lentement, le sens humaniste de l'histoire découvrit tous les chaînons d'une tradition que les Italiens eux-mêmes n'avaient reniée qu'en apparence. Et la découverte fut si réconfortante que, d'une manière éloquente, par la bouche de François Baudouin, la culture française découvrit le concept du progrès évolutif,[61] et sut, mieux que les Italiens, concevoir le développement d'une civilisation littéraire divisée, pour la première fois, non seulement en périodes, mais en siècles et en générations. Ce sera l'œuvre d'Etienne Pasquier, lequel, une fois éclairé de la lumière historiographique, ne sera pas le premier historien français — ce qui, tout récemment encore, n'a pas été suffisamment démenti par deux chercheurs, l'un dans les *Annales*[62] et l'autre dans *French Studies*[63], — mais l'érudit qui sut nous donner la synthèse que des recherches minutieuses avaient préparée depuis au moins deux siècles.[64]

NOTES

[1] F. Simone, «La coscienza della Rinascita negli umanisti» dans *La Rinascita*, II (1939), 1, pp. 838–71 (*première partie*); *ibid.*, III (1940), 2, pp. 163–86 (*deuxième partie*). Les premières trouvailles dans ce domaine avaient été déjà annoncées dans un article précédent («Le moyen âge, la Renaissance et la critique moderne») publié dans la *Revue de Littérature comparée*, XVIII (1938), 3, pp. 411–35. Tous ces travaux ont été, ensuite, réunis dans le livre sur *La coscienza della Rinascita negli umanisti francesi*, Roma, 1949.

[2] Cf. F. Simone, *Premessa* à «La coscienza della Rinascita...», *op. cit.*, pp. 7–9. Pour la valorisation critique de cette nouvelle perspective, cf. W. K. Ferguson, «The Renaissance in historical thought», *Five centuries of interpretation*, New York, 1948, pp. 17–18.

³ Cf. F. Simone, *Storia della storiografia letteraria francese: due capitoli introduttivi*, Torino, Bottega d'Erasmo, 1969.

⁴ Pour l'évolution de la pensée historiographique de l'époque de l'humanisme et de la Renaissance à celle de l'âge classique cf. F. Simone, *Il Rinascimento francese: studi e ricerche*, Torino, 1965², ch. II de la deuxième partie (pp. 297–329): «Gli schemi umanistici nella storiografia francese del sec. XVII.»

⁵ F. Simone, *L'avviamento poetico di Pierre de Ronsard* (1540–45), Firenze, 1942.

⁶ Cf. M. Françon, *Autour de la lettre de Gargantua à Pantagruel*, Rochecorbon, Editions Gay, 1957. M. Françon, si précis dans son édition de ce texte célèbre, oublie de mettre en évidence comment Rabelais a transposé en français les formules latines employées par les humanistes pour exprimer la conscience historique d'un renouveau dans lequel ils étaient tous engagés.

⁷ Pour les textes d'Erasme cf. «La coscienza della Rinascita», *op. cit.*, pp. 42–43.

⁸ Guarino da Verona, *Epistolario*, éd. R. Sabbadini, vol. II, n⁰ 862, pp. 581–84, lettre de septembre 1452 (*De proximo*) à son fils Niccolò. Ce texte, très peu connu, a été signalé pour la première fois en raison de son rapport avec la lettre de Gargantua par E. Garin, *L'educazione in Europa*, Bari, 1957, p. 79.

⁹ Cf. *La coscienza della Rinascita*, ch. II: «La luce della Rinascita e le tenebre medievali», *op. cit.*, pp. 27, 45.

¹⁰ G. Toffanin, compte-rendu de mon article cit. sur «Le moyen âge, la Renaissance et la critique moderne» dans *La Rinascita*, II, 5 (febbraio 1939) pp. 108–12. Cf. *id.*, *Il secolo senza Roma*, Bologna, 1943, pp. 2–3; S. A. Nulli, *Erasmo e il Rinascimento*, Torino, 1955, p. 229.

¹¹ Cf. *Storia della storiografia letteraria francese*, *op. cit.*, pp. 22–3.

¹² Cf. «Il significato storico della prima influenza dell'umanesimo italiano sull'umanesimo francese» dans *Rinascimento francese*, éd. cit., pp. 45–70; «Influenze italiane nella formazione dei primi schemi della storiografia letteraria francese» dans *Umanesimo, Rinascimento, Barocco in Francia*, Milano, 1968, pp. 75–106.

¹³ Pour une première identification de ce texte, cf. «La coscienza della rinascita, *op. cit.*, pp. 117.

¹⁴ Pour ce texte cf. «La coscienza della rinascita», *op. cit.*, pp. 131–37.

¹⁵ Erasme, «Lettre à Léon X» (*Inter tot egregia decora*) du Iᵉʳ février 1516 dans *Opus epistolarum*, éd. Allen, vol. II, n⁰ 384, pp. 181–87; «Lettre à Faber Capiton [Koepfel]» (*Non sum equidem*) du février 1516 dans *éd. cit.*, vol. II, n⁰ 541, pp. 487–92. Cf. «La coscienza della Rinascita», *cit.*, pp. 101–2 et 113.

¹⁶ G. L. Vivès, *De tradendis disciplinis seu de institutione christiana*, ch. IX: «De scriptoribus qui non multo ante auctoris aetatem floruerunt» dans *Opera omnia*, t. VI, Valentia, 1785, pp. 340–41.

¹⁷ J. Bodin, *Oratio de instituenda in republica iuventute ad senatum populumque tolosatem* (1559) dans *Œuvres*, éd. J. Mesnard («Corpus général des philosophes français», V, 3) Paris, 1951, pp. 8–10. Dans ce texte, Bodin nous donne une remarquable synthèse de la Renaissance européenne,

une synthèse dans laquelle la primauté italienne est, d'une façon heureuse, placée en rapport étroit avec toute la renaissance culturelle de l'Europe. Cf. p. 10, 39–58: «... ad nostra tempora relabor, quibus, multo post quam literae toto terrarum orbe conquierant, tantus subito scientiarum omnium splendor affulsit, tanta ingeniorum fertilitas extitit, ut nullis unquam aetatibus maior: non solum apud Italos, qui primi in vacuam literarum possessionem venerunt, verumetiam apud Hispanos, Anglos, Scotos, Danos, Helvetios, Germanos, non hosce tantum finitimos, qui quamvis literarum dulcedinem nunquam antea gustassent, magno tamen animo atque egregio tantum profecerunt, ut pene literarum principatum invaserint, sed apud etiam remotissimos illos Boios, Rutenos, Venedos, Bodinos, Peucinos, Amaxobios: ac ne Gotthis quidem ipsis, qui procul ab humanitate remoti putabantur, lectissima nuper ingenia defuerunt, quasi nunc vellet natura, scientiarum vulnera ab iis ipsis a quibus olim erant illata, sanari.» Toutefois, ce texte ne doit pas nous faire oublier le texte encore plus précis de la *Methodus* (1566) où Bodin avec une intuition heureuse rappelle une loi de la nature qui ne sera pas oublié par G. B. Vico. Cf. *Methodus ad facilem historiarum cognitionem* dans *Œuvres, éd. cit.*, ch. VII, p. 227, 46–50: «Haec illa est rerum omnium tam certa conversio, ut dubitare nemo debeat, quin idem in hominum ingeniis quod in agris eveniat, qui maiori ubertate gratiam quietis referre solent.»

[18] G. Budé, *De philologia*, éd. Bâle, apud Ioan. Uvalderum, 1533, p. 155: «Cum literae vere latinae annos plus mille intermortuae fuissent, graecae etiam conclamatæ citra mare Ionium et tanquam funere elatae ac conditae, iamdiu tamen in Italia, regione literis semper hospitalissima, redivivam authoritatem ac splendorem utraeque habere coeperunt». Pour l'importance de cette limitation chronologique précise je renvoie le lecteur à d'autres textes, tous très caractéristiques pour bien comprendre l'importance historiographique de cette conception des humanistes. Cf. *Storia della storiografia letteraria francese*, Torino, 1969, pp. 101–105.

[19] A. Tiraqueau, *De legibus connubialibus et iure maritali*, préface de 1524. Cf. éd. Lyon, 1569, fol. VII: «Nec est, quod magis admirer quam tot seculis neminem extitisse, qui illorum ingenium et eloquentiam, non dico superare (id enim supra votum semper fore credo), sed assequi, aemulari, vel etiam imitari potuerit. Certant nostra aetate multi cum Livio, non pauci Terentium effingunt, Ciceronis simiae complures sunt, Ovidium multi e vestigio imitantur, ad Maronis venam quidam aspirant: qui hactenus Ulpianum, Paulum, Papinianum et caeteros Iurisconsultos post annos plus minus mille ducentos reddere vel studeat vel speret, ut diatribas omnes obieris, neminem certe reperies... Sunt, tamen, nostro quoque saeculo non parum multi, a quibus vetustatem belle interpolari experimur, quorumque auspiciis si summae rerum gererentur, alius esset regnorum rerumque publicarum status. Sunt Budaei, sunt Deloini, sunt Valeae, sunt Minutii, sunt Beraldi... Habet Anglia suos Tunstallos, Paceos, Moros; habet Germania Capniones, Zasios, Cantiunculas: Italia Cottas, Alciatos. Et ne singulos percenseam, Iurisconsultos, quibus aetas nostra beata censetur, angulus nullus usquam est, in quo

non aliquis ingenium suum ad vetustatis normam exigat. Quo nomine seculo nostro gratulari frequenter ipse soleo, adeo ingeniorum feraci....»

[20] F. Petrarca, «Prohemium» au *De Viris illustribus* dans *Prose*, éd. G. Martellotti, Milano, Ricciardi, 1955, p. 226: «Si vero forsan studii mei labor expectationis tue sitim ulla ex parte sedaverit, nullum a te aliud premii genus efflagito, nisi ut diligar, licet incognitus, licet sepulcro conditus, licet versus in cineres, sicut ego multos, quorum me vigiliis adiutum senseram, non modo defunctos, sed diu ante consumptos post annum millesimum dilexi.»

[21] L. Valla, *In sex libros Elegantiarum praefatio* dans *Prosatori latini del Quattrocento*, a cura di E. Garin, Milano, 1952, p. 598: «Verum enimvero quo magis superiora tempora infelicia fuere, quibus homo nemo inventus est eruditus, eo plus his nostris gratulandum est, in quibus, si paulo amplius adnitamur, confido propediem linguam romanam vere plus quam urbem, et cum ea disciplinas omnes, iri restitutum.»

[22] Cf. *Storia della storiografia letteraria francese, cit.*, p. 41 suiv.

[23] Cf. F. Simone, «Influenze italiane nella formazione dei primi schemi della storiografia letteraria francese» dans *Umanesimo, Rinascimento, Barocco in Francia, cit.*, pp. 75-108.

[24] F. Petrarca, *Fam.* VI, 2 (*Deambulabamus Roma*) à Giovanni Colonna, de 1341, éd. Rossi, vol. II, p. 58, 14, 120-21.

[25] Cf. F. Simone, «Il Petrarca e la sua concezione ciclica della storia» dans *Arte e storia: studi in onore di Lionello Vincenti*, Torino, Giappichelli, 1965, pp. 389-428.

[26] Cf. A. Leroux, «La royauté française et le saint empire romain au moyen âge» dans *Revue Historique*, t. LIX (49), août 1892, pp. 241-88; G. Post, «Two notes on nationalism in the Middle Ages» dans *Traditio*, IX (1953), pp. 281-320; E. H. Kantorowicz, *The king's two bodies: a study in medieval political theology*, Princeton, 1957, p. 247.

[27] Cf. «La coscienza della Rinascita negli umanisti francesi», *op. cit.*, pp. 46-62.

[28] Le texte est placé à la fin du recueil des travaux historiques publiés à Lyon (août 1507) par S. Champier à la suite de son *Liber de quadruplici vita*. Je renvoie à l'exemplaire de la B.N. de Paris, Rés. R. 278.

[29] Qu'il me soit permis d'ajouter ici à tous les témoignages bien connus et cités, un texte très peu connu qui a le mérite de souligner les rapports entre les écrivains du XVIe siècle et certains auteurs de la tradition médiévale dans une perspective qui révèle les préoccupations historiques rappelées dans la deuxième partie de ce travail. Th. Sebillet, *Art poétique* (1548), éd. F. Gaiffe, Paris, 1932, p. 14: «...et aprez euz Virgile, Ovide, Horace et autres infinis, furent enrichis, favoris et honnorez a Rome des Cesars, des senateurs et du peuple. Et depuis la pöesie aiant ja trouvé un des plus haus degréz de son avancement, dont la fureur des guerres l'avoit abaissée, se releva entre les Italiens, retenans encor quelque vestige de ce florissant empire par le moien d'un Dante et d'un Petrarque. Puis, passant les mons, et recongnue par les François auz personnes de Alain, Jan de Meun et Jan Le Maire, divine de race et digne de roial entretien, a trouvé naguéres soubz la faveur et eloquence du roy François premier de nom et de lettres, et maintenant rencontre soubz

la prudence et divin esprit de Henri roy second de ce nom et premier de vertu, telle veneration de sa divinité, que l'esperance est grande de la voir dedans peu d'ans autant sainte et autant auguste que elle fut soubz le Cesar Auguste.»

[30] P. de la Ramée, *Pro philosophica parisiensis Academiae disciplina oratio* (1550), dans *Petri Rami professoris regii et Audomari Talaei Collectaneae praefationes, epistolae, orationes cum indice totius operis,* Parisiis, apud Dionisium Vallensem, 1577, p. 359–75. C'est dans ce texte qu'on ne peut désirer plus clair, que Pierre de la Ramée nous donne l'histoire convaincante du passage de la culture de l'époque médiévale au siècle de la Renaissance. Voici un passage significatif de ce texte (p. 362): «Itaque, quia fortunae potentia non possent, ingeniorum suorum virtutibus, id est, ingenuis artibus et literis, novo quodam novi regni atque imperii genere, regnare et imperare coeperunt et latinos homines non græcas solum sed latinas etiam literas docere. Ergo divina quaedam lux novorum temporum, novarumque literarum acta, tum per eos Dei angelos nobis affulsit.»

[31] *Id., Proemium reformandae Parisiensis Academiae* (1562) dans *Collectaneae praefationes, cit.,* p. 458: «Ante excitatum a Francisco rege avo tuo humanitatis studium, omnium artium barbaries in Academia regnabat, unoque et assiduo altercationis instrumento qualescumque aucthores praelegerunt, attamen omnes artes comparari credebantur.»

[32] *Id., Oratio de studiis philosophiae et eloquentia coniungendis* (1546) dans *Collectaneae praefationes, cit.,* pp. 304–5: «Si temporum suorum memoriam cum his temporibus comparabit, non quae futura esse praedico sed quae iam in Gallia, Italia, Britannia coniunctis cum rerum scientia literis effloruerunt, nonne stupefactus et attonitus haerebit? ... quid reliquarum artium praeteritas tenebras cum praesenti luce ac splendore conferam? quae non aliter admirabitur quam si de mediis terrae visceribus nuper extortus, solem, lunam ac reliqua sydera sublatis in coelum oculis, derepente suspiceret.»

[33] *Id., Oratio initio suae professionis habita* (1551) dans *Collectaneae praefationes, cit.,* p. 404: «Tantum bonum rex Franciscus, ut ingenio singulari et omnium excellentium artium amantissimo fuit, acutissime perspexit, cum per Gulielmum Budaeum, hominem usquequaque doctissimum, doctos linguarum et disciplinarum professores in hac amplissima orbis terrarum Academia collocavit.»

[34] *Petri Rami Mathematicae Praefatio Tertia* dans *Collectaneae praefationes, cit.,* pp. 178–87.

[35] *Ibid.,* p. 179: «Mediceorum domus publicum omni doctrinae liberali hospitium Florentiae fuit et Cosmus Mediceus, Magnus propterea cognominatus est.»

[36] *Ibid.,* p. 179: «Hic enim Chrysoloras primus graecas literas tota Europa latina multis iam seculis intermortuas excitavit, unde Lutetiam a Tifernate Chrysolorae discipulo protinus, indeque in omnes Europae regiones delatae sunt.»

[37] *Ibid,* p. 180: «Lascaris nempe, Laurentio murtuo, ad Franciscum venit ut Tifernas antea Lutetiam venerat, regemque suapte natura audiendi discendique cupidissimum, vehementius inflammavit. Interea

Budaeum etiam erudivit, unde biblioteca Fontis bellaquei tanto rege dignissima, unde regii professores Lutetiae instituti, id est fontes laudanolarum disciplinarum aperti.»

[38] *Ibid.*, p. 186.

[39] *Petri Rami regii eloquentiae et philosophiae professoris, liber de moribus veterum Gallorum, ad Carolum Lotharingum Cardinalem*. Parisiis, apud Andream Wechelum, sub Pegaso, in vico Bellovaco, anno salutis 1559.

[40] *Ibid.*, *Epistula ad Carolum Lotharingum Cardinalem*: «Amo patriam sicuti debeo, eiusque praeclaras laudes illustrari celebrarique maxime cupio: argumentum eruditis ingeniis gratissimum et imprimis propositum: sic a Graecis Graeciam, Italis Italiam caeterisque nationibus patriam laudibus ornatam, edita monimenta declarant. Equidem moralem istam patriae historiae commentationem ad extremae senectutis solatium mihi reservaveram, sed interim quod ultro Caesar obtulisset, despicendum non putavi. Itaque si vacabit, caesarianum hunc non potius diligentiae nostrae testem, quam praeconem de veterum Gallorum moribus praedicantem audies.»

[41] Un seul historien, à ma connaissance, a compris l'importance fondamentale d'un tel sujet. Déjà en 1955, le prof. R. E. Asher, dans une thèse de l'Université de Londres, encore inédite, avait traité le sujet suivant: *The attitude of French writers of the Renaissance to early French history, with special reference to their treatment of the Trojan legend and to the influence of Annius of Viterbo*. Dans *Studi Francesi*, 39, 1969, pp. 409–19, le prof. Asher a publié un article («Myth, legend and history in Renaissance France») qui est la synthèse des résultats les plus importants de ces recherches. La nouveauté de la thèse du prof. Asher a été reconnue par M. R. Jung (*Hercule dans la littérature française du XVIᵉ siècle*, Genève, 1966, p. 68) et par A. Freer, «L'*Amadis de Gaule* di Herberay des Essarts e l'avancement et décoration de la langue francoyse» dans *Saggi e Ricerche di Letteratura Francese*, VII (1967), p. 36. Cf. aussi, A. Momigliano dans *Rivista storica italiana*, LXXV, 2 (juin 1963), p. 394.

[42] Cf. R. Weiss, «Traccia per una biografia di Annio da Viterbo» dans *Italia medioevale e umanistica*, V (1962), pp. 425–42: *id.*, «An unknown epigraphic by Annius of Viterbo» dans *Italian studies presented to E. R. Vincent*, Cambridge, 1962, pp. 101–20; U. A. Danielsson, «Annius von Viterbo über die Gründungsgeschichte Roms» dans *Corolla archeologica principi haereditario Regni Sueciae Gustavo Adolpho dedicata*, Lund, 1932, pp. 1–16. Sur les rapports bien précis entre Annius de Viterbe et ses lecteurs français, toute une série de recherches restent à faire après G. Doutrepont (*Jean Lemaire de Belges et la Renaissance*, Bruxelles, 1934, pp. 13–26) et M. R. Jung (*op. cit.*, pp. 52–58 et 63–69). Mais, pour avancer sur un terrain presque inconnu, il faudra attendre l'édition des œuvres de Annius de Viterbe annoncée par le prof. F. Lee Utley de la Ohio State University.

[43] Cf. M. R. Jung, *op. cit.*, p. 43.

[44] *Ibid.*, p. 43: Paris, 1509, 1510, 1511, 1512, 1515.

[45] R. Bossuat, «Traductions françaises des *Commentaires* de César à la fin du XVᵉ siècle» dans *Bibliothèque d'Humanisme et Renaissance*, III (1943), pp. 353–411.

[46] R. Gaguin, *Epistolae et orationes*, éd. L. Thuasne, Paris, 1904, vol. II, p. 116.

[47] *Id.*, *op. cit.*, vol. II, p. 305.

[48] *Ioannis Picardi toutreriani De Prisca Celtopædia libri quinque, quibus admiranda priscorum Gallorum doctrina et eruditio ostenditur, necnon literas prius in Gallia fuisse, quam vel in Grecia vel in Italia: simulque Graecos nedum Latinos scientiam a priscis Gallis (quos vel ab ipso Noachi tempore Graece philosophatos constat) habuisse, ad Humbertum a Platiera Campaniae proregem et Alexiae praefectum.* Parisiis, ex typographia Matthaei Davidis, via Amygdalina, ad Veritatis insigne, 1556.

[49] *Ibid.*, pp. 41–86. Cf. p. 41: «Tanta a priscis temporibus Gallorum fuit in literis et praestantia et aestimatio, tamque insignis meliorum artium atque disciplinarum peritia, et illi iam extra totius doctrinæ aleam positi, propter opulentam illam sapientiae suae, litterarumque supellectilem atque admirabilitatem, facile vel eminentissimum ubique locum cæteris procul a se relictis, obtinerent.»

[50] *Ioachini Perioni benedictini cormaeriaceni dialogorum de linguae gallicae origine, eiusque cum Graeca cognatione, libri quattuor ad Henricum Valesium Gallorum regem.* Parisiis, apud Sebastianum Nivellium sub ciconiis in via Iacobaea, 1555. Sur J. Périon voir le jugement de F. Brunot (*Histoire de la langue francaise*, t. II: «Le seizième siècle», Paris, 1947[2], p. 115, qui demande d'être revu dès que l'œuvre de l'érudit est replacée dans son vrai contexte historique.

[51] J. Picard, *De Prisca Celtopaedia, cit.*, p. 220: «Cum, igitur, tot abundemus literis, tot disciplinis, quae procul dubio feritatem omnem sui cultoribus detrahunt, non possumus quoque non multa vitae honestate et singulari cultiorum morum praestantia in hac nostra Gallia efflorescere. Pugnant quippe ex diametro ingenuis artibus animum habere compositum et immodestis atque inverecundis moribus praeditum esse. Quare sive literarum multarum peritiam spectemus, sive animi candorem et morum egregie compositarum praestantiam, equidem a rustica barbarie procul remoti videbimur.» Cf. un autre texte sur le même ton polémique à la p. 82.

[52] *Ibid.*, p. 218: «De Celtis hoc unum colligam, quicquid unquam bonae eruditionis ab egregiis authoribus repertum ac traditum est, id universum a nostris absolute perfectum cognitumque esse, qui in quacumque disciplina tam nemini cedunt, quam alios longe superant.»

[53] *Ibid.*, p. 219: «Et, quod magis mireris, videtur totus Hellenismus e Graecia in Galliam nescio quo modo translatus, quasi profecto id quod nostrum prius fuerat, iure postliminii quodammodo ad nos redisse appareat.»

[54] *Ibid.*, p. 227: «Quod igitur ad bellicam attinet fortitudinem, certum est maiores nostros tanta virtute animique magnitudine praeditos, ut aliorum omnium populorum longe fuerint praestantissimi et bellicosissimi, quippe qui a nullis omnino populis, sed ab unico Deo...se superari posse, iactarent.»

[55] Le texte suivant, toujours de Picard, me semble tout à fait caractéristique d'une position qui n'est pas seulement polémique (*op. cit.*, p. 216): «Desinant iam Romani suum, si Diis placet, mundi caput inani prae-

dicatione iactare. Desinant Graeci suas Athenas tantopere nobis extol-
lere. Celtas intueantur: Lutetiam videant atque ibidem toti rubore
suffundantur et in maximam rapiantur admirationem...»

⁵⁶ Cf. F. Simone, «La storia letteraria francese e la formazione dello
schema storiografico classico» dans *Umanesimo, Rinascimento, Barocco in
Francia, op. cit.,* pp. 260–83.

⁵⁷ J. Picard, *De Prisca Celtopaedia, cit.,* p. 213 suiv.

⁵⁸ E. H. Kantorowicz, *The king's two bodies, op. cit.,* p. 333; K. F.
Werner, «Die Legitimität der Kapetinger und die Entstehung des
Reditus regni Francorum ad stirpem Karoli» dans *Die Welt als Geschichte,* XII
(1952), pp. 203–25.

⁵⁹ J. Monfrin, «La figure de Charlemagne dans l'historiographie du
XVᵉ siècle» dans *Annuaire-Bulletin de la Société de l'Histoire de France,* années
1964–65, Paris, 1966, pp. 67–68.

⁶⁰ Cf. G. de Brués, «Epistre à monseigneur le reverendissime cardinal
de Lorraine» dans *Les Dialogues contre les nouveaux academiciens,* éd. P. P.
Morphos, Baltimore, 1953, p. 87: «C'est une chose de long temps
experimentée, et certes nous fussions encore hors de tout espoir de
jamais les [disciplines] pouvoir ramener en nostre France, si Dieu, ayant
pitié d'une si piteuse ruïne, ne nous eust donné le feu Roy tresaffec-
tionné restaurateur des bonnes lettres, lequel à l'imitation du grand
monarque Alexandre, ne se contenta pas de tant de belles victoires, et
de commander à la nation la plus belliqueuse et redoubtée de toute la
terre: mais encore (tant il estoit bien nay) il voulut exceller sur tous les
autres rois en ce qui leur est mieux seant et plus necessaire, qui est la
cognoissance des honestes sciences et disciplines. En quoy il prospera si
heureusement, qu'il n'y avoit roy ny autre, qui ne l'eust en tresgrande
admiration. Ce bon prince, pere des arts et sciences, pour chasser de
son royaume la sauvaige barbarie, institüa des lecteurs les plus excellens
dont il se peut aviser, pour enseigner les langues Hebraique, Greque,
Caldée, Latine, ensemble la philosophie et les autres disciplines, tellement que les nations estranges sont conviées aujourd'huy de venir en
France, pour apprendre, comme anciennement l'on alloit à la fameuse
cité d'Athènes... »

⁶¹ Fondamental et trop oublié le *De Institutione Historiae universae et eius
eum iurisprudentia coniunctione prolegomenon* (1561). Cf. le texte suivant (éd.
1726, pp. 317–18): «Historia, quae quidem nobis relicta est et qualis-
cumquè illa est, quae iam constari potest, modo constricta festinat et
praeceps angusto veluti alveo rapitur, modo distenditur, lentaque est et
diffusa late inundat. Interdum etiam haeret una in regione et gente et
ad alteram primum transiit, cum desiit altera. Interdum quam ostentare
coeperat, aliquot deinde saeculis latere patitur et postea eandem rursus
in medium profert. Denique saepe annos aliquot transibit atque silentio
quodam sepultos praeterit. Sic enim agit, quasi huius orbis partes aliae
modo absorberentur, modo primum emergerent: hacque vicissitudine
etsi multa supprimat, tamen memoriam nostram utcumque exonerat
atque sublevat: ne, quae alioqui capere omnia non posset, in medio
cursu concidat. Sic quod acerbo casu factum est, ut multa monumenta
vel interciderint, vel nos fugiant: damnum esse interpretabimur quod,

si fidem spectemus, compendium videri possit.» Pour ma part, j'ai déjà rappelé l'importance de ce texte dans «La coscienza storica progressiva del Rinascimento francese» dans *Umanesimo, Rinascimento, Barocco in Francia, op. cit.*, pp. 109-27. Cf. aussi, D. R. Kelley, «Historia integra: François Baudouin and his conception of history» dans *Journal of the History of Ideas*, XXV, I (janvier 1964), pp. 35-57.

[62] G. Huppert, «Naissance de l'histoire de France: Les *Recherches* de Estienne Pasquier» dans *Annales*, janvier 1968, pp. 69-105.

[63] J. Crow, «Estienne Pasquier, literary historian: a contribution to the chronology of his views in the *Recherches*» dans *French studies*, XXII, I (janvier 1968), pp. 1-8.

[64] Cf. F. Simone, *Influenze italiane nella formazione dei primi schemi della storiografia letteraria francese, op. cit.*, pp. 102-5.

Eugene F. Rice, Jr.

HUMANIST ARISTOTELIANISM
IN FRANCE
Jacques Lefèvre d'Etaples and his circle

By the end of the first decade of the sixteenth century, Lefèvre
d'Etaples had won a European reputation for restoring, as Sir
Thomas More put it, 'true logic and true philosophy, especially
that of Aristotle'.[1] By means of his translations, commentaries,
introductions, paraphrases and dialogues, he recovered—or so
many of his contemporaries believed—both the precise meaning
of Aristotle's texts and the original elegance of their style. 'Marsilio Ficino,' wrote Reuchlin, 'gave Plato to Italy; Lefèvre d'Etaples restored Aristotle to France.'[2] A lesser known German humanist, Heinrich Stromer, reminded his readers how fortunate they
were to live in an age when men like Lefèvre d'Etaples, 'a
scholar of divine genius, supreme in every field of learning,' were
freeing philosophy from the barbarousness that had so long dis-
figured it.[3] Mario Equicola, a leading humanist at the courts of
the Este and Gonzaga, was thus expressing a judgment widely
held when he wrote to Cardinal Francesco Soderini in 1504:

> Mother Nature continues fruitful and daily brings forth more splendid
> works of genius than ever before. Who will deny that Giovanni
> Pontano and Baptista Mantuanus are supreme in poetry? Who does
> not praise Lascaris and Ermolao Barbaro for their encyclopaedic
> knowledge? Who does not honor Pico and Ficino for their esoteric
> learning? Who, finally, will not admire Lefèvre d'Etaples for uncover-
> ing the hidden recesses of philosophy? [...] If we venerate Aristotle,
> we should venerate him. If we wish to understand Aristotle, let us
> read him: he defines, analyses, explains, paraphrases, refutes, organizes,
> clarifies, teaches and, like a risen sun, disperses the clouds of obscurity
> from every [Aristotelian text]. Let those who wish to do so consult
> [Aristotle's ancient commentators], Alexander, Themistius or Sim-
> plicius; I am content with Lefèvre.[4]

The initial obstacle to a restoration of Aristotle's original meaning and eloquence was, in Lefèvre's view, the medieval translations. He and his associates criticized them for the same reasons Italian *Quattrocento* humanists had: they were sometimes mistaken; they were pedestrian, word-for-word renderings which sacrificed the spirit and rhythm of the Latin language; they were Gothic and barbarous. Lefèvre's first objective, therefore, was to supply the French learned world with what he considered to be more accurate and more elegant translations of the whole Aristotelian corpus. For such translations he turned to the Italians; and from 1497 on, when he published the *Nichomachean ethics* in the translations of Leonardo Bruni and Argyropoulus, he vulgarized north of the Alps the Aristotelian versions of the Italian Renaissance: Giorgio Valla's *Magna moralia* (also 1497), Bruni's *Politics* and *Economics* (1506), Argyropoulus' and Cardinal Bessarion's *Metaphysics* (1515; Lefèvre's edition was the first of Bessarion's translation) and Argyropoulus' *Physics, De caelo* and *De anima* (1518).[5]

Lefèvre's circle was not entirely dependent on the Greek scholarship of the Italians. He and two of his students made three new humanist translations of Aristotle designed to supplement or improve the translations they had received from Italy.

The earliest of these was the work of Lefèvre himself. In 1503 he published Aristotle's logical works. As the basis for his text he took the medieval vulgate. He tells us that he corrected the texts of the *Isagoge* of Porphyry, the *Categories, De interpretatione,* and the *Prior* and *Posterior Analytics ad fideles archetypos* and revised their style according to humanist taste. 'I have so tempered the style,' he writes, 'that no one can now be in doubt (I think) about the meaning, except perhaps a reader still miserably languishing in barbarian captivity.'[6] His revision of the text of the *Topics* and *Sophistici Elenchi,* on the other hand, was more extensive. For he goes on: 'I should point out that the Latin text [of these works] was so corrupt that I was forced to make a virtually new translation. Nevertheless, I corrected it in such a way that its style would harmonize with that of the preceding works.'[7]

A collation of Lefèvre's reworking (*non traductio, sed reparationis quaedam innovatio*) of the opening of the *Sophistici Elenchi* with an early text of the *versio communis* of the medieval vulgate, that is, the translation of Boethius (*Aristoteles Latinus,* II, p. 791, from cod. Mediol. Ambros. I. 195 inf.), with the text of the *versio communis* published in Venice in July 1496 by Gregorius de Gregoriis in his edition of the Latin works of Aristotle, and with the recension of William of Moerbeke (*Aristoteles Latinus*, II, p. 791, from Par. lat. 16080) indicates that Lefèvre used at least two Latin texts: the *versio communis* in the Venetian edition of 1496 and a copy of Moerbeke's recension or a text of the *versio communis* contaminated with readings from it. He also used the Greek text (almost certainly the Aldine Aristotle of 1495). From no source but the Greek, for example, could he have got the real sense of *Sophistici Elenchi*, I, iv, 166b 1–9. The passage concerns accents and pronunciation, and to illustrate his point Aristotle had quoted Homer. Boethius, in his translation, substituted two verses of Horace and one of Virgil and abbreviated Aristotle's argument. Lefèvre also quoted Virgil instead of Homer (but not the same verse Boethius had quoted), while skilfully recapturing in Latin the sense of the Greek original. He explained his procedure in a note:

> Aristotle uses a verse of Homer [*Iliad*, *Ψ*, 328] to illustrate his meaning, and another from the passage about Agamemnon's dream [*Iliad*, *Φ*, 297]. But since these examples make no sense in Latin, I have chosen instead several verses from Virgil, the Latin Homer.[8]

A few examples, drawn again from the beginning of the *Sophistici Elenchi*, suggest Lefèvre's style and method of translation. He made minor changes for greater clarity, preferring, for instance, *hic . . . ille* to the repetitive *alius . . . alius* of the *versio communis*. He was anxious to be accurate. Moerbeke had corrected Boethius from the Greek. Lefèvre often accepted his renderings. But like his humanist contemporaries he hated words taken directly from the Greek. For συμβόλοις (165a8) Boethius had given *notis*; Moerbeke altered this to the literal *tanquam symbolis*; Lefèvre rendered *signis*. For the same reason he changed *elenchus* to *redargutio* and *paralogismi* (164a20–21) to *captiosae ratiocinationes*. *Paralogizantur* (165a16) struck him as barbarous. He replaced it by *perfacile captionibus alucinantur*; and from *tribualiter inflantes se et fingentes se* (164a25) of the Venetian edition of 1496 he moved to the more elegant *ex tribu tumentes et componentes seipsos*. The result was a humanistic text reminiscent of many *Quattrocento* versions, stylistic revisions of medieval ones controlled by reference to the Greek.[9]

Students of Lefèvre were responsible for two original translations: one of the *Magna Moralia* by Gérard Roussel, a member of Lefèvre's circle as early as 1501 and later almoner of Marguerite of Navarre and bishop of Oloron; the second by François Vatable, famous as one of the first *lecteurs royaux* in Hebrew, of the *De generatione et corruptione, Meteorologica* and *Parva naturalia.*

The *Magna Moralia* was first translated into Latin by Bartolomeo da Messina ca. 1260 at the court of Manfred, king of Sicily. Three Italian humanist translations followed the medieval version: those of Gregorio da Città di Castello (*c.* 1453), Gianozzo Manetti (before 1457), and Giorgio Valla. The work was apparently still little known in Paris at the end of the fifteenth century, and when Gianstefano Ferrero, bishop designate of Vercelli, sent Lefèvre a manuscript copy of Valla's translation in 1496, he welcomed it with the excitement reserved for newly discovered texts and published it the following year with marginal notes and a concordance of the *Magna Moralia* and *Nicomachean ethics.*[10] In 1496 Lefèvre considered Valla's translation 'most learned'; by 1520 praise had changed to blame. Josse Clichtove, using it to prepare a commentary on the *Magna Moralia*, found it unsatisfactory: difficult to understand and sometimes unfaithful to the Greek. At his repeated request Roussel made a new one. It is an independent translation from the Greek, and appeared, accompanied by Clichtove's commentary and Valla's translation, in September 1522.[11]

Vatable, who had recently returned to Paris after several years in Avignon, where he studied Hebrew, was living with Lefèvre at Saint-Germain-des-Prés and serving as his secretary and collaborator when he published Aristotle's physical works in 1518.[12] At Lefèvre's request he corrected the *antiqua tralatio* of Aristotle's works on natural philosophy from the Greek. He placed this text in one column. In a parallel column he ran Argyropoulus' translations of the *Physics, De caelo* and *De anima* — scholarly recognition, despite the fact that he considered them *inculta* and *mendosa*, of the continuing usefulness of the medieval versions, and commercial recognition of the still lively market for them at the University of Paris and elsewhere. When he came to the end of the *De caelo*, he tells us, he could find no modern translation to juxtapose to the old. (He was evidently unaware of the translations of the *De generatione* by George of Trebizond and Andronicus Callistus and of the rare translation of the *Meteors* by Matteo Palmieri.) So he decided, with Lefèvre's encouragement, to do the job himself, to recall the *De generatione et corruptione, Meteorologica*, and *Parva naturalia* from darkness into light 'in order to make a contribution of my own to the revival and promotion of good arts and letters.' His translation of the *Parva naturalia* was the first Renaissance one, antedating those of Juan Ginés de Sepúlveda (Bologna, 1522), Niccolò Leonico Tomeo (Venice, 1523), and Agostino Nifo (Venice, 1523). Vatable's dedicatory epistle to Guillaume Briçonnet bishop of Meaux, is an epitome of the attitudes and methods of Lefèvre's circle: a hostility to the medieval translations which did not exclude a sensible dependence on their unpretentious literalness and the consistency of their technical vocabulary; the desire, helped by a growing command of Greek, to produce 'faithful, clear and elegant' translations on the model of those of Argyropoulus, Theodore of Gaza and Ermolao Barbaro; the pleased confidence in their results: 'I overcame all difficulties,' reports Vatable, 'and I think I can affirm that the Latins can now understand their Latin Aristotle better than the Greeks their Greek.'[13]

Provided now with faithful, clear and elegant texts, the next stage of Lefèvre's restoration of a 'pure Aristotelian philosophy' was to replace the inadequate commentaries of the schoolmen with humanist ones. Lefèvre wrote three formal Aristotelian commentaries: on the *Ethics* (in 1497) and on the *Politics* and *Economics* (in 1506), that is, on the moral philosophy of Aristotle, the part of the corpus particularly admired by humanists. A proper commentary—as he defined it in the commentary on the *Ethics*—must be a *litteraria expositio*, one in reverent service of the original text. It should take the form of a detailed chapter-by-chapter explanation and be a road leading to a precise understanding, a *sana intelligentia*, of the text. This is a road (a *via* or *methodus*) opposed to that of the scholastic commentators, the *quaestionum et argumentationum via*, where the text, Lefèvre believed, became an occasion for empty sophistry and merely verbal controversy, where simple meaning was sacrificed to disputation and the factitious raising of *contentiosi nodi*. For the scholastic *quaestio* Lefèvre substituted philological and historical notes; instead of disputation (*verborum disceptatio*) and citations of scholastic authorities, he relied on exhortations to virtue, enlivened with historical *exempla* and quotations from the poets. The proper commentary, in short, should satisfy the intellect by brief, accurate explanations; it should form the will with ethical rules and by an eloquent call to moral probity. The proper commentary should be in itself a *recta educatio*.[14]

The historical importance of Lefèvre's commentaries was underlined at the end of the century by Francesco Patrizi. In an interesting passage of his *Discussiones peripateticae* of 1581, Patrizi classified Aristotelian philosophers and commentators into ten groups and periods. The ninth and tenth ages are respectively the medieval Latin West from the thirteenth through the fifteenth century and Patrizi's own present and immediate past, the sixteenth century. In Patrizi's view Lefèvre ended the one period and initiated the other. He was the first who tried to free philosophy of the *quaestio* and he opened the way to the method of studying Aristotle that Patrizi admired in the French and Spanish schools of his own day: the simple explanation of the Greek text *sine ullis vel dubitationibus vel quaestionibus*.[15]

Lefèvre set himself a final task: to explain a purified Aristotle to beginning students in the faculty of arts. He prepared paraphrases of almost all Aristotle's works (the *Poetics* is a notable and characteristic exception, although it is certain he knew Giorgio Valla's translation). These are simple accurate summaries of the originals, respecting their order and terminology while making clear the structure of argument and distinguishing essential from less important matter. He prepared introductions, 'arts' or 'methods' which systematically explained the fundamental conceptions of a particular work. He thus devoted the bulk of his *Introduction to the Metaphysics* to brief definitions of *sapientia, causa, ens, distinctio, comparatio* and so on; while his *Introduction to the Ethics* defined the virtues and their opposite extremes, answered simple questions about the definitions, and ended each section with pithy precepts: 'Eat moderately. Be chaste. Remember you are born to virtue.' Lefèvre similarly 'methodized', in 'artificial introductions', the *Physics, De anima, Politics* and *Organon*. These 'arts' became his most popular works. Of the *Ars moralis*, for example, there exist thirty-six editions: further evidence of that Renaissance passion for ease and brevity which in the sixteenth century flooded Europe with little manuals so simple a child could understand them, arts or methods defined by a professor at Pisa as a 'brief way (*via*) under whose guidance we are led as quickly as possible to knowledge'.[16] Inevitably, a young student of Lefèvre praised his master's *Introductiones logicales* by remarking that 'it is madness to grow old and grey in the study of the trivium.'[17]

Lefèvre's labour of restoration over thirty years measures his enthusiasm for Aristotle. Few have praised the philosopher more fulsomely. Aristotle, wrote Lefèvre, has 'piously and generously freed us from the blind prison of our ignorance'. He is the greatest of the ancient philosophers. In him nothing is 'irritating, involved, fogged with mere opinion; but all is pure, lucid and certain. He has laid open to us a straight and easy path to knowledge and virtue.' 'For in his logical works he was a most subtle rational philosopher, in the *Physics* a natural and worldly philosopher, in the *Ethics* wholly active and prudent, in the *Politics* a skilled lawyer, in the *Metaphysics* a priest and theologian.'[18] And Lefèvre concluded:

> I view all Peripatetics with such kindness, and especially Aristotle, the leader of all who philosophize truly, that I want to communicate his useful, beautiful and holy works to all men so that everyone may be seized along with me by the same love for them and venerate and love them with me.[19]

Lefèvre's admiration for Aristotle contrasts with his critical reservations about other ancient philosophers. He excluded Epicureans from the 'sober table of chaste philosophers'. He called Democritus and Pliny the Elder materialists and atheists. In the margins of his 1505 edition of the *Corpus Hermeticum* he frequently noted passages with *cave, caute legendum*, or 'these profane statements are another of Hermes' lapses'. 'Nothing,' he wrote in his *Commentary on the Politics*, 'is more vain and empty than those who call themselves Pythagoreans.' And he went on to flay the Platonists:

> Read Irenaeus and you will find that the Pythagorians were the most vicious opponents of the Christian religion. Read Origen, Epiphanius and Augustine and you will find that the second most bitter enemies of the true faith were the Platonists, blasphemers of the word of God.[20]

Not even Plato was spared. He criticized Cardinal Bessarion for saying that Dionysius was a 'Platonist'. As a nominalist, he spoke slightingly about the Platonic ideas. In the *Hecatonomia*, a collection of seven hundred propositions drawn from the *Republic* and *Laws*, he stigmatized many propositions with a marginal *stultitia* or *semi-stultitia*, and at the end listed twenty-eight others as 'especially to be rejected' because of their absurdity.[21]

To the secular Aristotelians of the Italian universities Lefèvre opposed a more obviously orthodox and responsibly moralizing Aristotle. From the Aristotelian *corpus* the philosophers of Bologna and Padua tended to select for emphasis the logical and scientific works; Lefèvre, like Bruni and other humanist Aristotelians, was most attracted by the moral philosophy. For Agostino Nifo and Pomponazzi, the medieval Arabic and Latin commentators remained a living tradition, and they drew a special and novel strength from their knowledge of the Greek commentators. Lefèvre quoted the scholastic commentaries very rarely, tacitly avoided the Greeks, and singled out Alexander of Aphrodisias and Averroes for special censure for cluttering up the intellectual world with their insanities, like spiders spinning their webs in an abandoned house. It is typical, to take a single instance, that the problem of liberty should be posed for Pomponazzi by the *Physics* and for Lefèvre by the *Ethics*. Lefèvre believed that man had free will and quoted chapter 7 of book III of the *Ethics*, where Aristotle had said that it is in our power to do good or evil acts and that man is the 'originator or generator of his actions as he is the generator of his children'. In the *De fato* Pomponazzi, who agreed with Cicero's judgment that Aristotle had believed all things to pass *inevitabiliter*, quoted the *Physics* and suggested that in book III of the *Ethics* Aristotle had defended the freedom of the will not because he really believed in it, but 'in order to please the vulgar and for the sake of morality'.[22] I have no evidence that Lefèvre knew Pomponazzi. Pomponazzi, however, had read Lefèvre. He called him 'second to none in learning in this age', but he quoted him as an authority on Dionysius the Areopagite rather than on Aristotle.[23]

Why then was Lefèvre so convinced that *Aristotle's* doctrine was chaste, holy, and almost uniformly true? We shall get the beginning of an answer, I think, if we look briefly at how he read and understood the *Physics* and *Metaphysics*.

Everyone must agree, Lefèvre tells us, that in scientific knowledge Aristotle surpassed all ancient and modern writers. To profit from the *Physics*, however, one must read it in the right way, remembering that in 'this holy philosophy when Aristotle . . . discusses fleeting and transitory things, he is also dealing with divine things' and that 'through the whole natural philsophy of Aristotle are hidden secret analogies (as the sense of touch is diffused throughout the body) without which . . . our philosophy is lifeless and without soul. These analogies (if God gives me the grace) I will bring out in my commentaries.'[24] What these analogies are and their function was made clearer by Lefèvre's disciple Clichtove in his commentary on this passage. Human weakness makes it normally impossible for the mind to rise to divine things without a point of departure in sense experience. The value of the *Physics* is that it teaches us to rise from a world of generation and corruption to a knowledge of divine and celestial things. We pass from motion to a contemplation of the prime mover, from time to the fixed and pemanent duration of eternity, from the orderly arrangement of the world machine to a know-ledge of its creator, the ruler of all things. This is the *modus investigandi in intelligibilia per sensibilia*.[25]

Much of this argument can be paralleled in Aristotle. Yet the conception as a whole is a profound distortion, though hardly a novel one—a distortion which flows from the identification, at the heart of both Christian Platonism and Christian Aristote-lianism, of the intelligible world, first, with the archetypes in the mind of God, ultimately with the second Person of the Trinity. By reading the *Physics* analogously (under the inspiration of the Holy Spirit), Lefèvre discovered in it a hidden discussion of 'divine things', understood in a specifically Christian sense: a portrait of the Creator (for which a less ingenious reading would have given him scant information) and evidence of the *principium* of all things, the Trinity. It is difficult to see that this reading of the *Physics* is more 'pure', if by pure we mean historically sophisti-cated, than that of Bonaventura. It is less pure than that of Aquinas, much less pure than Pomponazzi's.

Lefèvre's reading of the *Metaphysics*, even more than his reading of the *Physics*, was bathed in a Christian vocabulary and in Christian associations. In the preface to his edition of transla-tions of the *Metaphysics* by Argyropoulus and Bessarion, Lefèvre distinguished three kinds of philosophy: the mathematical, the physical and the metaphysical.

The lowest is mathematical philosophy, for its object is accident. Next is physical philosophy, whose object is substance, but mobile and median substance. We rise then to metaphysical philosophy. Its object too is substance, but substance immobile and wholly divine. For its ultimate object is essence itself, to which all things are analogically related; from which, through which and in which all things are [a Neo-Platonic formula originally, but Christianized by centuries of usage]; by the grace of which all things are. To him *honor in saecula* [scriptural honour to an essence identified with the Christian God].

The title page is more specific: 'In this book almighty God is celebrated under the name of essence'. From Aristotle's *Metaphysics* we learn to know the essence of essences, knowledge which leads us to God the Father and the Trinity. Not directly, to be sure; for in Aristotle the supranatural and divine is adumbrated under a veil of natural things, like fire in a flint. To read him properly is like striking sparks from the flint, for he will teach us to rise from the opacity of vestiges to the sole superadmirable and incomprehensible light of truth. Or, in another image, Aristotle's text is like a painting and the metaphysical intellect like an architect putting up a building—from both we can deduce the creator, 'whose being (*esse*) is all things, whose power (*posse*) is omnipotence, whose knowledge (*nosse*) is the highest wisdom, whose willing (*velle*) is the highest good'.[26] In his *Dialogues* on the *Metaphysics* (1492) Lefèvre suggested that Aristotle had actually worshipped the *ens entium* and asked for its mercy and blessing.[27] He even sketched out an appropriate prayer for his students: 'O ens entium, unum optimum, verissimum, plenissimum, potentissimum, summe necessarium, sapientissimum, immortale atque sempiternum, pande nobis ad te viam et accessum et adiuva quod nobis indidisti naturale desiderium.'[28]

The *Metaphysics*, then, is filled with hidden but accessible Christian meanings. How did they get there? Lefèvre's *Introductio metaphysica* gives the answer, and one key to his attitude to Aristotle:

> It is written that the priests of Egypt and the Chaldean magi formerly dwelt with the divine mysteries and that it was they who passed this knowledge on to the philosophers. [...] In their turn the philosophers have left us divine philosophy, which they call metaphysics and theology. [...] The theology of the Aristotelians agrees and unites with Christian wisdom in a great harmony and concord. I have therefore found it agreeable to prepare simple explanatory introductions to the first six books of the *Metaphysics* in order to give others the opportunity of understanding divine metaphysics and of thinking more leniently of pious philosophers, whom God in his own time made his priests and prophets, torches shining even to our own time. For even though God, who illumines all men, had not yet appeared visibly in the world, nevertheless, he who is an unlimited and infinite light shining on every age shone down on them from heaven.[29]

Lefèvre considered Aristotle's philosophy true, holy and in fundamental agreement with Christianity because God—even

though Aristotle was a pagan and lived before the Incarnation—
had made him his priest and prophet and revealed the truth to
him by divine illumination. The union and concord of Christianity and Aristotelianism was guaranteed by their common
inspiration. Lefèvre could thus read Aristotle in much the same
spirit and with much the same confidence that he read the
Psalms. The possibility of distortion was limited only by imaginative lapses in the ingenuity of the commentator.

The notion of the divine illumination of the pagan ancients
explains many unhistorical readings of ancient philosophy and
literature by Renaissance thinkers. The most critical humanists,
the most sophisticated, those with the most rigorous philological
standards, those with the most acute historical sense—those, in
short, who grasped most accurately and sensitively the real
assumptions and implications of ancient philosophical systems,
precisely these were most restrained in their enthusiasm for
much of the substance of antique thought. On the other hand,
unrestrained enthusiasm for a classical philosopher; describing
his thought as holy and true; finding in the admired doctrine
Christian virtues and doctrines admired even more; the assertion,
therefore, of a philosophy's peculiar harmony with Christianity—
all this at once reveals the absence of real historical or philological
sense and is normally evidence not that a Renaissance thinker is
secularly attracted to pagan thought, but rather than he has read
into his text Christian assumptions, values and ends. The device
that often made this possible was the conviction that the pagan
author, like Moses or Abraham or David, was divinely illumined.

Examples of the first alternative are Valla and Budé. Among
Quattrocento Italian humanists Valla, perhaps, had the nicest
historical sense, wrote the most penetrating philological criticism,
and made the most probing chronological discriminations. In the
De voluptate (or *De vero bono*) he analysed Stoic and Epicurean
doctrine with a good deal of sensitivity and accuracy. Yet he
concluded, precisely because he did understand it, that most
pagan philosophy was dangerous to Christians. Far from harmonizing with Christianity, ancient philosophy was a seed-bed
of heresy; and so philosophy 'has not only profited our most
sacred religion little but even violently injured it'.[30] Budé was
equally categorical. No French humanist in the first third of the
sixteenth century had a wider, more exact historical knowledge of
the thought and institutions of the ancient world, patiently

acquired by wide reading, translating Plutarch and from his research for the *Commentary on the Pandects* and the *De asse.* Yet when Budé came to assess the significance of Hellenism, the very fact that he knew antiquity so well alerted him to the fundamentally secular assumptions of classical thought and made it painfully evident to him that no compromise between Hellenism and Christianity was possible. Since Hellenism is opposed to Christian truth, we must reject Hellenism and accept Christ. Let the Christian knight flee the camp of the Greeks and cleave to the camp of the Christians.[31]

In contrast to Valla and Budé, Lefèvre is in the tradition of Ficino. One admired Aristotle, the other Plato; but in each case we are struck by the same extraordinary veneration for an ancient philosopher; by the same conviction of the philosopher's truth and piety; and by the same faith, finally, that his thought beautifully harmonized with Christian theology. Yet both could admire so unreservedly because their reverence was unhistorical, because that 'pathos of historical distance' of which Nietzsche spoke was absent from their reading. Their idols had learned from Moses or the Chaldean magi or were directly inspired by God. Necessarily, they found in their texts what they already assumed to be there.

We must not exaggerate Lefèvre's enthusiasm for Aristotle.[32] His principal intellectual interests reflect his ambition 'to join wisdom and piety with eloquence',[33] and it was to further this end that he worked to restore a 'pure' Aristotelian philosophy. But study of Aristotle was ultimately a very transitory stage in a programme built on a graduated ascent from knowledge of sensible particulars to contemplation of divine things.

> For knowledge of natural philosophy, [he wrote in 1506] for knowledge of ethics, politics and economics, drink from the fountain of a purified Aristotle [...] Those who wish to set themselves a higher end and a happier leisure will prepare themselves by studying Aristotle's *Metaphysics*, which deals with first and supramundane philosophy. Turn from this to a reverent reading of scripture, guided by Cyprian, Hilary, Origen, Jerome, Augustine, Chrysostom, Athanasius, Nazianzen, John of Damascus and other fathers. Once these studies have purified the mind and disciplined the senses (and provided one has extirpated vice and leads a suitable and upright life), then the generous mind may aspire to scale gradually the heights of contemplation, instructed by Nicholas of Cusa and the divine Dionysius and others like them.[34]

Without mastering Aristotle, no one can rise to this higher level of contemplation. Once mastered, however, we must rise above rational cognition, which is appropriate to man, and aspire to intellectual cognition, which is appropriate to angels: to that area of learned ignorance, of intuition, of the 'blinding and incomprehensible light where he who thinks he sees is blind and where they who know they are blind see, where ignorance is more highly prized than knowledge', where 'those who are most ignorantly ignorant are most learned in intellectual matters'.[35] The harmonious link between these two modes of cognition is analogy: the same secret analogy Lefèvre found hidden in the *Physics* and the same analogy which in the *Metaphysics* relates all things to the supreme essence, analogies placed there and made visible to the reader by divine illumination. Aristotle is true and holy because what he says must, and in Lefèvre's interpretations almost invariably does, coincide with the assumptions of Christian and Neoplatonic mysticism.

NOTES

[1] *The correspondence of Sir Thomas More*, ed. Elizabeth Frances Rogers, Princeton, 1947, p. 36.

[2] *De arte cabalistica*, in *Opera omnia Ioannis Pici, Mirandulae Concordiaeque comitis*, Basel, 1557, p. 734. Cf. the opinion of Cono of Nuremberg, writing to Beatus Rhenanus in 1512: 'Quid enim te non vel beatum dixerim, qui in hoc foelix aevum incideris, quo non solum inter cetera ingenii et fortunae praeclara dona defecata illa et pura philosophia Peripatetica a diserto illo et celeberrimo philosopho Iacobo Fabro apud Parisios sis initiatus et eruditus, quem non indigne philosophum δαιδαλογραφώτατον dixerim, quippe qui ut alter Daedalus faber carpento ornato affabre fabrefacto philosophiam Aristotelicam eleganti stola et phrasi decoratam cunctis aspiciendam invexit' (A. Horowitz and K. Hartfelder, *Briefwechsel des Beatus Rhenanus*, Leipzig, 1886, p. 45).

[3] *Vtilissima introductio Jacobi Stapulensis Jn libros de Anima Aristotelis, adiectis que eam declarant breuiusculis Judoci Neoportuensis annotationibus* (Leipzig, Jakob Thanner, 30 March 1506), sig. a, i, v.

[4] *In hoc opere continentur [Iacobi Fabri Stapulensis] totius philosophiae naturalis paraphrases* (Paris, Henri Estienne, 2 December 1504), fol. 348v.

Equicola's letter, dated 11 December 1504, was added to the last page of the book when the printing was almost finished. In many copies therefore (that at Harvard for example) fol. 348v is blank. Cf. *Briefwechsel des Beatus Rhenanus*, p. 24: 'Iacobus Faber Stapulensis, vir ex omni aevo incomparabilis omniumque disciplinarum uberrimus fons, qui philosophiam nimio situ squalentem et suo viduatam splendore ita illustravit, ut Hermolao Barbaro et Argyropylo Byzantio praeceptoribus (quod quodam loco adnotasti) [in Reuchlin's preface to ¦his *Rudi-*

menta linguae Hebraicae] olim tuis huic longe plus nitoris attulerit. Ille enim praeter Latinitate donatum paraphrasten Themistium et Dioscoriden adhuc a quibusdam suppressum parum quod quidem editum sit elucubravit, alter totam Aristotelis philosophiam in Latinum e Graeco vertit, sed nudam nullisque illustratam commentariis, quo legentium mentes obscura eius philosophi sensa facilius intelligant. Hic vero Peripateticam doctrinam ita reddidit perviam, ut neque Ammonio neque Simplicio aut Philopono iam sit opus.'

⁵ For these translations see Eugenio Garin, 'Le traduzioni umanistiche di Aristotele', *Atti e Memorie dell'Accademia Fiorentina di Scienze Morali 'La Colombaria'*, N.S. II (1947–50), pp. 55–104. For the medieval versions, consult the bibliographies in *Aristoteles Latinus*, 2 vols., Rome and Cambridge, 1939–55), and *Supplementa Altera*, Bruges and Paris, 1961. Cf. J. Soudek, 'Leonardo Bruni and his public: a statistical and interpretative study of his annotated Latin version of the (pseudo-) Aristotelian *Economics*', *Studies in Medieval and Renaissance History*, V (1968), pp. 49–136.

⁶ *Libri Logicorvm Ad archetypos recogniti*, ed. Lefèvre d'Etaples (Paris, Wolfgang Hopyl and Henri Estienne, 17 October 1503), sig. a, i, v: 'Stilum ita temperavi, ut nullus de intelligentia (si non me mea fallit opinio) aut queri aut diffidere debeat, nisi forte qui in barbarorum castra deictus adhuc misera sub captivitate languet infirmus.'

⁷ *Ibid.*, fol. 228v: 'Et id te non latere velim lectionem Latinam usque adeo vitiatam corruptamque fuisse, ut paene novo traductionis labore nobis opus fuerit. Ita tamen id temperavi, ut cum reliquo quo praecesserat unum corpus efficere videatur; et ita rem prae oculis subiicere studui, ut lector qui non segniter attenderit, sui studii fructu non frustretur. Si placet igitur non traductio, sed (more illorum qui vetustos de novo incrustant parietes aut novos superinducunt colores) reparationis quaedam innovatio, tibi offeratur.'

⁸ *Ibid.*, fol. 282v. Boethius's translation reads as follows (ed. Venice, 1496, fol. 248v): 'Secundum accentum autem in his quidem quae sunt sine scriptura dialecticis non est idoneum facere orationem. In scripturis autem et poematibus magis, ut Metuo longas pereunte noctes, Lydia, dormis [*Carm.* I, xxv, 7–8], et Heu quianam tanti cinxerunt aethera nimbi [*Aen.* V, 13]. Ergo circa accentum quidem huiusmodi fiunt.' Cf. Lefèvre (ed. 1503, fol. 283r–v): 'Propter accentum autem in iis quae sunt sine scriptura, non facile dialecticis facere orationem; in scripturis autem et poematibus magis, ut et poetam defendunt nonnulli adversus redarguentes quasi hic absurde locutum, Nec gemere aëria cessabit turtur ab ulmo [*Eclog.* I, 58], quod penthemimeri usus sit et turture feminino. Solvent enim id accentu, dicentes quod *aëria* accentum finalem longum habet, et non ad *turtur* sed ad *ulmo* ut epithetum debet referri; et id de Niso et Euryalo cum rutulos vino somnoque sepultos [*Aen.* IX, 236] intellexissent:

> Cetera per terras omnis animalia somno
> laxabant curas et corda oblita laborum.
> [*Aen.* IX, 224–25]

Talia igitur propter accentum sunt.'

⁹ *Ibid.*, fol. 281r–v. It was this text of the *Topics* and *Sophistici Elenchi* that Glareanus reprinted in his edition of the *Opera* of Boethius in 1546. And it was Glareanus, too, who, following an ambiguous statement by Lefèvre, originated the attribution of the entire vulgate translation of the *Organon* to Boethius. From Glareanus, its provenance forgotten and still attributed to Boethius, Lefèvre's text found its way into the *Patrologia* of Migne, to mislead several generations of nineteenth and twentieth century scholars. For this curious story see L. Minio-Paluello, 'Note sull'Aristotele Latino medievale, VI. Boezio, Giacomo Veneto, Guglielmo di Moerbeke, Jacques Lefèvre d'Etaples e gli *Elenchi Sofistici*', *Revista di Filosofia Neo-Scolastica*, XLIV (1952), 398–411, an article to which my account of Lefèvre's work on the text of the *Organon* owes much.

¹⁰ In his edition of Aristotle's ethical works, *Decem librorum Moralium Aristotelis, tres conuersiones* (Paris, Johann Higman and Wolfgang Hopyl, 12 April 1497). The facts that Lefèvre's edition of Valla's translation of the *Magna Moralia* was independent of the one published nine months earlier in Venice (in July 1496) by Gregorius de Gregoriis (in his edition of the Latin works of Aristotle) and that Lefèvre considered the work a rare find are confirmed by the author of the first supplement to Trithemius' *De scriptoribus ecclesiasticis*, a Frenchman writing in Paris in 1512. He devoted a paragraph to Gianstefano Ferrero, one of the few non-French entries, which concludes: 'Et suo tandem infatigabili labore et industria effecit, ut Aristotelis Magna moralia priscis saeculis nunquam praecognita nobis communia fecerit, quae Iacobus Faber nostri saeculi philosophus eminentissimus et philosophiae defensor acerrimus ipsius auspicio impressioni commisit posteris fructus non exiguos allatura' (ed. Paris, 1512, fol. CXXIXr).

¹¹ *In Hoc Libro Contenta. Opvs Magnorum Moralium Aristotelis, duos libros complectens: Girardo Ruffo Vaccariensi interprete* (Paris, Simon de Colines, 20 September 1522), ff. 2r–v, 3r–4v. Roussel's translation was twice reprinted: Paris, Prigent Calvarin, 1537, with prefaces and Clichtove's commentary (Paris, B.N.) and Paris, Thomas Richard, 1547, without prefaces and commentary (Oxford, Bodleian).

¹² *Ex Physiologia Aristotelis, Libri Dvodetriginta. 1. De auscultatione naturali octo. 2. De coelo quatuor. 5. De anima tres, Ioanne Argyropylo interprete. 3. De generatione & corruptione duo... Francisco Vatablo interprete. Quibus omnibus, antiqua tralatio tricenos libros continens, ad Graecum per eundem Vatablum recognita: columnatim respondet* (Paris, Henri Estienne, [August] 1518). Vatable's translations were frequently reprinted in the sixteenth century.

¹³ *Ibid.*, ff. 1v–2v. Lefèvre mentioned his connection with this edition in a letter to Jean de la Grène dated Paris 6 October 1518: 'His diebus emisimus ex officina Physiologiam Aristotelis integram cum duplici tralatione, opus quod studiis optamus utile' (S. Champier, *Duellum epistolare*, Venice, 1519, sig. H, i,r–v).

¹⁴ *Decem librorum Moralium Aristotelis, tres conuersiones* (Paris, 1497), sig. a, i,v: 'In hac litteraria expositione quantae potui brevitati studui, quod Aristoteles similis sit peritissimo architecto qui ita sua aedificia parat ut nihil desit addendum nihilque sine vitio se offerat demendum. Quaestionum et argumentationum (nisi doctrinalium quae in littera

continentur) viam non tenui, quod mores non longa verborum disceptatione, sed sana intelligentia et recta educatione (ut vult Plato, pariter et Aristoteles) parentur, et quod plerumque contra agendorum propositiones ac regulas contentiosos excogitare nodos plus obesse quam prodesse soleat auditoribus. Sunt enim hae regulae eorum quae semper aut plurimum fieri nata sunt, et solum de talibus disciplinarum praecepta feruntur; contra autem plerumque texuntur casuum monstra earum rerum quae numquam contingunt neque contingere nata sunt et falso disciplinae calumniantur. Nullius enim disciplinae officium est ad talia respondere, ut neque ad casualia; verum cum talium nusquam meminerint disciplinae, suo sane silentio satis talia damnant. In unaquaque virtute adhortationes adiunxi, quod ad beate vivendum animos flectendi pondus aliquod habeant. Socrates enim hortando Lysidem moralem fecisse, Laertius auctor est [II, 5, 12]. Ad quod faciendum exempla ex Plutarcho, Plinio, Herodoto, Halicarnaseo, Q. Curtio, C. Tacito, Iustino Laertioque deprompta sunt. Frequenter carmina ex Virgilio, Ovidio, Horatio, Iuvenale, Hesiodo aliisque poetis interserui.'

[15] *Francisci Patricii Discvssionvm Peripateticarum Tomi IV* (Basel, 1581), I, xi, p. 146; xii, pp. 162–63.

[16] Quoted by Neal W. Gilbert, *Renaissance concepts of method*, New York, 1960, p. 71.

[17] *In hoc opusculo he continentur introductiones. In suppositiones. In predicabilia. In diuisiones...* ([Paris, Guy Marchant], 24 October 1496) sig. d, vi, r–v.

[18] *Hec Ars Moralis cum singulos tum ciuitatem que ex singulis colligitur ad beatam vitam instruit, sequenda fugienda monstrat, virtus enim sequenda, vicium autem fugiendum, et Aristotelis philosophi moralia illustria claraque reddit* (Paris [Antoine Caillaut], 13 June 1494), sig. a, ii,r.

[19] [*Totius Aristotelis philosophiae naturalis paraphrases*] (Paris, Johann Higman, 1492), sig. b, i,r–v.

[20] *Politicorum libri octo*, ed. Lefèvre d'Etaples, Paris, Henri Estienne, 5 August 1506, fol. 98r.

[21] Cf. Jean Boisset, 'Les *Hecatonomies* de Lefèvre d'Etaples', *Revue Philosophique de la France et de l'Etranger*, CL (1960), pp. 237–40.

[22] *Petri Pomponatii Mantuani libri quinque de fato, de libero arbitrio et de praedestinatione*, ed. Richard Lemay, Lucani, 1957, p. 274.

[23] *De naturalium effectuum causis, sive de incantationibus*, ch. 10, in *Opera*, Basel, Henricus Petrus, 1567, p. 130. Cf. *ibid.*, pp. 150 and 314.

[24] [*Totius Aristotelis philosophiae naturalis paraphrases*], sig. b, i,v- b, ii,r: 'Si quos tamen haec nostra scripta iuvabunt, admonuisse velim in hac sacra philosophia semper Aristotelem aliquid arduum moliri; et cum de caducis ad horamque transitoriis agat, pariter divina tractare. Immo vero hanc totam sensibilis naturae philosophicam lectionem ad divina tendere et ex sensibilibus intelligibilis mundi parare introitum. Qui investigationis modus nobis connaturalis congeneusque (ut ipsi placet) habetur. [...] Id insuper te latere non debet, per totam Aristotelis philosophiam abditam latentemque esse quandam secretam analogiam perinde atque per totum corpus sparsus fususque tactus est; sine qua (ut sine tactu corpus) nostra philosophia inanima est vitaeque expers. Quam (si Deus

hanc mihi largiatur gratiam) in commentariis aliquantulum detegam, non quidem omnino (tanta enim eius virtus est et amplitudo ut id impossibile putem) sed quantum mihi concessum fuerit.'

[25] *In Hoc Opere continentur totius philosophiae naturalis Paraphrases* (Paris, Wolfgang Hopyl, 25 March 1501/1502), fol. 2r: 'Aristoteles in tota naturali philosophia de rebus naturalibus generationi corruptionique obnoxiis determinans ad divina pariter assurgit, et ad caelestium naturam cognoscendam viam parat aditumque pandit. Nempe ex moventibus physicis ad primi moventis metaphysici contemplationem evehit, ex temporis successione ad aeternitatis fixam permanentemque durationem, ex motu ad caelestium firmam et semper eandem stabilitatem, ex huius inferioris machinae ordinatissima dispositione ad sapientissimi auctoris et rerum principis agnitionem subvehit, ut sequentia apertius ostendent. Et hic modus investigandi in intelligibilia per sensibilia nobis apprime conveniens est ob nostri intellectus imbecillitatem, qui sublimia a sensu et motu seiuncta capere non potest, nisi ex sensibilium cognitione paulatim manducatur.'

[26] *Contenta. Continetvr Hic Aristotelis Castigatissime recognitum opus metaphysicum a Clarissimo principe Bessarione Cardinale Nicene latinitate foeliciter donatum, xiiij libris distinctum: cum adiecto in xij primos libros Argyropili Byzantij interpretamento, rarum proculdubio et hactenus desideratum opus. Deus optimus qui sub nomine ipsius entis in hoc opere celebratur: hoc ipsum faciat ad sui & laudem & cognitionem omnibus studijs proficuum*, ed. Lefèvre d'Etaples, Paris, Henri Estienne, 20 October 1515, fol. iv.

[27] *In Hoc Opere Continentur totius philosophiae naturalis Paraphrases* Paris, Simon de Colines, 5 January 1521–22, fol. 336r–v: 'Huic (ut ferunt) enti entium se Aristoteles commendare solebat, eius misericordiam implorabat, quod confitebatur, quod praedicabat, pro quo tandem exsul damnatusque inter gentes exteras degebat, tandem in Chalcide peregrinus hoc munere mortalis vitae functus traditur.'

[28] *Ibid.*, fol. 336v. The *ens entium* is at once monad and triad: 'Quare sicut summa unitas omnium est principium, aeque et summa aequalitas omnium principium, et ipsa summa connexio omnium; et unitas, aequalitas et connexio non sunt nisi unum summum ens, summe unum, summe bonum, verum, plenum et potens' (*ibid.*, ff. 346v–347r).

[29] *Introductio in metaphysicorum libros Aristotelis. Hec introductio Metaphysicorum Aristotelis in theologiam philosophorum pandit aditum: philosophorum inquam potissimum per diuinas, eternasque rationes philosophantium*, Paris [Johann Higman], 16 February 1493–94), sig. a, i,v.

[30] *De libero arbitrio*, ed. Maria Anfossi, Florence, 1934, p. 8. Cf. pp. 50–51: 'Nolimus altum sapere, sed timeamus ne simus philosophorum similes, qui dicentes se sapientes, stulti facti sunt... Quorum in primis fuit Aristoteles, in quo Deus optimus maximus superbiam ac temeritatem cum ipsius Aristotelis, tum ceterorum philosophorum patefecit atque adeo damnavit.'

[31] *Omnia opera Gvlielmi Bvdaei*, Basel, 1557, I, p. 195: 'Quapropter ab Hellenismo, errorum praeceptore, simulachrorum cultore, nugarum opifice, ad veritatis cultum atque simplicitatis philosophia nos revocare clare voce videtur, utpote quae theosophiae germana sit et socia.' Cf.

Josef Bohatec, *Budé und Calvin: Studien zur Gedankenwelt des französischen Frühhumanismus*, Gratz, 1950, p. 73.

[32] *Politicorum libri octo*, fol. 98r: 'Nam [philosophi] gentiles fuerunt, et gentilium deorum superstitionibus scatent Platonici libri, neque Aristoteles immunis est, sed id longe minus et perpaucum est.'

[33] *Briefwechsel des Beatus Rhenanus*, p. 12.

[34] *Politicorum libri octo*, ff. 123v–124r.

[35] Lefèvre's preface to Charles de Bovelles' *In artem oppositorum introductio*, Paris, Wolfgang Hopyl, 24 December 1501, sig. a, i,v–a, ii,r: 'Quem novum philosophiae modum [intellectualem] (vel potius ex antiquitate revolutum) si assecutus fueris, cum de dividuis dividue philosophaberis, id intellectu efficies et philosophia simplici; cum autem de dividuis individue, id efficies ratione scientiaque multiplici, quae rationalibus scientia est, intellectualibus autem opinio et scientiae opposita; neque hebes quantacumque subtilitate hunc penetrare poterit unquam, hebes tamen hebetudine et quanto id magis et ignorans ignoratione, et quanto magis ignoratione ignorans, tanto magis ad hanc philosophiae partem aptior iudicandus erit; quocirca qui maxime ignorantia sunt ignorantes, maxime pollent intellectu suntque fecundissima mente, et haec clara sunt. Qui tamen ad intellectualem philosophandi modum surgere sat agunt non prius in rationali instructi, mihi persimiles esse videntur caeco volenti discere pictoriam et surdo (si id loquendi admittit usus) disciturienti musicam. Et analogia utriusque philosophiae dux est et harmoniae medium. Quare disciplinae Aristotelicae non erunt aspernandae, sed prius illi conciliandae qui volet ad hunc secundum philosophiae gradum feliciter scandere; ut enim tactus qui infimus visus est animali necessarius est, non autem visus qui summus est tactus, ita rationalis philosophandi modus necessarius est ei qui voluerit in intellectuali non caecutire.'

Pierre Jodogne

LES «RHÉTORIQUEURS» ET L'HUMANISME
Problème d'histoire littéraire

Ayant étudié d'assez près l'œuvre de Jean Lemaire de Belges[1] et consulté avec attention les écrits des principaux écrivains de langue française qui illustrèrent les règnes de Charles VIII et de Louis XII,[2] j'ai pensé qu'il serait intéressant d'examiner la situation de ces écrivains et plus généralement de tous ceux qu'on appelle les «rhétoriqueurs» non plus par rapport à la Pléiade — comme les historiens de la littérature ont accoutumé de le faire — mais dans la perspective de l'histoire de l'humanisme, de ce grand mouvement philologique et littéraire qui s'est développé en France, presque en même temps qu'en Italie, dès le XIVe siècle, et que nous connaissons aujourd'hui de mieux en mieux.[3]

Les «rhétoriqueurs» posent un problème qui a été, à mon avis, trop longtemps négligé: le problème de la revalorisation d'une période terriblement discréditée, qui fut en réalité l'une des plus littéraires de l'histoire de la littérature française. Je n'aborde pas ce sujet sans appréhension. Outre que je crains de paraître présomptueux, je sais que j'éviterai difficilement de rester superficiel. Le terrain est en effet très mal éclairé. Il est aussi semé d'embûches, dont la première, et non des moindres, est probablement d'ordre historiographique.

«On appelle rhétoriqueurs — écrit Henri Chamard — un groupe d'écrivains, à la fois historiens, orateurs et poètes, qui ont vécu dans la seconde moitié du XVe siècle et le premier quart du XVIe, et qu'unissent de communes tendances littéraires, une commune conception de la poésie.»[4] Récemment, V.-L. Saulnier a proposé de «réserver le nom de Rhétoriqueurs aux représentants d'une certaine tradition, du XVe au XVIe siècle.» Mais il a tout de suite ajouté: «La pertinence d'une telle formule n'est, il faut bien le dire, que de commodité. Une certaine communauté de manières, et une tradition du haut savoir en matière d'art de rimer, qui va au moins de Georges Chastellain à Jean Bouchet, la sauve en tout cas de l'arbitraire.»[5]

Les historiens scrupuleux paraissent donc embarrassés. Ils n'osent pas définir d'emblée les caractéristiques des écrivains dont ils s'occupent et ils hésitent à préciser les limites chronologiques de leur activité. La carence des études concernant les «rhétoriqueurs» et l'habitude de les présenter, dans les manuels d'histoire littéraire, en termes sommaires et dépréciatifs justifient cet embarras. Citons la phrase que Robert Bossuat place, dans son *Manuel bibliographique*, en tête du chapitre VIII, intitulé: «L'Ecole des rhétoriqueurs». Elle résume assez bien l'opinion courante et se termine par un renvoi révélateur à l'ouvrage plutôt malveillant d'Henry Guy sur ladite Ecole:

> Dès le milieu du XVᵉ siècle, l'abus de l'allégorie, des allusions mythologiques, des effets d'éloquence et des raffinements techniques, détourne les poètes de la simplicité et donne à leurs productions un caractère artificiel. C'est dans le milieu fastueux de la cour ducale de Bourgogne que naît cette théorie nouvelle qui gagnera peu à peu les autres foyers littéraires. Cf. H. Guy, *Histoire de la poésie française au XVIᵉ siècle*, t. I, *l'Ecole des Rhétoriqueurs*, Paris, 1910.[6]

Pour savoir ce que vise objectivement cette appellation de «rhétoriqueurs», interrogeons l'histoire de ce terme. Les ouvrage qui s'adressent au grand public affirment que c'est le nom même qu'ont porté certains écrivains du XVᵉ et du XVIᵉ siècle. Le *Grand Larousse Encyclopédique* définit ainsi le mot *rhétoriqueur*: «Nom que se donnaient à eux-mêmes les poètes de cour de Bourgogne, de Bretagne et de France, au XVᵉ siècle.»[7] Dans le *Dictionnaire* de P. Robert, on trouve, à côté de *Grands rhétoriqueurs*, la définition suivante: «noms que se donnent un certain nombre de poètes de la fin du XVᵉ s. et du début du XVIᵉ s.»[8] La vérité historique paraît bien différente. Voici les faits que je crois pouvoir établir au terme d'une première enquête.[9].

A ma connaissance, aucun écrivain du XVᵉ ou du XVIᵉ siècle ne s'est appelé *rhétoriqueur* ou n'a donné ce nom à un maître ou à un ami. Jean Molinet est salué par son disciple Jean Lemaire comme «le chief et souverain de tous les *orateurs* et *rhetoriciens* de nostre langue gallicane»,[10] et le même Lemaire,

dans sa *Concorde des deux langages*, appelle *«poëtes, orateurs* et
historiiens de la langue françoise» des écrivains qui seraient
immanquablement désignés aujourd'hui du nom de *rhétoriqueurs*:
Meschinot, Molinet, Georges Chastellain, Octovien de Saint-
Gelais, Guillaume Cretin.[11] Dans les *Arts de seconde rhétorique*
publiés par ses soins, E. Langlois n'a pas rencontré une seule fois
le mot *rhétoriqueur*, alors qu'il a trouvé, pour *poète*, les nombreux
synonymes suivants: *acteur, aucteur, facteur, faiseur, orateur, ouvrier,
philosophe, rethorique, rhetoricien, rimans, rymeur* et *versifieur*.[12] Le
dictionnaire de Cotgrave ignore le mot *rhétoriqueur*.[13] Celui de
Godefroy également.[14] Néanmoins tous les deux enregistrent le
substantif *rhetorique* et le verbe *rhetoriquer*.

Autre constatation: les historiens de la littérature n'emploient
ce terme de *rhétoriqueur* que depuis une date relativement récente.
Ni Sainte-Beuve (1828 et 1861),[15] ni Nisard (1844),[16] ni de
Montaiglon (1861),[17] ni Godefroy (1867),[18] ni Gaston Paris
(1901)[19] ne semblent le connaître. Ce fait est d'autant plus
surprenant que ces auteurs ont exercé la plus forte influence sur
l'historiographie littéraire.

Rappelons le jugement que Sainte-Beuve formule, en 1828,
dans son *Tableau historique et critique*, sur l'état de la poésie à la
veille du XVIe siècle:

> Les cinquante-quatre années qui séparent le *Grand Testament* de Villon
> des premières productions de Clément Marot (1461–1515) semblent
> avoir été aussi fertiles en faiseurs de vers que pauvres en véritables
> talents. Les imitateurs se partageaient désormais entre le genre du
> *Roman de la Rose* et celui des *Repues franches*. De jour en jour plus répan-
> due et familière, sans devenir plus rigoureuse, la versification se
> prêtait à tout. Faute d'idées on l'appliquait aux faits, comme dans
> l'enfance des nations.[20]

Plus tard, en 1861, dans son introduction au *Recueil de chefs-d'œuvre
de la poésie française* publié sous la direction d'Eugène Crépet,
Sainte-Beuve proposera un schéma plus large. Il indiquera dans
l'histoire de la poésie française une période de «laborieuse
décadence» qui s'étend, selon lui, de la fin du XIIIe siècle au
premier quart du XVIe. De cette décadence, il sauvera naturellement François Villon:

> Que si du XIIIe siècle nous passons à l'âge suivant, nous trouvons un
> déclin notable dans la poésie. L'avènement et le succès dispropor-
> tionné du *Roman de la rose*, quelque indulgence et quelque estime

qu'on ait pour certains détails énergiques ou gracieux de cette œuvre bizarre, marque une déviation, une fausse route, malheureusement décisive, dans le courant de l'imagination poétique. L'ingénieux et le concerté remplacent la verve naturelle et brisent la bonne veine en des milliers de petits canaux artificiels et de compartiments scolastiques.[21]

Après Villon, la poésie française, engagée dans de fausses voies, reprend et poursuit son train de laborieuse décadence.[22]

Le Roman de la rose, je l'ai dit, avait jeté l'esprit français dans une route de traverse où il était empêché depuis près de deux siècles. Cet esprit s'était embarrassé, de gaieté de cœur et jusqu'à épuisement, dans une forme artificielle, dans un labyrinthe de subtilités d'où il avait toutes les peines du monde à se tirer.[23]

En proposant un tel schéma, Sainte-Beuve se montrait évidemment l'héritier d'une longue tradition historiographique dont les origines remontent sans doute à l'époque même de la Pléiade et dont les représentants les plus importants sont, au XVIIIe siècle, l'Abbé Massieu[24] et surtout l'Abbé Goujet.[25] Soulignons ici combien il est vrai que, si les romantiques ont réhabilité le XVIe siècle, ce fut au détriment des XIVe et XVe siècles, qui continuèrent à être méprisés pratiquement jusqu'à une époque très récente. Voici notamment ce qu'écrit de Montaiglon, qui, notons-le, introduit la notion d'Ecole littéraire:

Tout le groupe, uniquement pédant et scolastique, des poètes qui couronnent la fin du XVe siècle et qui restent officiels jusqu'au milieu du règne de François Ier, a consumé ses forces dans cette gymnastique puérile; il est impossible de dépenser plus de talent, plus d'adresse, plus de labeur pour ne rien dire ou pour dire le plus mal possible. C'est une école, mais qui n'offre pas un seul maître.[26]

Le premier historien de la littérature sous la plume duquel j'ai rencontré le nom de *rhétoriqueur* est C.-D. d'Héricault. Présentant, en 1861, dans le cadre du *Recueil* de Crépet, les poètes du règne de Louis XII, cet historien déclare incidemment: «Ils se nommaient *orateurs et grands rhéthoricqueurs*; ils voulaient faire une langue oratoire.»[27] Sur quoi se fonde cette assertion, qui sera reprise par Petit de Julleville,[28] par Faguet,[29] par Wolf[30] et par d'autres, et qui finira, comme nous l'avons vu, dans Robert et le *Grand Larousse Encyclopédique*? Je ne crois pas me tromper en répondant qu'elle se fonde uniquement sur un vers des *Droits nouveaux* (1481) de Guillaume Coquillart, dont, en 1857, d'Héricault avait revu et annoté l'édition préparée, une dizaine d'années plus tôt, par P. Tarbé:[31]

Orateur, grans rhetoriqueurs
Garnis de langues esclatantes.[32]

Ce vers de Coquillart fut bientôt cité par Littré, qui a fait place,
dans son *Dictionnaire*, au mot *rhétoriqueur*.[33] Cet exemple ne vient-il
pas contredire ce que j'ai affirmé plus haut sur l'inexistence de ce
nom parmi les titres que se donnent les écrivains du XVe ou du
XVIe siècle? Replaçons ce vers dans son contexte, qui est violemment satirique:

Frisques mignons, bruyans enfans,
Monde nouveau, gens triumphans,
Peuple tout confit en ymages,
Parfaiz ouvriers, grans maistres Jehans,
Tousjours pensans, veillans, songeans
A bastir quelques haulx ouvrages,
Farouches, privez et ramaiges,
Humains, courtois, begnins, sauvages,
Dissimulateurs, inventeurs,
Cueurs actifz et saffres couraiges,
Laissez bourgades et villages,
Affin d'estre noz auditeurs.

Venez, venez, sophistiqueurs,
Gens instruits, plaisans topiqueurs,
Rempliz de cautelles latentes,
Expers, habilles decliqueurs,
Orateurs, grans rhetoriqueurs
Garnis de langues esclatantes;
Aprenés noz modes fringantes
Et noz parolles elegantes,
Noz raisons, noz termes juristes.
Noz sciences vous sont duisantes
Et noz traditions plaisantes,
Et noz enseignemens bien mistes.[34]

Le mot *rhétoriqueurs*, qui rime avec *sophistiqueurs*, *topiqueurs*
(c'est-à-dire discuteurs) et *decliqueurs* (c'est-à-dire bavards,
hâbleurs), est, de toute évidence, un terme de moquerie, sinon
d'injure. Il ne semble d'ailleurs pas être adressé à des poètes,
mais à des avocats, habiles à manier la rhétorique. Coquillart
écrit en effect plus loin:

Ystoriens, laissez croniques…

Orateurs, laissez rhetoriques.[35]

Quant à l'adjectif *grans* qui précède *rhétoriqueurs*, il est difficile
qu'il ne soit pas ironique.

Il me semble donc hors de doute que d'Héricault a commis un

contresens presque aussi gros que s'il avait prétendu que les avocats s'étaient nommées *sophistiqueurs* ou *topiqueurs*. Mais un contresens est quelquefois révélateur. Un lecteur prévenu comprend souvent ce qu'il veut entendre. Un *rhétoriqueur*, dans l'usage moderne, n'est-ce pas, comme le définit Littré, «celui qui fait de la rhétorique, qui tient des discours vains et pompeux»?[36] D'autre part, les poètes du XVe et du XVIe siècle ne se sont-ils pas nommés *rhétoriciens*, n'ont-il pas produit des *Arts de rhétorique*? En vérité, le contresens de d'Héricault n'est que trop explicable.

Je ne connais pas d'autre emploi du mot *rhétoriqueur* au XVe siècle. Il se retrouve au XVIe, toujours avec le même sens nettement péjoratif. Littré donne un exemple tiré de l'*Olive* de Du Bellay; Huguet ajoute un exemple des *Epîtres* de Clément Marot et un autre de la *Deffence et Illustration de la Langue françoyse*.[37] Tant Du Bellay que Marot désignent du nom de *rhétoriqueurs* des gens qu'ils méprisent, qu'ils soient poètes ou théoriciens de la versification.

Marot avait été accusé par de médiocres rimeurs d'être l'auteur d'une satire mal écrite et méchante à l'égard des dames. N'ayant pas réussi à écarter les soupçons par une première épître, il en rédigea une seconde, adressée «Aux Dames de Paris qui ne vouloient prendre les precedentes excuses en payement» qui débute par ces vers:

Puis qu'au partir de Paris, ce grand lieu,
On vous a dit trop rudement Adieu,
Dire vous veulx, maulgré chascun Langard,
A l'arriver, doulcement: Dieu vous gard.
Dieu vous gard donc, mes Dames tant poupines.
Qui vous faict mal? trouvez vous des Espines
En ces Adieux? *Ces beaulx Retoriqueurs*
Ont ilz au vif touché voz petitz cueurs?[38]

Si, comme on le constate, ces *beaulx Retoriqueurs* (qui rappellent les «orateurs, *grans* Rhetoriqueurs» de Coquillart) sont les auteurs du méchant écrit qu'on attribue à Marot, comment ne pas voir que cette appellation ne vise que les «escrivans de plume lezarde»,[39] les auteurs d'un «ouvrage si mal lymé»[40] et les «meschans et sotz blasonneurs»[41] contre lesquels le poète offensé se retourne en proclamant:

...mais les langues qui sonnent
Comme ung Cliquet tousjours le bruyt me donnent
De tous escriptz, tant soient lourdement faictz;
Ainsi soustiens des Asnes tout le faiz.[42]

Dans le chapitre VIII du livre II de sa *Deffence et Illustration*,
Du Bellay traite «De ce mot rythme, de l'invention des vers rymez,
et de quelques autres antiquitez usitées en notre Langue»,
c'est-à-dire de l'anagramme et de l'acrostiche, procédés en
faveur déjà chez les Anciens.[43] Le chapitre suivant commence
par cette phrase:

> J'ay declaré en peu de paroles ce qui n'avoit encor' eté (que je saiche)
> touché de notz *rhetoriqueurs* Francoys.[44]

Ces *rhetoriqueurs* ne sont probablement pas des poètes, mais,
comme le note Chamard, des théoriciens de la versification à qui
nous devons ces *Arts de rhétorique*, dont on sait tout le mal que Du
Bellay pouvait penser.[45]

On trouve un contexte plus explicitement défavorable dans la
préface écrite pour la seconde édition de l'*Olive*. Du Bellay
emploie là de nouveau le nom de *rhétoriqueur* pour désigner soit
des théoriciens soit des poètes auxquels il s'oppose. Il écrit en
effet:

> Or ay-je depuis experimenté ce qu'au paravant j'avoy assez preveu,
> c'est que d'un tel œuvre [*La Deffence et Illustration de la Langue françoyse*]
> je ne rapporteroy jamais favorable jugement de noz *rethoriqueurs*
> françoys, tant pour les raisons assez nouvelles et paradoxes introduites
> par moy en nostre vulgaire, que pour avoir (ce semble) hurté un peu
> trop rudement à la porte de noz ineptes rimasseurs.[46]

Ainsi donc, ni à l'époque de Coquillart, ni même à celle de
Marot ou de Du Bellay le titre de *rhétoriqueur* n'a été porté par les
écrivains. Ses rares emplois ont toujours un sens péjoratif.

Après d'Héricault, le nom de *rhétoriqueur* ou plutôt de *grand
rhétoriqueur* a été emprunté par des historiens qui s'en sont servis
comme d'un terme technique de l'historiographie littéraire,
comparable au terme de *troubadour* ou de *jongleur*. Petit de
Julleville, en 1897, dans son *Histoire de la Langue et de la Littérature
française*, place sous un paragraphe consacré aux *Prédécesseurs
de Marot* le sous-titre: *Les grands Rhétoriqueurs*. Sa bibliographie
indique clairement qu'il dépend là de d'Héricault.[47] Certainesi
de ses phrases sur les écrivains de cette période feront autorité.
Petit de Julleville situe tout d'abord les prédécesseurs de Marot
«entre le moyen age, qui eut tant de peine à mourir, et la Renaissance, dont les pleins effets se faisaient attendre en France».[48]
Il précise que

Sous l'influence d'A. Chartier il s'est formé une école savante qui fleurit d'abord à la cour de Bourgogne et un peu plus tard dans les Flandres gouvernées par Marguerite d'Autriche.[49]

Rappelant que ces écrivains furent à la fois orateurs, poètes et historiens, il ajoute:

Leur groupe est connu sous un nom qu'ils s'étaient décerné eux-mêmes comme un titre d'honneur et qui caractérise bien leur manière: ce sont «les grands Rhétoriqueurs».[50]

Enfin, derrière des chefs de file, il signale la «tourbe des imitateurs secondaires et ridicules disciples.» «Paris — note-t-il — fut infecté par la contagion.»

A mon avis, c'est donc Petit de Julleville qui a consacré le titre de *grand rhétoriqueur* pour désigner les principaux écrivains, de formation bourguignonne et non française, qui ont précédé Marot.

Peu après, Ferdinand Brunetière, considérant la poésie dans la seconde moitié du XVe siècle, écrivit avec sévérité:

Mais ce n'est pas Villon qu'on a suivi. Ceux qui ont fait école, ce sont les «grands rhétoricqueurs»: Jean Meschinot, Jean Molinet, Guillaume Cretin, – le Raminagrobis de Rabelais, – Jean Marot, Lemaire de Belges. Déjà prosaïque aux mains d'Alain Chartier, la poésie, entre les leurs, est devenue prétentieusement didactique.[51]

Emile Faguet, en 1900, dans son *Histoire de la littérature*, parle non des *grands rhétoriqueurs*, mais des *rhétoriqueurs* tout court, expliquant ce terme — qu'il a probablement remarqué, non précédé de l'adjectif *grand*, chez Du Bellay — par les traités de seconde rhétorique souvent composés par ces écrivains. Il situe l'Ecole des Rhétoriqueurs au XVIe siècle.[52]

Quand, en 1910, Henry Guy écrira son *Histoire de la poésie française au XVIe siècle*, il intitulera le tome premier l'*Ecole des Rhétoriqueurs*.[53] S'inspirant peut-être de la remarque de Petit de Julleville sur la «tourbe» des épigones, il consacrera un livre aux «grands» et un autre aux «petits rhétoriqueurs». Ce faisant, il dépouillera l'expression *grands rhétoriqueurs* du sens technique qu'elle avait récemment acquise. Ensuite les uns, comme Lanson,[54] parleront des *grands rhétoriqueurs*, les autres, comme Bossuat,[55] des *rhétoriqueurs* tout court.

En conclusion, les critiques, depuis Petit de Julleville, ont eu recours à une appellation dépourvue de tout fondement historique (quoi qu'en disent d'Héricault, Huguet et nos dictionnaires

modernes) et chargée d'autre part d'un sens absolument péjoratif
pour désigner les écrivains d'une période chronologiquement
assez mal définie de l'histoire littéraire, période dite de décadence,
que certains situent entre Villon et Marot, que d'autres font
commencer avec le XIVe siècle et qu'on est convenu aujourd'hui
de situer entre l'époque de splendeur de la cour bouguignonne
et le renouveau littéraire apparu sous François Ier ou sous
Henri II. Ainsi s'explique la prudence d'Henri Chamard et la
circonspection de V.-L. Saulnier. Voilà pourquoi j'ai cru
nécessaire de procéder à une aussi longue démonstration et
pourquoi j'aimerais renoncer désormais à me servir du terme
rhétoriqueur.

L'ouvrage d'Henry Guy, qui étudie l'«Ecole des Rhétoriqueurs» dans la perspective imposée par Sainte-Beuve au début
du XIXe siècle, exerça — notamment parce qu'il était le seul à
s'occuper du sujet — la plus vaste influence sur la première
moitié de notre siècle. Franco Simone a montré avec quelle
difficulté et combien timidement les historiens de la littérature
s'en sont dégagés.[56] La réaction la plus vigoureuse fut celle
d'Henri Chamard, qui s'efforça de présenter les «rhétoriqueurs»
comme d'intéressants précurseurs des poètes de la Pléiade, et
qui rechercha dans leurs écrits les prodromes de la Renaissance
poétique.[57] Cette réaction contraignit un grand nombre d'historiens non pas à modifier radicalement leur point de vue, mais
à nuancer leurs jugements.[58]

Seule une conception entièrement nouvelle des origines de la
Renaissance en France et par conséquent un bouleversement des
cadres de l'histoire littéraire au niveau des XIVe, XVe et XVIe
siècles permit d'entreprendre une franche réhabilitation desdits
«rhétoriqueurs». Parmi les principaux avocats de ce changement
de point de vue, il faut citer Franco Simone, V.-L. Saulnier et
Albert-Marie Schmidt.

Particulièrement sensible depuis toujours aux problèmes de
l'historiographie littéraire, Franco Simone a montré que, loin
d'être un signe d'épuisement artistique, l'attachement des
écrivains du XVe siècles à la rhétorique était une preuve de
vitalité et l'indice le plus sûr de leur appartenance au monde de
l'humanisme. «Les rhétoriqueurs — écrit Franco Simone —
s'efforcèrent de réaliser au niveau de la langue vulgaire ce que
les humanistes avaient tenté de réaliser au niveau du latin: le

renouveau de l'art dans son esprit comme dans ses formes.»[59]

En France, V.-L. Saulnier n'a cessé de militer dans ses nombreux écrits pour que l'on reconnaisse enfin que «Sur leur conception de la poésie, l'histoire des «rhétoriqueurs» en leur réputation posthume est celle d'une longue injustice.»[60] Il s'est appliqué à remettre en lumière les qualités intrinsèques de ces écrivains, en insistant sur le fait que le XVIe siècle leur doit «l'affirmation sérieuse du rôle et du métier de poète et la restauration du sens de l'art.»[61]

Quant à A.-M. Schmidt, il a, plus largement encore que les précédents, rattaché les «rhétoriqueurs» au mouvement de l'humanisme. Il a souligné dans leurs œuvres comme dans leurs attitudes artistiques de nombreux traits qui les distinguent du monde médiéval et qui font d'eux les dignes prédécesseurs des poètes de la Pléiade.[62]

Je voudrais, tirant profit de mes recherches sur les écrivains des règnes de Charles VIII et de Louis XII, prolonger l'effort des maîtres que je viens de citer. Je commencerai par poser la question du cadre chronologique général.

Maintenant que nous avons pris conscience du caractère spécieux du terme *rhétoriqueur*, il est en effet indispensable de savoir à quelle famille, à quelle tradition littéraire nous devons rattacher les écrivains de la fin du XVe et du début du XVIe siècle. Doit-on considérer que les règnes de Charles VIII et de Louis XII constituent une période littéraire autonome, nettement distincte tant des précédentes que de la suivante? Est-il raisonnable d'admettre que les écrivains actifs sous ces deux rois ont appartenu à une «école» qui fut fondée en Bourgogne par Georges Chastellain? Ou peut-on concevoir une période littéraire assez large pour englober non seulement Molinet, Octovien de Saint-Gelais, Guillaume Cretin, Jean Lemaire de Belges, Jean Marot, Jean d'Auton, Andrieu de la Vigne et Jean Bouchet, mais également Georges Chastellain, et aussi Alain Chartier et même Froissart et Eustache Deschamps; une période qui recouvrirait précisément les deux siècles désignés par Sainte-Beuve comme ceux de l'égarement de la poésie française, et qui coïnciderait avec la période du premier essor de l'humanisme français; une période non de décadence, mais de croissance, non de découragement, mais de développement; une période enfin qui se situerait entre moyen âge et Renaissance, mais qui ne serait pas pour autant de simple transition, car elle présenterait un génie propre, une véritable originalité? Ce cadre élargi permettrait de situer les poètes de la fin du XVe siècle et du début du XVIe non seulement à la veille d'une grande éclosion, mais aussi et bien plus au terme d'une longue évolution, et permettrait de mieux les comprendre par rapport à leur propre tradition. L'école dite bourguignonne pourrait dès lors être envisagée comme une étape dans l'histoire de cette période littéraire et nous serions à même d'établir en toute sérénité le bilan d'une production considérable, sans plus devoir mesurer celle-ci d'après l'étalon de la Pléiade. C'est évidemment dans cette perspective que j'aimerais pouvoir présenter les écrivains que je connais le mieux. Mais le travail de redécouverte des XIVe et XVe siècles est loin d'être achevé,[63] et nous ne pouvons pas anticiper sur les réponses que nous apporteront ceux qui se chargeront de retracer l'histoire de cette grande période. Pour ma part, en posant cette question, j'ai voulu simplement préciser dans quel esprit je compte aborder les écrivains que j'ai nommés.

J'aimerais définir leur type et mettre en lumière, avec le maximum de compréhension et de sympathie, les aspects qui les caractérisent en même temps qu'ils les inscrivent dans le courant de l'humanisme.

L'activité littéraire au XVe siècle et au début du XVIe, mais déjà dans une partie du XIVe siècle, est dominée par un type particulier d'écrivain, dont les orateurs, historiens et poètes des règnes de Charles VIII et Louis XII sont les représentants les plus accomplis: un type qui n'est ni populaire (en dépit de Villon), ni proprement aristocratique (en dépit de Charles d'Orléans), mais qui, sociologiquement, semble s'être développé dans le milieu des chancelleries princières ou royale, là même où l'humanisme a trouvé ses premiers et ses meilleurs adeptes.[64] Ce type d'écrivain, clerc ou laïc, de formation généralement universitaire, vit dans l'entourage immédiat du prince et de plus en plus, à mesure qu'on approche de la fin du XVe siècle, dans l'entourage du couple royal. Son public est celui de la société aristocratique et bourgeoise de langue française tant de France même que des Pays-Bas ou, plus largement, de «tous les quartiers d'Europe où ladite langue a lieu».[65] Il jouit d'une haute considération et son statut social est souvent officialisé: il porte alors le titre d'«indidiaire» et touche une pension. L'importance de son rôle est donc reconnue et lui-même conçoit son activité d'écrivain comme un véritable devoir public.

Ce qui frappe, lorsqu'on aborde les écrivains de cette période, c'est la polyvalence de leurs talents, l'universalité de leur activité littéraire, et, dès qu'on les étudie, leur engagement sur le plan de la «chose publique» d'une part et sur le plan de l'art et de la culture d'autre part.

Ayant une foi presque illimitée dans le pouvoir de la parole écrite, ils se produisent en effet dans tous les domaines, soit en vers soit en prose. Ils pratiquent, avec un soin toujours égal, les genres les plus variés, mais ils ont une prédilection pour l'histoire, pour le panégyrique et pour la peinture d'exemples moraux. Ils ne s'adonnent que marginalement à la poésie d'amour ou au théâtre, tandis qu'ils négligent les récits romanesques si ceux-ci ne rejoignent pas la vérité de l'histoire.

Ces écrivains se considèrent en quelque sorte comme responsables de l'ordre religieux, politique, moral et culturel non seulement de leur cercle social, mais de leur nation, voire de l'ensemble de la Chrétienté. En vérité, leur conscience d'écrivains est profondément ambitieuse.

S'ils dédient des pièces en vers extrêmement élaborées au culte marial, en particulier au culte de l'Immaculée Conception, ils consacrent également de nombreuses pages aux problèmes de l'Eglise. Ils militent pour la réforme du clergé et défendent les théories conciliaires de l'Eglise gallicane. La Croisade demeure d'autre part le but ultime de leurs efforts, encore que ce but se mondanise en partie et ne soit plus présenté seulement comme la libération des lieux saints, mais aussi comme la récupération des territoires possédés jadis par les Troyens, fondateurs des dynasties européennes. Lemaire de Belges a écrit à ce sujet des pages éloquentes.[66]

Les problèmes religieux sont naturellement liés aux problèmes politiques. Derrière les théories conciliaires, c'est la politique de Louis XII contre Jules II que défendent les écrivains. Ils sont en effet les hérauts du pouvoir. Lemaire n'hésite pas à composer un savant *Traité de la différence des schismes et des conciles* (1511) pour prouver que le roi de France a le droit de déclarer la guerre au pape.[67] Quand Louis XII a décidé de combattre Venise, le même Lemaire a pris sa plume de polémiste pour éclairer l'opinion publique. Il a produit, sur les torts anciens et récents de la République vénitienne, un livre bien informé, *La Légende des Vénitiens*,[68] dans lequel il a notamment exploité un ouvrage encyclopédique récemment publié en Italie, en 1506, et encore inédit en France: les *Commentariorum urbanorum libri* de Raphaël de Volterra, que Josse Bade imprimera à Paris deux ans plus tard, en 1511.[69] Cependant la paix, la concorde des princes européens (qui permettra la Croisade) reste le rêve de tous ces écrivains. De nombreux écrits de Molinet sont consacrés à l'espoir de la paix.[70] Il est significatif qu'une petite œuvre de Lemaire destinée à célébrer les traités de Cambrai (1508) soit intitulée *La Concorde du genre humain*.[71] Puisque la politique, la guerre ou la paix dépendent de la volonté du souverain, les écrivains s'intéressent naturellement à la personne de celui-ci. Persuadés qu'en exaltant le souverain ils favorisent l'obéissance des sujets et donc le bien public, ils consacrent des ouvrages au récit de ses exploits, à sa généalogie et à l'histoire de ses ancêtres. D'où leur immense intérêt pour l'histoire tant ancienne que récente. Si Molinet et d'Auton écrivent des chroniques ornées de harangues et de descriptions inspirées des exemples classiques, Lemaire, Cretin et Bouchet écrivent des ouvrages d'histoire lourds d'érudition.

Leur action dans le domaine moral est plus importante encore et plus originale. Ils instaurent le culte de l'individu, par l'exaltation de la vertu (au sens antique) et du génie. C'est à cela que tendent non seulement les panégyriques, mais aussi les chroniques, les épitaphes et ces somptueux monuments où s'exprime souvent un authentique lyrisme que sont les déplorations funèbres. Le héros n'est pas seulement l'homme de guerre. Il peut être aussi le Mécène. La *Plainte du désiré*, écrite à l'occasion de la mort de Louis de Luxembourg, comte de Ligny, déplore autant sinon plus le protecteur des artistes que le jeune conquérant de l'Italie. Lemaire s'adresse aux artistes en des vers tels que ceux-ci:

> Painctres prudens, le deffunct vous aymoit.
> Mettez Nature auprès de luy dolente:
> Et le tirez ainsi que s'il dormoit,
> Ou se les yeulx en veillant il fermoit:
> Car point n'est mort d'achoison violente,
> Ains est seché par langueur longue et lente,
> Qui a matté ses beaulx membres massifs:
> L'an de son aage environ trentesix.[72]

La femme aussi voit ses vertus célébrées. Les poètes se dégagent alors du misogynisme traditionnel et s'inspirent de Boccace. Les vertus qu'ils exaltent sont souvent de celles que nous appellerions laïques. Dans la *Couronne Margaritique*, Lemaire consacre notamment de longs paragraphes aux vertus d'urbanité et d'érudition. Par urbanité il faut entendre l'esprit joyeux et affable, l'humour qui s'oppose au rire gras et à l'ironie maligne. Enfin, les écrivains sont plus que jamais fascinés par la lutte de la vertu contre la Fortune. Le *De casibus virorum illustrium* constitue pour eux une source infinie de méditation comme d'inspiration.

Enfin, sur le plan culturel, ces écrivains attribuent à l'activité littéraire la plus haute signification. Ils ont la conviction qu'une nation tire son prestige non seulement de ses exploits, mais aussi du récit de ces exploits et que la langue vulgaire est le seul instrument propre et parfaitement adéquat par lequel un peuple puisse s'exprimer et témoigner de son originalité. Ils sont aiguillonnés d'un côté par les humanistes qui travaillent à rendre au latin sa pureté classique et qui combattent pour la défense de la poésie, et d'un autre côté par les Italiens qui s'enorgueillissent de leur littérature en langue toscane. Les écrivains français reprennent donc, à propos de la langue vulgaire, la polémique qui opposa les humanistes français aux italiens à propos de la langue latine. La *Concorde des deux langages* n'est autre qu'une revendication courtoise, au profit de la langue française, d'une égalité d'honneur par rapport à la langue toscane. Dans ses *Illustrations de Gaule*, Lemaire se vante d'être le premier à restaurer l'histoire de Troie «en ce langage françois que les Italiens par leur mesprisance acoustumée appellent barbare mais non est.»[73] Dans une lettre à François Lerouge, écrite lors de la publication de son troisième livre des *Illustrations*, il précise son intention de montrer «comment la langue gallicane est enrichie et exaltée par les oeuvres de monsieur le tresorier de Vincennes, maistre Guillaume Cretin.»[74] Grâce à ces écrivains, la langue française passe en quelque sorte de la condition de langue «vulgaire» inférieure au latin, à la condition de langue «nationale» ou, pour reprendre l'expression de Jean Bouchet, de langue «patriale»,[75] égale tant au latin qu'au toscan. Dans la même lettre à François Lerouge, Lemaire déclare en effet «que le langage latin, toscan et françois se rapportent l'un à l'autre tout ainsi comme une petite trinité.»[76] Cette rivalité constante avec les Italiens amène d'autre part les auteurs français à définir leur tradition littéraire et à se placer dans une perspective historiographique, exactement comme les humanistes français en éprouvèrent le besoin pour relever le défi de Pétrarque et de ses disciples.[77] Le nom de Jean de Meung est rapproché de celui de

Dante par Octovien de Saint-Gelais dans un beau passage de son
Séjour d'Honneur. [78] Dans la *Concorde des deux langages*, l'auteur du
Roman de la rose est honoré «comme celuy qui donna premierement
estimation à nostre langue, ainsi que fit le poete Dante au lan-
gaige toscan ou florentin.»[79] Et Lemaire exploite judicieuse-
ment la légende du séjour parisien de l'auteur de la *Divine
comédie* pour unir les deux grands poètes français et toscan dans
une amitié d'étude.[80]

L'importance qu'ils attachent à leur action dans les domaines
religieux, politique, moral ou culturel, explique pourquoi la
fierté de ces orateurs et poètes est extrême. Nombreux sont les
textes où ils exaltent leur pouvoir de conférer la gloire et
l'immortalité. Ils se respectent donc et s'honorent mutuellement
dans leur dignité d'hommes de lettres. Une part abondante de
leur production consiste en épîtres en vers ou en prose dans
lesquelles ils se complimentent ou se critiquent avec bienveil-
lance. Il existe entre eux une authentique *sodalitas*, un véritable
esprit de corporation. Tous communient dans un même amour
de la parole et du savoir. Ils écrivent souvent sur les mêmes
sujets, traversant les mêmes circonstances, rencontrant les
mêmes événements. L'expédition de Louis XII contre Venise a
suscité par exemple un concert d'écrits. J. J. Béard a montré
récemment les liens existant entre quatre épîtres en vers, composées respectivement par Jean d'Auton, Jean Lemaire, Jean
Bouchet et Guillaume Cretin, pour défendre la cause de Louis
XII dans son conflit avec Jules II.[81] Les poètes défunts sont
honorés par des épitaphes et des complaintes comme les plus
grands seigneurs. L'épitaphe composée par Lemaire de Belges
pour Molinet est particulièrement belle.[82] Et l'une des plus
émouvantes complaintes est celle que Bouchet écrivit sur la mort
de Jean d'Auton.[83] Ces écrivains vénèrent leurs aînés comme des
maîtres. Ils aiment évoquer leurs prédécesseurs en de longues
listes qu'il serait intéressant d'étudier. On constaterait que les
noms de Chartier et de Chastellain ne sont jamais omis; que ceux
de Froissart et des deux Greban y figurent souvent, mais que
les noms de Christine de Pizan, de Villon on de Charles d'Orléans,
par exemple, s'y rencontrent rarement. Enfin, se considérant
comme des artistes, ces écrivains se sentent solidaires des musiciens, des peintres, des sculpteurs et des orfèvres aux côtés
desquels ils vivent. Molinet et Cretin pratiquent la musique et

célèbrent les musiciens.[84] Lemaire s'intéresse passionnément aux arts plastiques et se montre capable de surveiller la bonne marche des travaux de Brou.[85] Tous saluent l'art nouveau soit en musique, soit en peinture ou en sculpture. Enfin beaucoup de leurs écrits sont conçus comme de véritables pièces d'orfèvrerie.[86]

Comme les artistes, ces écrivains sont riches en ressources techniques qu'ils s'emploient à toujours accroître, de même qu'ils veillent toujours à enrichir leur bagage culturel. Ils sont consciencieux, studieux et universellement curieux. Obligés de vivre dans l'entourage des grands, ils détestent le tumulte de la cour. Lemaire demande à Marguerite d'Autriche «d'avoir *son* sejour en quelque lieu solitaire» et il insiste pour pouvoir se retirer à Dôle «à cause de l'estude et université».[87] Cretin préfère vivre à Vincennes;[88] Jean d'Auton finit par s'enfermer dans le monastère dont il était abbé.[89] Ils aiment passionnément les livres et le travail intellectuel.[90] L'itinéraire d'Octovien de Saint-Gelais, dans son *Séjour d'honneur*, le conduit à «l'hermitage d'Entendement». Dans la *Concorde des deux langages*, Lemaire fuit le «Temple de Venus» et arrive au pied de la montagne couronnée par le «Temple de Minerve», où il n'est pas encore digne d'accéder. Mais il est recueilli par «Labeur historiien», qui l'héberge «en son plaisant hermitaige, tressolitaire, mais bien garny de librairie ancienne et nouvelle».[91] L'époque leur paraît d'ailleurs inviter à l'optimisme. Lemaire de Belges déclare avoir conçu le projet de ses *Illustrations de Gaule et Singularités de Troie* «en ce temps heureux et prospere [...] que toutes sciences sont plus esclarcies que jamais.»[92]

Les arts de rhétorique témoignent assez des mille et un procédés formels dont ces poètes pouvaient disposer. Mais ces arts ne sont que des manuels de recettes écrits moins à l'usage des écrivains de métier que de gens du monde désireux de s'exercer au jeu des vers, tel cet Henri de Croy à qui Molinet dédia celui qu'il composa.[93] Ce ne sont pas des manifestes.

En réalité, nos écrivains sont autant préoccupés d'accroître leur culture que d'inventer des raffinements nouveaux pour l'ornement de leurs vers. Etant tous bilingues et d'ailleurs aussi soucieux de beau latin que de beau français,[94] ils se nourrissent des œuvres léguées par la tradition médiévale et de celles que la philologie nouvelle vient de remettre en lumière ou de restaurer. Ils sont en outre attentifs aux ouvrages de poésie, d'histoire ou d'érudition produits par les humanistes. Ils exploitent tous ces

ouvrages et les traduisent souvent. Les traductions faites par les
écrivains français du XVe siècle n'ont pas été suffisamment
étudiées. Octovien de Saint-Gelais a traduit notamment
l'*Enéide*, les *Héroïdes* d'Ovide, le *De christianorum persecutionibus* de
Boniface Symonetta et l'*Histoire d'Euriale et de Lucrèce* d'E. S.
Piccolomini;[95] Jean d'Auton a traduit les *Métamorphoses*.[96] Du
poème *De rosis*, attribué à l'époque à Virgile, Lemaire de Belges
a donné une traduction particulièrement intéressante.[97] Il
transpose les hexamètres latins en vers alexandrins et se fait un
scrupule de respecter le nombre de vers de l'original. En revanche,
il donne au poème un sens moral auquel il se prête mal:

> Sensuyt la description des roses du prince des poetes, Virgille, mise,
> de latin en françois par Jan Lemaire de Belges, et rendues plus que
> syllabe pour syllabe, car en langue latine il y a cinquante vers exametres
> et penthametres, et ceste translation gallicane est reduitte à semblable
> nombre en vers alexandrins. L'argument de cest euvre est moral,
> et tel que le poete, descrivant par grand artifice la merveilleuse
> beauté des roses en printemps au soleil matutin et leur soubdain
> deffaillement au soir, veult monstrer par cest exemple que toute chose
> terrestre est transitoire et caducque, et qu'il n'y a riens de perpetuel
> soubz le ciel synon bonne renommée.[98]

Les vers suivants, inspirés par une philosophie matérialiste:

> Quam modo nascentem rutilus conspexit Eous,
>   Hanc rediens sero vespere vidit anum.
> Sed bene, quod paucis licet interitura diebus,
>   Succedens evum prorogat ipsa suum.[99]

que Max Jasinski a traduit assez fidèlement ainsi:

> Celle qu'à peine née a regardée l'astre éclatant du matin, le soirs
> à son retour tardif, il la voit flétrie. Mais tant pis ! car s'il lui faut
> peu de jours pour mourir, ses rejetons prolongent son existence .[100]

Ces vers sont interprétés dans la traduction de Lemaire de
manière à refléter une morale aristocratique en vigueur dans la
tradition française:

> Celle que on voit flourir quand le soleil se lieve
> On la voit ia tarie ains que le iour achieve.
> Mais tant de bien y a que, si ses iours sont cours,
> Sa gloire succedant vit tousiours sans decours.[101]

De nouvelles recherches mériteraient d'être faites également
du côté des sources de ces écrivains. J'ai eu, par exemple, la
surprise de découvrir un lien de dépendance entre Molinet et le

Politien. En effet, je crois pouvoir établir que la source principale du chapitre 61 des *Chroniques* de Molinet, relatif à la conjuration des Pazzi contre les Médicis,[102] n'est autre que le *Coniurationis commentarium* de l'humaniste florentin.[103] Je suis persuadé que l'étude des sources d'Octovien de Saint-Gelais réservera d'heureuses surprises. La culture de Lemaire a été louée par tous les historiens récents de la littérature.[104] On connaît sa complaisance à dresser la liste des «acteurs alleguéz» (de première ou de seconde main) dans les différents livres de ses *Illustrations*, ainsi que la vanité qu'il tire par exemple de sa découverte à Rome des *Antiquitatum variarum volumina XVII* d'Annius de Viterbe:

> Et ce recite le commentateur de Manethon d'Egypte, homme de grand literature, et auquel la nation françoise est beaucoup tenue à cause de ses labeurs et diligences qu'il nous ha communiquées, de laquelle communication faisant à la chose publique pour mieux honnorer les princes, je m'ose bien vanter sans arrogance avoir esté le premier inventeur quand j'euz recouvré les œuvres dudit commentateur à Romme.[105]

Je voudrais souligner ici quelques aspects inconnus ou moins connus de sa culture. J'ai déjà signalé son utilisation de l'ouvrage encyclopédique de Raphaël de Volterra à une époque où celui-ci était encore inédit en France. Dans les papiers manuscrits de Lemaire contenant des brouillons de chronique, on trouve une référence à la première *Centurie* du Politien.[106] Dans la déploration funèbre qui constitue la seconde partie de son *Temple d'honneur et de vertus*, on peut reconnaître l'influence de la seconde églogue de Pétrarque.[107] On sait que les *Bucolica* furent publiées et commentées à Paris par Josse Bade en 1502. Lemaire cite encore deux vers, extraits cette fois de l'églogue VIII, dans une lettre latine à Jean de Marnix.[108] Dans son *Traité de la différence des schismes et des conciles*, Lemaire cite le texte du long discours d'appel à la Croisade prononcé par le pape Urbain II.[109] Ce sont de belles pages éloquentes qu'il traduit presque mot à mot, sans aucune référence, des *Historiarum decades* de Biondo de Forli[110] avec toutefois quelques modifications révélatrices. Enfin, dans le même *Traité des schismes*, Lemaire indique la racine de tous les maux de l'Eglise dans ses richesses matérielles et il incrimine en particulier la donation dite de Constantin. Il ne manque évidemment pas de faire allusion au fameux traité de Valla sur la question. Mais, après avoir rendu hommage à l'historien, qu'il appelle «citoyen romain, homme de grand literature et liberté», après avoir reconnu qu'il a «de ce composé un livre expres par grand audace» et qu'il «semble alleguer raisons presques invincibles»,[111] Lemaire finit par se ranger du côté de l'opinion traditionnelle. Il écrit donc un peu plus loin:

> [...] desquelles disputations je me deporte, car c'est plustot occasion de tomber en erreur heretique, comme celle des Bohemes, que autrement, et plusieurs grans esprits y ont mis la patte. Entre lesquelz Laurens Valle, noble homme Romain et Orateur de grand vehemence, soustient totalement que ceste donation est faulsement et perversement controuvée. Si ne sçay je comment tout va, sinon que pour autant qu'il me touche, je me tiens à la plus saine opinion.[112]

Lemaire préfère donc s'en tenir aux certitudes de son milieu, plutôt que de rechercher une vérité qui dérangerait les cadres de sa tradition. Nous touchons ici la limite culturelle de ces écrivains. Ils sont curieux et instruits, mais ils n'acceptent d'éléments étrangers qu'à condition de pouvoir les assimiler à peu de frais. Dans le cas contraire ils les rejettent. Ils excluent la possibilité de modifier le système de valeurs dont ils se sentent les héritiers et les garants.

Tels m'apparaissent donc les grands écrivains actifs sous Charles VIII et Louis XII. Leur œuvre couronne une longue, forte et riche tradition tout en la portant à un tournant, à un point critique ou d'échauffement tel qu'une mutation devint nécessaire. Il devait se produire un déplacement du centre de gravité, un bouleversement de l'équilibre entre culture ancienne et culture moderne. Les écrivains de la Pléiade accomplirent cette révolution, c'est-à-dire qu'il firent le pas final et décisif. Mais ensuite ils furent incapables de reconnaître ceux qui les avaient conduits là où ils étaient arrivés. Au lieu de savoir gré à leurs prédécesseurs d'avoir, en même temps que les humanistes, cultivé la rhétorique, ils leur lancèrent l'insulte de «rhétoriqueurs» que reprendront les historiens modernes. Séduits par les proclamations des poètes de la Pléiade, ces historiens seront impuissants à revaloriser la période antérieure. Ainsi s'explique le grand mépris dans lequel sont restés tant d'écrivains que depuis une époque récente seulement on commence à étudier sérieusement et avec sympathie.

NOTES

[1] J'ai présenté en 1968, à l'Université de Louvain, une thèse de doctorat intitulée *Jean Lemaire de Belges, écrivain franco-bourguignon. Contribution à l'étude de l'italianisme en France au début du XVIe siècle*, que j'espère pouvoir publier prochainement. Cf. aussi Jean Lemaire de Belges, *La Concorde du Genre humain*, éditée par Pierre Jodogne, Bruxelles, Palais des Académies, 1964.

[2] Cf. mon article «Les rhétoriqueurs» dans *Littérature française* par A. Adam, G. Lerminier, E. Morot-Sir, Paris, Larousse, 1967, t. I, pp. 77–81.

[3] Cf. en particulier Franco Simone, *Il rinascimento francese: studi e ricerche*, Torino, SEI, 1961; et *Umanesimo, Rinascimento, Barocco in Francia*, Milano, U. Mursia, 1968.

[4] Henri Chamard, *Les origines de la poésie française de la Renaissance*, Paris, E. De Boccard, 1920, pp. 130–31.

[5] V.-L. Saulnier, art. «Rhétoriqueurs» du *Dictionnaire des lettres françaises*, vol. *Le moyen âge*, Paris, A. Fayard, 1964, p. 634.

[6] R. Bossuat, *Manuel bibliographique de la littérature française du moyen âge*, Melun, d'Argences, 1951, p. 452.

[7] *Grand Larousse Encyclopédique* en dix volumes, Paris, 1964. Précédemment, le *Nouveau Larousse illustré*, puis le *Larousse du XXe siècle* en six volumes (Paris, 1932) proposaient la définition suivante: «Nom que se donnaient à eux-mêmes les écrivains de la cour de Bourgogne au XVe siècle.»

[8] Paul Robert, *Dictionnaire alphabétique et analogique de la langue française*, Paris, 1964.

[9] Je regrette de n'avoir pu me servir ici d'un article de V.-L. Saulnier («L'école des grands rhétoriqueurs, histoire d'une étiquette») annoncé dans le *Dictionnaire des lettres françaises*, *loc. cit.*, mais non encore publié. V.-L. Saulnier a fait une première mise au point dans *La Littérature française de la Renaissance*, Paris, P.U.F., 1962⁶, p. 26, n. 1. Au moment où je confie ce texte à l'imprimeur, Mlle M. Santucci (Clermont-Ferrand) a l'obligeance de me signaler un article de W. L. Wiley («Who named them *rhétoriqueurs?*», Paris, Bibl. Nat., 8°Z Pièce 3829) qui présente des conclusions parallèles aux miennes.

[10] *Œuvres de Jean Lemaire de Belges*, publiées par J. Stecher, Louvain, Lefever, 1891, t. IV, p. 521.

[11] Jean Lemaire de Belges, *La Concorde des deux langages*, édition critique publiée par Jean Frappier, Paris, Droz, 1947, p. 4.

[12] E. Langlois, *Recueil d'arts de seconde rhétorique*, Paris, Imprimerie nationale, 1902 (cf. la *Table des noms propres et des termes techniques*). Il est curieux d'observer que, dans son glossaire, E. Langlois traduit néanmoins *rethorique* (masc.) par *rhétoriqueur, poète*. Nous n'avons pas non plus trouvé le mot *rhétoriqueur* dans *Le jardin de plaisance et Fleur de rhétorique*, reproduction en fac-simile de l'édition publiée par Antoine Vérard vers 1501, Paris, Firmin-Didot, 1910.

[13] Randle Cotgrave, *A dictionarie of the French and English tongues*: reproduced from the first edition, London, 1611, with introduction by

William S. Woods, Columbia, University of South Carolina Press, 1950.

[14] Godefroy, *Dictionnaire de l'ancienne langue française*, Paris, 1938.

[15] C.-A. Sainte-Beuve, *Tableau historique et critique de la poésie française et du théâtre français au seizième siècle*, Paris, A. Sautelet et A. Mesnier, 1828; *Introduction à Les Poëtes français: recueil de chefs-d'œuvre de la poésie française depuis les origines jusqu'à nos jours*, publié sous la direction de M. Eugène Crépet, Paris, Gide, 1861.

[16] D. Nisard, *Histoire de la littérature française*, t. I, Paris, Firmin-Didot, 1844.

[17] Anatole de Montaiglon, «Quinzième siècle», dans *Les Poëtes français, cit.*, t. I.

[18] Frédéric Godefroy, *Histoire de la littérature française, depuis le XVIe siècle jusqu'à nos jours*, Paris, Gaume Frères et J. Duprey, t. I, 1867.

[19] Gaston Paris, *Esquisse historique de la littérature française au moyen âge*, Paris, Colin, 1922³ (première édition: 1901).

[20] *Op. cit.*, pp. 15–16.

[21] *Op. cit.*, p. XXI.

[22] *Op. cit.*, p. XXVI.

[23] *Op. cit.*, p. XXVIII.

[24] Guillaume Massieu, *Histoire de la poësie françoise à partir du XIe siècle*, Paris, Prault, 1739. Voici par exemple ce que Massieu écrit au sujet des poètes de la fin du XVe siècle et du début du XVIe: «Mais ceux qui parurent sous le règne de Charles VIII et de Louis XII la défigurèrent [la poésie] à tel point qu'elle ne fut presque plus reconnaissable. Ils ne firent rien qui vaille, pour vouloir trop bien faire, et gâtèrent tout à force de raffiner. Comme ils ne pouvoient atteindre à cette naïveté dont Villon leur avoit laissé le modèle, ils s'efforcèrent de plaire par d'autres endroits. Mais ils songèrent bien moins à contenter l'esprit qu'à étonner l'oreille» (*op. cit.*, p. 284).

[25] Claude-Pierre Goujet, *Bibliothèque françoise ou histoire de la littérature françoise*, Paris, 1745; *Bibliothèque poétique ou nouveau choix des plus belles pièces de vers en tout genre depuis Marot jusqu'aux poëtes de nos jours*, Paris, Briasson, 1745, t. I (l'Introduction de cet ouvrage est de Goujet, qui l'a revendiquée dans ses *Mémoires historiques et littéraires*, La Haye, 1767, pp. 156–57, n. 9).

[26] *Op. cit.*, p. 370.

[27] *Les Poëtes français, cit.*, p. 503. Cette phrase figure dans le paragraphe intitulé *Le Moyen Age sous Louis XII*.

[28] L. Petit de Julleville, *Histoire de la langue et de la littérature des origines à 1900*, t. III: *Seizième siècle*, Paris, Colin, 1897, p. 85.

[29] Emile Faguet, *Histoire de la littérature française depuis les origines jusqu'à la fin du XVIe siècle*, Paris, Plon, 1900, p. 206.

[30] Rudolf H. Wolf, *Der Stil der Rhétoriqueurs: Grundlagen und Grundformen*, («Giessener Beiträge zur Romanischen Philologie» Heft XXIX), Giessen, 1939, p. 6: «Rhétoriqueurs nennen sich diese Dichter, und zwar nicht etwa, weil sie keine bessere Bezeichnung gefunden hätten, sondern im vollen Bewusstsein der Bedeutung des Wortes und aus Stolz auf das dichterische Ideal, das ihnen vorschwebt, und das durch kein anderes Wort besser gekennzeichnet werden könnte.»

[31] *Les œuvres de Guillaume Coquillart*, Reims, Brissart-Binet; Paris, Techener, 1847, 2 tomes.

[32] *Œuvres de Coquillart*. Nouvelle édition, revue et annotée par M. Charles d'Héricault, Paris, P. Jannet, 1857, t. I, p. 31.

[33] E. Littré, *Dictionnaire de la langue française*. Remarquons que Littré ne définit pas *rhétoriqueur* par poète, mais par «Celui qui fait de la rhétorique, qui tient des discours vains et pompeux.» Découvert sous la plume de Cl. Marot, de Du Bellay ou de Ronsard, le mot avait été enregistré précédemment par le *Dictionnaire universel françois et latin, vulgairement appelé Dictionnaire de Trévoux*, Paris, 1771 (mais il ne figure pas dans l'édition de 1732), t. VII, p.371: «*Rhétoriqueur*: n.m. Vieux mot. Orateur et même Poëte. Marot.»; et par le *Complément du Dictionnaire de l'Académie française*, publié sous la direction d'un membre de l'Académie française, par M. Louis Barré, Bruxelles, 1838, p. 883: «*Rhétoriqueur*: s.m. (Vieux langage). Orateur, et même Poëte. On le trouve dans Marot. Ronsard le prend en mauvaise part.» (Il n'a pas été repris par le *Dictionnaire de l'Académie française*, 8ᵉ éd., 1935). Il figure également dans Bescherelle, *Dictionnaire national ou Dictionnaire universel de la langue française*, Paris, Garnier, 1870: «s'est dit pour Orateur et poète».

[34] *Œuvres de Coquillart*, 1857, t. I, pp. 30–31.

[35] *Idem*, p. 72.

[36] Littré donne un exemple tiré des *Nouveaux Lundis* de Sainte-Beuve: «C'est ainsi qu'on parle (n'en déplaise aux rhétoriqueurs), quand on est dans le vrai des choses et qu'on ne marchande pas.»

[37] Edmond Huguet, *Dictionnaire de la langue française du seizième siècle*, Paris, Didier, 1962, t. VI, p. 593.

[38] Clément Marot, *Œuvres satiriques*, édition critique par C. A. Mayer, Londres, University of London, the Athlone Press, 1962, p. 77. Il est curieux de rapprocher le couple de mots qui riment ici dans les vers 7–8 avec un couple de mots rimant dans les vers 51–52 de l'Epître XXXVI (Cl. Marot, *Les Epîtres*, éd. critique par C. A. Mayer, London, 1958, p. 199):

> Certes, ô Roy, si le profond des *cueurs*
> On veult sonder de ces *Sorboniqueurs*.

[39] *Op. cit.*, p. 74.
[40] *Op. cit.*, p. 75.
[41] *Op. cit.*, p. 76.
[42] *Op. cit.*, p. 81.

[43] Joachim du Bellay, *La Deffence et Illustration de la Langue françoyse*, Edition critique publiée par Henri Chamard (Société des Textes Français Modernes), Paris, Didier, 1948, p. 150.

[44] *Idem*, p. 158.

[45] *Idem*, p. 158, n. 1: «Ce nom désignait au XVᵉ siècle et dans la 1ʳᵉ moitié du XVIᵉ les écrivains qui cultivaient la *seconde rhétorique*, c'est-à-dire la poésie. [...] Il semble bien qu'ici du Bellay songe spécialement aux théoriciens à qui nous devons des *arts de rhétorique*.»

[46] J. du Bellay, *Œuvres poétiques*, éd. H. Chamard, I, *Recueil de sonnets*, Paris, éd. Cornély, 1908, p. 14.

⁴⁷ *Op. cit.*, pp. 135–36.

⁴⁸ *Op. cit.*, p. 84.

⁴⁹ *Op. cit.*, p. 85.

⁵⁰ *Ibid.*

⁵¹ F. Brunetière, *Manuel de l'histoire de la littérature française*, Paris, Ch. Delagrave, 1898, p. 32.

⁵² *Op. cit.*, p. 206. E. Faguet fait déjà allusion aux *rhétoriqueurs* dans *Seizième Siècle, études littéraires* (Paris, Lecène, Oudin, 1894, p. 42), où il écrit de Clément Marot: «Il a eu des maîtres en poésie, point mauvais, bizarres quelquefois, mais ingénieux et tourmentés du désir du mieux, non pas les *rhétoriqueurs* proprement dits, mais son père [...], Legouvé [...], G. Cretin [...], Lemaire de Belges [....]» Faguet semble bien donner à *rhétoriqueurs* le sens qu'on trouve dans Du Bellay.

⁵³ Paris, H. Champion, 1910.

⁵⁴ Gustave Lanson, *Manuel bibliographique de la littérature française moderne*, Paris, Hachette, 1931, p. 57.

⁵⁵ *Op. cit.*, p. 452.

⁵⁶ F. Simone, «La scuola dei *Rhétoriqueurs*», *Belfagor*, IV, 1949, pp. 529–52, republié dans *Umanesimo, Rinascimento, Barocco in Francia, cit.*, pp. 169–99.

⁵⁷ H. Chamard, *Les origines de la poésie française de la Renaissance, cit.*, p. 129 suiv.

⁵⁸ Cf. F. Simone, *Umanesimo, Rinascimento, Barocco in Francia, cit.*, p. 172.

⁵⁹ *Idem*, p. 191: «Pertanto, è del tutto logico concludere che i *rhétori-queurs* vollero tentare in volgare quel rinnovamento dell'arte, nei suoi spiriti e nelle sue forme, che gli umanisti tentarono in latino.»

⁶⁰ V.-L. Saulnier, art. cit. du *Dictionnaire des lettres françaises*, p. 634. Cf. aussi *Maurice Scève*, Paris, C. Klincksieck, 1948, chap. I; *La littérature francaise de la Renaissance*, Paris, P.U.F., 1962, 6ᵉ éd., pp. 26–33.

⁶¹ V.-L. Saulnier, *La littérature française du moyen âge*, Paris, P.U.F., 1954, 3ᵉ éd., p. 112.

⁶² A-M. Schmidt, «L'Age des rhétoriqueurs (1450–1530)», dans *Encyclopédie de la Pléiade, Histoire des littératures*, III, 1963, pp. 175–90.

⁶³ Parmi les contributions récentes sur le XVᵉ siècle, citons la *Miscellanea di studi e ricerche sul Quattrocento francese*, a cura di Franco Simone, Torino, Giappichelli, 1967.

⁶⁴ Cf. Gilbert Ouy, «Le songe et les ambitions d'un jeune humaniste parisien vers 1395», dans *Miscellanea di studi e ricerche sul Quattrocento francese, cit.*, pp. 355–407.

⁶⁵ *Œuvres de Jean Lemaire de Belges, cit.*, IV, p. 521.

⁶⁶ Cf. notamment *Les Illustrations de Gaule et singularités de Troie*, éd. Stecher, II, 1882, p. 314: «Or pleust à Dieu que tous noz tres hauts princes de chrestienté fussent ensemble si bons amys que jamais il n'y eust que redire ne que radouber en leurs quereles mutuelles et contro-verses reciproques, ains alassent unanimement ayder aux Hongres, aux Bohemes et aux Polaques, qui sont sur les frontieres des Tartares et des Turcs. Alors ce seroit un beau passetemps à la tres noble et tres illustre nation françoise et britannique, procrééz du vray sang legitime de Troye,

d'aller voir en passant par le païs de Hongrie, Esclavonie et Albanie, les sieges de leurs premiers princes et parents. Et d'ilec tirer en Grece pour contempler la ruine d'une nation si audacieuse qui eut jadis l'honneur de deffaire et ruiner la grand cité de Troye. Et d'illec passer à Constantinople la mer Hellesponte, c'est à dire le Bras Saint Georges. Et puis planter leurs enseignes triomphantes en la terre ferme d'Asie la Mineur, qu'on dit maintenant Natolie ou Turquie. Et recouvrer par justes armes le propre heritage et les douze royaumes que tenoit jadis le bon roy Priam, ayeul de Francus, filz du tres preux Hector.»

[67] *Œuvres de Jean Lemaire de Belges*, cit., III, 1885, pp. 231–359.

[68] *Idem*, pp. 361–409.

[69] Cf. Ph. Renouard, *Bibliographie des impressions et des œuvres de Josse Badius Ascensius, imprimeur et humaniste, 1462–1535*, Paris, 1908.

[70] Cf. J. Molinet, *Faictz et Dictz*, publiés par N. Dupire, Paris, Société des Anciens Textes Français, 1937–39, 3 vol., *passim*. Cf. aussi *Chroniques*, publiées par G. Doutrepont et O. Jodogne, Bruxelles, Académie Royale, 1935–37, 3 vol.; P. Champion, *Histoire poétique du XVe siècle*, Paris, Champion, 1923, II, pp. 310–444; N. Dupire, *Jean Molinet: la vie, les œuvres*, Paris, Droz, 1932.

[71] Cf. note 1.

[72] *La Plainte du désiré*, publiée par D. Yabsley, Paris, Droz, 1932, p. 74.

[73] *Œuvres de Jean Lemaire de Belges*, cit., I, 1882, p. 11.

[74] *Idem*, III, 1885, p. 197.

[75] J. Bouchet, *Le Temple de bonne renommée*, Paris, Galliot du Pré, 1516, f. XXXIX vᵒ: «en patrial langage».

[76] *Œuvres de Jean Lemaire de Belges*, cit., III, 1885, p. 197.

[77] Cf. F. Simone, *Influenze italiane nella formazione dei primi schemi della storiografia letteraria francese*, dans *Umanesimo, Rinascimento, Barocco in Francia*, cit., pp. 75–106. Rappelons l'exclamation célèbre de Pétrarque: «Oratores et poetae extra Italiam non quaerantur» (Rerum Senilium, IX, 1. cf. F. Pétrarque, *Opera quae extant omnia*, Basileae, 1554, p. 937).

[78] *Le Seiour d'honneur*, Paris, 1503 (Bibl. Nat., Velins 2240), livre III, f. yy vi rᵒ.

[79] *La Concorde des deux langages*, éd. cit., p. 44.

[80] Cf. *Ibidem*: «[...] puis que, comme j'ay autresfoiz ouÿ dire, le bon maistre Jehan de Meun estoit contemporain, c'estadire d'un mesme temps et faculté, à Dante, qui preceda Petrarque et Bocace, et que l'un estoit emulateur, et nonobstant amy, des estudes de l'autre, [...]».

[81] J. J. Béard, «Letters from the Elysian fields: a group of poems for Louis XII», *Bibliothèque d'humanisme et renaissance*, XXXI, 1969, 27–38.

[82] *Œuvres de Jean Lemaire de Belges*, cit., IV, 1891, pp. 319–320.

[83] *Epistres morales et familieres du traverseur*, Poitiers, chez Jacques Bouchet, 1545 (Bibl. Nat., Rés. Ye. 55ᵇ¹ˢ), Ep. familière nᵒ 57, f. XXXIX vᵒ–XL vᵒ.

[84] Cf. notamment la *Déploration sur Ockeghem* dans *Œuvres poétiques de Guillaume Crétin* publiées avec une introduction et des notes par Kathleen Chesney, Paris, Firmin-Didot, 1932, pp. 60–73.

[85] Cf. Jean Frappier, «Jean Lemaire de Belges et les beaux-arts»,

dans *Les langues et littératures modernes dans leurs relations avec les beaux-arts,*
Actes du cinquième Congrès international des langues et littératures
modernes, Florence, Valmartina, 1955, pp. 107–114; E. Duverger et
D. Duverger–Van de Velde, «Jean Lemaire de Belges en de Schilder-
kunst: een Bijdrage», *Jaarboek van het Koninklijk Museum voor Schone Kunsten,*
Antwerpen, 1967, pp. 37–78.

[86] Cf. par exemple la *Couronne Margaritique* de Jean Lemaire (*Œuvres,*
cit., IV, 1891, pp. 15–167). Mlle H. Naïs en prépare une édition critique.

[87] *Œuvres de Jean Lemaire de Belges,* cit, IV, 1891, pp. 392–93.

[88] Cf. *Œuvres poétiques, cit.,* passim.

[89] Sur J. d'Auton, cf. *Chroniques de Louis XII,* éd. par R. de Maulde
La Clavière, 1889–95, vol. I.

[90] Lemaire (*Œuvres,* éd. cit., VI, p. 428) commence une lettre mi
latine et mi française à Pierre Picot par ces mots: «Nuperrime cum
Lugduni essem, vir ornatissime, ainsi que par curiosité naturelle je
m'emploie volontiers à investiguer choses nouvelles, perscrutans diligenter officinas calcographorum nostrorum, je trouvai prêt à mettre
sur leurs formes impressoires une œuvre nouvelle [...]».

[91] *La Concorde des deux langages,* éd. cit., p. 45.

[92] *Œuvres, cit.,* I, 1882, p. 4.

[93] Cf. E. Langlois, *Recueil d'arts de seconde rhétorique,* Paris, Imprimerie
nationale, 1902.

[94] Cf. notamment la lettre que Josse Bade adresse à Lemaire en 1513,
publiée par Ph. Renouard, *Bibliographie, cit.,* III, pp. 215–16, puis par
K. M. Munn, *A contribution to the study of Jean Lemaire de Belges,* New
York, Columbia University, 1936, pp. 208–9.

[95] Cf. H. J. Molinier, *Essai biographique et littéraire sur Octovien de Saint-*
Gelays, évêque d'Angoulême, Rodez, 1910; E. S. Piccolomini, *Eurialus und*
Lukrezia, übersetzt von Octovien de Saint-Gelais, herausgegeben von Elise Richter,
Halle, Max Niemeyer, 1914.

[96] Paris, Bibl. Nat., fr. 7899. Cf. *Dictionnaire des lettres françaises,* art.
D'Auton (Jean).

[97] Lemaire a recopié ce poème dans son *Livret sommaire* de 1498. Cf.
Pierre Jodogne, «Un recueil, poétique de Jean Lemaire de Belges en
1498 (Le manuscrit de la Bibl. Nat. de Paris, Nouv. Acq. fr. n° 4061)»,
dans *Miscellanea di studi e ricerche sul Quattrocento francese, cit.,* pp. 195–96. Sa
traduction est conservée dans le ms Nantes, Bibl. mun., 652, ff. 18v–20v.
K. M. Munn l'a publiée dans *A contribution, cit.,* pp. 150–52.

[98] K. M. Munn, *A contribution, cit.,* p. 150.

[99] P. Jodogne, *Un recueil poétique, cit.,* p. 196, vv. 45–48.

[100] Ausone, *Œuvres en vers et en prose,* traduction nouvelle de Max Jasinski, Paris, Garnier, s.d., I, p. 47.

[101] K. M. Munn, *A contribution, cit.,* p. 151.

[102] *Chroniques de Jean Molinet,* publiées par G. Doutrepont et O.
Jodogne, Bruxelles, Palais des Académies, 1935, I, pp. 287–91.

[103] Angelo Poliziano, *Della congiura dei Pazzi (Coniurationis commen-*
tarium). A cura di Alessandro Perosa, Padova, Antenore, 1958.

[104] Cf. surtout Ph. Aug. Becker, *Jean Lemaire, der erste humanistische*
Dichter Frankreichs, Strassburg, Karl J. Trübner, 1893; G. Doutrepont,

Jean Lemaire de Belges et la Renaissance, Bruxelles, Lamertin, 1934; et Jean Frappier, «L'humanisme de Jean Lemaire de Belges», *Bibliothèque d'humanisme et Renaissance*, XXV, 1963, pp. 289–306.

[105] *Œuvres, cit.*, II, 1882, p. 268. L'ouvrage d'Annius (le «commentateur de Manethon») parut à Rome, chez Silber, le 3 août 1498. Josse Bade le réimprimera à Paris (sous l'influence de Lemaire?) le 18 janvier 1512, puis le 22 septembre 1515 (cf. Ph. Renouard, *Bibliographie, cit.*).

[106] *Œuvres, cit.*, IV, 1891, p. 441.

[107] Pierre Jodogne, «Structure et technique descriptive dans *Le Temple d'Honneur et de Vertus* de Jean Lemaire de Belges», *Studi Francesi*, 29, 1966, p. 276. Cette source a été découverte par A. Hulubei, *L'Eglogue en France au XVIe siècle*, Paris, 1938, p. 161.

[108] Eglogue VIII, 36–37. Cf. *Œuvres de Jean Lemaire de Belges, cit.*, IV, p. 372.

[109] *Œuvres, cit.*, III, pp. 280–87.

[110] Cf. Blondus Flavius Forliviensis, *Historiarum ab inclinato Rom. Imp. Decades*, Bâle, Froben, 1531, p. 207 (*Decadis secundae liber tertius*).

[111] *Œuvres, cit.*, III, p. 252.

[112] *Idem*, p. 261.

Lionello Sozzi

LA «DIGNITAS HOMINIS» DANS
LA LITTERATURE FRANÇAISE
DE LA RENAISSANCE

«La plus noble chose que Dieu ait faicte en ce monde est l'omme
et la plus noble chose qui soit en l'omme c'est raison, par laquelle
il garde justice et se depart de peschié.» C'est ainsi que Guillaume
de Tignonville traduisait vers le début du XVe siècle l'une des
maximes que les *Dicta et gesta antiquorum philosophorum* attri-
buaient à «Hermès philosophe».[1] L'homme, sommet absolu de la
création et, chez l'homme, primauté souveraine des facultés
rationnelles: ce sont là des *leit-motive* très courants dans les
textes littéraires et philosophiques à partir du XVe siècle, des
lieux communs renfermant, dirait-on, l'essence même de l'humanisme, le nœud essentiel d'une attitude centrée sur l'assurance
et la confiance.

On est désormais très loin, cependant, de l'époque où un
Michelet ou encore un Jacob Burckhardt faisaient appel à une
prétendue «découverte de l'homme» pour désigner les caractères
d'un âge nouveau, nettement éloigné de la tradition du moyen
âge. D'une part la misère de l'homme, son abaissement, sa néga-
tion, d'une autre part la puissance de l'être humain, l'exaltation de
ses vertus et facultés, sa révolte: ce schéma a paru ensuite trop
simple pour avoir des chances de résister à l'analyse. Pour le
rejeter, il suffisait, d'un côté, de remarquer la fréquence impres-
sionnante, pendant tout le XVIe siècle, des traités consacrés au
thème séculaire de la misère et faiblesse de l'homme, thème qui
n'était donc pas, en France encore moins qu'ailleurs, une
prérogative des hommes du moyen âge; d'un autre côté, il
suffisait de se rendre compte que le moyen âge avait, lui aussi,
formulé sa notion de «dignité de l'homme» et que, par exemple,
dans l'un des traités les plus connus ayant trait au thème de la

miseria, le *De miseria humane conditionis*, de 1195, Innocent III avait annoncé à ses lecteurs une suite qui aurait dû justement développer le thème opposé, celui de la *dignitas*: «dignitatem humane nature Christo favente describam, quatinus ita per hoc humilietur ut per illud humilis exaltetur.»[2]

C'est donc à la recherche des sources médiévales d'une notion très complexe que la critique a cru opportun de s'appliquer par la suite: je fais allusion notamment à cet article de Eugenio Garin, de 1938, lequel a eu le mérite de souligner, pour la première fois, la connexion très étroite qui existe entre la conception de l'homme qu'élaborèrent graduellement les humanistes italiens, et les notions de «dignité» et d'«excellence» que le moyen âge était bien loin d'avoir ignorées et qui surtout se rencontraient, bien plus que dans l'antiquité gréco-latine, dans les premières phases de la pensée chrétienne, chez les Pères de l'Eglise et, plus particulièrement, chez les Pères grecs du IVe et Ve siècle, de Grégoire de Nysse à Saint Basile, de Nemesius à Saint Jean Chrysostome.[3] Une tradition de pensée aux résonances multiples, très ouverte à la fois aux sources anciennes, au néo-platonisme, à l'hermétisme, parvenue à nos auteurs, sans doute, par l'intermédiaire des écrivains du XIe et du XIIe siècle, d'Abélard à Alain de Lille, de Hugues de Saint-Victor à Guillaume de Saint-Thierry, et permettant aux humanistes du XVe de fonder sur les bases les plus larges leur vision unitaire, leur effort de synthèse, leur refus des antithèses scolastiques.

La connexion que M. Garin a ainsi établie entre l'effort des humanistes italiens en vue de préciser la situation de l'homme dans le monde — d'un côté sa *medietas*, de l'autre sa maîtrise et sa liberté — et une tradition patristique qui avait déjà élaboré des notions analogues, cette connexion peut également s'établir, à notre avis, entre cette même tradition et la pensée française de la Renaissance. En soulignant la «dignité de l'homme», en parcourant tous les aspects de son «excellence», les Français n'oublient, bien entendu, aucun des auteurs anciens qui peuvent leur prêter des arguments: Platon, Cicéron, Pline, Sénèque, ni la tradition hermétique, ni les ouvrages les plus connus que l'humanisme italien a consacrés à leur problème. Ils ont soin de souligner, cependant, leurs sources chrétiennes, leur ascendance patristique, de même qu'ils constellent leurs pages de très nombreuses citations de la Bible. Quelques exemples pourront nous suffire. Dans son *Catalogus gloriae mundi*, de 1529, Barthélemy

Chasseneuz a inséré, on le sait, d'amples chapitres consacrés à
notre thème.[4] François Secret a démontré tout ce qu'ils doivent à
la pensée de Pic, auteur, d'ailleurs, qui est souvent expressément
mentionné.[5] Mais l'humaniste italien n'est pas l'unique source de
cet ouvrage maintes fois réimprimé.[6] A côté des anciens, à côté
des *Antiquarum lectiones* de Celio Rodigino — un ouvrage important, dont la fortune en France serait à retracer entièrement — à
côté de l'*Asclepius*, à côté de Champier, Chasseneuz n'oublie pas
d'évoquer et de citer les Pères de l'Eglise: Saint Jean Chrysostome,
Saint Grégoire de Nysse et, en général, les *doctores Ecclesiae*.[7]
Au premier des auteurs que nous venons de citer, en particulier,
l'écrivain bourguignon renvoie ses lecteurs à la suite d'une
longue page où Saint Antonin de Florence, Pic de la Mirandole,
Hermès Trismegiste et les *Sermones discipuli* de Jean Herolt ont
été tour à tour mentionnés dans une suite de développements
centrés sur le thème du premier homme, *coelestium et terrestrium
vinculum et nodus*: «sed amplius vide de dignitate primi hominis,
Ioannem Chrysostomum, qui librum unum fecit, incipientem
Dignitas humana etc.»[8]

C'est également à une double ascendance qui voit, côte à côte,
Lactance et «le noble philosophe Hermès», que fait appel Nicolas
de Bris, dans son ouvrage consacré, d'après le titre, à la vertu de
patience (*Institution à porter les adversitez du monde patiemment*, de
1542), en réalité très touffu et riche en thèmes collatéraux.
L'analyse, d'ailleurs scolaire et fastidieuse, du thème très rebattu
de l'humaine condition, s'appuie d'un côté sur des citations de
Ficin, de Budé, des classiques, de l'autre sur les Pères, les «anciens
catholiques».[9]

Mais l'exemple le plus typique est représenté, à notre avis, par
un texte plus connu, le traité de Boaystuau faisant suite à son
Théâtre du monde et ayant pour titre *De l'Excellence et dignité de
l'homme*, de 1558. Là aussi, à côté d'Hermès Trismégiste lu dans
la traduction de du Préau, à côté de Giannozzo Manetti (qu'il
appelle Janotius) et de Bartolomeo Fazio (dont la fortune en
France est d'autant plus singulière que son traité ne sera imprimé
qu'au XVIIe siècle), nous pouvions être sûrs de retrouver les
Pères de l'Eglise: Saint Jean Chrysostome, Grégoire de Nysse,
Théodoret de Cyr et surtout Lactance, «fort diligens en la
description de telles choses».[10]

Théodoret de Cyr avait été traduit en langue française par
Roland Piètre en 1555: *Theodoret, evesque Cyrien, de la nature de*

l'homme, translaté de grec en françois, avec l'exposition des lieux plus obscurs et difficiles, Paris, Vasconsan, 1555. C'est la traduction dont Boaystuau s'est servi. Cela nous amène à souligner la présence massive des textes patristiques ayant trait à notre thème dans la production libraire des XVᵉ et XVIᵉ siècles. Sans tenir compte, bien entendu, d'une tradition manuscrite qui est toujours florissante, quelques sondages dans le domaine de l'imprimé montrent que les auteurs et les textes que les théoriciens français de la *dignitas* citent le plus souvent à l'appui de leurs thèses n'ont pas manqué, en effet, à leur époque, de circuler en France avec une étonnante fréquence.

On rencontrait chez Lactance, par exemple, l'influence directe du *Poimander*, donc le thème de l'homme médiateur, centre du monde, synthèse absolue, *omnium conclusio* comme le dira Scot Erigène. On trouvait chez lui, en particulier, le thème de la *deificatio* et celui de la liberté, une liberté qui est la vraie source d'une dignité conçue comme une conquête.[11] Or, il existe, des ouvrages collectifs de Lactance, presque une quarantaine d'éditions entre 1465 et 1594;[12] l'édition lyonnaise de 1541, publiée par Gryphe, et celle de 1544, «cum adnotatiunculis aliquot Des. Erasmi», sont pour nous d'une importance particulière.[13] Mais il sera plus pertinent de rappeler l'impression séparée et, parfois, la traduction française, des ouvrages de Lactance où les thèmes que nous avons évoqués se trouvaient amplement développés: le *De divinis institutionibus*, traduit en français par René Favre, eut une dizaine d'éditions entre 1543 et 1581;[14] quant au *De opificio Dei seu formatione hominis*, publié à Lipse en 1514, republié dans la même ville en 1517, il fut édité par Erasme en 1529 et souvent réimprimé jusqu'en 1551.[15]

L'étude de l'homme «miracle du monde» — *magnum miraculum est homo* — échappant au déterminisme; l'exaltation de la maîtrise de l'homme, dominateur et seigneur; l'insistance sur le thème du *logos*, vraie essence de sa dignité: tous ces thèmes se trouvaient développés dans les ouvrages de Nemesius, de Grégoire de Nysse, de Jean Philoponus, de Saint Jean Chrysos; tome.[16] Or, la présence de ces textes dans la culture de la Renaissance est indiscutable. Le *De natura hominis* de Nemesius fut édité à Lyon en 1538 par Gryphe, accompagné de la traduction latine qu'en avait donnée Georges Valla; il fut réédité par Plantin, à Anvers, en 1565.[17] Les ouvrages de Grégoire de Nysse furent également maintes fois réédités: en particulier, le *De hominis opificio* connut quatre éditions entre 1536 et 1567.[18] Largement connu était aussi le *De anima et resurrectione*.[19] Mais la confirmation la plus singulière d'une connexion historique à nos yeux indiscutable nous vient de la fortune étonnante, à l'époque de la Renaissance, des *Homiliae in Genesim* de Saint Jean Chrysostome. Nous avons déjà vu que Chasseneuz les mentionne expressément. Nous n'avons pu déterminer avec précision à quelle partie des sermons notre auteur fait allusion. Il est cependant très probable qu'il ait présente à l'esprit cette partie des commentaires sur la *Genèse* qui, traduite en latin, avait été publiée en 1487 sous le titre significatif de *De dignitate humanae originis*.[20] Ces mêmes pages seront republiées à la fin du XVIe siècle, en traduction française, par Frédéric Morel, et le titre sera, cette fois-ci, encore plus clair et plus explicite: *Discours de Saint Jean Bouche d'Or sur la création des animaux et de la dignité de l'homme*.[21] Il serait difficile de signaler un témoignage plus probant de l'utilisation d'une tradition bien définie, servant d'appui à un mouvement de pensée qui, sous le couvert de la nouveauté, n'hésitait pas à utiliser les textes les plus marquants d'un héritage séculaire.

Notre analyse, cependant, ne saurait se limiter à la détermination des filiations et des parentés. Une fois fixée et démontrée la continuité ininterrompue d'une méditation, l'exigence se fait jour d'éviter de tomber d'un terrain plein d'équivoques — celui de la «découverte de l'homme» — en un autre terrain qui n'est pas moins pernicieux: celui d'une persistance absolue, qui réduirait l'histoire de la culture au retour morne et opaque des mêmes *topoi*, à la répétition sclérosée de formules toujours identiques. L'analyse des sources et des provenances ne peut donc être envisagée que comme un point préliminaire pour l'étude des différences et des nuances, pour la mise en valeur des tendances originales, dans le cadre d'une situation culturelle et historique qui subit, au cours des siècles, de profonds changements.[22]

Le caractère le plus typique de la méditation sur la *dignitas*, tel qu'il avait trouvé sa place dans la célèbre *oratio* de Pic de la Mirandole, découlait de l'affirmation enthousiaste et confiante de l'idée de liberté. Dans un univers .puissamment agencé, conditionné, hiérarchisé, aux structures immuables, le propre de l'homme était non pas d'occuper une place déterminée,

fût-elle une place de privilège; il résultait plutôt de son libre
mouvement dans l'échelle des êtres, de son indépendance
absolue par rapport au déterminisme des conditions: il ressortait
non pas de son être mais de son devenir, de son action, de sa
sublime vitalité, de son élan créateur. Le point de départ d'une
attitude intellectuelle ainsi orientée a été fixé par la critique,
encore une fois, dans la tradition hermétique et patristique:
«Immortalitas — écrit Lactance sur la ligne du *Poimander* —
non sequella naturae sed merces praemiumque virtutis.»
Grégoire de Nysse avait, lui aussi, souligné le libre essor d'une
volonté qui fait de l'homme l'égal de Dieu. Au XIIe siècle
Alain de Lille, Guillaume de Saint Thierry ont repris ces formulations.[23] Elles seront de la plus grande actualité jusqu'au seuil
du XVIe siècle. Pour Egide de Viterbe, par exemple, elles se
traduiront en une sorte d'activisme exaltant («oportet enim
essentiam in actionem erumpere»).[24] En France, la pensée
de Lefèvre et celle, surtout, de Charles de Bovelles en seront
influencées en profondeur: «Sapienti — écrit l'auteur du *De
sapiente* — quippe primum Substantie munus Natura vice
materiei est impartita; Voluntas vero, ars, industria eidem
Virtutem, scientiam, lucem, decorem, ornatum et apparitionem
vice forme est elargita. Natura sapienti simplex Esse condonavit;
ipse vero sibiipsi compositum esse, hoc est bene beateque esse,
progenuit».[25] Tout un chapitre du *De sapiente* est consacré à
l'analyse de cette «vraie liberté du sage»: il s'ensuit que la
liberté vient du manque total, pour l'homme, de caractères
particuliers et distinctifs, sa seule particularité étant celle de
résumer le monde, de lui donner un sens spirituel, d'instaurer
une totale communion.[26] Le texte de Bovillus est de 1509. Par la
suite, il sera peu fréquent de trouver en France des énoncés aussi
limpides et aussi décidés, faisant résider la dignité de l'homme
dans la liberté la plus pleine de son vouloir. Même sans tenir
compte des courants pré-réformés et réformés, au sein desquels
cet idéalisme humaniste sera âprement contesté, on retrouvera
très souvent dans les textes du XVIe des formulations plus
prudentes, où la notion de liberté s'accompagnera de l'hésitation
la plus circonspecte au sujet de certains conditionnements (la
servitude astrale, par exemple),[27] ou envers les hiérarchies et les
structures les plus embarrassantes. Il est typique, par exemple,
que les pages où Chasseneuz, directement influencé par Hermè
Trismégiste et par Pic, énonce, lui aussi, sa notion de liberté,[28]

soient insérées dans un contexte rigoureux et hiérarchique, où tous les êtres sont fixés à leur place immuable, où la fonction des choses et, surtout, les différentes «dignités» des individus sont définies une fois pour toutes, sans souplesse ni flexibilité: «ubi non est ordo, ibi est confusio», souligne-t-il, et il ajoute: «licet omnes natura simus aequales, culpa tamen exigente, alii sunt superiores, alii inferiores»; [29] il faut donc prendre son parti d'une situation de fait où la faute de l'homme a créé des structures engluantes, entravant ainsi sa liberté.

Cependant, s'il est rare de retrouver après Bovelles des énoncés analogues d'ordre spéculatif, sur le plan du réel ce sentiment de la liberté créatrice de l'homme se traduit par la présence indiscutable d'un ensemble de thèmes, se ramenant à l'exaltation des vertus les plus actives et les plus concrètes: le progrès des connaissances, les découvertes techniques, le développement et les conquêtes de l'histoire, l'étude des *humanae litterae*, le désir d'immortalité et de gloire. Ce sont des thèmes bien connus, qu'il est cependant nécessaire de mentionner ici, car il est indiscutable que, sur ce plan, la dignité de l'homme finit par acquérir des caractères et des nuances que la pensée traditionnelle n'avait pas soulignés. On retrouvait, bien sûr, dans une perspective stoïcienne, l'éloge de l'homme créateur, la mise en valeur de son élan, de son désir de voir et de connaître, de son goût de l'engagement sur le plan constructif: l'éloge cicéronien de l' «animal providum, sagax, multiplex, acutum, memor, plenum rationis et consilii, quem vocamus hominem», ne pouvait manquer, dans ce cadre, de devenir un lieu commun.[30] Cependant, la tradition chrétienne et patristique n'avait pas toujours consenti à une attitude intellectuelle qui, en cultivant une dignité terrienne, semblait laisser dans l'ombre les aspects les plus nobles et les plus prestigieux de l'excellence humaine. Jean Philoponus, par exemple, avait fortement mis l'accent, dans son *De opificio mundi*, sur la destinée méditative et contemplative de l'homme, sur la puissance du *logos*: d'emblée ses vertus organisatrices et pratiques se trouvaient discréditées.[31] Or, il ne fait aucun doute que dans les textes les plus représentatifs du siècle de la Renaissance, c'est à une dignité réalisée sur le plan du concret que s'adressent les préférences des auteurs. Une spéculation détachée du réel devient facilement synonyme d'oisiveté, de sommeil, de paresse. «Mais de quoy sert une teste endormie? / Autant qu'un bœuf dormant près du buysson»: ainsi Marot,

dans la *Ballade des enfans sans soucy*.[32] Quant à Ronsard, il écrira
que l'âme «de son naturel, sans quelque chose ourdir, / Oisive
dans le corps ne se veut engourdir, / D'autant que son essence
est disposte et mobile, / Et que ne peut jamais demeurer
inutile.»[33]

Dans un texte peu connu et peu cité qui a pour titre *Des
merveilles de ce monde et de la dignité de l'homme*, de 1530, Jean
Parmentier pose en des vers maladroits mais non dépourvus de
vigueur le problème et l'exigence d'une dignité qui s'acquiert
en évitant tout *repos*, en prenant *solicitude*, en suivant les pen-
chants de l'esprit vers une *effrénée estude*, en satisfaisant son *ardeur*,
son désir de voir et de connaître: une dignité qui est donc
préférée, ouvertement, aux rêveries oisives d'une vie inactive et
monacale. L'expérience directe du monde — des merveilles de
la mer, de la terre, de l'air — donne à l'homme la pleine conscience de sa puissance, de la place que Dieu lui a accordée:

> Tu l'as esleu souverain admiral,
> Grand capitaine et grand chef general,
> En mer, en terre, et mesme en my l'air;
> Tu l'as faict roy, tu l'as faict capital
> Entre tes faicts, comme le principal
> De tous vivants dont on sçauroit parler.
> Bestes brutaulx ne sçauroient ou aller,
> Poissons cingler, ne les oiseaux voler,
> Que tous ne soient sous le pouvoir de l'homme;
> C'est ta vertu qu'en luy fais rutiler;
> Tout vient de toy, nul ne le peult celer,
> Car rien sans toy ne s'acheve et consomme.[34]

Ce court poème, malgré sa faiblesse formelle, a été conçu par
l'auteur comme une sorte d'«invitation au voyage», l'expérience
du monde devenant l'instrument d'une connaissance de soi-
même. Certains vers ne sont pas sans rappeler, parfois, l'exhortation passionnée de l'Ulysse de Dante:

> Pren doncqs cueur, toy avecques tes gens,
> De passer oultre et estre diligentz
> Ainsi que gens et non pas comme bestes.[35]

L'apologie des facultés les plus subtiles de l'homme se traduit,
chez Boaystuau, en un éloge des plus récentes conquêtes techniques: des projets merveilleux, par exemple, de Léonard de
Vinci.[36] Mais c'est surtout dans le *Microcosme* de Scève qu'au
centre de la notion de dignité — «L'Eternel a cheri la dignité

de l'homme» — se situe une conception de l'homme «inventif en sa subtilité», animé d'un «curieux désir toujours insatiable / Et en invention subtile emerveillable»: un homme qui a su racheter sa faute initiale, remonter la pente d'une vie *frêle* et misérable, grâce au sublime *effort*, à l'élan vers le progrès et l'avenir:

> Ici employer faut tout ton virile effort,
> Contre l'adversité se prouve l'homme fort.[37]

L'élan créateur de l'homme vise, dans cet esprit, à la conquête d'une immortalité terrienne, à éterniser le souvenir des entreprises humaines. Cette tension vers la gloire traduit non seulement l'exigence d'une liaison continue entre les hommes et entre les générations. Elle traduit surtout une ambition d'éternité qui, sur le plan concret de l'histoire, permet à l'homme de vaincre le temps et de réaliser, par ce chemin, cette identité homme–Dieu que les théoriciens de la *dignitas* posaient, jusqu'ici, sur un plan tout idéal. C'est ici que se place, pour un auteur comme Dolet, la qualité la plus propre de l'homme: une ambition surhumaine, déchirante jusqu'à la souffrance et douloureuse jusqu'à la mort:

> Illa inquam posteritas, cuius amor quos labores subire nos non cogit? [...] homines sane hominum nomine digni. [...] Otium vero, et ignaviam complexi, quid a beluis distant? Transacta silentio vita, ut beluae, intereunt: tenebris sempiternis, ut beluae, mandantur: vitam ingressi, mox vita, et luce carentes. At quos ad virtutis studium impellit posteritatis honos, num magis diis similes, quam hominibus iudicaris? Et diis similes sumus, si a posteritate colimur, quando non aliud est deorum numen, quam posteritatis cultus atque reverentia.[38]

Dans la perspective d'un Dolet, donc, ou d'un Scève, ou même d'un Boaystuau, la notion de *dignitas hominis* tend graduellement à coïncider avec une notion d'effort, d'ardeur et d'enthousiasme, de même qu'elle se transfère du plan des données accordées à l'homme *ab aeterno*, au plan dynamique et concret des conquêtes historiques. Ce n'est donc pas un hasard si Ronsard a abordé notre thème dans ce poème de 1559, *De l'excellence de l'esprit de l'homme*, qui, publié comme pièce liminaire à la traduction de Tite-Live réalisée par Hamelin, n'est rien d'autre, en effet, qu'un éloge de l'histoire. La grandeur de l'homme y est d'abord identifiée avec une «diversité» qui n'est pas, comme pour Montaigne, la marque la plus sensible de l'instabilité et de la faiblesse d'un homme–Prothée, toujours «ondoyant et divers», mais qui est plutôt, comme pour Pic et pour Hermès Trismégiste, le signe de sa puissance, la qualité la plus noble de cette «versipellis natura» que «Asclepius Atheniensis [...] per Proteum in mysteriis significari dixit».[39] Dans la suite du poème, cependant, l'apologie de la «diversité» prend l'aspect de l'éloge d'une connaissance historique qui rend l'homme conscient, justement, de ses ressources multiples et inépuisables. C'est au sein de l'histoire, en effet, que l'âme humaine «achève des faits qui donnent d'âge en âge / Et d'elle et de son corps illustre témoignage». L'historien devient donc le témoin le plus digne de son excellence, car c'est grâce à son œuvre que l'on «s'oppose à la rigueur du temps et de la mort». Sur la trace d'une page célèbre de Cicéron, l'histoire est installée, par conséquent, au sommet de l'échelle du savoir humain:

> Et, bref, tousjours l'histoire est propre à tous usages:
> C'est le tesmoin des temps, la mémoire des âges,
> La maistresse des ans, la vie des mourans,
> Le tableau des humains, miroir des ignorans,
> Et de tous accidens messagere chenue,
> Par qui la verité des siècles est cognue,
> Qui n'enlaidit jamais; car, tant plus vieille elle est,
> Plus elle semble jeune, et plus elle nous plaist.[40].

Cette conviction, cette liaison entre la *dignitas* et la connaissance de l'histoire, c'est-à-dire entre l'idée de dignité et l'acquisition d'une conscience, chez l'homme, de son propre développement historique, deviennent fréquentes dans la seconde moitié du XVIe siècle. On les retrouve, par exemple, chez Pierre Droict de Gaillard, chez qui l'on peut lire, dans l'ouvrage qui a pour titre *Méthode qu'on doit tenir en la lecture de l'histoire*, de 1579: «Qu'y a il, je vous prie, plus digne de l'homme que comprendre en sa memoire les vicissitudes, non d'un aage ou d'une seule province, ains de tous les siecles passez et de toutes nations?».[41] Car l'histoire est le domaine où l'homme arrive à s'accomplir, où il réalise ses ambitions, où il met en œuvre sa propre volonté. Quelques années auparavant, Jean Bodin avait souligné avec force ces mêmes intuitions: «Humana historia — avait-il écrit dans sa *Methodus ad facilem historiarum cognitionem* — quod magna sui parte fluit ab hominum voluntate, quae semper sui dissimilis est, nullum exitum habet.»[42] Là aussi, comme chez Ronsard, les deux sens coïncidaient: richesse et féconde «diversité» de l'homme, variété multiforme d'une histoire où sa libre volonté se réalise. C'est par l'étude de l'histoire que l'homme prend conscience à la fois de sa richesse et de sa force: de là, la naissance d'une notion de dignité installée désormais sur le plan du concret et ayant acquis une dimension temporelle et terrestre.[43]

De ce processus graduel de sécularisation, de ce passage du domaine des idées au domaine des faits, l'étude d'un *topos* pourra donner la preuve de façon plus convaincante et plus claire. Il s'agit d'un motif que tous les écrivains qui à la Renaissance se penchent sur le thème de la *dignitas* croient opportun d'évoquer, en l'insérant dans la liste de leurs arguments: le motif selon lequel l'excellence de l'homme serait témoignée par sa structure anatomique, car l'homme, seul parmi les êtres vivants, se tient debout sur la terre et peut donc, de ses yeux haut placés, regarder les étoiles et le ciel, lieu de son origine et miroir de sa destinée. Cet argument, développement d'une maxime célèbre attribuée à Empédocle, selon laquelle l'homme n'a été créé que pour regarder les astres, se retrouvait dans une page célèbre de Platon, puis dans un texte de Cicéron (*De natura deorum*, II, 140: «Primum eos humo excitatos et erectos constituit, ut deorum cognitionem, caelum intuentes, capere possint») et, surtout, dans quelques vers des *Métamorphoses* d'Ovide (I, 85-7) qui constitueront pour les humanistes un renvoi obligatoire:

Pronaque cum spectent animalia cetera terram,
Os homini sublime dedit caelumque videre
Iussit et erectos ad sidera tollere vultus.[44]

D'autres auteurs anciens développeront le même argument: Silius Italicus, en des vers que Chasseneuz n'oublie pas de citer («Nonne vides hominum ut celsos ad sydera vultus / Sustulerit Deus ac sublimia finxerit ora, / Cum pecudes volucrumque genus formasque ferarum / Segnem atque obscoenam passim stravisset in alvum?»),[45] et surtout Manilius, dont on sait que les *Astronomica* eurent sous la Renaissance un très large succès (IV, 905-6: «Erectus capitis victorque ad sidera mittit sidereos oculos»). De cette tradition classique, le *topos* de l'*os sublime* et des *erectos ad sidera vultus* passe au *corpus hermeticum*, puis aux auteurs chrétiens des premiers siècles, mêlé parfois à un autre *leitmotif*, la métaphore de l'arbre renversé: Lactance, Augustin, Grégoire de Nysse, Saint Basile le développent, reprenant parfois mot à mot les formules de Cicéron ou d'Ovide.[46] Les auteurs français du

XIIe siècle, puis les humanistes italiens du XVe s'en serviront, soit pour souligner la fonction prééminente de l'homme sur la terre, soit pour insister sur l'origine céleste et donc sur la destinée surnaturelle de l'être humain.[47] L'argument passe ainsi aux écrivains français de la Renaissance: Du Bellay y fait appel dans un sonnet des *Regrets* (LIII: «Donq imiterons nous le vivre d'une beste?/Non, mais devers le ciel levant tousjours la teste,/ Gousterons quelquefois la doulceur du plaisir»), Ambroise Paré croit utile de l'insérer dans son *Anatomie*,[48] Maurice Scève l'utilise pour montrer la maîtrise de l'homme sur la terre,[49] Nicolas de Bris, Boaystuau, Le Caron, Du Bartas, d'Aubigné, Charron le mentionnent tour à tour pour souligner la fonction du regard, «spéculateur des choses hautes et celestes», ou la place de l'homme, créé «pour commander à tout», «comme Roy universel d'icy bas».[50]

Cependant, chez un certain nombre d'auteurs le *topos* de *l'os sublime* devient le point d'appui métaphorique pour un discours visant de plus en plus à couper les ponts entre l'homme et le monde, objet, celui-ci, d'indifférence et de mépris, dans le mesure où le premier est destiné à de très nobles fonctions spéculatives. Pour Bovillus, telle est sans doute la vraie signification de la structure anatomique de l'homme:

> Porro irrationalium caput animantium et siquidem amotum abiunctumque sit a terra, ut que libero motu potiantur: in illam tamen pronum convertitur minimeque celestes ethereosve orbes intueri natum perhibetur. Hominis autem caput natura sublime summam corporis obtinet arcem, versum est in celum: ipsa mundi extrema, sydera inquam celestiave corpora, suspicere atque intueri natum.[51]

On peut tirer d'une attitude de ce genre des appréciations négatives au sujet des vertus constructives de l'homme, car l'homme n'est rien sans la lumière qui lui vient du ciel: c'est l'opinion de Marguerite de Navarre, dont le personnage du Sage, dans la *Comédie du Mont de Marsan*, voit paradoxalement dans le *hault regard* de l'homme la preuve de son entière soumission:

> Dieu lui a mis en hault regard et teste
> Pour contempler ce qui est par sus luy:
> La beste en bas à la terre s'areste,
> Et l'homme en hault, dont vient tout son appuy.[52]

Dans un sonnet liminaire du *Théâtre du monde* de Boaystuau,

Nicolas Denisot développe ce *topos* de manière encore plus explicite:

> De regarder en bas la brute est coustumière
> Mais le regard de l'homme au ciel est arresté
> Pour regarder le lieu de l'immortalité,
> Dont celeste il a prins son essence première.
> L'homme doncques parvient par vertu et science
> A l'immortalité, qui est souverain bien,
> S'il mesprise la vie, et s'il se cognoist bien
> N'ayant que de justice et de Dieu cognoissance.[53]

Ce sont des vers qui nous paraissent révéler un changement considérable. Vers la moitié du XVIe siècle, en pleine crise des valeurs élaborées par l'humanisme, l'un des lieux communs les plus courants dans la littérature consacrée à notre thème est utilisé avec des nuances inédites. Un *topos* dont on se servait d'habitude pour exalter l'excellence de l'homme devient, paradoxalement, le point d'appui pour un revirement, il est réabsorbé et capturé dans les filets de l'ancienne thématique de la *miseria humanae conditionis*, il ne devient que l'instrument d'un retour à ce thème du «mépris de la vie» qui sera ensuite l'une des constantes de l'époque baroque. De plus en plus, notre *topos* servira à souligner la destinée contemplative de l'homme, l'opportunité pour lui de se détacher de toute ambition terrienne. Dans la préface de sa traduction du *De casibus* de Boccace, parue en 1578 — préface peu connue, qui est en fait un raccourci des idées courantes sur les thèmes de la grandeur et de la misère de l'homme — Claude Witart se place sur cette même lignée:

> Ce n'est sans cause — écrit-il — que entre toutes les creatures animees, seul [l'homme] a la face eslevee et tournee vers le Ciel, comme signal et marque continuelle pour le faire souvenir de son Createur et du lieu de son origine, et auquel il doit dresser et appareiller son retour. Et sçaura par là qu'il est né pour vivre vertueusement et sainctement, et qu'il doit avoir principalement en recommandation ce qui est eternel, sans se soucier des choses terriennes que bien appoinct: et d'autant qu'elles luy peuvent servir comme instrumens pour parvenir à la cognoissance et conqueste de ce qui est de plus grand prix.[54]

De plus en plus, dans ces textes, l'opposition traditionnelle entre une vie misérable et fragile et une lumineuse dignité, résultat d'une céleste origine, crée un clair-obscur nettement différencié, brisant l'équilibre humaniste et provoquant une tension déchirante.[55] «L'homme est né au ciel, le ciel est son pays, et son air,» dit Du Plessis-Mornay.[56] Guillaume du Vair lui fera écho dans son *Traité de la constance*:

C'est faire tort à l'homme, qui est né pour tout voir et tout connaître, de l'attacher à un endroit de la terre. C'est le ciel qui est le vray pays et le commun pays des hommes, d'où ils ont tiré leur origine et où ils doivent retourner.[57]

Mais le développement le plus saisissant, en ce sens, se rencontrera dans un texte peu connu de Chabodie:

Au ciel! Au ciel! C'est assez arpenté les guerets de la terre basse. Le playsir est plus grand à se promener par les climats brillants des cieux, l'un sur l'autre estendus, et l'âme volontiers esplane en haut, vers les planchers marquetez d'estoiles, admirant avec je ne sçay quel doux ravissement leurs divines clartez, picquée d'un éternel soucy de revoir un jour le lieu de sa naissance.

Grâce à sa *douce extase*, l'homme, le sage de Chabodie sait retrouver et exalter sa noblesse la plus authentique:

Il s'élance hors les murs de l'univers, et loing, loing de tout corps, là (si je l'ose dire) il se quintessentie comme en un Dieu, devient plus qu'esprit, void la gloire angelique et les mysteres du Ciel et si cette docte solitude rendoit le corps en pareille disposition que l'esprit, l'habitude et l'heur de la sagesse esgaleroyent les plaisirs de ce transport qui nous rend aprez le depart de cette vie heureux à jamais.[58]

Cependant, si un ensemble considérable de textes fait appel au motif de l'*os sublime* pour confirmer aussi bien la prééminence de l'homme sur la terre que le choix d'une dignité découlant d'une tension surnaturelle, on voit germer vers la même époque une orientation différente et même opposée. Du refus radical du même *topos* d'autres écrivains pensent se servir comme d'un point de départ pour établir la notion de dignité sur des bases nouvelles. Un refus de ce genre se rencontre, tout d'abord, chez des écrivains protestants, par exemple chez Jean de l'Espine, qui dans ses *Excellens discours* de 1588 réagira justement contre qui, «pour défendre la dignité de l'homme», fait appel à un ensemble d'arguments pénétrés, à son avis, d'outrecuidance et d'orgueil: l'argument, par exemple, de la supériorité de l'homme sur tous les animaux, et celui des «yeux haut eslevez en la teste». Bien plus qu'à prouver l'excellence de l'homme, ses yeux, ainsi disposés, ne serviront, dit l'Espine, que «pour regarder et convoiter de plus loin les vanitez de ce monde».[59] On est ici en présence d'un refus qui est normal dans la bouche d'un protestant: Luther en avait donné, le premier, un témoignage typique.[60]

Un autre écrivain, par contre, Jacques Tahureau, insère le *topos* des *erectos ad sidera vultus* dans un passage des *Dialogues* qui est consacré à l'astrologie. Après avoir contesté l'utilité de cette science et proposé un engagement plus direct dans les choses du monde («il vaut donq' beaucoup mieus, pour ne nous fourvoyer aucunement, prendre la seule trace qui nous est cogneue, celle de nostre commune mere la terre»), Démocritic, personnage central des *Dialogues*, prend le contre-pied des arguments de Cosmophile:

> L'homme — avait dit ce dernier — [...] en tant qu'il a le discours de raison et cette imaginative plus grande et plus forte que tout autre animant, ne doit point estre si terrestre, qu'il ne discoure en soi et imagine les choses celestes, entendu qu'il est seul entre les autres creatures, formé par cette preordonnance divine, aiant la face et les yeus elevés en haut, et crois que cette singularité ne luy a jamais esté donnée que pour regarder et dresser sa veuë devers cette haute machine celeste.

Après quoi, le bon Cosmophile n'avait pu faire autre chose que citer les vers d'Ovide bien connus: *Os homini sublime dedit*, etc.[61]

Par rapport à l'idéalisme traditionnel de Cosmophile, la réponse de Démocritic marque, à notre avis, la naissance d'une nouvelle orientation, d'un refus médité et très lucide qui oppose à un idéalisme exaltant, à une enivrante notion d'excellence et de dignité, une vision plus désenchantée et plus critique, tout à fait séculaire et terrienne malgré une citation très prudente de la Bible:

> Comment — répond-il — n'as tu aussi bien allegué ce qu'on en lit en un passage de la Sainte Escriture? Comme Dieu s'est reservé le Ciel pour sa demeure, et qu'il a donné la terre aus fils des hommes: où il est assés manifesté qu'ils se doivent contenter du lieu qui leur est assigné, sans entreprendre de voler plus haut et avoir la cognoissance de ce qui leur est incertain, là où folement vouloit parvenir ce gentil astronome Anaximène, lequel regardant une fois trop ententivement les étoilles, et levant le nez en l'air comme une truye engravée, tomba à l'impourveu dedans une fosse, là où il fut moqué d'une vieille qui le reprit de vouloir cognoistre ce qui estoit aus cieus ne pouvant pas seulement voir les choses qui estoyent devant luy à ses pieds.[62]

Une situation nouvelle se fait jour, nous semble-t-il, à partir de ce texte: alors que l'exaltation traditionnelle de la *dignitas*, menée sur des bases idéalistes, à la fois platoniciennes et hermétiques, avait fini par aboutir, d'un côté, à un orgueilleux anthropocentrisme, de l'autre à la mise en valeur des vertus contemplatives et a-historiques, avec Tahureau cette situation se renverse, car ce qui est nettement propre de l'homme semble pour lui consister en l'acceptation la plus lucide et la plus franche de sa condition réelle.

Avec d'autres nuances, avec des connexions bien plus subtiles et bien plus riches, c'est la même orientation qui se dégage, plus tard, d'une page bien connue de Montaigne. Dans l'*Apologie de Raymond Sebond*, la formule ovidienne est réfutée d'un sourire ironique:

> Et cette prerogative que les Poëtes font valoir de nostre stature droite, regardant vers le ciel son origine,
>
> > Pronaque cum spectent animalia caetera terram,
> > Os homini sublime dedit, coelumque videre
> > Iussit, et erectos ad sidera tollere vultus,
>
> elle est vrayement poëtique, car il y a plusieurs bestioles qui ont la veue renversée tout à faict vers le ciel; et l'ancoleure des chameaux et des austruches, je la trouve encore plus relevée et droite que la nostre. Quels animaux n'ont la face en haut, et ne l'ont devant, et ne regardent vis à vis comme nous, et ne descouvrent en leur juste posture autant du ciel et de la terre, que l'homme?[63]

Aucun commentaire n'est meilleur, pour éclairer le sens de ce passage, que les chapitres consacrés par Hugo Friedrich au thème de l'excellence et de la faiblesse de l'homme, dans sa monographie magistrale sur l'auteur des *Essais*.[64] La prétention stoïcienne, puis chrétienne et hermétique, d'une maîtrise absolue de l'homme sur la nature, de sa toute-puissance dans le monde, est raillée par Montaigne, à la suite d'une déception qui naît de la faillite de l'humanisme.[65] Tout argument voulant prouver une prétendue supériorité de l'homme sur les autres animaux, est réfuté de façon radicale. L'homme, remis à sa place, n'est plus au centre de l'univers, il n'est plus un intermédiaire irremplaçable, il n'est plus au sommet de l'échelle des êtres. Il est plutôt situé aux marges de la création, dans la fange et la mort:

> La presomption est nostre maladie naturelle et originelle. La plus calamiteuse et fraile de toutes les creatures, c'est l'homme, et quant et quant la plus orgueilleuse. Elle se sent et se void logée icy, parmy la bourbe et le fient du monde, attachée et clouée à la pire, plus morte et croupie partie de l'univers, au dernier estage du logis...[66]

Un autre passage du même texte est encore plus explicite dans la condamnation de la *dignitas*, telle qu'elle était traditionnellement conçue:

> Considerons donq pour cette heure l'homme seul, sans secours

estranger, armé seulement de ses armes, et despourveu de la grace et cognoissance divine, qui est tout son honneur, sa force et le fondement de son estre. Voyons combien il a de tenue en ce bel equipage. Qu'il me face entendre par l'effort de son discours, sur quels fondemens il a basty ces grands avantages qu'il pense avoir sur les autres creatures. Qui luy a persuadé que ce branle admirable de la voute celeste, la lumiere eternelle de ces flambeaux roulans si fierement sur sa teste, les mouvemens espouvantables de cette mer infinie, soyent establis et se continuent tant de siecles pour sa commodité et pour son service? Est-il possible de rien imaginer si ridicule que cette miserable et chetive creature, qui n'est pas seulement maistresse de soy, exposée aux offences de toutes choses, se die maistresse et emperiere de l'univers, duquel il n'est pas en sa puissance de cognoistre la moindre partie, tant s'en faut de la commander? Et ce privilege qu'il s'atribue d'estre seul en ce grand bastiment, qui ayt la suffisance d'en recognoistre la beauté et les pièces, seul qui en puisse rendre graces à l'architecte et tenir conte de la recepte et mise du monde, qui lui a seelé ce privilege? Qu'il nous montre lettres de cette belle et grande charge.[67]

L'agencement habituel des arguments, coordonnés dans le but de démontrer l'évidence d'une absolue dignité, est refusé par Montaigne sans aucun ménagement. Mais non pas pour retomber dans la plainte courante et facile sur la *miseria* de l'humaine condition. En évitant lucidement l'écueil de l'angoisse baroque, d'un tourment déchirant et, tout compte fait, satisfait de lui-même, Montaigne n'utilise l'abaissement de l'homme que dans le but de remonter ensuite à sa pleine insertion dans le réel, à l'étude désenchantée «de l'humanité telle qu'elle est», à un plein accord «avec la nature humiliée».[68] «L'homme — ajoute Hugo Friedrich — dépossédé de sa situation privilégiée, mis à l'égalité avec l'animal, se voit confié aux soins d'une nature maternelle, «nostre mere nature», qui lui assurera d'autant mieux sa protection qu'il sera plus disposé à renoncer à sa volonté de domination.»[69]

La vraie dignité se réduit ainsi à une véritable «connaissance de soi-même»,[70] à «une prise de conscience intellectuelle des limites humaines, limites que Montaigne n'aspire pas à dépasser.»[71] A partir donc de l'auteur des *Essais*, un *topos* traditionnel prend des couleurs nouvelles. L'homme sera d'autant plus digne de ce nom, qu'il saura, renonçant à la prétention de gouverner en maître sur un monde créé à sa mesure, parvenir à la plus franche acceptation de sa propre condition, afin de rendre plus faciles et plus souples toute insertion dans le réel, tout prudent changement au sein de l'existant et même, dans les limites du possible, l'utilisation des données du réel à des fins avantageuses et constructives.

> Les hommes [a écrit Albert Camus] n'ont jamais cessé d'avancer dans la conscience qu'ills prenaient de leur destin. Nous n'avons pas surmonté notre condition, et cependant nous la connaissons mieux. Nous savons que nous sommes dans la contradiction, mais que nous devons refuser la contradiction et faire ce qu'il faut pour la réduire. Notre tâche d'hommes est de trouver les quelques formules qui apaiseront l'angoisse infinie des âmes libres.[72]

Montaigne, sans doute, n'aurait jamais accepté cette raideur et ce refus. Cependant, c'est à cette même connaissance, à cette réduction, à cet apaisement que visent déjà, au fond, les auteurs de la Renaissance au moment de la crise des valeurs humanistes.

Il restera, bien entendu, en dehors de ce réalisme, la nostalgie d'une dignité plus sublime, nourrie de vérité et d'absolu, détachée des conditions et des liens, orgueilleuse dans sa prétention d'ignorer ou de dominer le réel: la dignité que l'homme atteint lorsqu'il songe au voyage, aurait dit Pic de la Mirandole, au delà des frontières flamboyantes du monde, *super excelsi flammantia moenia mundi*.[73]

NOTES

[1] Cf. R. Edler, «Tignonvillana inedita», *Romanische Forschungen*, t. xxxiii, 1913, p. 917.

[2] Lotharii Cardinalis (Innocentii III), *De miseria humane conditionis*, edidit M. Maccarrone, Padova, Antenore, 1955, p. 3. Voir aussi, sur ce point, J. Kamerbeek, jr., «La dignité humaine, esquisse d'une terminographie», *Neophilologus*, 1957, p. 243. Le traité d'Innocent III connut une quarantaine d'éditions entre 1473 et 1587 (cf. Maccarrone, pp. xx–xxi). Pour la persistence du thème, voir le traité du Pogge, *De miseria conditionis humanae*, dans *Opera*, Bâle, apud Henricum Petrum, 1538, pp. 88 ss. Une étude d'ensemble sur «la doctrine du mépris du monde» a été entreprise par R. Bultot, *La doctrine du mépris du monde*, Paris et Louvain, Nauwelaerts, 1964 (le tome IVe, en deux volumes, est le seul qui ait paru jusqu'ici); voir aussi, cependant, du même auteur, «La dignité de l'homme selon Saint Anselme de Cantorbéry», in *La Normandie Bénédictine au temps de Guillaume le Conquérant*, Lille, Facultés Catholiques, 1967, pp. 549–68.

[3] Cf. E. Garin, «La *dignitas hominis* et le letteratura patristica», *Rinascita*, I, 1938, pp. 102–46. Voir aussi, pour le thème de la *dignitas*, G. Gentile, *Il pensiero italiano del Rinascimento*, Firenze, Sansoni, 1940 (en particulier le chapitre III, *Il concetto dell'uomo nel Rinascimento*); E. Cassirer, *Individuum und Kosmos in der Philosophie der Renaissance*, Leipzig, Teubner, 1927; W. Dilthey, *Weltanschauung und Analyse des Menschen seit Renaissance und Reformation*, Leipzig, Teubner, 1914²; *Der Ackermann aus Böhmen*, éd.

par Bernt et Burdach, Berlin, 1917, pp. 314 ss.; H. Baker, *The dignity of man*, Cambridge, Mass., Harvard University Press, 1947; A. Buck, «Die Rangstellung des Menschen in der Renaissance: dignitas et miseria hominis», *Archiv für Kulturgeschichte*, 42, 1960, pp. 61–75. Voir aussi l'article de Kamerbeek jr. déjà cité.

⁴ B. Chasseneuz, *Catalogus gloriae mundi*, Genève, apud Ph. Albertum, 1617, pp. 76 ss.

⁵ Cf. Fr. Secret, «Le *Catalogus gloriae mundi* de Barthélemy de Chasseneuz et la *dignitas hominis*» *Bibliothèque d'Humanisme et Renaissance*, XX, 1958, pp. 170–76. Les textes de Pic sont mentionnés pp. 83, 400, etc. de l'édition de 1617 que nous avons consultée.

⁶ Cf. les éditions suivantes: Lyon, 1546; Venise, 1571; Francfurt, 1579; *ibid.*, 1586; *ibid.*, 1603; Cologne, 1616; Turin, 1617; Genève, 1617; *ibid.*, 1649.

⁷ *Ibid.*, p. 400. Quant aux sources hermétiques, voir p. 82 tout un passage tiré de *l'Asclepius* (cf. *Corpus hermeticum*, éd. Nock-Festugière, Paris, Les Belles Lettres, 1960, t. II, p. 302) sans que la source soit mentionnée.

⁸ *Ibid.*, p. 83.

⁹ Nicolas de Bris, *Institution à porter les adversitez du monde patiemment, avec paix d'esperit, ioye et liberté interieure*, Paris, J. Loys, s.d. (mais 1542) p. 8v.

¹⁰ P. Boaystuau, *Le theatre du monde, où il est faict un ample discours des miseres humaines* [...] *Avec un brief discours de l'excellence et dignité de l'homme*, Paris, Chaudiere, 1572², p. 104 v.

¹¹ Cf. E. Garin, *art. cit.*, p. 117, 121 *et passim*.

¹² Subiaco, 1465; Rome, 1468; Rome, 1470; Venise, 1471; Venise, 1472; Venise, 1478; Rome, 1474; Rostock, 1476; Venise, 1490; Venise, 1493; Venise, 1494; Venise, 1497; Venise, 1502; Venise, 1509; Beauvais, 1509; Florence, 1513; Venise, 1515; Venise, 1521; Bâle, 1524; Paris, 1525; Bâle, 1532; Anvers, 1532; Venise, 1535; Lyon, 1541; Lyon, 1543; Cologne, 1544; Paris, 1545; Lyon, 1548; Lyon, 1553; Anvers, 1555; Lyon, 1556; Bâle, 1563; Paris, 1565; Anvers, 1570; Lyon, 1579; Lyon, 1587; Lyon, 1594.

¹³ *Opera L. Cœlii Lactantii Firmiani*, Lugduni, apud S. Gryphium, 1541, avec une *Epistola Seb. Gryphii lectori*. – *Opera Lactantii, cum adnotatiunculis aliquot Des. Erasmi*, Cologne, 1544.

¹⁴ Paris, du Pré, 1543; Paris, du Puys, 1547; Lyon, Gazeau, 1547; Paris, l'Angelier, 1547; Paris, Groulleau, 1551; Paris, Ruelle, 1555; Paris, Groulleau, 1555; Lyon, de Tournes et Gazeau, 1555; Paris, Bailleur, 1581.

¹⁵ Cf. *L. Coelii Lactantii Firmiani, liber de opificio Dei seu formatione hominis, Erasmi* [...] *scholiis novissime illustratus et accurate per eundem recognitus*, Parisiis, apud S. Colinaeum, 1529, BN., Rés. C. 2871.

¹⁶ Cf. Garin, *art. cit.*, *passim*.

¹⁷ Nemesius, Περὶ φύσεως ἀνθρώπου, *de natura hominis*, Antuerpiae, C. Plantin, 1565. Id., *De natura hominis liber utilissimus Georgio Valla Placentino interprete*, Lugduni, apud S. Gryphium, 1538.

¹⁸ Editions collectives: Strasbourg, 1512; Paris, 1513; Bâle, 1562;

Bâle, 1571; Paris, 1573. *De homine* [Περὶ κατασκευῆς ἀνθρώπου], Venise, 1536; Lyon, 1536; Cologne, 1537; Bâle, 1567.

[19] L'ouvrage faisait partie de maintes éditions d'ensemble. Voir, en outre, l'édition suivante: D. *Gregorii Nyssaei De immortalitate animae cum sua sorore Macrina dialogus* [...], Daniele Augentio interprete, Parisiis, apud Al. Gorbinum, 1557.

[20] *Sancti Joannis Chrysostomi ad Stagirum monachum de Providentia libri tres. Ejusdem sermo de dignitate humanae originis, latine, Ambrosio Camaldolensi interprete*, In oppido Alostensi, per T. Martini, 1487, BN., Rés C.1533.

[21] *Discours de Saint Jean Bouche d'Or sur la creation des animaux et de la dignité de l'homme*, traduict [...] par Frédéric Morel, Paris, Morel, 1594, BN., Rés. C. 2721(3).

[22] Voir, sur ce point, E. Garin, *Medioevo e Rinascimento: studi e ricerche*, Bari, Laterza, 1954, p. 72, n. 7, et F. Simone, *Il Rinascimento francese: studi e ricerche*, Torino, SEI, 1961, p. 230.

[23] Cf. E. Garin, *art. cit.*, *passim*.

[24] Cf. E. Massa, «I fondamenti metafisici della *dignitas hominis* [sur la pensée d'Egide de Viterbe], *Salesianum*, avril–septembre 1954, pp. 316–317.

[25] E. Cassirer, *op. cit.*, p. 317.

[26] *Ibid.*, pp. 340 ss. (ch. XVIII: «De vera sapientis libertate»).

[27] Voir, sur ce point, l'hésitation de Chasseneuz (*op. cit.*, pp. 400 ss.), de même que de Scève (*Microcosme*, III) et de Ronsard (*Hymne des étoiles*).

[28] Chasseneuz, *op. cit.*, pp. 82 ss.

[29] *Ibid.*, f. ii, v⁰.

[30] Cicéron, *De legibus*, I, vii, 22.

[31] Cf. E. Garin, *art. cit.*, pp. 130–31.

[32] Cl. Marot, *Œuvres diverses*, éd. critique par C. A. Mayer, University of London, the Athlone Press, 1966, p. 139.

[33] P. de Ronsard, *Œuvres complètes*, éd. P. Laumonier, t. X, Paris, Droz, 1939, pp. 101 ss.

[34] J. Parmentier, *Description nouvelle des merveilles de ce monde et de la dignité de l'homme, composée en rithme françoise en maniere d'exhortation par J. P. faisant sa derniere navigation avec Raoul son frere en l'isle Taprobane, aultrement dicte Samatra*, Paris, 1531; rééd. dans *Le discours de la navigation. Voyage à Sumatra en 1529. Description de l'isle de Sainct-Dominigo*, éd. par Ch. Schefer, Paris, Leroux, 1883, pp. 117–37. (Recueil de voyages et de documents pour servir à l'histoire de la géographie, t. IV). Cf. p. 125.

[35] *Ibid.*, p. 126.

[36] P. Boaystuau, *op. cit.*, p. 117: «Que reste donc plus à l'homme que l'air, qu'il ne penetre par tous les elemens, et qui ne se rende familier d'iceux? encore se trouve il un Leonard Vincius, lequel a cherché l'art de voler, et a presque sorty heureusement son effect.»

[37] M. Scève, *Microcosme*, éd. par Valery Larbaud, Maestricht, Stol, 1928, p. 21 (I, vv. 451–52), et p. 44 (II, 1088–90). Voir, cependant, l'importante limitation du libre arbitre qui est aux vers I, 57 ss. Cf., sur le *Microcosme*, A-M. Schmidt, *La poésie scientifique en France au XVIᵉ siècle*, Paris, Albin Michel, 1938, pp. 109 ss., et V-L. Saulnier, *Maurice*

Scève, Paris, Klincksieck, 1948, t. I, pp. 406 ss., ainsi que l'ouvrage récent de H. Staub, *Le curieux désir: Scève et Peletier du Mans poètes de la connaissance*, Genève, Droz, 1967, pp. 85 ss.

[38] E. Dolet, *Commentariorum linguae latinae tomus primus*, Lugduni, apud S. Gryphium, 1536, p. 1309 (*Posteritas*). Voir aussi un passage analogue au tome II, p. 1162–63 (*Mors*).

[39] G. Pico della Mirandola, *De hominis dignitate*, éd. par B. Cicognani, Firenze, Le Monnier, 1943, p. 10.

[40] Ronsard, *op. cit.*, pp. 102 et 106. Ce dernier passage dépend de Cicéron, *De oratore*, II, 9. Pour l'analyse de ce texte, cf. H. Busson, «Sur la philosophie de Ronsard», *Revue des Cours et Conférences*, XXXI, 1929–30, pp. 32–48, 172–85.

[41] P. Droict de Gaillard, *Méthode qu'on doit tenir en la lecture de l'histoire, vray miroir et exemplaire de nostre vie...*, Paris, Cavellat, 1579, p. 32.

[42] J. Bodin, *Methodus ad facilem historiarum cognitionem* in *Œuvres*, éd. par P. Mesnard, Paris, P.U.F., 1951, p. 115. Voir aussi l'ouvrage de L. Le Roy, *De la vicissitude ou variété des choses en l'univers*, Paris, 1575.

[43] Voir, sur ce point, l'article déjà cité de Garin, de même que l'ouvrage de E. F. Rice jr., *The Renaissance idea of wisdom*, Cambridge, Mass., Harvard University Press, 1958.

[44] Ces vers d'Ovide seront ainsi traduits par Marot, dans sa traduction des *Métamorphoses* (pp. 142 du t. II des *Œuvres complètes* éd. par B. Saint-Marc, Paris, Garnier, s.d.): «Et neantmoins que tout aultre animal / Jette tousjours son regard principal / Encontre bas, Dieu à l'homme a donné / La face haulte, et luy a ordonné / De regarder l'excellence des cieux, / Et d'eslever aux estoilles ses yeulx.»

[45] Sili Italici, *Punica*, XV, vv. 84–87 (ed. L. Bauer, Lipsiae, Teubner, 1890, t. II, p. 111).

[46] Textes cités par Garin, *art. cit.*

[47] *Ibid.*

[48] Texte cité par M. A. Screech, in J. du Bellay, *Les Regrets et autres œuvres poëtiques*, Genève, Droz, 1966, p. 122: «Elle [la teste] est située sur tout le corps, et Dieu a voulu qu'elle fust eslevée en haut vers le ciel et que l'homme cogneust que sa vraye origine et naissance venoit plus haut que de la terre et des autres elemens corruptibles» (*De l'anatomie*, III, cap. i).

[49] Scève, *op. cit.*, I, vv. 141–44 (*éd. cit.*, p. 10): «les Animaux divers l'apercevant marcher / Ainsi la tête en haut, comme leur seigneur cher / Craignants, et étonnés autour l'environnerent, / Et tous, la tête en bas, humbles le saluèrent.»

[50] Cf. N. de Bris, *op. cit.*, p. 39: «Nous consydererons les sens exterieurs et stature de l'homme, qui est eslevée droicte, a fin que l'homme voyant du ciel l'ordre, la lumiere, le mouvement, puisse avoir de Dieu aucune cognoissance. Car les hommes qui sont de la terre, ne sont pas comme habitans en terre, mais comme spectateurs des choses celestes, desquelles le spectacle n'appartient à autre vivant terrestre»; P. Boaystuau, *op. cit.*, p. 108v°: «Mais quel miracle y a il en la subtilité inexplicable de noz yeux? Lesquelz ont esté mis et colloquez au plus haut de la tour, pour estre speculateurs des choses hautes et celestes»; L. Le Caron, *Questions*

diverses et discours philosophiques, Paris, L'Huillier, 1583, ff. 23–4: «[le corps de l'homme] plus excellent et plus beau que celui de la bête, ayant le chef dressé, par lequel l'ame reconnaît et contemple le ciel, le lieu de son origine», alors que la bête «ne regarde qu'à la pâture» (texte cité par R. Bady, *L'Homme et son «institution» de Montaigne à Bérulle*, Paris, Les Belles Lettres, 1964, p. 107); G. du Bartas, *La première sepmaine*, VI, vv. 492 98 (*The works*, éd. Homes, Lyons et Linker, Chapel Hill, University of North Carolina Press, 1938, t. II, p. 394): «Et d'un informe corps forma le corps humain, / Ne courbant toutesfois sa face vers le centre, / Comme à tant d'animaux qui n'ont soin que du ventre, / Mourans d'ame et de corps, ains relevant ses yeux / Vers les dorez flambeaux qui brillent dans les cieux / Afin qu'à momens sa plus divine essence / Par leurs nerfs contemplast le lieu de sa naissance» (voir aussi K. Reichenberger, *Themen und Quellen der Sepmaine*, Tübingen, M. Niemeyer, 1963, p. 245–46); A. d.'Aubigné, *Les Tragiques*, éd. par J. Bailbé, Paris, Garnier-Flammarion, 1968, p. 287 (*Jugement*, vv. 499–500: «Mais la race des hommes a la teste levee, / Pour commander à tout cherement reservee»). Voir aussi, de d'Aubigné, le ch. XI de *La Creation* (*De la creation de l'homme et dignité d'iceluy*): cf. J. Bailbé, *Agrippa d'Aubigné poète des Tragiques*, Caen, 1968, pp. 355 ss; pour le texte de P. de Charron, cf. *De la sagesse*, Lyon, 1667, p. 85: «Le corps de l'homme touche fort peu la terre, il est droict tendu au Ciel, où il regarde, se voit et se connoist, comme en son miroir... ».

[51] C. Bovillus, *op. cit.*, p. 308. Ce texte nous empêche d'accepter l'interprétation du *De sapiente* fournie par A-M. Schmidt, *op. cit.*, pp. 113–14 (selon Schmidt, Bovelles proposerait «une démarche scientifique résolument bornée aux objets terrestres»). Voir, par contre, l'opinion de M. Staub, *op. cit.*, p. 105: «...Bovelles marque surtout la distance entre le monde sensible et l'esprit humain... Bovelles tend à faire de l'homme un être purement spirituel qui se réduit à un centre de connaissance.»

[52] Marguerite de Navarre, *Théâtre profane*, éd. par V. L. Saulnier, Paris, Droz, 1946, p. 281.

[53] Boaystuau, *op. cit.*, f. ẽi-ẽii.

[54] J. Boccace, *Traité des mesadventures de personnages signalez*, trad. fr. par Cl. Witart, Paris, N. Eue, 1578, f. ã ii v⁰.

[55] L'intérêt des textes de Boaystuau, et de Witart, repose justement sur une tension contradictoire entre les deux thèmes. Voir aussi Fr. Perrin, *Le pourtraict de la vie humaine, ou naïfvement est depeincte la corruption, la misere et le bien souverain de l'homme* [...], Paris, 1574.

[56] Ph. du Plessis Mornay, *Discours de la vie et de la mort*, éd. par M. Richter, Milano, Vita e Pensiero, 1964, p. 72.

[57] G. Du Vair, *Traité de la constance et de la consolation ès calamités publiques*, Paris, éd. de La Nef, 1941, p. 34. Cf. aussi p. 206.

[58] D. Chabodie, *Le petit monde, où sont representées au vrai les plus belles parties de l'homme*, Paris, Guillemot, 1604, p. 26 v⁰. Je dois l'indication de ce texte à l'amabilité du professeur F. Simone.

[59] J. de l'Espine, *Excellens discours* [...] *touchant le repos et contentement de l'esprit* [...], La Rochelle, Th. Regius, 1588, pp. 95 ss.

⁶⁰ Texte signalé par M. A. Screech, *op.* et *loc. cit.*

⁶¹ J. Tahureau, *Les Dialogues*, avec notice et index par F. Conscience [E. Courbet], Paris, Lemerre, 1870, p. 127.

⁶² *Ibid.*, pp. 127–8. Cf. aussi le passage suivant: «Quant est de l'authorité du Poëte que tu as mis en jeu, elle ne se doit pas entendre pour approuver ton dire, ni pour se tourmenter après ces contemplations celestes tant vaines et tous les jours debatues par nos astrologues, mais seulement à celle fin que l'homme en voyant ainsi cette grande machine azurée tant excellente et admirable en sa composition, cognoisse qu'il a je ne sçais quoi de convenable et parfait avecques elle.» L'allusion au philosophe tombant dans un fossé est aussi dans *l'Encomium Moriae* d'Erasme, ch. lii. Cf. Buck, *art. cit.*

⁶³ M. de Montaigne, *Essais*, éd. Thibaudet, Paris, Gallimard, 1950, pp. 535–6.

⁶⁴ H. Friedrich, *Montaigne*, trad. de l'allemand par R. Rovini, Paris, Gallimard, 1968, p. 133. Cf. aussi A. C. Keller, «Montaigne on the dignity of man», PMLA, LXXII, 1, 1957, pp. 43–54.

⁶⁵ Cf. A. Stegmann, *Montaigne critico del pensiero umanistico*, Torino, Ediz. di Filosofia, 1960.

⁶⁶ *Essais, éd. cit.*, p. 497. Toute la littérature française de la Renaissance développe ce thème de l'outrecuidance, d'Erasme à Marguerite de Navarre, de Jean Bouchet aux conteurs, à Rabelais.

⁶⁷ *Ibid.*, pp. 494–5.

⁶⁸ Friedrich, *op. cit.*, pp. 105 et 107.

⁶⁹ *Ibid.*, p. 136.

⁷⁰ Chez presque tous les auteurs que nous avons examinés jusqu'ici, de Charles de Bovelles à Witart, de Boaystuau à Jean de l'Espine, le thème de la *dignitas* est étroitement associé à celui de la «connaissance de soi-même».

⁷¹ Friedrich, *op. cit.*, p. 127.

⁷² A. Camus, «Les amandiers», in *L'été*, Paris, Gallimard, 1954, p. 71.

⁷³ G. Pico, *De ente et uno*, cité par E. Garin, *Medioevo e Rinascimento, cit.*, p. 88.

R. R. Bolgar

HUMANISM AS A VALUE SYSTEM
with reference to Budé and Vivès

In the tableau of sixteenth-century humanism, Budé and Vivès are supporting figures overshadowed by the larger presence of Erasmus. Tradition places Budé at the top of the French scholarly pyramid, Vivès at the top of the Spanish, while Erasmus towers over the whole of Europe. That is the accepted hierarchy,[1] and there are good reasons for regarding it as correct. Anyone who has doubts on the matter (since hierarchies exist to be challenged), will find it helpful to glance through Budé's and Vivès's collected works. Readily available now in the excellent Gregg facsimiles,[2] these massive volumes reveal their authors to have been politic, cautious and meticulous, like Eliot's Prufrock. They were full of high sentence, but, yes, perhaps a bit obtuse.

We may, I think, accept the verdict that they were no more than attendant lords; and that is the reason why I have chosen them to illustrate the point I want to make, which is about the intellectual implications of humanism.

We have here a couple of able minds. The common shorthand of academic testimonials would rate them surely as first-class men, hard-working, serious and reasonably honest, uncomplicated by the awkward perversities of genius. And they were both sincere Christians who devoted their lives to humanist studies. If we want to know what it was like for an ordinary, intellectually gifted man to be a Christian humanist, they are the people to tell us.

As it happened, their temperaments and the circumstances of their lives were markedly different; and this additional fact makes the choice of them as our guinea-pigs particularly attractive. Poles apart in their private experience, we find them adopting the same public stance. Within modest limits, Budé was one of fortune's spoilt children. Supported during his early years by a rich father, he inherited enough to provide for his needs[3] and the influence of his family guaranteed his social status. The anecdotes about him suggest that he was something of a neurotic. It is certain that he was a solitary, a late developer who found it hard to learn except from books, resentful of the impact made on him by other people and touchy about any hint of criticism.[4] Vivès, for his part, had no private fortune. When he was without a post, and his books did not sell, his family came near to starvation. His had been a typical, hard-worked, professional career, from bright biddable student to conscientious teacher and writer. He was a public-spirited man, ready to co-operate with others, slow to pick a quarrel.[5] Both men, however, were zealous Catholics, deeply interested in classical studies. They were Christian humanists; and in spite of the many differences between them, had much the same ideas and values. They subscribed to a view of life at once Christian and humanist which, they believed, justified their religious and scholarly activities.

It is not unreasonable to place the Christian humanist world picture in the same category as its scholastic predecessor or the philosophy of the enlightenment. It was the intellectual framework for the educated life during a long and fruitful stage in the development of European culture. Consider it in this light, and its internal coherence and general viability become matters of some moment. Man has not yet devised a picture of his universe wholly free from faults, consistent in itself and capable of explaining all experience. But some such pictures have obviously been better than others. To ask how good—that is, how consistent and how viable—Christian humanism was appears a legitimate question, and it is here that works of Budé and Vivès provide some useful evidence.[6]

They were both prolific (if repetitious) writers, and I have not the time to make a complete survey of their thought, even if I had the knowledge to do so. I shall limit myself therefore to three salient topics—politics, learning and religion—and will do what I can with these.

Budé's important works on general subjects, the *De studio literarum recte instituendo*, the *De philologia* and the *De transitu Hellenismi ad Christianismum*, as well as the little work he wrote in French for François I, all belong to the latter end of his life.[7] But we must also take into account the famous digressions in his works of scholarship, particularly those in the *Annotationes ad*

Pandectas and the *De Asse*, written before he became famous, when he seems to have lacked the ebullient self-confidence of the average humanist and to have felt that his theoretical speculations would not gain a hearing in their own right. So he served them up sandwiched between the solid slabs of his erudition.

Politically, he was a monarchist, an advocate of the rule of law, an opponent of war and waste, a patriot. He bewailed the corruption of the powerful, Louis XII's failure to choose virtuous officials, and specifically condemned the concentration of power in the hands of a single important minister.[8] He wanted the king to keep the threads of government in his own hands. In the *Institution du Prince*, he exhorted François I to love glory but to avoid military adventures. The king is to be careful of the lives and property of his subjects and respectful of established law, a Pompey rather than an Alexander. He is to be generous, but his generosity is to have the encouragement of learning for its prime object.[9]

The obviousness of these censures and injunctions is so soporific that the contradictions in them easily pass unnoticed. That picture of the monarch as the father of his people, misled by evil counsellors, is a commonplace. Did not Richard II make use of it in the Peasants' Revolt? And Louis XII gloried in the title *le père du people*. This pious dream of a benevolent ruler has haunted the helpless in all autocracies: 'if only the king (the emperor, the party chairman) knew . . .' It was the cry of the serfs under the czars. Hankering after a king who would hold the reins of administrative power in his own hands, while remaining obedient to established law, Budé fails to notice that in a situation where the monarch was in effect the State, the rule of law over him would be reduced to the workings of his conscience. The type of government advocated in the *De Asse* is one where the happiness of the people depends wholly upon the natural kindliness and good principles of the ruler. Budé was not alone in taking this line, and that is why we have such a flood of humanist treatises on the education of princes. The humanists were for the most part blind to the obvious fact that freedom and respect for law depend on a wide distribution of political power.

Another example of a startling failure of insight comes when Budé, who shared Erasmus's hatred of war and extravagance, pleads for a vigorous cult of national glory in order to promote French learning, as if such a cult could have existed without

having harmful effects outside the educational field.[10] A king
who valued his country's fame enough to pay a scholar was
bound to value it enough to pay a soldier.

Budé's shortcomings as a political theorist have only a marginal
importance. And we must now turn to learning, which was a
subject much closer to his heart. His defence of classical studies
was energetic and persistent. But, as we shall see, it is not possible
to organize his various statements into a consecutive argument.

What lifts man above the beasts is his possession of reason and
speech. But these two characteristics—*ratio, oratio,* which the
Greeks described by the same word λόγος—are most intimately
linked, speech being formed in the mind before it is spoken. They
are gifts of nature; but except in rare cases they do not develop
properly without help. They have to be cultivated, and, as the
ancients discovered, they are best cultivated through the study of
literature (*bonae literae*).[11]

These generalities are not really helpful. We want to know
precisely how *bonae literae* improve the mind, and on that score it
is much harder to find out what Budé thought. He makes a distinction between *prudentia* and *sapientia.* The former is an understanding of the affairs of this world. It functions in the realm of
the transient. The latter is concerned with eternal truths.[12]
During the greater part of his career, Budé seems to have followed
the pattern set by Italian humanists like Vergerio and to have put
a high value on worldly as well as eternal wisdom. He praises
Plato and Aristotle for providing guidance on the solution of
political problems. In the *De Asse* he stresses how princes need
to have legal, political and humane knowledge always ready to
hand, and uses the metaphor of a casket hanging round a man's
neck:

> Huiuscemodi scrinia (ut dicitur) pectoralia, optimos et potentissimos
> principes circumferre necesse est, quibus in ipsis ius, fas et aecquita-
> tem omneque genus civilis humaniorisque doctrinae condita ad usum
> quotidianum habeant.[13]

Some five years later, in the first version of the *Recueil d'apophtegmes,* the casket reappears, but this time its contents are worldly
and divine knowledge.

> Les lettres sont les escrains et aulmoires esquelz la science et la
> sapience a tousiours esté gardee et enclose.[14]

But when he comes to write the *De philologia* and the *De studio* he has lost his respect for *prudentia* or *science*. He admits its usefulness, but accuses it of encouraging a corrupting materialism.[15] The contribution which humanist studies make towards worldly knowledge is ignored, and they are presented exclusively as a preparation for the right understanding of Christianity, as a source of *sapientia*.[16]

And this is not the end of the story. In common with all Christian humanists since Petrarch, Budé had been troubled throughout his life by doubts about the validity of his classical studies. Religion offered man a definitive guide to right conduct. So why should anyone bother with the wisdom of the ancients?

> Quid enim literis priscis cum studio sapientiae, quae a Christo genus ducit?[17]

He was well aware, moreover, that the heritage of antiquity contained elements directly hostile to the Christian faith. Ancient poets celebrated the worship of pagan gods. Ancient philosophers harboured a great many sceptics and materialists among their number. Ancient historians had attacked the followers of Christ. Budé went out of his way to stigmatize Pliny as misguided and Tacitus as a villain.[18]

Nevertheless, at the time he wrote the *De Asse* he seems to have felt that antiquity did have something to contribute to our understanding of true religion:

> Quae [the Old and New Testaments] si satis animo comprehensa haberemus, omnem antiquam philosophiam . . . nugas meras esse esse iudicaremus.[19]

But do we have this full understanding of revealed truth which would enable us to jettison the record of earlier probings? It seems not, and the attack which he makes on the current practice of moving from the Trivium straight to theology must be taken to imply that the insights resulting from this headlong approach were somehow defective. He recommends labouring through the writings of the ancient philosophers as a method likely to yield better fruit.[20] As usual with Budé, the arguments are swaddled in metaphors and stop short of factual proof, but the feeling behind them is obvious. Revelation tells us all we need to know, but our ability to grasp its lessons depends upon our training.

In the *De studio* he still holds hard to this view. The Greek and

Roman writers—particularly the philosophers and the poets allegorically interpreted—cannot give us the ultimate in wisdom, but somehow they prepare the mind for a proper understanding of Christ's teaching.

If, in the *De Asse* and the *De studio*, Budé appears to us to be stating a case without much evidence, his last book, the *De transitu Hellenismi as Christianismum*, makes the situation a good deal more puzzling. Here he does provide evidence, and it is all adverse. He analyses the philosophical systems of antiquity and comes to the conclusion that they all derived from a false view of life which he calls Hellenism, and which he feels centred its attention on the things of this world. Ancient philosophy is valueless. [21]

It is difficult to see how Budé could continue a partisan of classical studies after he had arrived at this depressing verdict. But continue he did. The *De transitu* is thoroughly humanist in manner, citing ancient authors as authorities and taking its illustrations from the ancient myths. It is true that the idea of classical learning being, in its own right, a preparation for Bible study seems to have been abandoned. But Budé then goes on to say that the ancient authors are excellent if they are interpreted in the light of Christianity:

> Siquidem vaniloquam in universum philosophiam externam, fatuam ac Fauni coniugem esse, nemo inficiari potest: dumtaxat non impudens atque impius, aut certe imperitus. Quod si sale condita sit eadem philosophia: et vero si salibus aspersa germanae aeternaeque sapientiae, atque divinitus proditae; haud dubitarim ipse eam primae commendationis esse dicere, inter res quidem certe humanas, optandas et consectandas ingenuis animis atque excellentibus. [22]

The literatures which were extolled in the *De studio* as a source of wisdom, the transitory interests of this world not being worth considering, now emerge as bereft of wisdom, but humanly useful if interpreted in a Christian light. If *prudentia* is all that the classical education can offer, then *prudentia* must come back into favour.

A similar pervasive confusion marks Budé's comments on style. He has nothing but scorn for those humanists who are interested in the classical writers primarily as models of fine writing, and condemns their frivolity from first to last. But at the same time he attributes a mystical value to the power of the spoken and written word. His coupling of *ratio* and *oratio* in the *De studio* has already been mentioned. In the *De transitu* this concept is given additional weight by a reference to the role of Christ as the logos:

> estque sermo noster, quasi partus quidam mentis nostrae, imagoque ipsius: ut verbum divinum imago est patris expressissima. Sermo etiam humanus mentis vim et facultatem secum fert, cum tamen in mente ut Christus in patre, nihilo minus maneat.[23]

A man possessed of wisdom but bereft of speech would be less than human; and Bohatec has collected several pages of statements in which Budé stresses the importance of rhetoric.[24] It is the key to all learning, which helps man to develop his humanity to the full.

Here again we have one of those contradictions in which Budé's thought abounds. In one sense, a concern for style is bad; in another sense, it is essential. Budé no doubt, like Plato in the *Phaedrus*, had in mind an ideal style; but he makes no attempt to define or describe it. His thought moves on the surface and leaves difficulties unresolved.

This being Budé's approach to problems, it is not surprising that he should have said so little about the most immediate problem of all—the challenge of the vernaculars. The arguments he used to establish the importance of rhetoric were of a general nature and could have easily served to justify eloquence in languages other than Latin. Italian was well on the way to establishing itself as a serious rival to antiquity, and French too was plainly on the brink of a great leap forward. Budé was not one of those who believed that the wisdom of the ancients could not in any circumstances be expressed in a modern tongue. He had compiled the *Recueil d'apophtegmes* for François I. He was bound to have thought that French could achieve something when it came to conveying valuable information. And in the circumstances, it would have been reasonable for him to take some interest in the possibility of its being developed further. But he continued to write in Latin and Greek, and once the *Recueil* was finished gave no further thought to the vernacular.

Reading Vivès comes as a relief after Budé's verbose, untidy learning. Vivès had a most able mind—bold, orderly and retentive; and he had intellectual courage of a very high order, so that his struggles in the humanist straitjacket are very revealing.

He did not notably concern himself with politics, and perhaps for that reason his views were more of a piece than Budé's. Like

Erasmus, he belonged to the category of humanists who were impressed by the democratic and republican states of the ancient world, not by Caesar and imperial Rome. His ideal is a community of citizens who accept responsibility for each other's welfare; and he sees public spirit as the best guarantee of good government:

> cui magistratus, aut imperium, aut principatus mandatur, is sciat iam non sibi suas utilitates quaerendas, sed populi cui praeest.[25]

This sounds on the face of it as empty an exhortation as Budé's call to his king to obey the law; but Vivès has also left us what is perhaps the most thoughtful plan for social welfare that the Renaissance produced. In January 1526 he published the *De subventione pauperum* in the hope of persuading the magistrates and senate of Bruges to organize poor relief.[26] The first book is a string of generalities about poverty and the need to be charitable. But in the second, Vivès shows his real quality. Having established the principle that the community is responsible for all its members, he draws up a detailed scheme for dealing with different categories of indigence. He foresees the dangers of pauperization, and the further danger that those entrusted with the management of money voted for welfare might divert it into their own pockets or to the benefit of some institution that claimed their allegiance. In a series of chapters which read as if they had been composed in the nineteenth century rather than the sixteenth, he provides reasonably against the possibilities of abuse. Officials are appointed to investigate the claimants for relief, and the administrators are to disburse their funds rapidly, to lessen the chances of fraud.[27]

The *De subventione* merits consideration because it shows what Vivès could achieve when he was not hampered by loyalty to an awkward tradition. It is therefore unfortunate in a way that his most important work should have been about education, for that was a subject he could not approach with an open mind.

The twelve books of the *De disciplinis* were published in 1531, and they fall into two sections. The first is an attack on contemporary educational methods; the second, a scheme for their reform. Since the revival of Vivès's reputation in the middle of the last century it has been customary to place great emphasis on the pioneering elements in this treatise. Here, we have been told, is the most original theorist of the century, who breaks a path for Comenius, Locke and even Rousseau. In a sense, this praise is well deserved. We find in the *De disciplinis* mention of the importance of a child's early training in the home, which led Vivès to insist that girls, being the mothers of the future, needed some education. We find recognition of the (to us obvious) fact that instruction ought to be fitted to the level of the pupil's intellectual development. Vivès is also aware that a modern curriculum should cover more subjects than just Latin and Greek (an awareness shared, in fact, by many Renaissance educationists, but denied to all Renaissance schoolmasters), and he is blind neither to the possibilities of the vernacular nor to the need for the advancement of public education.[28]

Vivès plainly had a power of mind which saved him from being overwhelmed, as Budé was, by the unorganized erudition of his times. What crippled him was his desire to be acceptable to his fellow humanists, his truckling to educational convention.

It is possible that the truckling was dictated by circumstances. The *De disciplinis* was written at a time when he was out of a job. He had lost his English pensions as a result of trying to steer a sensible middle course between the demands of Henry and Catherine of Aragon,[29] and he needed to catch the public eye so as to attract a fresh patron. But a bold work which openly challenged established practice would not have had that effect. It was reasonable in the circumstances to be cautious, to conciliate humanist opinion, and a financially secure Vivès might have written a very different book.

In the work which has come down to us, the conventional element outweighs the original insights. Thus Vivès is not— except in a very superficial way—concerned with the whole of education. His comprehensiveness is illusory. Essentially, he is bogged down in the humanist curriculum. In the polemical part of the book, the *De causis corruptarum artium*, medicine is allowed five pages, grammar thirty-two, mathematics five and rhetoric twenty-nine. On the positive side, in the *De tradendis disciplinis*, mathematics, physics and medicine are dismissed in nineteen pages. Another half-dozen pages are devoted to philosophy. For the rest, we have the ordinary school course—grammar, rhetoric, the reading of authors—discussed at great length.

The creative, original ideas—the fruits of Vivès's pioneering thought—bob up incidentally in the course of his theorizing. Their practical implications are not worked out. As soon as he begins to legislate for the classroom, as soon as he moves from theory to practice, convention takes over. He is like a man caught in a quicksand. He sees the shore. He makes a few sweeps in the right direction; but he sinks, all the same.

Examples of Vivès's countering unconventional theory with conventional practice are too numerous to be examined in detail. But two key instances—the relation of Latin with the vernaculars and the reconciliation of pagan with Christian thought—are worth considering, since these were the rocks on which humanism foundered.

That Latin occupied a central place in the educational programme of the humanist movement was due to historical accident and not to any logical necessity. When we examine the reading of the movement's immediate precursors—a Montagnone, an Oliviero Forzetta, a Benzo d'Alessandria[30]—the professional men who were the first to turn to the classics to compensate for the shortcomings of medieval education, we find that they studied the ancient authors primarily for their content. It was with Petrarch that the question of correct Latin came to the fore. In a way, this was a very natural development. To understand the ancients properly you had to have an accurate knowledge of their language, and that knowledge could not co-exist with the habit of writing Latin inaccurately. In a world where the majority of serious writers used Latin, Petrarch's insistence that the classical rather than the medieval form of the language should be employed made good sense. But only in such a world. If the interest in ancient culture had arisen at a point when Italian was established as the obvious literary language, that interest could have flourished without a cult of Ciceronian accuracy.

Humanism's dependence on the use of Latin as a literary language was therefore a temporary expedient which habit elevated into a sacred principle. The teachers and writers of Latin were carried away by the natural fanaticism of expertise, and the reasonable view—that Latin, when written, should be written correctly—was replaced by the sectarian contention that the language of Cicero was the only respectable instrument of expression—if one was not skilled enough to handle the language of Demosthenes.

From the fifteenth century onwards, humanism had two aims: the assimilation of ancient knowledge on the one hand, the revival of classical Latin on the other; the two were not always compatible. An education centred on Valla's *Elegantiae* was ill equipped to serve the development of those branches of knowledge—medicine, law, mathematics, botany, history and philosophy—which were likely to benefit from the information antiquity could supply. And there was the even more important discrepancy that this information was desired for the purpose of advancing beyond the stage the ancients had reached, while the insistence on classical Latin was a bar to such progress. Language is a product of culture; to limit yourself to a language used in the past is to place serious obstacles in the way of future development. The more exact your imitation, the more thoroughly you confine your thought within a straitjacket.

The cult of Latin was singularly ill-advised. It threatened to cripple the creative side of humanism, and it was also, as everyone remembers, an obstacle which hindered the free growth of the vernaculars. Given the social conditions of the time, the multiplication of universities and schools, the introduction of printing, the urbanization, the current improvements in technology, we can see that this free growth could not be stopped; but the attempt at opposition, however useless, could still injure the movement responsible for it. The vernacular problem sharpened the contradiction which was tearing humanism apart.

In his theoretical pronouncements Vivès was on the side of common sense:

> sed meminerint homines studiosi, si nihil adjecerint linguis, ad fore, tantum pervenisse eos artium, et ante illas, aut certe in vestibulos versari, nec plus esse Latine et Graece scire, quam Gallice et Hispane, usu dempto qui ex linguis eruditis potest accedere . . .[31]

He is sympathetic to the vernaculars, admitting that a man can be eloquent in French or Spanish. He even concedes the possibility of eloquence where a man speaks a language incorrectly.[32] Wisdom is what matters. But in spite of this, his educational plans take it for granted that, after a very elementary stage, school will teach nothing but the classical languages. Children will speak Latin and woe betide them if they make mistakes:

> curabit institutor, quantum praestare poterit, ut pura sint verba et sermonis latini propria . . . lapsus in re difficili, corrigatur, data venia, modo proficiat emendatio, in re autem facili puniatur.[33]

Whatever he says in theory, in practice Vivès is stuck with Latin; and it is interesting to observe how the rejection of reason on one issue spreads a corrupting influence. Driven to find some excuses for the retention of Latin, he hits on the idea that there ought to be a special language for the use of the learned so that they can keep certain items of knowledge secret from the mass of the people:

> Expedit praeterea linguam esse aliquam doctorum sacram, quares arcanae consignentur, quas a quibusvis non convenit contrectari, ac pollui.[34]

Strange sentiments for a man who elsewhere pleads for the broadening of education and the recognition of our mutual responsibilities![35]

The other problem which troubled Vivès was even more central to humanism. What place was there for the study of pagan thought in a Christian society? For practical purposes, he adopted the method which was later used in nearly all humanist schools:

> meminerit magister . . . Christianum se esse ut quod bonae menti sit contrarium, avertat, tegat et subinde aliquid dicat moribus conducibile.[36]

Censorship, that is, in the classroom, if not beforehand by means of an expurgated text; and on the positive side, a great emphasis on religious instruction:

> auctoritas sanctarum litterarum magna cum majestate in auditorum pectora imprimatur.[37]

Vivès says explicitly in a passage quoted earlier that the ancient languages are to be valued for their content, for what they have to teach us. But, plainly, not everything they have to teach us is acceptable. It is not the whole of the ancient heritage that is indispensable for us, but only a part.

When it comes to defining this part, Vivès is as vague as everyone else. He has an easier time than Budé because he does not reject as unimportant knowledge that is useful merely for this life (Budé's *prudentia*), and because he does reject poetry (and presumably fiction) as trivial:

> Illud tamen non ignorandum poësi operis succisivis studendum sumendamque eam, non ut alimentum, sed ut condimentum.[38]

Much of the paganism and immorality that the Christian will want to expurgate is therefore of no great consequence anyway.

Trace the limits which Vivès establishes, and you are left with the serious prose writers of antiquity—the scientists, historians, orators, moralists and philosophers—and they are to be valued because they fit us to live more efficiently here and now. Leaving aside the fact that we might wish to argue with Vivès about his assessment of poetry, this is a clear enough definition of humanist aims. Why then the charge of vagueness?

Unfortunately, it becomes obvious, if we give thought to the matter, that the importance Vivès assigned to the content of his prose authors was not going to justify the retention of Latin as a literary language. It was not even going to justify centring the education of the young on Latin and Greek for more than a short period. Philosophical ideas, moral precepts, historical, legal and scientific information constitute the kind of material which can be most efficiently re-stated by new authors and, once adjustments in vocabulary have been made, passes most easily from one language to another. It was only a matter of time before the element which Vivès valued in the classical inheritance would become available in the vernaculars, and it is hard to avoid the suspicion that he himself was to some extent aware of this.

His chapters on the reading of authors have very little to say about content. The emphasis is on style. Boys read to improve their Latin and Greek. The gap which yawns between these practical recommendations, which come in book III of the *De tradendis*,[39] and the statement about the ancient languages owing their value to the knowledge they convey, which comes at the beginning of book IV, is not one that is easy to bridge.[40]

Prevented by his Christian principles from adopting the view that the aim of a classical education was to recast the student's mind in a Greek or Latin mould, Vivès was driven to argue in circles and ended up with a sacred cow which he was afraid to milk.

The picture he gives of the humanist outlook is no more comfortable than the one Budé provided. There were certain constants, to be maintained at any price. The ancient writers were to form the basis of serious education. Latin was to be maintained as a learned language in its classical form. Any elements in the ancient tradition offensive to the Christian faith or to Christian morality were to be expunged. The ultimate product of a humanist training was to be a piously Christian and not a pagan outlook. Budé clung to these constants, produced arguments to justify them, but did not attempt to relate his arguments one to another. Vivès was more inquiring, more analytical. His theoretical conclusions transcended the humanist position, but he hesitated to suggest that anyone should act upon them.[41]

The problem of Latin was not insoluble. The simple answer (which events justified) was to regard using Latin for learned purposes as an interim measure while the vernaculars matured. The problem of Christian and pagan values was admittedly less tractable. Budé was almost certainly right when he claimed that there was a fundamental discord between Hellenism and Christian belief as it existed in the sixteenth century. And it is perhaps relevant to add that the impact of the discord was made sharper by the fact that each outlook contained elements of human value denied to the other. Few would be so rash as to deny that a form of Christianity may evolve which will contrive (without prejudice to the truths of revelation) to make room for all that is attractive to man in the ancient heritage. The reconciliation of the two outlooks would then limit itself to the comparatively easy business of correcting manifest errors; and many Christian humanists imagined that this was precisely the situation which existed in their own day. But the discomfort they patently felt about their values was there to prove them wrong.

In the Renaissance, the Christian and pagan views of life coexisted in a state of tension. They were enabled to do so because they not only clashed but also supplemented each other; as we know, their co-existence resulted in an important cultural advance. Historically, the humanist movement had a useful function. But we have not been concerned here with the movement and its history. We have been concerned with humanism as an intellectual framework, as a complex of ideas and values which an individual could use to give shape to his experience; as such, the humanist compromise was too full of unresolved contradictions to count as satisfactory. A Budé or a Vivès could not have even the illusion of possessing a safe intellectual basis from which to judge the world. He was condemned to a perpetual uncertainty. Humanism—Christian humanism—was not a resting place for the European spirit. It was an uneasy tight-rope along which men walked out of the Middle Ages.

NOTES

[1] The term 'intellectual framework' is used here to designate that complex of generalizations about experience at all levels—categories of thought, explanations *de natura rerum*, fictional constructs, moral and aesthetic valuations, etc., all susceptible perhaps of being reduced to judgments about facts and judgments about value—which provide the intellectual element in each person's life, shaping what he feels and what he does. In this discussion on Budé and Vivès, we shall consider only a few of their ideas and attitudes—and such for the most as they shared with others—but since these are not logically connected, but co-exist rather than cohere, it has seemed appropriate to talk of an 'intellectual framework' and not of a 'system of ideas' or a 'philosophy'.

[2] Gulielmi Budaei, *Omnia opera*, Basileae, 1557, 4 vols., republished by the Gregg Press, 1966: and J. L. Vivis, *Opera omnia*, distributa et ordinata a Gregorio Majansio, Valentiae Edentanorum, 1782–86, 8 vols., republished by the Gregg Press, 1964. All the references in this paper to the works of these two authors are to the above-mentioned editions, the volume number being preceded by *B* for Budé and *V* for Vivès.

[3] Spanish scholars have traditionally preferred to speak of a triumvirate: see Gregorius Majansius's life of Vivès prefixed to his edition of the collected works.

[4] L. Delaruelle, *Guillaume Budé: les origines, les débuts, les idées maitresses*, Paris, 1907, p. 83.

[5] Budé is supposed to have wasted his university years, and the only one of his teachers for whom he has a good word is Janus Lascaris, who by his own admission gave him only twenty lessons (Delaruelle, *op. cit.*, 66, 74; *B* ii 74). He was 34 before he published his first book, the translation of Plutarch *De placitis philosophorum naturalibus*, 1502; and he was over 50 before he felt sufficiently confident to give his opinions to the world in their own right other than as an appendage to his works of scholarship. The bitterness of his quarrel with Portius and the outraged reaction of his supporters to the *Ciceronianus* (which he did nothing to mitigate) show his dislike of criticism; and his letters are suspiciously full of demands on his correspondents and complaints about unfulfilled promises.

[6] For the main facts of Vivès's life, see Foster Watson, *Vives on education*, Cambridge University Press, 1913, ch. 2.

[7] J. Bohatec, *Budé und Calvin*, Graz, 1950, dates the *De studio* as 1527 and the *Philologia* as 1530. I have not myself come across a copy of either earlier than 1532. F. Buisson, *Répertoire des ouvrages pédagogiques du XVIe siècle*, Paris, 1886, lists a *De philologia* libri II, Basileae, 1523 (Bibliothèque de Chartres) which I have not been able to check, but the date may well be an error for 1532. Similarly doubtful is Buisson's listing of an edition of the *De transitu* by Badius in 1529 which is not mentioned by Renouard, *Jodocus Badius Ascensius*. For the *De transitu* the Stephanus folio 1535 is usually the earliest listed. For the composition of the Arsenal MS 5103 (the first version of the *Institution du Prince*) I have taken Delaruelle's limits (*op. cit.*, 199 ff.) of 1517–19, which appear to me plausible.

[8] *B*, ii, 24.

[9] Delaruelle, *op. cit.*, 206, 208, 212.

[10] Delaruelle, *op. cit.*, 163–65, summarizes the evidence.

[11] *B*, i, 7.

[12] *B*, i, 33 and 34: 'Prudentiam etiam Plato, hoc est phronesim, pro scientia saepe accepit et nos eam ob causam quosdam iuris esse prudentes dicimus et appellamus: hancque esse aiunt, mentis et!intellectus exactam quandam constitutionem et absolutam. Verum sapientia proprie virtus est, contemplatrix rerum sempiternarum atque earum quae semper eodem modo se habentes, non admittunt mutationem.'

[13] *B*, ii, 179.

[14] Cited in Delaruelle, *op. cit.*, 208–9.

[15] Bohatec, *op. cit.*, p. 10, gives a long list of references.

[16] *B*, i, 2.

[17] *B*, ii, 285.

[18] *B*, ii, 192–93.

[19] *B*, ii, 194.

[20] *B*, ii, 285: 'Dico igitur eos qui ad philosophiam hodie studium suum collaturi sunt, sapientius esse facturos si non a rudimentis literarum statim ad eam transierint, sed per omnia omnisque disciplinae monimenta sapientiam vestigaverint.'

[21] Bohatec, *op. cit.*, 71–81, summarizes the evidence, but note especially *B*, i, 235: 'mors est, non vita, Hellenismi sensus, consilium mundi et propositum.'

[22] *B*, i, 238.

[23] *B*, i, 226.

[24] Bohatec, *op. cit.*, 17–20.

[25] *V*, iv, 63.

[26] *V*, iv, 421 ff.

[27] *V*, iv, 471–86; but note particularly 482: 'providendum ne aliquando Sacerdotes, obtentu pietatis et Missarum, vertant pecuniam in rem suam.'

[28] *V*, iii, 8–243, *De causis corruptarum artium* (7 books) and 244–432, *De tradendis disciplinis* (5 books). The latter have been translated by Foster Watson, *op. cit.*, whose introduction gives great emphasis to the progressive elements in Vivès's thought.

[29] Vivès says in a letter to Vergara (cited Foster Watson, *op. cit.*, lxxx) that he lost Henry's favour by supporting Catherine and then lost Catherine's in 1528 when she asked him to represent her before Campeggio, and he refused on the grounds that it was unwise for her to have any part in the affair. It is hard to believe this story. Once Vivès's advice had been rejected, his proper course would have been to do his best for his patroness along the lines she wished to follow. Since he could not stop her from being represented by refusing to act himself, the motive he gives for his refusal appears inadequate. One suspects that he was making an attempt to save or to recover the pension he had from Henry.

[30] L. Gargan, 'Oliviero Forzetta e la diffusione dei testi classici nel Veneto al tempo del Petrarca' in *Classical influences on European culture*,

A.D. 500–1500, ed. R. R. Bolgar, Cambridge, 1970. For Benzo and Montagnone, see R. Weiss, *Il primo secolo del umanesimo*, Rome, 1949.

[31] *V*, vi, 345.

[32] *V*, vi, 180: 'nam et in Scythico, et Gallico, et Germanico, et Hispano, multi sunt eloquentes . . . Quanto dissertior et eloquentior Anacharsis quam multi Athenienses, sive dum Scythice de natura et moribus, disputavit, sive dum Graeco, soloecissans, seu scythessans verius.'

[33] *V*, vi, 312.

[34] *V*, vi, 300.

[35] *V*, iv, 77–90: he advocated higher education for women. It is true that he wanted to give this an exclusively moral slant. But as morality was to be inculcated through a reading of the Church Fathers, Plato, Cicero and Seneca, linguistic training was also necessary. Furthermore (*V*, vi, 420) we find him dissociating himself from the common humanist enthusiasm for the education of princes in favour of a much broader approach: 'corda vero plerumque principum adeo sunt corrupta et magnitudine suae fortunae ebria ut nulla arte refingi queant in melius . . . curam nostram traducamus in populum magis tractabilem.'

[36] *V*, vi, 296–97.

[37] *V*, vi, 297.

[38] *V*, vi, 330. It is worth noting also that Vivès's commentary on Virgil's *Eclogues* limits itself to explaining the possible historical references (*V*, ii, 1–87). He saw poetry as prettified prose.

[39] *V*, vi, 324–36.

[40] *V*, vi, 345.

[41] Nothing has been said in this paper about Vivès as a teacher of rhetoric. According to R. D. Gooder (in an unpublished thesis, *Rhetoric and literary criticism in the work of J. L. Vivès*, recently submitted for the degree of PhD at the University of Cambridge), Vivès was a pioneer in this field and differed substantially from his predecessors both in his conception of rhetoric and in the course which he planned. It would not have been proper for me to quote Dr Gooder's arguments at this stage but, knowing them, I could not ignore their existence. I have therefore avoided the topic. Vivès's readiness to reform accepted teaching methods in a subject, whose development did not directly affect the retention of Latin as a learned language or the maintenance of Christian values in education, does not (I think) affect my criticisms of the humanist outlook. It merely adds a new dimension. Here again Vivès was forced to compromise. The course he worked out for practical use did match up to his more radical ideas; and anyone who took those ideas seriously was likely to find himself at odds with the general run of humanists over the Latin question.

M. A. Screech
Ruth Calder

SOME RENAISSANCE ATTITUDES TO LAUGHTER

This chapter is a sort of interim report. We have both been working for some time on early theories of laughter and comedy, and hope eventually to trace their history from Plato to Descartes. We started working independently but realized we were covering the same ground when we were always after the same books at the same time in the Wellcome Library.

It is not, perhaps, widely realized how many authors devoted their attention to the problem of laughter, its nature, origin, mechanics and moral implications, as well as to the subjects which ought—and ought not—to arouse it. To mention only some of the greater names of the Renaissance, laughter pre-occupied in varying degrees such men as Celio Calcagnini, Cardano, Erasmus, Jerome Fracastorio, J.-B. Fregoso, Laurent Joubert, Oecolampadius, J. C. Scaliger, Francesco de Vallés, Francis Valleriola, Viret and J. L. Vivès—not to mention men of lesser importance generally, but of great interest to our subject, such as Philip Camerarius, Nicander Jossius, Anthony Laurentius (*Politianus*), Celso Mancini, Erycius Puteanus and João Rodrigues de Castello Branco, that aimiable Jewish doctor who fled from the Iberian Inquisition to Turkish lands and is better known under the name of Amatus Lusitanus. A host of other authors deal with laughter incidentally but sometimes very influentially. An obvious example is Ficino.

Laughter is a major concern of Renaissance doctors, any of whom is likely to touch upon it at least briefly. This applies also to the commentators on the classical authors, as well as to those on the great Arabs, many of whom have something of genuine interest and importance to say about laughter. Avicenna is the most influential of the latter in this connection; the main classical authorities are Aristotle, Cicero and Quintilian. There are interesting reflections on their opinions in, for example, Vincent Madius's *Explanationes* on Aristotle's *Poetics* and Francis Robortelli's similar commentary. Many of these ideas are taken up by writers of original poetics such as Minturno, Trissino and Scaliger (though in Scaliger's case he is in fact more interesting in his book against Cardano, *De subtilitate*). Of similar interest are the commentators on Cicero—and Adrian Turnebus, for example, wrote a short treatise, *Locus in quo tractantur joci* (lib. II, *De oratore*).

Biblical commentators often touch upon laughter. They know that the name Isaac (Ishaak) means laughter, but they are also aware that when God laughs in the Old Testament he is laughing to scorn. Few of them allowed any laughter to the New Testament God. Most believe that the laughing God of the Old Testament is an anthropomorphic concession, just as later Kierkegaard simply dared not believe the Psalmist when he says that 'He who sitteth in the Heavens shall laugh: the Lord shall have them in derision'.[1]

Most of these writers are consciously addressing a learned public, but the problem of laughter interested others as well: Castiglione, in the second book of the *Courtier*, makes the arousing of laughter a desirable social gambit. We may also recall that Joubert wrote his treatise in Latin but published it in French.

Eventually the dons take over. At the end of the sixteenth century Rudolph Gocklenius the Elder published his *Physiologia de risu et lacrymis* (1597), and at the beginning of the next Rudolph Gocklenius the Younger wrote his thesis on laughter and belly-rumbling (*Physiologia crepitus ventri, item Risus et Ridiculi*, Frankfort, 1607).

We cannot even outline here the various opinions these men held. What we have decided to do is take two or three passages in Rabelais and to connect them with attitudes current in the sixteenth century, and then look quickly at some Calvinistic attitudes towards comic propaganda. Before starting on this subject, there is one generalization we can make: the classical authors, not excluding Aristotle and Cicero, are rather weak on laughter, and this was recognized by Renaissance authors. Joubert wrote that:

H F—P

l'argument du Ris aet si haut & profond, que peu de philosophes y
ont attaind, & nul ha gagné le pris de l'avoir su bien manier.[2]

Celso Mancini, at the end of the century, states clearly what is
implied by others before him: that Aristotle really did not have
much to say on the subject; that Cicero wrote more, partly
against Aristotle, but was inadequate in his treatment; that even
Hippocrates is self-contradictory. This gives unusual importance
to the ideas of the Renaissance thinkers themselves; they simply
could not build up a satisfactory theory from the bric-à-brac of
classical notions alone.

Several modern writers dealing with Aristotle on laughter
point out that he never mentions Aristophanes. The same, alas, is
true of sixteenth-century writers where Rabelais is concerned.
That Joubert, a doctor of Montpellier and the intellectual heir
of Rondelet, should not mention Rabelais even once is truly
surprising. Martial Rogerius *Lemovicus* does mention him in his
commentary on *De amicitia*, but merely to say 'vide Rabelaesum'.[3]
Erasmus fares better—but not much. Peter Mosellanus, com-
menting on Quintilian's *Institutes*, VI, iv, writes under *materias in
hoc idoneas*,[4] 'Ut est materia Erasmi in laude stultitiae, et Senecae
in morte Claudii', but, in general, contemporary authors are
usually ignored.

But to return to Rabelais. The liminary poem of *Gargantua* says:

Mieulx est de ris que de larmes escripre,
Pour ce que rire est le propre de l'homme.

The editions refer us to Aristotle's *De partibus animalium*, III, x;
which is indeed the eventual source. But this gives no idea of the
importance of the concept 'Laughter is the property of man'
placed at the head of a comic book. Other Renaissance authors
give this adage a place of honour in their books on laughter. Like
Rabelais himself, they are frequently on the defensive. Joubert,
who is certainly afraid that some may think too lightly of a book
devoted to laughter, ends his dedication to Margaret of France
with reflections on this idea. He returns to it more than once in
his treatise, maintaining that laughter is indeed the property of
man, given by God to his political animal as a means of social
recreation, just as he also gave man wine (as Plato said) to
sweeten the severity of old age.[5]

The year after Joubert's *Traité du ris*, Nicholas Jossius published in Rome his work *De risu et fletu*, included in the volume entitled *De voluptate*. Again, at the outset he recalls that weeping and laughing are so natural to mankind that our ancestors, when exploring the nature of things, made the property of man to consist above all in laughter.[6] Eleven years later, Celso Mancini in *De risu ac ridiculis* starts off with similar reflections: since laughter is the property of man, it behoves man to know what it is. Jean Dorat wrote a liminary poem for Joubert in which he makes similar points. The fact is, the notion that 'laughter is the property of man' was supported not only by Aristotle but also by Galen and Porphyry, which assured it a wide and influential following.[7]

The full force of the word 'property' in this context was attached to laughter on the authority of Ysaac the Jew, whose *Elementa* are mentioned in this connection by the commentators on Avicenna, and could anyway be read at first hand in Latin in the sixteenth century (though the British Museum hides its copy behind the perverse rubric 'Ishâk Ibn Sulaimân, *Al Israî'lî*'). More than one Renaissance writer makes the serious study of laughter date from this ninth-century Jewish-Arabic author. Joubert, who is quite generous to other scholars, writes:

> Isaac Israelite, fort celebre entre les medecins Arabes, has eté le premier, de tous ceus qui ont antreprins de definir la nature du Ris. Car des auteurs Grecs, nompas un: comme ceus qui de cette matiere à-peine an ont tant soit-il peu traité.[8]

In this he follows others, such as Valleriola[9] and, earlier, Gentilis de Fuliginio[10] and Gabriel de Tarrega in his long and perversely named book *Opera brevissima* (*Theoreticam & prathicam medicinalis scientie pro majori parte complexantia*).[11] Few authors agree with all that Ysaac says, but his pioneer work is fully acknowledged. His close interpretation of *hominis proprietas* was not seriously challenged. He refused to allow that a quality was genuinely the property of man if man could copy it by wit or art. *Risibilitas* he admitted as the property of man precisely because it is found actually or potentially in all men and cannot be counterfeited by wit or art.[12]

Despite the great authority behind the assertion that *le rire est le propre de l'homme*, it should be realized that Rabelais is taking sides on a matter where there was no general agreement. Writers on comedy and laughter are indeed generally agreed that it is the property of man, but this certainly did not go unchallenged. Lactantius, for example, denies it,[13] maintaining that a certain faculty of laughing appears in some animals when they sport with men, their mates or their young. For him the property of man is to be able to worship God. This contention is accepted by Viret, for example, in his *Métamorphose chrestienne*.[14] It is interesting to note that Erasmus changed his mind over this question. In *De conscribendis epistolis* he gave laughter as the property of man. But in *De ratione concionandi* he writes that a definition is a bad one when it can apply to anything else besides the thing defined. This is the case of laughing and man, for 'laughing, which is attributed to man as a property, may also be seen to be common to dogs and monkeys'. For Erasmus, the true property of man is speech.[15] An interesting variation on this is Vivès's contention that laughter is of man alone, although other animals have cognate emotions; but since they do not have a face like ours, they cannot show them and so cannot strictly be said to laugh.[16]

By making laughter the property of man, Rabelais claims for *Gargantua* a dignity he did not claim for *Pantagruel*. Laughter is of man alone. But this is at a cost: for though it distinguishes man from lesser animals, it also distinguishes him from God . . .

Rabelais does not go into much detail over the physiology of laughter, but he does say enough for us to see where his sympathies lay on this most disputed subject. After Janotus de Bragmardo's comic monologue, both he and the heroes burst into tears of laughter:

> Ensemble eulx commencza de rire Maistre Janotus, à qui mieulx mieulx, tant que les larmes leurs venoient es yeulx par la vehemente concution de la substance du cerveau, à laquelle feurent exprimées ces humiditez lachrymales, et transcoullées par les nerfz opticques.[17]

This explanation derives from Alexander of Aphrodisias,[18] whom he mentions later, and is frequently quoted by the writers on laughter. Nicolas Nancel, another French doctor, describes the course of laughter in *De risu*.[19] The first movement of laughter comes from the head, not the heart (nor indeed the spleen nor the diaphragm, as many held). The whole body reacts sympathetically to this agitation of the *animus* and the brain. First the brain itself sends its orders to the sinews; they arouse the muscles, which in turn agitate the parts of the body annexed to them. The brain palpitates, both dilating and contracting, so that at length even tears pour forth.

In 1542, Rabelais adds that the sight of both sides laughing was like seeing Democritus heraclitize and Heraclitus democritize. An interesting afterthought, not only because of B. Fregoso's book (*Riso de Democrito et pianto de Heraclito*) but also because it was a question commonly treated (at least since Alexander of Aphrodisias): why laughter and sadness, contrary emotions, can produce the same effect, namely tears. Nancel's explanation is met with in many other writers: sadness forces out tears, whereas joy enlarges the ducts and so they flow out.

Space prevents us from going very far into the many connections that can be made between Rabelais's comic practice and the theories of his day. But the connections are very real and throw much light on his comic achievement and his meaning. For example, many literary critics today accept that pity is incompatible with laughter, and attribute the idea to Bergson. But this notion was quite at home in the sixteenth century. Probably most people who teach Rabelais have come across the odd student who finds him gratuitously obscene and too cruel in his devices. Probably they all usually point out that ideas of what is obscene differ from age to age, and that the apparent cruelty of some episodes cannot be separated from the deliberate unreality which Rabelais creates. What would be cruel in real life is not necessarily so in unreality. Joubert is very clear on points such as these, basing himself, for the essential, on the Aristotelian conception of laughter as the perception of the ridiculous, which is conceived as a sub-division of the ugly, but not painful or destructive. The theory is considerably refined and expanded by Joubert:

> Or cet obiet, subiet, occasion ou matiere du Ris se rapporte à deus santimans, qui sont l'ouïe & la vue, car tout ce qui et ridicule, se trouve an fait, ou an dit: & il est quelque chose de laide, ou messeante, indigne toutefois de pitié & compassion. ...Ce que nous voyons de laid, difforme, deshonnete, indessant, mal-seant, & peu convenable, excite an nous le Ris, pourveu que nous n'an soyons meus à compassion. Example: si on vient de decouvrir les parties honteuses, lesquelles par nature, ou publique honnesteté nous sommes coutumiers de cacher, pour ce qu'il est laid, toutesfois indigne de pitié, incite les voyans à rire.[20]

The essential point for Joubert is that obscene acts or gestures, to be comic, must be ugly and totally removed from compassion:

> Si on veut oter le mambre viril à un homme, ou maugré luy on de son consantement, pour eviter un plus grand mal, il n'et possible qu'on an rïe, à cause du malheur qui ansuit un tel acte: dont pitié nous surprand & arrete, pour an deplaisir etonnés contampler tell'operacion. Il et parelhemant des-honnete de montrer le cu: & quand il n'y ha aucun dommage qui nous contraigne à misericorde, nous ne pouvons ampecher le Ris. Mais si un autre luy met à l'amporvuë un fer rouge de feu, le Ris cede à compassion: sinon que le mal-fait nous samble leger & petit, car cela ranforce le Ris, voyant qu'il est deuëmant puny d'une sottise, & malplaisante villainie.[21]

It would, of course, be a gross error to think that the practice of a comic genius can be fully explained by the theories and studies of lesser men. But it is equally misleading to imagine that contemporary attitudes and beliefs have no relevance. They have. A good example of Rabelais's profundity may be found in his fuller use of Plato than is normal amongst the theorists of laughter, who frequently ignore him completely. In M. A. Screech's edition of the *Tiers Livre de Pantagruel* it has been shown how the comedy is built around a sustained contrast between Pantagruel's normative self-knowledge and Panurge's self-loving self-ignorance. At a crucial point, Rabelais calls in aid the Delphic 'know thyself' and allied proverbial authorities.[22] In making Panurge—a friend, not an enemy—the vehicle for our mocking of comic self-ignorance, Rabelais is putting into practice the ideal of comedy outlined by Socrates in the *Philebus*. For Socrates, the central element of intellectual laughter is a special kind of boyish jesting malice (παιδικὸς φθόνος), which essentially consists in recognizing a man's false conceit of wisdom. Since φθόνος is usually regarded as a somewhat dubious quality, we cannot be laughing at an enemy: if we were, there would be nothing to be dubious about!

> *Socrates:* Observe the nature of the ridiculous.
> *Protarchus:* Be kind enough to tell me.
> *Socrates:* Taking it generally, it is a certain kind of badness, and it gets its name from a certain state of mind. I may add that it is that species of the genus *badness* which is differentiated by the opposite of the inscription at Delphi.
> *Protarchus:* You mean, KNOW THYSELF, Socrates!
> *Socrates:* I do. Plainly the opposite of that would be for the inscription to read BY NO MEANS KNOW THYSELF.[23]

This, we suggest, supplies the platonic framework of the *Tiers*

Livre; it also helps to explain why Rabelais does *not* make characters like Janotus de Bragmardo or Bishop Homenaz into genuine enemies. It also probably helps to explain Rabelais's growing doubts about the place of laughter in the life of the ideal sage which Pantagruel becomes. *Φθόνος* is too doubtful a quality to over-encourage. After the joyous romp of the Chicanous chapters of the fourth book, Pantagruel is a real wet-blanket: 'Ceste narration sembleroit joyeuse, ne feust que davant les oeilz fault la craincte de Dieu continuellement avoir.'[24]

It is a fact that, at least since St Augustine, Christian writers have often been suspicious of laughter. In the *Confessions*, Augustine tellingly associates laughter with that famous theft of pears which harrowed his conscience just as the riband did Rousseau's.[25] In *De libero arbitrio* he concedes that laughter is a human faculty, but adds that it belongs to the lowest part of man.[26] In the same spirit, when Augustine strove to conjecture what sins might conceivably have been committed by the just Abel, he concludes that he might sometimes have laughed a little too heartily or even so forgot himself as to have played practical jokes. *O felix culpa* . . .[27]

St Basil in his *Regulae*[28] holds that laughter is never appropriate for the Christian in so sinful a world. This was known, by the way, to the authors of *L'Encyclopédie*, who obviously saw it as a good stick to beat the Christians with. School books—and not only the kind mocked by Rabelais—warn the child against laughing too much:

Risus ab ore tuo pius et rarus videatur.
Per crebros risus levitas in corde notatur.

That is from the *Facetus*, which Rabelais does mock. But Erasmus too shares the doubt, though in politer Latin. In *De civilitate morum puerilium*,[29] he agrees that children may laugh sometimes but bans all excessive laughing, all guffawing and all jesting on obscene topics. Which must have left some boys with little to laugh about.

Many theorists of laughter take it as a flattering fact that the wise laugh less than other men, and explain why. Fracastorio does so, for example, in *De sympathia et antipathia rerum*.[30] He points out that surprise at the new or unexpected is a feature of laughter. Obviously, the wise man finds fewer things new and surprising than do children, mere women and the plebs. Laughter is associated with *laetitia*, not mere *gaudium*, a quality naturally found in youth who have lots of good blood, though the older man may have it *per accidens* when he is tipsy among friends. For Fracastorio, laughter is essentially composed of *laetitia* conjoined with *admiratio*, a combination both unstable and not without troubles, for *laetitia* dilates the *anima*, whilst *admiratio* suspends it.

It is one of the paradoxes of Rabelais that he himself invites the reader to condemn excessive laughter. We laugh at Homenaz, not with him, when he cannot control himself after what he fatuously considers to be a good joke:

«Vous me doibvez ceste là. Ha, ha, ha, ha, ha.»
Icy commença Homenaz rocter, peter, rire, baver et suer.[31]

These grosser accompaniments of excessive laughter are noted by the theorists, forthrightly by Joubert,[32] more chastely by Valleriola.[33] Such laughter, which upsets the balanced co-operation of soul and body found in moderate laughing, is plainly inappropriate to the sage.

All these contemporary attitudes help to explain Rabelais's disquiet about laughter from the third book onwards, but they are not enough in themselves. For whilst the stoico-evangelical Pantagruel avoids excessive laughing, he does weep—when contemplating the death of Pan. This certainly owes much to the commonplace that whereas Christ wept, he never laughed.

What worried so many moralists, when both Reformer and Counter-reformer had made religion no laughing matter, was the very effectiveness of comedy as a vehicle of religious propaganda. The wit of Erasmus, the comedy of Rabelais just could not be ignored—though you could, of course, place both writers on the Index. In the popular judgment, French Calvinists are dour and French Catholics are gay. Yet in the sixteenth century it was Rome which more successfully stamped out joking propaganda on religious topics. Just as many Calvinists distrusted the theatre but accepted the plays of Beza and others, so, too, doubts about laughter were compromised to meet the success of such comic propaganda as that of Viret.

Crespin, for example, in his preface to the *Tragedie du Roy Franc-Arbitre* (1558) says:

L'autheur [...] a eu ce but de monstrer evidemment, par un stil autant plaisant et ouvert qu'il est possible, les horreurs de la doctrine de l'Antechrist [...], livre [...] sans scurilité ou plaisanteri evicieuse.

> Et combien que la matiere ait aussi été traitée gravement par plusieurs bons et excellents personnages, neanmoins ceste façon d'escrire facetieuse, et en paroles dites de grace, n'est pas à rejetter.

Similarly, the anonymous author of the *Satyres chrestiennes de la cuisine papale* (1560) excuses his use of comedy by explaining that he himself was brought to the truth by a comic writer:

> Mais ayant jetté ma veue sur certains escrits facetieux, et toutes fois chrestiens, aussi tost nostre bon Dieu m'a tant fait sonder les secrets de sa Parole, que tout incontinent, j'ay eu horreur de l'abysme où peu auparavant je m'estoye precipité. Et lors me souvient du vers d'Horace: Qu'est-ce, dit-il, qui empesche que celuy qui rit ne die verité? Ainsi donc je suis venu d'un rien à un tout, comme en riant.

This reference to Horace, *Sat.* I, i, is a commonplace.

The Calvinists appear to have been disturbed by their public image as a grim and miserable group. Hence perhaps the passage in the verse prologue to the *Comédie du pape malade* of 1591, which defines the type of laughter appropriate to a gay but godly audience:

> Sus, sus donc Huguenaux, que l'on vous voye en place,
> Pour voir si vous avez si maigre et triste face
> Qu'on bruit, et si complots dressez pour vous destruire
> Quand il est de saison vous empeschent de rire.
> Je n'enten pas d'un ris profane et sans science,
> Mais partant du repos de bonne conscience,
> Qu'oster on ne sçauroit, pour tourment que l'on face,
> A ceux qui ont reçeu de Iesus Christ la grace
> Ries donc vostre saoul, de ce ris sobre et saint.

Another Calvinist whom one might have expected to find excusing himself for his use of satirical comedy is Henri Estienne. But the *Apologie pour Herodote* makes no apology for its contents, and only brings up the matter of laughter as an example of sterile Roman Catholic disputation. Estienne says that Roman Catholic theologians debate about whether Christ laughed or not, and that, despite the conclusion that he *didn't*, their preachers proceed to exploit laughter in their sermons. At this point, Estienne goes on to make full capital out of the idea by himself describing the preachers' comic devices at great length.

At this point we might consider Viret's situation, when, some time before 1544, he proposed to write his first major work, the *Disputations chrestiennes*, and to make it partly funny. It is significant that when he suggests dedicating it to Messieurs de Berne, Calvin, in a letter of March 1544, advises against it, lest it should annoy the Bernese at a critical juncture and also prejudice Viret's own interests. Calvin then proposed to contribute an epistle himself, certifying that the book's use of satirical comedy is not merely justifiable, but actually praiseworthy.

Despite this, the book was not always received favourably, even by those well disposed towards Viret.[34] Castellio, for example, writes a letter praising Viret as a pious and hospitable man, but adds that he wishes he had not mixed humorous and sacred matter in his book. However, it met with approval from others; Marcourt writes to Viret that his method is very good (this is perhaps a matter of temperament, since Marcourt himself used satire in his work). Whatever individual reactions may have been, there is no doubt that Viret was right in assuming that the addition of comic matter would add to the book's success. It was re-edited, and translated into English.

The *Disputations chrestiennes* are prefaced not only by Calvin's epistle, but by a very long explanatory *avertissement* by Viret himself.

Both Calvin and Viret draw on Horace. This was, of course, standard practice. 'Il y a un Poete ancien', writes Calvin, 'qui dit, que celuy qui delecte et profite tout ensemble en ses escritz, a gagné le pris et faveur envers tous.' He goes on to describe the rareness of this gift, and praises Viret for his possession of it. He tackles the familiar problem of mixing laughter and religion, and reaches the usual conclusion: it is permissible to laugh at error, but good doctrine must be expounded with great seriousness.

Viret himself, in his *avertissement*, uses other references to Horace to the same effect, notably to 'quamquam ridentem dicere verum/quid vetat?'. His second form of apology is based on still higher authority, that of the Bible:

> Je ne nys pas, qu'on ne sauroit traiter la parolle de Dieu en trop grand honneur et reverence. Mais je voudroye bien aussi, qu'ilz considerassent, que la parole de Dieu n'est pas tellement severe et tetrique, qu'elle n'ait ses ironies, ses jeux honnestes, ses brocardz et dictons convenables à sa gravité et majesté, quand la chose le requiert. Qui en voudra faire l'experience, qu'il considere comment Dieu luy mesme, et Jesus Christ ce grand orateur celeste, parle quelquefois, en prennant ou ses disciples, ou les hypocrites et les reprouvez.

Then, under a heading 'Les manieres de parler joyeuses en la saincte Escripture', he gives a number of biblical references to passages which he regards as jocular. The most enlightening of them is to I (III) Kings, xviii, 26 and 27, where Elijah has challenged the prophets of Baal to invoke fire upon their altar:

> And they took the bullock which was given them, and they dressed it, and called on the name of Baal from morning even until noon, saying, O Baal, hear us. But there was no voice, nor any that answered. And they leaped upon the altar that was made. And it came to pass at noon, that Elijah mocked them, and said, Cry aloud; for he is a god: either he is talking, or he is pursuing, or he is on a journey, or peradventure he sleepeth, and must be awaked.

These *manieres de parler joyeuses* are in some cases *mockery*, such as this, and in others straight condemnation.

In his *avertissement* Viret also says that the patristic writers use laughter: 'les bons docteurs anciens [...] se sont tant moquez par leurs livres et leurs escritz, des superstitions et des heresies des heretiques et des idolatries payennes.'

Viret's appeal to biblical humour seems to have influenced one other writer, at least. Marnix, in his tedious *Tableau des differens de la religion*, says at one point in his long preface: 'Peut estre aurons nous occasion, non seulement d'apprendre la verité, mais aussi de rire et de passer le temps joyeusement'—and he justifies himself with the same biblical references.

And with that, somewhat arbitrarily, we must stop. But we hope to have said enough to show that the subject of laughter is challenging and interesting enough to keep us working away happily for some time. Writers on laughter during the Renaissance approach the subject from so many angles. They want to know how it works, and whether the main role is played by the spleen, the diaphragm, as the Peripatetics held, the heart, as the Platonics held, or (with Amatus Lusitanus) the brain; what are its efficient, formal, material and final causes; what is its relation to soul and intellect; why it is not always—if ever—subordinate to the will. The moral implications of laughter are deeply pondered. Its therapeutic role in the domain of what today we would call psychological and psychosomatic spheres is frequently examined. And perhaps of greatest interest for the student of literature are the actual comic examples given by some of the best writers, and the light they and their theories throw on comic authors, including Rabelais (and, we hope, Molière).

NOTES

[1] *Purity of heart is to will one thing*, translated by D. Steere, Fontana, pp. 168–69.

[2] *Traité du ris*, 1579, a. viii r°. We are preparing an edition of this work for TLF series (Droz, Geneva).

[3] 1547 edition, p. 67 v°, s.v. *Semper auget assentator*.

[4] Paris, 1542, 21 v°.

[5] *Traité du ris*, a. viii r°; pp. 220–32.

[6] *De voluptate*, etc., p. 44.

[7] Cf. Valleriola, *Enarrationes medicinales*, Lyons, 1554, pp. 213, 219.

[8] *Traité du ris*, p. 163.

[9] Page 216.

[10] On Avicenna, Prima Tertii, cap. iv *ad fin.*

[11] Bordeaux, 1520, xc r°, dubio iiii.

[12] *Omnia opera*, Lyons, 1515, vii r° (col. 2, 4th).

[13] *Div. inst.*, III, 10.

[14] 1561 edition, part II, p. 454.

[15] *Opera omnia*, 1703–6, I, 411 C; V, 922 BC.

[16] *De anima*, Lyons, 1555, p. 208.

[17] TLF, *Gargantua*, Droz, sous presse, ch. XIX.

[18] III, 1.

[19] Paris, 1587.

[20] *Loc. cit.*, pp. 96, 83.

[21] *Traité du ris*, p. 18 ff.

[22] TLF, *Tiers livre*, p. 180 and notes.

[23] H. Hackford, *Plato's examination of pleasure: a translation of the* Philebus, *with introduction and commentary*, 1945, p. 92 f.

[24] QL, XVI.

[25] II, ix.

[26] Lib. I, cap. VIII.

[27] See P. Brown, *Augustine of Hippo*, 1967, p. 199.

[28] Rule 53.

[29] I, 1035 BC.

[30] 1546, p. 42 v°.

[31] QL, LIII.

[32] Pages 127, 161.

[33] Page 222.

[34] See J. Barnaud, *P. Viret*, St-Amans, 1911, p. 271.

A. H. T. Levi

THE NEOPLATONIST CALCULUS
The exploitation of Neoplatonist themes in French
Renaissance literature

Since Abel Lefrance's famous essay on *Le platonisme et la littérature
en France à l'époque de la renaissance*, it has become increasingly clear
that many of the themes exploited by sixteenth-century humanist
writers in France were drawn from Neoplatonist sources. Much
work has appeared since Lefranc's essay in 1896.[1] We now know
that the syncretist Platonism of the French renaissance derives
very largely in its grand lines and in many of its details from the
work of Marsilio Ficino, that other important sources include
Nicolas of Cusa, the pseudo-Denis and Ramon Lull, and that
among the important non-French channels of transmission to
sixteenth-century France were Pico della Mirandola, Leone
Ebreo and Castiglione.

This exploitation of Neoplatonist themes in the literature of
love has been catalogued by Festugière and Meylan, while
Merrill and Clements have examined it in poetry. Many other
scholars, notably Frances Yates and D. P. Walker, have examined the transmission and transformation of particular Neoplatonist themes, while still others have had to examine the use
made of the Neoplatonist tradition by a whole host of Renaissance
authors—whether, like Rabelais and Ramus, they ostentatiously
and not unaffectedly flaunted their allegiance to Plato; whether,
like Héroët and Pontus de Tyard, they largely reproduced elements of the Ficinian synthesis unadulterated; or whether, like
Maguèrite de Navarre and Scève, they were at least not intelligible without reference to it.[2]

What has not really been attempted is a comprehensive explanation of the whole phenomenon of Neoplatonism in the
French Renaissance. Why did Plato become so fashionable a

figure to nail to the mast-head? Unlike Plutarch, he was not full
of detachable *sententiae* or historical examples. Unlike Seneca or
Epictetus, he offered no very obvious message for troubled times.
Unlike Cicero, he offered neither pot-boiled philosophy nor
rhetorical advice. Yet his influence is always strong, and from the
early 1540's until the wars of religion it is paramount. What
determined which particular themes should be distilled out of
the amorphous syncretism of the Florentine tradition, and why
so many attempts to Christianize Plato, to foster on to him
attitudes he never held, to cover him with religious authority and
use him as a moral weapon? Why should so many translations of
the dialogues appear suddenly, soon after 1540, in the entourage
of Marguerite de Navarre? Why, for that matter, is the Neoplatonism of the French Renaissance associated with the advanced position in the *Querelle des femmes*, with authors of
reformist sympathies in the first half of the century but often with
counter-reformers like Ronsard and Baïf in the second half?
Are the answers to these questions in any way connected?

This chapter is an attempt to suggest how these questions may
be answered. It is a sketch for a longer study, and must doubtless
suffer from the need to say too much in too short a space, to
suggest rather than to prove, to allude rather than to analyse.
But it seems important for an understanding of the Renaissance
in France that the phenomenon of Neoplatonism should be taken
as a totality and that the relationships between the authors who
drew on the Neoplatonist tradition should at least be explored, as
only in this way can it be understood why and how they exploited it. Three main headings seem to impose themselves, and
I should like to consider, first, the emergence of the Neoplatonist
ethical and religious calculus from the work of the evangelical
humanists, second, its use in the context of imaginative explorations of the morally enriching implications of emotional
love, and third, its use as epistemological system to support a new
philosophy of education and creative activity.

1. *Neoplatonism and evangelical humanism*

The Neoplatonism with which we shall for the moment be concerned is that of Marsilio Ficino, as outlined particularly in the
Theologia platonica (1482), the *De triplici vita* (1489), the great
series of commentaries on Plotinus (1492) and Plato (1496), and
above all the famous so-called commentary on the *Symposium*

(1469, published 1484). For our purposes, the most important element in Ficino's intellectual system concerns his view that religious beatitude is the term of the soul's ascent through the four circles of creation in quest of reunification and stimulated by one or more of the four *furores* or forms of divine frenzy. One of the important advantages of this interpretation of human moral experience is its clear implication that religious perfection is the term of a moral progress and therefore that human moral perfection, including religious perfection, is intrinsic to human moral fulfilment.

Ficino himself was almost obsessively excited not only by Plato, but by everything which he somewhat gratuitously labelled Platonist, from Plotinus and the *Corpus Hermeticum* to Boethius, Scotus and Henry of Ghent.[3] He was apt to be as excited by Orphic hymn-singing as by Plotinian mysticism. Pico della Mirandola was to derive immense stimulation from the *orphica* and the *caballa* as well as from Plato and the scholastics. But neither author is quite clear about the reasons for this excitement, and Ficino certainly does not adequately explain his Platonist intoxication in the famous *Prooemium* to the commentary on Plotinus, where he offers his work simply as a more orthodox and Augustinian philosophical sub-structure for the Christian revelation than the decadent Aristotelianism of the Averroists and Alexandrians. As so often in the Renaissance, we start from a sense of originality and excitement, of difference from the past, a sense of exultant discovery felt to be important before the nature of the originality was clearly understood.

Apart perhaps from Lefèvre d'Etaples, the evangelical humanists did not often express themselves in Ficinian terms. Lefèvre himself, far from being mistrustful of Ficino, as has sometimes been affirmed, was concerned only to demand Christian derivation for the Neoplatonist theology which so attracted him. But even Erasmus, in spite of the impression left by so great a scholar as Renaudet, was thoroughly receptive to the Neoplatonist tradition he inherited from Colet. It is sometimes overlooked that Erasmus quoted extensively from Ficino's translation of Plato in the *Enchiridion* and that he used the Ficino version of the *Symposium* certainly for the *Adages* and the *Praise of folly*, that the *Enchiridion* is in fact closely modelled on Pico della Mirandola's famous letter to his nephew of May 1492, that it contains important references to Pico's *Oratio de hominis dignitate* and that, when Erasmus later criticized Origen for his Platonism in 1532, he was in fact still following Pico's own *Apologia*.[4] From the 1508 Chiliades on, the *Adages* started with the provocatively Platonist entry 'Amicorum omnia communia', and Plato constantly recurs throughout the *Adages*. What in the end Erasmus takes from the Platonist tradition is not an intellectual system so much as the series of personal and social values which he shared with More during the period of their close collaboration and which are explored in the works of both authors from the *Encomium Moriae* and the long essays of the 1515 *Adages* to *Utopia* and Erasmus's later works on peace and ecclesiastical union.

Colet's own evolution from Ficinian Platonism to Pauline soteriology was in a sense the paradigm, matched in different ways by the development of Erasmus, More, Lefèvre and indeed Ficino and Pico della Mirandola themselves. In later life Colet systematically substituted in his commentaries examples from Paul for those from Plato and Plotinus which he had taken from Ficino. But, as Professor Jayne points out, Colet's interest in Platonism was certainly a product of the religious sensibility which determined the return to scripture.[5] The personal and social ideals of Erasmus and More, clustering around the ideas of equity, democracy, pacifism, the interior and moral religion of the *Philosophia Christi*, are all to be found in Colet. The achievement of the evangelical humanists was to anchor the advanced values vehicled by the Platonist tradition in the Pauline epistles and the sermon on the mount. The Neoplatonist vogue in sixteenth-century France is certainly not unconnected with the central concerns of evangelical humanism.

This relationship, clear enough in the work of Charles de Bouelles and Symphorien Champier, needs more elaboration than it can be given here. But Professor Rice has pointed to the strongly platonizing tendency of the *de natura hominis* of Nemesius which attracted Beatus Rhenanus to edit it in 1512, although he wrongly attributed it to Gregory of Nyssa,[6] while Lefèvre himself, closely drawn to the pseudo-Denis and to Cusa, was so attached to the neoplatonist world view as to contrive for it not only the identification of the pseudo-Denis with Paul's first convert at Athens, in spite of Valla, but also the identification of the pseudo-Denis with Denis the first martyr of France. In this way he produced an apostolic continuity between Athens and Paris to match that between ancient and modern Rome, and he also

gave high Christian authority to a clearly Neoplatonist philosophy, enhancing, for instance, the status of Proclus. The need to
claim Platonism for Christianity is further demonstrated in all
those Renaissance authors who established the improbable
channel of transmission of doctrine from Moses to Plato, passing
indifferently through all or any of Orpheus, Hermes, Pythagoras
and Zoroaster. Ficino, who—having reconciled Hermetic Platonism with Christianity in other ways—does not need to invent
this transmission, none the less points out that all that these
authors had to say is contained 'in Platonis nostri voluminibus'
and is therefore Christian by implication and by Augustine's
authority.

The inner logic of this historical relationship between Ficinian
Platonism and evangelical humanism becomes clearer, however,
when we examine the question of pagan virtue. Ficino's system,
by making religious beatitude the term of an aspiration to moral
fulfilment, cut across the extrinsicism of post-Ockhamist scho-
lasticism, which based all moral obligation on an increasingly
arbitrary series of divine decrees. By the sixteenth century the
theologians of the Sorbonne regarded themselves as the entitled
protectors of theological orthodoxy and Gallican privilege and,
pastorally unconcerned, they allowed the orthodoxy they defended to come adrift from the intellect's need for a rational explanation of its experience, just as they regarded human moral
aspirations as irrelevant to religious perfection. The crucial
question was the salvation of the pagans. The scholastics held
that the pagans, without belief, could not have grace. The humanists, holding to their interior religion and to an idea of religious
perfection as intrinsic to moral fulfilment clearly had to make
efforts to widen the current orthodoxy sufficiently to allow salvation to those ancient pagans who, like Socrates, were widely
regarded as having achieved the highest moral stature.

It is Ficino who solemnly canonizes Socrates along with Job
and John the Baptist as prefiguring Christ in his letter *Confirmatio
Christianorum per Socratica*.[7] Erasmus, who had added Christ to the
list of Silenus figures along with Alcibiades' Socrates in Plato's
Symposium, notoriously referred in the *Convivium religiosum* (1522)
to 'Saint Socrates' and went on to urge the case for Cicero's
sanctity in the 1523 preface to his edition of the *Disputationes
Tusculanae*. Lefèvre d'Etaples goes so far in his 1512 commentary
on *Romans* as to wonder whether those who, never having heard

the gospel, are not finally saved provided they have kept everything 'quae lex divina (excepto cerimoniarum ritu) mandat'.[8]
Marguerite de Navarre, who had categorically denied the possibility of pagan salvation in the early *Dialogue en forme de vision
nocturne*, is equally clear that Socrates had divine grace in the
third *Prison*, by which time she is known to have become interested in Ficinian Neoplatonism.[9] On the other side of the
schism, Zwingli, always strongly influenced by Pico della
Mirandola, had affirmed the salvation of a whole list of pagans
in the *Brevis ac clara expositio*, published in 1536, five years after his
death. Melanchthon did not dare go so far and, having tentatively suggested that the pagans were excused by ignorance in an
undated manuscript, ended agnostically, 'Omittatis illas quaes-
tiones, non omnium possumus reddere rationes et causas.'[10] But
by 1546 Richard Le Blanc, in the preface to his translation of the
Ion, says unequivocally that the inspiration necessary for the
inspiration of the poet does in fact mean grace, even in non-
Christian poets.

Erasmus was censured by the Sorbonne for the *Convivium
religiosum* and Zwingli's followers were immediately attacked by
Lutheran adversaries. Indeed, Erasmus's view has seemed to
quite recent generations to have been simply Stoic. But what in
fact he was defending was the doctrine of intrinsic perfectibility,
the ideal he defined in 1516 as the 'instauratio bene conditae
naturae'. He was followed by Rabelais, provocatively Platonist
to the point of affectation, in his confidence in the moral aspirations of the well born, the well fed and the well educated. But to
spell out this confidence, and its implications for pagan virtue,
was dangerous, and the only conceptual framework capable of
incorporating it was Ficino's.

The association between the largely Platonist humanism of the
evangelical humanists and the early reformers in France was
noticed by Hauser and Lefranc, and is surely to be explained by
their joint rejection—although on different grounds—of the
exterior religion of works. But the generation of Ronsard and
Baïf was to exploit the Neoplatonist tradition in its specifically
Ficinian form as a counter-reformatory weapon, a paradox to be
explained by the nature of the opposition between the evangelical
humanists and the reformers.

Erasmus long refused to speak out against Luther. He accepted a good deal of the 1517 theses, advocated tolerance and

patience, and behaved with no more than prudent distance to the German reformer. When in the end he spoke out against him, it was on the central issue of intrinsic perfectibility and specifically of free will. Luther (maintained the rather rambling *De libero arbitrio* of 1524), had in 1520 denied man's power of autonomous self-determination to good. In 1525 Luther replied with the *De servo arbitrio*, maintaining, wrongly, that Erasmus was a sceptic but, rightly, that his view was Pelagian by implication.

Like the debate about grace for pagans, the dispute about free will is of central importance for an understanding of the Renaissance. Rabelais, of course, recognized this when he made it a principal subject of his novel. The pagans, we have seen, were excluded from grace by scholastic orthodoxy on the grounds that they did not have faith. It followed that what they achieved was the work of nature alone, and hence that Christians differed from pagans by the addition of grace to pure nature. This was common ground between scholastics, evangelical humanists and reformers. The difficulty was that, on this paradigm, any power of self-determination to good in man had to belong either to pure nature, with semi-Pelagian implications, or to grace, in which case it was not an autonomous power. There was no third alternative so long as grace was denied to pagans. The scholastics, accepting the Ockhamist legacy, were already committed to a semi-Pelagian position, but they could keep free will. The reformers were programmatically anti-Pelagian, but they had, all of them, to sacrifice free will. The evangelical humanists, accepting the doctrine of intrinsic perfectibility, needed to combine an anti-Pelagian theory of grace, in order to be free of the religion of works, with some autonomous power in man of self-determination to good. There was no theological system capable of reconciling these things.

This is the crucial dilemma in the cultural history of the early sixteenth century, and its importance has gone unremarked. It was not resolved by More or Erasmus, Pole or Lefèvre, Contarini or Sadoleto, not by the schismatic reformers, nor by the Jesuits or the Dominicans, for all the volumes they wrote about it, and certainly not by the doctors of the Sorbonne. It was finally resolved in 1588 by Molina's *Concordia*, but the price paid was exorbitant. In order to reconcile effective free will with a non-Pelagian theory of grace, Molina had to postulate in God a knowledge of what Peter would do if he did have the chance of accepting or refusing grace before deciding, in the light of that knowledge, whether or not to give it to him. In other words, Molina goes back on the whole nominalist tradition to re-import a Scotist chronological distinction between divine acts, and into the bargain he invents a totally new sort of divine knowledge for which his defenders are still seeking a scriptural warrant. The intricacy of the solution measures the tightness of the dilemma.

The famous *duplex iustitia* theory evolved by Giles of Viterbo inside Luther's own order, adopted by Contarini at Ratisbon in 1541 and presented by Seripando at Trent, was in fact a compromise which evaded the issue. Had Aquinas's advanced and humane exploitation of natural law as the basis for both a rational ordering of the cosmos and a source of ethical obligation necessarily attuned to human need not been rejected by the schools, the dilemma could have been resolved. But the Thomist renaissance of the late fifteenth and early sixteenth centuries achieved too little and too late. The evangelical humanists were by and large forced to keep out of formal theological debate by this dilemma, and it is of immense importance in the history of literature that it obliged them to turn rather to negative weapons, the Lucianic and Menippean forms of satire, the exploration of values in imaginary societies, the poetic expression of their spiritual, moral and religious aspirations. It was to the imaginative reconciliation of the two horns of the dilemma at once that Rabelais, in his later books, employed the tool he had forged in *Pantagruel*, never openly asserting, but laying on layer after layer of innuendo and implication. But what is of importance in the present context is the association between Neoplatonism and the belief specifically in man's power of autonomous self-determination.

Jules Paquier has pointed to the Neoplatonist roots of the thought of Giles of Viterbo, and of the compromise *duplex iustitia* theory, and we have the correspondence between Giles, Lefèvre and Ficino. The foggier forms of Neoplatonism had of course ferried forms of astrological, physical or even necromantic determinism, resolutely rejected by Erasmus and Rabelais, but there emerges clearly from the Neoplatonist tradition a firm belief in effective free will. After Valla, the most famous text is that of Pico della Mirandola in the *Oratio de hominis dignitate*, in which, after Pico has assured us that man was created last of all, 'as Moses and Timaeus testify', God speaks to Adam, ending:

Neither heavenly nor earthly, neither mortal nor immortal have we made you . . . you can make and shape yourself into whatever form you prefer. You can degenerate downwards into the realm of brutes; you can, if your soul so wills, regenerate yourself upwards into the divine realm.[11]

This marks an advance on Ficino, for whom man's place in the hierarchy of being was fixed, but it demonstrates how the Florentine tradition was feeling towards a conceptual framework for something which the evangelical humanists were going to need to say.

2. *Neoplatonism and emotional love*

We have seen that the association between evangelical humanism and Ficinian Neoplatonism can be explained by the context of the religious disputes, even to the extent of explaining why the Neoplatonist tradition moves from an association with the reformers in the first part of the century into the camp of the counter-reformers after the middle of the century. The exploitation of the Ficinian calculus was not however only, nor even chiefly, due to its utility in a specifically religious context. The commentary on the *Symposium* is perhaps chiefly remembered for its boldness as the original *trattato d'amore* and first treatise on love formally to reconcile a love which was presented as morally enriching, and indeed religiously perfective, with a love based on instinct and not exclusive of physical intercourse.

The two loves—the morally perfective one and the physical passion—each had long histories, going back through Andreas Capellanus to the medieval Arabians. But whereas Andreas held them to be mutually exclusive, Ficino allows their compatibility, and insists only on a correct order between them. Both loves are 'honestus' and both follow the 'imago divina'.[12]

It seems important to insist on this point, because a good deal of work on sixteenth-century authors still assumes that the love for which Ficino himself coined the term 'Platonic' is a spiritual aspiration which remains emphatically insulated from passion and instinct. C. Ruutz-Rees, for example, in the informative discussion of Platonism in sixteenth-century poetry in the monograph on Charles de Sainte-Marthe[13] goes so far as to regard the opposition between desire and love as a Platonist dogma. No doubt the usage of many poets bears out this view, but if there were poets for whom the Neoplatonist tradition provided only images, aspirations and affectations, they missed the real power and originality of Ficino himself. At its highest point, and at its nearest to Ficino, sixteenth-century Neoplatonism was the vehicle for a daring investigation precisely into the connection between the love which was instinctively |based and that which was spiritually perfective.

Significantly, neither Pico della Mirandola nor Bembo nor Castiglione dares to go so far as Ficino. Bembo's famous speech in the fourth book of *Il cortegiano* reiterates Pico's insistence that man can lower himself to the level of the beasts or raise himself to the level of the angels. But for Castiglione's Bembo, physical love necessarily puts man on a par with the beasts. At his nearest to Ficino, Castiglione is still reluctantly concessive: sensual love 'deserves excuse' in youth and is 'perhaps in some cases lawful'. But it remains a manifestation of weakness and frailty. When Leone Ebreo follows Ficino, Ronsard upbraids him. The most celebrated re-statement of Ficino's view in the sixteenth century, with its implication that instinctive emotion was capable of providing moral elevation, was not published until 1585 in the first dialogue of the second part of Giordano Bruno's *De gl'heroici furori*, and that work interestingly foreshadows the ethical calculus of the early seventeenth century by explaining the moral elevation mediated by instinctive love in terms of the lover's need to make himself worthy of the object of his love.[14] 'Although the *Tesoro di concetti poetici* published at Venice in 1610 quotes texts from Petrarch, Bernardo Tasso, Annibal Caro, Bembo, d'Azia and Torquato Tasso under the rubric 'Per la bellezza della donna si può ascendere alla contemplatione del summo bené',[15] the exploration of the morally enriching potentialities of instinctive affection remained rare and audacious in sixteenth-century France.

The flood-gates do not open until after the wars of religion, when the pastoral came tardily to France, and with it the setting which emphasized the innocence of instinctive affection. Not surprisingly, this was the period which saw, after the gloomy pessimism of the wars, a strong revival of interest in Ficino himself, now a direct source for the *Astrée*, for François de Sales, for Camus, Bérulle and a host of others. In the sixteenth century, even before the wars of religion, the need to assert the ethically elevating capabilities of what was called passion was less imperious, while during the wars the Ficinian theory which made it possible was transmuted into the fashionable Stoicism of the humanists. Ronsard could sing the praises of carnal love, but always in images, never asserting the morally enriching nature of the experience. Ronsard, indeed, never goes beyond the juxtaposition of sensual and spiritual images. But it is clear that his movement away from Petrarchan images is caused by their inadequacy to contain an emotional experience of growing intensity. It is not surprising that when Ronsard seeks outside his love poetry to justify the constructive importance of emotion, he should turn to the intellectual apparatus of Ficinian Platonism, already frequently enough exploited in the context of the theory or even philosophy of creative activity.

But as early as 1542, in the second book of *La Parfaite Amye*, Héroët uses the Ficinian love calculus, saying of the soul that:

> elle
> Use d'amour et de beaultés humaines,
> Pour ung degré propre à plus haulte attente,

and he makes clear that he is talking of the morally enriching effects of instinctive love:

> J'ayme si bien que j'ay seure fiance
> En mon amour, que tost m'eslevera,
> Et les secrets du ciel m'enseignera.

In 1544, it is Scève who takes from Castiglione the idea that love elevates the soul faster in the absence of its material object, and who sings in occasionally Ficinian terms of the

> Amour si sainct, et non point vicieux

which is yet instinctively based. The last *dizain* emphatically reiterates the moral:

> Aussi je voy bien peu de différence
> Entre l'ardeur, qui noz cœurs poursuyvra,
> Et la vertù.

Not surprisingly, the Ficinian commentary was widely known and diffused in these and other works, including those of Champier and the translations of Leone Ebreo by Denis Sauvage (1551) and Pontus de Tyard (1552), Corrozet's *Compte du rossignol* (1546) and Jean de la Haye's translation of Ficino's commentary itself, before the first complete French translation of the *Symposium* was published in 1556. Here, too, the interest in Plato was a product of the importance of the Ficinian tradition for Renaissance writers.

It is only on the eve of the outbreak of the religious wars that

Louis Le Roy's commentary on the *Symposium* in 1558 seriously doubts the viability of the Ficinian calculus. By this date, the mid-century optimism was over, and gloom at the present state of France tempers Le Roy's panegyric of achievement with a warning note, soon endlessly to be echoed from moralist to moralist across the Schism. D'Aubigné will separate the two loves again, insulating the morally enriching one from that which is instinctively based in the twenty-first of the *Stances* from *Le Printemps*, while Montaigne not only pours scorn on the Ficinian calculus of love in *Sur des vers de Virgile*, but he also significantly denies grace to Plato 'grande d'humaine grandeur seulement'.[16]

It is difficult not to see the production of translations of the dialogues among the *protégés* of Marguerite de Navarre as corresponding to the need to support not only her religious views but also the feeling that emotional love might be morally enriching, with its corollary that women too were capable of intellectual and spiritual activity, perhaps even on a par with men. It is at any rate striking to see the Ficinian analysis of love so heavily drawn on from the early 1540's to the late 1550's, when it recedes before the threatening wars, only to emerge again, unchanged, when the wars were over and the early seventeenth century set about reviving an interest in the morally enriching implications of instinctive emotional experience.

3. *Neoplatonist epistemology, education and poetic activity*

We have seen how the association between evangelical humanism and Ficinian Neoplatonism explains not only the emergence of the Ficinian calculus in the religious disputes of the sixteenth century, but why it crossed the Schism. We have seen also that it provided a powerful conceptual framework in which to explore the feeling that instinctively based emotional experience might also be morally enriching, which explains its association with the advanced sensibility in the *Querelle des femmes* and its demise in the late 1550's. We must now turn to some of the other reasons which recommended it to its sixteenth-century devotees. It is necessary here, however, to remark that—whatever Montaigne may have felt—the Stoicism of the humanist magistracy during the wars of religion did not require any repudiation of the Neoplatonist tradition, but rather evolved smoothly out of it, with both Du Vair and Justus Lipsius careful not to alienate themselves from the mid-century vogue for Ficino.

Ficino's emphatic distinction between body and soul, which at all periods has made Platonism so useful a tool for the defenders of immortality, also made it possible to identify the suppression of the passions, and therefore moral progress, with any form of spiritual or intellectual activity. Indeed, it is the Ficinian system which created all the ambiguities for the faculty of the imagination, considered in the Renaissance and even in Descartes ambiguously to belong either to the body or the soul, and it is on a passage of Ficino that Pomponazzi in the *De incantantionibus* based his view that the imagination might be the true source of apparent miracles—an idea which became thoroughly embedded in the sceptical tradition and which is clear in Montaigne's essay on the strength of the imagination. But the ease with which the Neoplatonist framework allowed an identification of moral with intellectual activity was clearly a recommendation for the humanists convinced that knowledge was linked to virtue, even if they later came to express this view in more forthrightly stoic than neoplatonist terminology. Ficino's own *de voluptate* had, after all, contained the pure stoic doctrine of Cicero's *Disputationes Tusculanae*.

It must be remembered that, for the humanists, knowledge meant, overwhelmingly, knowledge of the great examples of antiquity and of the ethical ideals of classical writers. Its relationship to virtue was therefore not *a priori* implausible. Knowledge came very near to meaning classical learning, and classical learning was appreciated for the moral perspectives which it opened. Ethics had been a humanist chair in Italy before the disputes about the need to re-unite rhetoric and dialectic, and the primacy of ethics in the humanist educational scheme is clear in Vives and Agricola, Melanchthon and Erasmus, Sadoleto and Budé. Humanist learning was the path to moral fulfilment. At Zwingger's preface to Lycosthenes's great folio of *exempla*, the *Theatrum vitae humanae*, says, historical examples differ from systematic moral philosophy in aim and effect only in so far as the individual example differs from the general principle it illustrates.[17] Those who read history 'solius cognitionis gratia' are deluded. The century abounds in texts which demonstrate that humanist learning was cultivated primarily for its moral and religious relevance, the only dissenters being the handful of grammarians whom Erasmus so much despised and a few notable Ciceronians.

Budé takes over from Cicero the identification of *humanitas* with the Greek ideal of Παιδέια in Aulus Gellius, so that the personal and social values of antiquity become the defined aim of humanist studies, called by Budé *philologia* and comprising the encyclopedic organization of the objects of humanist study in the 'orbiculata series disciplinarum'.[18] Knowledge in the humanist sense was almost by definition the key to personal transcendence, the exciting experience which distinguished the Renaissance from the Gothic past and offered vast potentialities for moral enrichment. But once again, the intellectual calculus exploited to provide support for this viewpoint was Neoplatonist.

For Ramus, to know was to rediscover the divine truth which existed in the universe and to reconstitute it in the mind by a process of dialectical invention. Knowledge, united with eloquence, could be shown to be perfective—just as music, based on the natural mathematics of the universe, could be—*only* on the principles of Neoplatonist psychology. Since moral progress consisted in re-establishing the hegemony of the soul over the body—that is, in overcoming the passions—it could be achieved by study, understood as promoting the harmony of the mind with the universe through the mental reconstruction of cosmic truth, or that harmony could be re-established by music, based on the mathematical proportions emanating from the divine mind. In fact Jacques Peletier du Mans categorically lays down in 1557 the mathematical nature of the memory, as if to develop Neoplatonist psychology in such a way as to make these equations obvious. From the memory can be constructed the edifice of knowledge to correspond to cosmic reality: 'Haec imago et facies Geometrica eiusmodi est, ut in ea Mundi quandam θεωριαν possis agnoscere'.[19] The idea of a mathematical model for the universe can be traced back easily enough to strands in Lull and Cusa, through the sixteenth century to Bruno, Descartes and beyond. But Peletier is significantly returning to a Neoplatonist psychology in order to build an articulate intellectual substructure for the excitement at the possibilities for moral fulfilment opened up by knowledge.

Ficino himself, arguing in the eleventh book of the *Theologia platonica* against the dependence of concepts on the senses, holds that the essences are defined by intellection and that the mind constructs true definitions 'per infusas ab origine rerum omnium rationes'.[20] Peletier, grafting elements of the Cusan tradition on to Ficino, and perhaps following Bouelles, regards memory, seat of the *rationes infusae,* as essentially mathematical in structure, consisting in number and proportion. It is

> deduite
> De l'ordre Arithmetique et Geometrien,
> Ou git le vrai savoir, Celeste et Terrien.

Like Cusa, Peletier holds that the mind is stimulated by the action of external objects on the senses to aspire itself to that true knowledge of the causes behind the effects and the unity behind the diversity which is always present in the divine mind.[21] Like Cusa again, Peletier emphasizes the importance of knowledge of the sensible world as a manifestation of the aspiration to know God, although, unlike Cusa, he is not concerned with the mediation of Christ.

In other words, Peletier accepts the well known tradition of Christian Platonism which, for reasons concerned with the defence of immortality, insists that true knowledge cannot derive from the senses, and he grafts onto it a different but equally Neoplatonist tradition by which the structure of the mind's knowledge, stored in the memory, is mathematical. For Augustine, the memory had been a receptacle for divine illumination, but for Peletier its function is to elevate fleeting ratiocination into enduring science. The psychology may be vulnerable, but it does provide a rational support for a startlingly important series of sixteenth-century attitudes.

Peletier's Neoplatonist theory of knowledge explains first the aesthetic underlying the flood of scientific verse. For Peletier, as to some extent for Scève and Guy Le Fèvre de La Boderie, man's task is not only to know the world, but also to reconstitute it mentally according to its spiritual essence. But since, on this system, both the mind and the universe are based on a series of numerical proportions emanating from the mind of God, it follows not only that the poet can recreate the world in his own mind but also that, in so doing, he is developing the spiritually perfective harmony of his own mind with God. By penetrating more deeply into the obscurity of the cosmic process, his aspiration towards the unified knowledge of the infinite God is satisfied.

If Peletier's Neoplatonist psychology provides a rational explanation for the importance attached to cosmological poetry by so many sixteenth-century authors, not excluding Ronsard, it also provides a psychological sub-structure which makes it possible to understand how listening to poetry promotes and writing poetry demands high ethical qualities. It provides, in other words, a psychological correlative to the theory of poetic inspiration as expounded particularly by Sébillet and Ronsard. Once the relationship is established between the mental recreation of the cosmos and the moral elevation it promotes, it becomes possible to understand, for instance, why Ronsard attached so much importance to the ethical status of the poet in the *Hymne de l'automne* or the *Abrégé de l'art poétique*. But the importance of the theory of inspiration for the Pléiade poets is too well known to need elaboration here.

More interesting, perhaps, is another relationship which Peletier's psychology explains: that between knowledge and eloquence or, even more generally, between art and nature. Ramus, coming when the humanist contention that 'dialectic' should be joined with and made subservient to 'rhetoric' had won the day and when the educational reform at stake behind the debate had been at least partially realized, was himself appointed *lecteur royal* in 'eloquence and philosophy'. Ong has shown that the Ramist theory of dialectical invention, and indeed the Ramist method in general, depends on the presupposition for which Peletier's psychology accounts, that the mind can reconstruct the external world on the basis of its own logical processes: 'Ars enim dialectica debet ab imitatione et observatione naturalis dialecticae proficisci.'[22] The 'ars' follows 'natura', and the principle common to both is that which unites eloquence with philosophy, speech with thought, 'ratio'. Not only the educational theory with its ideal of encyclopedic knowledge and its union of eloquence with philosophy, but also the aesthetic of scientific verse and the psychology of poetic creation are drawn together in Peletier's Neoplatonist psychology. The defenders of the union of dialectic and rhetoric not infrequently argue from the rational principle common to both, making play on the similarity of the words *ratio* and *oratio* as the principles of dialectic and rhetoric respectively, or even of the dual meaning of the Greek λογος for both.[23] It can even be argued that Ramus comes near to presupposing with Peletier a mathematical structure for the memory, since for Ramus geometry proceeds not by demonstrations but by definitions and rules.

It should not of course be supposed that Peletier's psychology caused or even very much influenced the humanist desire to turn from 'dialectic', the learning by rote of the rules of the *parva logicalia*, to the morally elevating study of antique example, any more than it determined the re-emergence into prominence of the ancient encyclopedic ideal or suggested to the Pléiade the moral function of the poet or the significance of penetrating cosmic mystery.

What we have been dealing with is the emergence of a specific, if evolving, sensibility, manifesting itself in theories of education, of dialectical invention, in the importance of emotion in poetry and seeking an intellectual sub-structure to support and explain a series of new attitudes, just as the evangelical humanists sought an intellectual framework to support their feeling that religious perfection was intrinsic to moral development and the mid-century poets sought an intellectual structure in which to anchor their explorations of the possibility that instinctive affective experience might be morally enriching. The Neoplatonist psychology of Peletier provided an intellectual calculus to buttress a series of central humanist attitudes concerned with the importance of encyclopedic knowledge, with the humanization of dialectic by subsuming it into rhetoric, with the aesthetic of scientific verse and even with the theory of poetic inspiration. Just as it had been the Neoplatonist theology of Ficino which allowed so many of the humanists to imply the salvation of the pagans without slipping overtly into heresy and which allowed the implication of intrinsic perfectibility without the danger of explicit Pelagianism, so also it was a Neoplatonist theory of love which permitted the literary exploration of the morally enriching aspects of instinctive love and a Neoplatonist psychology and epistemology which provided an intellectual anchorage for the educational theory, the aesthetics and even the moral philosophy of the mid-century humanists.

In the end what is important is not so much to recognize the sources of the Neoplatonist world view exploited by sixteenth-century French humanists, nor to elucidate its logically constituent elements, as to see how a new sensibility, in its attempts to achieve intellectual articulation and to disseminate itself, drew on and developed forms of Neoplatonism familiar to it. In the end Ronsard, for instance, naturalizes the apparatus of demons, celestial forces and esoteric rites by reducing them to empirically identifiable forms of experience, as if to confirm that the reason for their adoption in the first place was to support a sensibility not yet fully articulate.

From the vehicle of an early excitement, still shrouded in the mists of the *caballa* or the millenarism of Bouelles, through the exploration of a series of precise moral values in Erasmus and Rabelais to the articulate and systematic theorizing of the Pléiade generation and its ultimate transformation into a more rigorously stoic intellectual system during the wars of religion, sixteenth-century Neoplatonism develops, changes, and is exploited in different fashions in different interests. Scève's exploitation of Platonist themes is not that of Rabelais. The attitude of the evangelical humanists to the Platonist tradition is different from that of the entourage of Marguerite de Navarre in the last decade of her life. But in the end the mainstream of the French Renaissance found it a powerful and flexible instrument for performing a series of different but interrelated functions. It provides, at any rate, a thread. By measuring the different ways in which it was exploited at different dates, it might be possible to increase our understanding of what, at its core, the northern Renaissance consisted in.

NOTES

[1] In the *Revue d'histoire littéraire de la France*. The essay is republished in Lefranc's collected volume *Grands écrivains français de la renaissance*, Paris, 1914, pp. 63-137.

[2] See J. Festugière, *La philosophie de l'amour de Marsile Ficin et son influence sur la littérature française du XVIᵉ siècle*, Paris, 1941; Edouard F. Meylan, 'L'évolution de la notion d'amour platonique' in *Bibliothèque d'Humanisme et de Renaissance*, Geneva, 1938, pp. 418-42; R. V. Merrill with R. J. Clements, *Platonism in French Renaissance poetry*, New York, 1957; Frances Yates, *The French academies of the sixteenth century*, London, 1947; D. P. Walker, *Spiritual and demonic magic from Ficino to Campanella*, London, 1958, and the *Journal of the Courtauld and Warburg Institutes*, London, 1953, pp. 100-20 ('Orpheus the theologian and Renaissance Platonists') and 1954, pp. 204-59 ('The *prisca theologia* in France').

[3] Ficino catalogues the *libri platonici* in a letter of 12 June 1489 to Martin Prenninger. The letter is reproduced by R. Klibansky in *The continuity of the platonic tradition during the Middle Ages: outlines of a corpus platonicum medii aevi*, London, 1950, pp. 45-47.

[4] In the *Praise of folly*, Erasmus follows Ficino's misinterpretation of Alcibiades' reference to 'truth in wine' from the *Symposium*, 517ᵉ; see chapter 36 of the *Moriae encomium* in the J.-B. Kan edition (p. 66). The assertion of Erasmus's dependence on Pico della Mirandola's letter was made by Ivan Pusino, 'Der Einfluss Picos auf Erasmus' (*Zeitschrift für*

Kirchengeschichte, Gotha, 1927, pp. 75–96) and, in spite of Renaudet's disclaimer (*Etudes erasmiennes*, Paris, 1939, p. 130) seems fully justified. Erasmus's criticism of Origen in the *Ennaratio in Ps. 38*—'... quam multa in hujus viri scriptis leguntur plusquam Haeretica? Ruinae occasio fuit philosophia Platonica' (*Opera omnia*, vol. 5, Leiden, 1704, col. 432) —follows Pico's own *Apologia* in which Pico concedes against his defence of Origen only the notably Platonist 'error' that souls 'fuerint ab aeterno creatae, et de coelo delabantur in corpora' (*Opera quae extant omnia*, Basle, 1601, vol. 1, p. 139).

[5] Sears Jayne, *John Colet and Marsilio Ficino*, Oxford, 1963, p. 44.

[6] E. F. Rice, 'The humanist idea of Christian Antiquity: Lefèvre d'Etaples and his circle' (*Studies in the Renaissance*, 1962, pp. 126–60).

[7] Book 8, *Omnia opera*, Basle, 1576, vol. 1, t. 2, p. 868.

[8] The text is quoted by J. Dagens in 'Humanisme et évangélisme chez Lefèvre d'Etaples' in *Courants réligieux en humanisme à la fin du XVe siècle*, Paris, 1959, p. 127.

[9] For the *Dialogue*, see lines 684 ff., and for the third *Prison*, A. Lefranc's edition of the *Dernières Poésies*, Paris, 1896, p. 209. It was in the entourage of Marguerite that the translations of the Plato's dialogues began to appear in the 1540's, and there are clear references to the Ficinian system in the *Heptaméron* (notably in the passages of dialogue after the nineteenth, thirty-sixth and sixty-third *contes*).

[10] On the whole question of the salvation of the pagans, the standard work remains Louis Capéran, *Le problème du salut des infidèles*, Paris, 1912. See especially p. 228 (for the Melanchthon text).

[11] 'Nec te coelestem neque terrenum, neque mortalem neque immortalem fecimus, ut tui ipsius...plastes et fictor in quam malueris tu te formam effinges. Poteris in inferiora quae sunt bruta degenerare; poteris in superiora quae sunt divina ex tui animi sententia regenerari.'

[12] *Commentarium Marsilii Ficini Florentini in convivium Platonis de amore*, oratio 2, ch. 7 (ed. Raymond Marcel, Paris, 1956, p. 155): 'Utrobique igitur amor est. Ibi contemplande hic generande pulchritudinis desiderium. Amor uterque honestus atque probandus. Uterque enim divinam imaginem sequitur... Quo qui recte utitur, corporis quidem formam laudat, sed per illam, excellentiorem animi mentisque et dei spetiem cogitat eamque vehementius ammiratur et amat.' For Andreas's view, see p. 122 of *The art of courtly love*, translated by John Jay Parry, New York, 1959, p. 122: 'It is the pure love which binds together the hearts of two lovers with every feeling of delight. This kind consists in the contemplation of the mind and the affection of the heart; it goes as far as the kiss and the embrace and the modest contact with the nude lover, omitting the final solace, for that is not permitted to those who wish to love purely'. Andreas goes on to describe this love as morally perfective and to recommend it in preference to the 'mixed' love 'which gets its effect from every delight of the flesh and culminates in the final act of Venus' and which is short-lived, often regretted, dangerous and offensive to God.

[13] *Charles de Sainte-Marthe (1512–55): Etude sur les premières années de la renaissance française*, trad. Marcel Bonnet, Paris, s.d., pp. 169–204.

[14] Ed. Paul-Henri Michel, Paris, 1954, p. 309.

[15] Vol. 1, p. 433; see Bruno, *Heroici furori*, ed. Michel, p. 355.

[16] Of Ficinian views about love, Montaigne writes, 'Mon page faict l'amour et l'entend. Lisez luy Leon Hebreu et Ficin: on parle de luy, de ses pensees et de ses actions, et si, il n'y entend rien' (*Œuvres complètes*, Bibliothèque de la Pléiade, Paris, 1962, p. 852). The reference to Plato from the *Apologie de Raimond Sebond* is to be found on p. 423. Montaigne of course distinguishes *amitié* from the activities of his page, and even Descartes will keep love separate from desire.

[17] Basle, 1565, p. 17: 'Ad Ethicam igitur Philosophiam exempla referri debere tamquam particulares species ad universalia praecepta . . . idem erit exemplorum finis, qui et Ethicorum praeceptorum.'

[18] On Budé, the text from the *Noctes atticae* (13, 17) and the encyclopedic organization of the liberal disciplines, see Bohatec, *Budé und Calvin*, Graz, 1950, pp. 14 ff. On the encyclopedic tradition in the Renaissance, see also Paolo Rossi, 'The legacy of Ramon Lull in sixteenth-century thought' (*Medieval and Renaissance studies*, London, 1961, pp. 182–213) and F. Secret, 'La tradition du *de omni re scibili*' (*Convivium*, 1955, pp. 492–97).

[19] On this statement from the preface to Peletier's *Euclid*, see H. Staub, *Le désir curieux*, Geneva, 1967, pp. 13 ff.

[20] Chapter 3; ed. Raymond Marcel, vol. 2, Paris, 1964, pp. 107–8.

[21] See Staub, *Le curieux désir*, pp. 13 ff.

[22] W. J. Ong, *Ramus, method and the decay of dialogue*, Cambridge, Mass., 1958, p. 177.

[23] Ong (p. 193) quotes Ramus on the *ratio* as unifying art and nature: 'Volo enim naturae coniunctam esse artem . . . et quoniam tota hominis vita, nihil aliud esse quam rationis usus, id est dialecticae naturalis exercitatio debet.'

Terence C. Cave

THE TRIUMPH OF BACCHUS AND ITS INTERPRETATION IN THE FRENCH RENAISSANCE
Ronsard's *Hinne de Bacus*

The figure of Bacchus and his attributes play a major role in the iconography of the later Renaissance. In Italy, aspects of the Bacchic myths were represented and interpreted by poets, artists and thinkers from Ficino and Poliziano to Titian and Flaminio, while in France his prestige was still higher. His presence is felt throughout the works of Rabelais; he became the subject of substantial poems by Du Bellay, Pontus de Tyard, and Olivier de Magny; the Pléiade paid homage to him at the *cérémonie du bouc*; and Ronsard, between 1550 and 1554, wrote a series of Bacchic poems which include at least two major achievements, the *Folastrissime voyage d'Hercueil* and the *Hinne de Bacus*.[1] Such enthusiasm for the god of wine may seem to suggest a preoccupation with the enjoyment of life, and in particular with the pleasures of the bottle; and there is no doubt that this mood recurs in many of the Renaissance images of Bacchus. Yet an interpretation on these lines alone proves inadequate for an understanding of the central texts: Ronsard's Bacchic poems, and those of his contemporaries, are more than a recasting in classical terms of the *esprit gaulois*.[2] It is by now well established that the mythological figures handled by the Pléiade were invested with a series of allegorical or metaphorical meanings, derived in the first instance from 'classical sources, and subsequently extended and schematized by medieval and Renaissance mythographers. Within this tradition, the image of Bacchus, like that of Venus, Apollo or Mercury, had acquired new implications of a moral and metaphysical order; it had been associated with certain cosmic processes; and furthermore, it had been linked with the nature of poetry, music and the dance. All these levels of meaning are relevant to the Bacchus of the Pléiade, so that if we are to understand their poems correctly, it will be necessary to examine certain interpretations of the myth which had previously been current. Subsequently, it may be possible to define more closely the nature and function of Ronsard's Bacchus, and thereby to illuminate an essential area of Ronsard's poetic creation within which poetry and thought become identified. For Ronsard, poetry is neither wholly an end in itself nor a by-product of experience, but rather a mode of intellectual or contemplative activity, a means by which man may acquire insights into his own nature and that of the universe; the *Hinne de Bacus*, seen against the background of other contemporary Bacchic poems, will provide a central illustration of this attitude.

Amid the vast quantity of Bacchic material which was known to the sixteenth century, one image or group of images may be distinguished as a focal point, representing one of the principal areas of significance within which the myth operates. It is the image of a Bacchic triumph, around which much of Ronsard's hymn is built and which is particularly amenable both to visual representation and to allegorical interpretation. A youthful Bacchus, crowned with a wreath of vines or ivy, is seated in a chariot drawn by tigers or lynxes, and accompanied by satyrs, maenads and the ancient Silenus on his donkey. The procession is a turbulent one, suggesting the orgiac rites of the god, or his conquest of India, or perhaps the regal descent on Naxos which is the subject of Titian's 'Bacchus and Ariadne'. Its main features were popularized by Ovid, and to a lesser extent by Catullus and Statius; and these writers invested them with a significance which corresponds to one of the oldest and most fundamental aspects of the myth. In the *Metamorphoses* Bacchus appears as a god of youthful, almost childlike, beauty, who nevertheless brings terror and destruction to those who offend him; in the *Ars amatoria* and in Catullus, his procession carries him to Ariadne who is forced to submit to his divine power; while Statius portrays him returning in triumph from India, surrounded by the violent companions who put his enemies to flight.[3] In each case, he embodies an irresistible and irrational force, intoxicating yet perilous; and this combination of qualities recurs throughout the Bacchic literature of Greece and Rome, from Hesiod and

Euripides onwards. Hence, like Venus or Diana, Bacchus is an ambiguous god: as Horace puts it, his influence is a 'lene tormentum', a 'dulce periculum'.[4]

This antithetical interpretation was schematized in didactic fashion by the medieval mythographers. As the god of wine, Bacchus now begins to personify gluttony, lust, sloth or wrath. Few of the deadly sins are unknown to him; yet at the same time he inspires courage, vigour and perspicacity. The double direction is clearly represented in Boccaccio's *De genealogia*, where the lynxes and tigers, which both appear in the Statius passage quoted by Boccaccio, are glossed antithetically:

> Lynxes are attributed to him, so that it may be understood that wine, when consumed in moderation, increases strength, boldness and perspicacity. And tigers pull his chariot to show the savagery of drunkards.[5]

Boccaccio has also included here the need for moderation, which rationalizes the antithesis and reduces it to the literal sense of intoxication; and this interpretation of Bacchus as the god of moderate drinking recurs in many other late medieval and Renaissance works where the allegorical tradition persists—in the *Ovide moralisé*, for example, and in Alciati's emblem book.[6]

In the course of the mythographical tradition, the image of Bacchus in triumph thus tends to become fragmented, divorced from its literary context, and limited to the morality of drinking. The ambiguity of the god's powers loses the tension which it derived in Greek and Latin literature from the explicitly religious aspect of the myth. At the same time, however, the interpretation of Bacchus as a symbol of divinity is not excluded from the medieval commentaries. Most of the variants of the *Ovide moralisé*, for example, represent him both as the god of *vinolentia* (and thence of various deadly sins), and as the divine intoxication of grace, the triumph of virtue.[7] It is true that these two glosses are mutually exclusive, and that in consequence there can be no real tension between them; on the other hand, it is important that the allegorical tradition should have preserved the sense of a divine force which was endemic in the classical representations, while converting it to an explicitly Christian theology.

When Jean Lemaire de Belges, in the *Illustrations de Gaule*, describes the arrival of the Bacchic procession at the marriage feast given by the gods for the wedding of Peleus and Thetis,

he uses the same triumphal image, together with the allegorization provided by Boccaccio:

> le gentil Bacchus Dieu du vin... sen venoit en grand triomphe sur son
> chariot, trainé par Lynces, qui sont bestes ayans le regard si agu,
> quil perce les murailles, et par Tigres, qui sont bestes tresfurieuses:
> en signifiance que quand lhomme prend du vin raisonnablement, on
> en voit plus cler en ses affaires: et quand il en prend oultre mesure,
> on perd lusage de raison.[8]

This passage, and many of the other allegories in the same chapter, are derived principally from the *De genealogia*, as Jean
Lemaire himself admits; and by using the wedding of Peleus and
Thetis as a centre-piece for the first book of the *Illustrations de
Gaule*, he is also aligning himself implicitly with the *Ovide moralisé*,
which gave prominence to the same story. The allegorical glosses
have the same limitations as their source, bearing primarily on
the effects of wine and the need for moderation, although an
association is made in passing between the ivy crown, the vigour
of wine, and poetry. However, the moral lesson illustrated by the
lynxes and the tigers is not wholly gratuitous: it takes on a wider
resonance in the context of the *Illustrations* as a whole. The work is
intended not only as a nationalistic history, but also as a moral
allegory in which the judgment of Paris plays a central part.
Jean Lemaire is concerned throughout with the difficult choice
between good and evil, between chaste love and uncontrolled
passion. The love of Paris for Pegasis Œnone is passionate but
legitimate, while his love for Helen is lustful and destructive:
thus love, like wine, is shown to be morally ambiguous; and Jean
Lemaire expounds in his own terms the distinction between the
good and evil Venus.[9] It seems likely, then, that the interpretation
he gives of Bacchus is not merely a superfluous imitation of Boccaccio, but a calculated part of the moral mosaic he is constructing.

In spite of the ambiguity indicated in the allegorization,
Bacchus is presented here in a predominantly favourable light:
he arrives, in triumph, at a feast which 'ne valoit rien sanz luy';
he is the last of the gods to come, having been specially sought
out by Mercury; and he is honoured by all the gods and goddesses.
Although Jean Lemaire refers, like Ovid, to the comic behaviour
of Silenus and the satyrs, his Bacchus is not a god of ribaldry and
red noses. He is essential to the enjoyment of the feast, yet he is
one of the most respected guests. This emphasis is important, since
it preserves the unity of the presentation. The figure of Bacchus

is no longer fragmented into a series of isolated attributes and interpretations: it appears as a coherent visual and literary image, corresponding with the integration of the moral itself into the overall pattern of the work. Jean Lemaire's *Illustrations* could not be mistaken for a mythological handbook. It respects and makes use of the traditions of moral and mythological allegory; but its author is aiming at a relatively wide public—he uses the vernacular, and is clearly concerned with the accessibility of his story and his style. Thus the description of the Bacchic procession which Boccaccio quotes from Ovid and others as part of a catalogue of attributes is recast here in a fully literary context: the didactic message is retained, but disguised in a rich tapestry of rhetoric.

The *De genealogia* and similar works continued to be read and respected in the sixteenth century; and the handbooks of the newer mythographers, of Conti or Gyraldi, whose techniques are fundamentally much the same, will be consulted and exploited by the French poets of the second half of the century.[10] Thus Jean Lemaire's acceptance of the allegorical interpretation of myth is as valid in the sixteenth century as it would have been in the fourteenth or fifteenth. Moreover, there is undeniably a discrepancy of tone between his image of the Bacchic train and its moralization: the whole allegorical tradition assumes a rigid separation of the various established levels of significance, and Jean Lemaire's work is clearly affected by this technique. All this must be stressed if one is to grasp the essential continuity of method between the medieval and the Renaissance presentation of myth. Yet Lemaire's interpretations arise from images which have already established themselves independently on the visual level: his Bacchus, his Mars and his Venus have a plastic, sensual mode of existence, not merely a schematic one, so that they embody in dynamic form the meanings which the glosses then elaborate. This is crucial, since if the use of mythology in Renaissance literature is characterized by a decline of allegory, this is not because there is a transference of myth from an allegorical to a decorative function; it is rather because there is a movement towards metaphor, towards a more complete identification of the poetic image and its inner meaning. In the poetry of Ronsard, Bacchus will appear not merely as a classicizing image, but as a metaphor which has subsumed the traditional allegorical content and endowed it with a new and broader significance.

*   *   *

Let us turn, then, to the *Hinne de Bacus*, in which the procession
motif is central: after a preliminary section in which the birth
and youth of Bacchus are described, the god mounts his chariot
and initiates a movement which is carried through to the end of
the poem. Most of the details of the procession—the chariot,
the lynxes, Silenus on his donkey, the maenads, thyads, Pans and
sylvans, the horns and drums, the wreaths of serpents, the thyrsus
—occur in Ovid, Horace or Catullus, and are thus standard;
furthermore, the whole of the concluding phase of the poem is
based on the *Hymnus Baccho* of Marullus.[11] However, the pattern
which emerges from the reworking and fusing of these elements is
neither random nor derivative. Ronsard is fully in control of his
complex source material; this is demonstrated by the image of
Bacchus in his chariot which opens the procession and establishes
both the rhythmic momentum and the conceptual pattern of
what follows:

> Tu montas sus un char que deux lynces farouches
> Traynoient d'un col felon, machantes en leurs bouches
> Un frain d'or ecumeus, leur regard estoit feu,
> Pareil aus yeus de ceus qui de nuit ont trop beu.
> Un manteau Tyrian s'ecouloit sur tes hanches,
> Un chapelet de liz mellés de roses franches,
> Et de feuille de vigne, et de lhierre espars,
> Voltigeant, umbrageoit ton chef de toutes pars.
> Davant ton char pompeux marchoient l'Ire et la Creinte,
> Les peu sobres Propos, et la Colere teinte
> D'un vermillon flambant, le Vice, et la Vertu,
> Le Somme, et le Discord de maille revestu.
>
> *(lines 109–20)*[12]

This Bacchic group immediately poses certain problems. Elsewhere in the poem, Ronsard repeatedly makes it clear that he
wishes to present Bacchus in a favourable light: he rejects the
depiction of the god as an effeminate boy; to the Orphic story
of his dismemberment by the Giants he prefers the version which
makes Bacchus, like Hercules, the vanquisher of Gyges and
Mymes.[13] Here, however, he is accompanied by a group of
personifications representing qualities which are morally dubious,
in spite of the apparently incongruous inclusion of 'la Vertu'.
At the same time, he wears a 'manteau Tyrian' which is not
present in Ovid, Horace, Statius nor Catullus, and a wreath
which is composed not only of the standard ivy and vine leaves,
but also of lilies and roses, which seem to be out of tune with the
overall violence and energy of the image.

Fortunately, however, certain key features of the passage can be traced to specific sources. The 'lynces farouches', their 'frain d'or ecumeus' and their association with drunkenness combine elements from both Ovid and Statius,[14] while the list of personifications is clearly adapted from Statius.[15] The Tyrian cloak and the composite wreath, though more problematic, may be derived from a passage in Tibullus (with possible overtones of the pseudo-Anacreontic vein).[16] Thus it is clear that Ronsard has not restricted himself to the central Ovidian and Horatian material, which would have been rich enough in its own right to provide him with an image of the Bacchic train: he has deliberately sought out material from less familiar sources. This at once suggests two conclusions. In the first place, it seems likely that he has had recourse to one or more mythographical manuals in addition to his own reading of classical poets. This hypothesis is supported by the extreme richness of the Bacchic material throughout the poem: for it is precisely in a manual such as the *De genealogia* of Boccaccio, or the *Mythologiae* of Conti or Gyraldi, that Ronsard would have found in close juxtaposition most of the known variants of the myth, together with the appropriate quotations. In fact, the adaptation of Statius is in itself strong evidence in favour of this possibility, since Ronsard shows little inclination elsewhere to imitate Statius, whereas this particular passage is quoted again and again by mythographers and other commentators.[17]

In the second place, it seems unlikely that the result of such an eclectic approach can be random. Rather, it is clear that Ronsard has consciously worked together a number of different sources to produce a new and specific image of Bacchus and his train, an image in which the apparently discordant elements must have a meaningful function. In fact, it is precisely through a grasp of the antithetical nature of the presentation that this key passage may best be interpreted. If violence and disorder are stressed through both the lynxes and the 'companions' of Bacchus, the regal image of the god himself which is introduced between these two elements, and which is embodied in the Tyrian cloak, suggests a degree of control, realized in the case of the lynxes by the 'frain doré'. At the same time, the wildness of these animals, with their 'col felon', their foaming mouths, and their fiery eyes, is not suppressed: it is harnessed to provide the momentum of the procession. As Marcel Raymond has pointed out in his

analysis of this passage, the whole description of the procession is
worked out, at both the rhythmic and the thematic level, in
terms of vigorous movement.[18] Similarly, the discordant companions march ahead of the chariot and show few signs of
captivity or defeat: this is not a simple 'triumph' over evil forces,
as the appearance of 'Vertu' amid the troupe confirms; nor is
it only an allegorization of Bacchus's military prowess, in the
manner of Statius, for Ronsard has added 'le Vice' and set it
next to 'la Vertu', thus transforming Statius's martial 'Virtus'
into a specifically moral concept. In these respects, the passage
owes something to the allegorical tradition, with its stress on
moderation and the moral content of the myth. Yet Ronsard has
gone beyond the rigid categorizations of his predecessors. His
Bacchus, rising above conventional moral judgments, harmonizes
vice with virtue, and converts potentially destructive qualities
into a source of strength. Similarly, this triumphant Bacchus, who
uses unruly forces for his own purposes, wears a crown which
reconciles his vigour and dignity with his function as a bringer
of joy and love.

   This interpretation of the passage as a balance of contrasting
forces, that is to say as a *discordia concors*, is supported by two
contemporary Bacchic poems. The first of these is an ode published by Pontus de Tyard together with his *Solitaire premier* in
1552, two years before the publication of the *Hinne de Bacus*.
Pontus includes in his depiction of the triumph his own list of
personifications, which represent, mainly in antithetical form,
the dual qualities of the god:

> La superbe majesté,
> La force, et la gravité,
> Et la chaste continence,
> Sont sous le joug de tes loix:
> Et les sages, et les Rois,
> Le murmure, et le silence.
>
> La sanglante cruauté,
> L'odieuse verité,
> L'obscur oubli, la memoire,
> La discorde, et l'amitié,
> La rigueur, et la pitié,
> Accompagnent ta victoire.[19]

It will be noticed that the positive attributes are heavily emphasized at the outset, so that when the more dubious qualities

appear—'la sanglante cruauté', 'la discorde'—they can hardly be interpreted in an exclusively pejorative sense, just as the overall encomiastic tone of Ronsard's poem excludes an interpretation of his personifications on the level of moral censure. The attribution to Bacchus of these qualities, each taken individually, could be glossed without much difficulty by reference to the classical and medieval traditions; furthermore, Ronsard may well have had Pontus's list in mind when he adapted Statius, since some of Ronsard's figures appear in Pontus but not in Statius. However, what is of primary importance here is that Bacchus is once again responsible for drawing together and harmonizing antithetical moral qualities, although Pontus fails to convey the total effect of this harmony.[20] The breathless momentum of Ronsard's procession bodies forth in physical terms the confident energy which Bacchus represents, whereas Pontus's triumph is abstract and static. Where Ronsard clothes Bacchus in Tyrian purple, Pontus refers to his 'superbe majesté'; likewise, 'la force, et la gravité' are realized by Ronsard in the wreath of ivy and vine leaves.

The other relevant poem is Olivier de Magny's *Hymne de Bacchus*, dedicated in 1559 to Ronsard and clearly owing much to the example of the master. In this instance, the image of the triumphal procession has disappeared entirely, leaving the interpretative structure even clearer than in Pontus's poem:

> Il tient en paix en nous les discordans acordz,
> Il chasse nostre crainte et croist nostre courage,
> Il chasse la paresse, et fait bien davantage,
> Car d'une saincte force il fait voir à nos yeux
> Les poles, les cerceaux, et les Astres des cieux,
> Il faict veoir de Phebus la flambante carriere,
> Il faict veoir de Phebé l'inconstante lumiere,
> Les douleurs d'Orion, l'extréme ardeur du chien,
> Et les deux plains tonneaux et de mal et de bien.[21]

The first line of this passage endorses the hypothesis that, for both Pontus and Ronsard, Bacchus has the function of establishing a *discordia concors*, and thus of giving positive expression to man's conflicting inward passions. Magny rationalizes the antitheses still more clearly than Pontus, and the qualities he mentions (although no longer personified as companions of Bacchus) are equally close to Ronsard's. Yet he seems to feel that certain of these qualities ('creinte' and 'paresse') must be explicitly rejected: if Bacchus is to remain morally intact, he must be shown to drive out fear and idleness, not to encourage them. Hence an element of moral categorization is reintroduced: and this emphasis is confirmed by the concluding line, where Magny attributes to Bacchus the power of making us distinguish clearly between 'mal' and 'bien' by showing us the Homeric twin barrels which stand at the gate of Jove.[22] By contrast, Ronsard's Vice and Virtue, swept along together in the midst of the procession, suggest a moral insight of a different order. Bacchus is not a didactic moralist who insists on sharp distinctions between evil and good; in his triumph, the two extremes co-operate in a movement and purpose which are superior to conventional morality.

The related yet divergent moral allegories of Ronsard and his contemporaries need not surprise us in a period in which the formal categories of Christian ethics are still very much alive but are supplemented by more flexible moral criteria drawn in part from classical thought. The *Encomium* of Erasmus—in which the praise of Bacchus and his gifts is much in evidence—is rich in moral implications of this kind; and the Erasmian 'anti-Stoicism' exploited by Rabelais in his earlier work may have made its impact on Ronsard himself.[23] Likewise, the problem of reconciling a secure morality with a hedonistic outlook was familiar to the Florentine Academy, and to the painters who gave plastic form to many of its concepts.[24] Thus it seems likely that Ronsard, faced with the same problem as many of his humanist predecessors—that of utilizing and at the same time justifying the morality of 'pagan' literature—produced a similar answer. The Bacchus of the *Hinne* is not the god of drunkenness, or at least he is only partially so. He is a god who utilizes the forces of the human personality, even those which a stricter code would condemn as potentially sinful: *Ira*, for example, whom Ronsard transferred from Statius, is a deadly sin according to medieval Christian tradition, but might be interpreted in other contexts as the noble quality of righteous anger.[25] On a more general level, the liberation of the mind and of passionate impulse from conventional limitations is clearly implied—and endorsed—by the whole processional motif of the *Hinne*: indeed, as we shall see shortly, this impulse becomes the motive power by which the mind may be raised to the contemplation of divine things.

In retrospect, the distance between Ronsard's image of the

triumph and Jean Lemaire's is considerable, in terms of both visual impact and intellectual penetration; nevertheless there is a direct line of affiliation between the two. Boccaccio's—and hence Jean Lemaire's—juxtaposition of details from both Ovid and Statius is still valid for Ronsard, although the spectrum is widened both by additional classical material and by Ronsard's own imagination. Similarly, the meaning embodied in Ronsard's image has evolved not only from iconographical details which had been laid down in classical antiquity, but also from traditional allegorizations like the one used by Jean Lemaire. Unlike most of the classical versions, it is not comprehensible on a purely literal or aesthetic level: the carefully constructed mosaic of contrasting details implies an underlying intention which emerges briefly in the equally unclassical juxtaposition of virtue and vice. Ronsard uses pictorial elements—the Tyrian mantle, the wreath—which are traditionally figurative; furthermore, it seems legitimate to suppose that he is aware, for example, of the allegorical sense attributed to the lynxes by Boccaccio and others, and indeed that he expects the reader to be aware of it. Ronsard is superior to his predecessors in the mythographical tradition, just as he is superior to Pontus and Magny, because he uses metaphor rather than allegory or abstract discourse; it is true that he personifies certain abstract notions, but he avoids explanation or schematization. The meaning is thus conveyed simultaneously with the aesthetic impact: the poetic rhythm is not interrupted. Finally, since any explanation or gloss is restrictive, this technique results in a greater depth of significance. Bacchus does not represent merely the good or evil effects of wine, nor does he moralize: the energy he embodies can be seen as a fundamental force which has a bearing on the moral order but which goes beyond it, as later passages of the poem demonstrate.

Although the *discordia concors* theme and the morality it conveys are most clearly and dramatically expressed by the dozen lines analysed so far, they are in fact sustained throughout the poem by a series of contrasting and complementary elements: the venerable Silenus, carrying the 'van mystiq', follows the personifications, and is himself followed by a noisy throng of maenads, Pans, and the like; similarly, after the frenetic rush of the dithyrambus, the final section dwells primarily on the stable qualities

of the god. As it moves forward, the procession retains its character, but draws into itself a widening range of signification.

A key point in this further development is reached in a passage
which, like many others in the poetry of Ronsard and Du Bellay,
'naturalizes' the myth by placing it in a regional French land-
scape. Bacchus pitches camp on the left bank of the Loir, with
the result that the land becomes fertile and vines spring up—a
convenient etymology for the vineyard called La Denysière in
Ronsard's home country. This anecdote has the function of providing an introduction to the dithyrambus, in which Ronsard
associates himself with the Bacchic fury in the manner of Horace
and Marullus. By preparing the personalization of the triumph
motif in this way, Ronsard establishes a link between the level of
ordinary experience and that of divine fury: he clearly feels the
need to provide a human context within which the transcendental
theme of inspiration can operate more effectively. Other indications of the same inclination appear elsewhere in the poem: at the
height of the dithyrambus, for example, Ronsard describes himself as 'souflant à grosse halene, / Conduit de trop de vin' (lines
201–2), a humorous touch which, once again, establishes the fury
on a recognizably human basis.

The dithyrambus itself involves a re-phrasing of many of the
processional motifs: the sense of momentum which was generated
by the earlier description is in no way diminished. At the same
time, the thematic spectrum is broadened by a more explicit
reference to the religious nature of the experience, and by an
association of this religious fury with the theme of poetry itself:
Ronsard depicts himself as the 'chantre' who goes before the
'orgie sacré', and it is made clear that the true initiate into the
Bacchic mysteries must first be purified in the Castalian spring.
This linking of the Bacchic rites with the Muses constitutes a
central and well established aspect of the myth: according to the
mythographers, Bacchus frequently takes over the role of Apollo
as leader of the Muses.[26] Among the classical poets, Horace was
largely responsible for popularizing the poetic Bacchus; and his
phrasing, elaborated by Marullus, is integrated into Ronsard's
poem. Other parallels occur in Pontus's ode, where the Muses
participate in the Bacchic triumph; and in the *Solitaire premier*,
where the harmonizing function of the Muses and the religious
initiation represented by Bacchus constitute the first two stages of
the spiritual ascent.[27]

Thus the dithyrambus of Ronsard's hymn further defines the nature of the Bacchic procession, in that it establishes an analogy between personal poetic inspiration, initiation into a divine mystery, and the impulse which drives forward the whole procession. Moreover, the moral implications of the earlier description are here taken up again in the purification motif: since the poet must deal with morally loaded material, and communicate insights not accessible to ordinary men, he must make himself fit for his task. This is a theme which occurs frequently in the poetic theory of the Pléiade;[28] but whereas it may elsewhere seem somewhat abstract, bearing little relation to poetic practice, it assumes a precise meaning in the *Hinne de Bacus*: the poem is concerned with a complex and ambiguous area of human experience, which must not be handled except by a poet who is fully aware of his moral responsibility.

The final phase of the poem involves in the first place a panegyric of Bacchus, in which his various functions are gathered into the space of a few lines: he controls natural forces, he is the god of agricultural fertility, he establishes laws, civil order, liberty, truth, religion. All this prepares for the subsequent association of Bacchus with a universal order: he is the world-soul, leading the cosmic dance: 'la machine ronde / Tu poises justement, et moderes le bal / (Toy balant le premier) de ce grand animal' (lines 274–76). Appropriately, this image recalls the processional dance which dominates the centre of the poem, a dance which generates a powerful momentum but is controlled, 'moderé', by Bacchus; at the same time it gives this motif a new and wider significance—or perhaps brings out a significance which was previously latent. The image of the order of natural things as a dance controlled by the *anima mundi* is one which recurs frequently in the poetry of Ronsard and his contemporaries, where it may be allied to the *discordia concors* theme;[29] and this fact, together with the use of the word 'animal', makes it clear that Ronsard was consciously developing the theme of Bacchus as *anima mundi*, and not merely translating Marullus.[30]

The divine nature of Bacchus is thus given a further dimension: the analogy between his moral, religious and poetic functions is extended to a cosmic level. He represents a force which is single, but which operates in many different contexts; like the world-soul, he mediates between the one and the many, the divine and the human.

This interpretation is confirmed by the brief passage which carries the procession to its conclusion:

> Par toi, Pere, chargés de ta douce ambrosie,
> Nous elevons au ciel l'humaine fantasie,
> Portés dedans ton char, et d'homes vicieux,
> Purgés de ta liqueur osons monter aux cieus,
> Et du grand Jupiter nous assoir à la table.
>
> *(lines 277–81)*

The triumph image established at the outset is taken up once more in the reference to the chariot: but now it is we who, thanks to the mediating power of Bacchus, are carried upwards by the chariot in a spiritual ascent towards the table of Jupiter. The movement is at this point clearly a transcendental one: but the continuity between human and divine is maintained by the parallel between the previously established metaphor of human intoxication and the image of a divine feast. For Ronsard, the two levels are inseparable; and this is further demonstrated by the specification of the 'humaine fantasie' as the faculty which is elevated by Bacchus. As a faculty closely related to and often identified with the *imagination*, the fantasy represents precisely that level of experience which, according to the *Symposium* commentary and the *Solitaire premier*, is transcended through the mediation of Bacchus.[31] It seems likely, then, that Ronsard is consciously proposing the vindication of a faculty which had often been considered in a pejorative light, but which at the same time was a key faculty for the poet.[32] If this is so, he has here altered the sense of the Platonist ascent. For Ficino, and for Pontus, the fantasy and the imagination belong to the lower regions of the soul and must be left behind in the spiritual ascent: Bacchus does not exalt the imagination, he represents one step in the movement which eventually transcends it. Once again, then, Ronsard is stressing the validity of the whole range of human experience: the 'fantasie', the power of creating many and varied images, remains an integral part of the progress towards divine insight. He thus gives a human content not only to the Neoplatonist *raptio*, in which man is possessed by the power which emanates from God, but also to the *remeatio*, which reunites his soul with its divine origin.[33] And likewise, just as the moral theory which underlies the poem justifies the ambiguous morality of the myth on which it is based, so the elevation of the fantasy justifies the act of poetic creation itself, which can use fictive and even frivolous material to embody fundamental insights. Finally, it is significant that Ronsard strongly emphasizes in this same context the purgation of vices through the 'liqueur' of Bacchus, thus making the connection between the psychological and the moral levels perfectly clear: the consciousness of his intention in these respects is confirmed by a comparison with his model, Marullus, who mentions neither the fantasy not the moral purgation.[34]

The *Hinne de Bacus*, in terms of its relation to Ronsard's poetic production of the early 1550's, appears both as the culmination of an intensive interest in the myth of Bacchus, and as a first exercise in the method of the 'hymn', a genre which synthesizes a variety of elements—philosophical, mythological, Christian— in a single poetic unity. After a series of experiments in a predominantly pagan and hedonist vein, Ronsard seems to have felt the need to give definitive expression to his Bacchic material in a form which strongly implied its vindication. Hence the pleasure of drinking and feasting, the Bacchic sense of humour, the harmony of music and dance, the Anacreontic lilies and roses, Youth, Love and the Graces, are all worked into the fabric of the hymn, where they are seen as part of a wider pattern.

Just as such hedonism required justification against the accusation of the didactic moralists—whether of an earlier age or of Ronsard's own time—so also did the passions which motivate Ronsard's Bacchic procession; for his poetry, particularly in these earlier poems, was much concerned with the representation of passion, whether in the 1552 *Amours*, in the *Odes*, or in the Bacchic poems themselves. Pontus, in the *Solitaire premier*, speaks of poets as those who

> si vivement representent les celestes puissances et humaines passions, que dedans leurs vers reluisent les celestes grandeurs, que par leurs vers la vertu est montrée amiable, le vice horrible, et encores les affections paintes de leurs vrayes et non feintes couleurs (p. 73)

and it is precisely by showing how human passion is intimately related to divine forces that Ronsard defends such representation. Its dangers are acknowledged: the darker forces of human nature are not easily handled. But at the same time they constitute the powerful impulse which, properly directed, can unite the soul with its divine source.

Ultimately Ronsard's view is not Platonic, as has often been pointed out: he is too attached to the abundance and diversity

of the physical world. Indeed, this poem concludes not at the
table of Jupiter, but with a salutation of a decidedly this-worldly
nature. Nevertheless, he uses the Platonist framework for his own
purposes, the purposes of a poet concerned for the value of his
art; and it is here that the central inspirational passages and the
exaltation of the 'humaine fantasie' come into their own. It is
the poet's function to be moved and to move;[35] his work is the
medium through which the unified divine force of inspiration is
bodied forth in the spectrum of human passions. But the 'energy'
or 'enthusiasm' which is his motive force also reconnects the
diverse and the human with its original source; and this re-ascent
is the central theme of the *Hinne de Bacus*.

Finally, the fantasy is vindicated as a faculty because the true
poet, although dealing with images which might be condemned
as fictions, uses these very fictions as a cloak in which to convey to
man the hidden truth. Yet it is not necessary to see this poem as
the working-out of some pedantic, outmoded allegorical system.
In a characteristic manner, Ronsard has borrowed themes,
images and ideas from all manner of different sources and welded
them together into a whole which has its own significance. Nor
has he forgotten that the 'fabuleux manteau' must be richly and
beautifully made:[36] much of the detail of the poem, superfluous
to the 'allegory' itself, is justified by its sensuous appeal. Indeed,
the movement away from allegory in the strict sense and towards
metaphor has been brought about in part at least by this exploitation on a visual, decorative and rhythmic level of images which
had earlier been treated schematically. At the same time, these
images inevitably retain some of the allegorical associations which
they had acquired through centuries of mythographical commentary; on a more general level, Ronsard clearly perceived
the enduring value of myth as a means of embodying profound
insights into man and the universe. What he has achieved, in this
poem and in many others, is a breakdown of the distinction
between the literal and the figurative levels: in the last analysis
the 'cloak' and the underlying significance are inseparable.

Furthermore, it is precisely the same tendency which is
reflected in the presentation of the moral and inspirational
themes: whereas Pontus retains a strict sense of hierarchy within
these realms, Ronsard is interested in exploring the continuity of
experience, in demonstrating the fundamental unity which underlies both the 'celestes puissances' and the 'humaines passions'. As

a poet, he cannot afford to abandon either the human or the transcendental order; similarly, he must achieve a fusion between the fabric of his poem and the significance it embodies. The triumph of Bacchus is thus for Ronsard the triumph of mediation and reconciliation on every level—moral, aesthetic, psychological, spiritual, and cosmic: the hierarchical system of the mythographers, with its rigid distinctions between form and content, virtue and vice, human and divine, is transcended. Out of the confusion of fragmentary images and interpretations of Bacchus handed down by tradition, Ronsard has created a harmonious synthesis, a synthesis which embodies much of what is fundamental to his poetic theory and practice.[37]

NOTES

[1] P. de Ronsard, *Chant de folie à Bacchus* in the *Bocage* of 1550 (ed. P. Laumonier, *STFM*, vol. II, pp. 177–80); *Les Bacchanales ou le folastrissime voyage d'Hercueil* in the *Cinquième livre des odes* of 1552 (Laumonier, III, pp. 184–217); *Dithyrambes* in the *Livret de folastries* of 1553 (Laumonier, V, pp. 53–76; cf. *Folastries* 7 and 8 in same vol.); *Le Freslon* in the *Bocage* of 1554 (Laumonier, VI, pp. 89–92); *Elégie du verre* in the *Meslanges* of 1554 (Laumonier, VI, pp. 165–71); *Odelette* (*ibid.*, pp. 172–74); *Odelette à Corydon* (*ibid.*, pp. 174–76); *Hinne de Bacus* (*ibid.*, pp. 176–90). Cf. *Hymne de l'autonne*, in the *Trois livres du recueil des nouvelles poësies* of 1563 (Laumonier, XII, pp. 46–67), in which Bacchus plays a major part. On *Les Bacchanales*, see the edition by A. Desguine, Geneva, 1953, which includes copious notes, as well as the text of several other important Bacchic poems, Italian, neo-Latin and French. The *Hymne de Bacus* reappeared in 1555 under separate cover, together with a translation into Latin by Dorat, and was finally incorporated into the *Hymnes* themselves in the collective edition of 1560.

[2] Cf. P. Laumonier, *Ronsard, poète lyrique*, Paris, 1909, pp. 617 ff.

[3] Ovid, *Metamorphoses*, IV, 1, et seq.; *Ars amatoria*, I, 525–64; Catullus, LXIV, 251–64; Statius, *Thebaid*, IV, 656–63.

[4] *Odes*, III, xxi, 13; xxv, 18.

[5] 'Lynces autem illi attribuuntur, ut intelligatur vinum moderate sumptum vires, audaciam et perspicaciam augere. Tigres autem ideo currum trahunt, ut ebriorum ostendatur sevitia' (*De genealogia*, 61a; I refer to the edition in the *Scrittori d'Italia* series, No. 200: *Genealogie deorum gentilium libri*, vol. 1, Bari, 1951; all the references given in the present study are to book 5, ch. 25, unless otherwise stated).

[6] Cf., for example, the prose *Ovide moralisé*, ed. C. de Boer, in 'Verhandelingen der Koninklijke Nederlandse Akademie van Wetenschappen, Afdeeling Letterkunde', *Nieuwe Reeks*, vol. 61, No. 2, Amsterdam, 1954, p. 147: 'Bacchus desprise moult les glotons de boyre trop de vin, et si fait il ceulx qui point n'en boyvent.' Cf. also *ibid.*, p. 129.

For a parallel in Alciati, see the emblem *In statuam Bacchi*, in *Andreae Alciati Emblematum Fontes Quatuor*, facsimile ed. by H. Green, London, 1870 (*Holbein Society*, vol. 4): from the 1534 Paris edition, pp. 71–72. A classical source is provided by Seneca, *De tranquillitate animi*, XVII, 8–11; cf. Horace, *Odes*, III, 21, on the beneficial effects of drinking. In a further Bacchic emblem published in the 1546 Venice edition of Alciati, Bacchus and Pallas are shown standing together on a pedestal: 'Vino prudentiam augeri' is the motto (fol. 40v of the facsimile ed. in the collection referred to above).

⁷ See, for example, Pierre Bersuire (Petrus Berchorius), *Reductorium morale, liber XV, cap. I. De Formis figurisque deorum*, Utrecht, 1960 (after the Paris ed. of 1509), fol. XIII v°: 'Et ideo iste dicitur tigrides quae sunt furibunda animalia equitare pro eo quod vinum furorem et iracundiam inducit et pro eo quod ebrius faciliter efficitur furibundus. Unde dicitur proverbiorum. XX. Luxuriosa res est vinum et tumultuosa ebrietas . . . Vel dic in bono quod vinum est gratia dei vel fervor spiritus . . . Iste equitat super tigrides daemones et tyrannos calcando Coronatus est vite id est cruce christi passionem meditando Dionysius dicitur quasitotus divinus vel vehementer fugiens mundum et vitia devitando et aliorum mala judicia sustinendo.' Cf. C. de Boer's ed. of the *Ovide moralisé* in the series referred to (above, note 6), vol. 15, Amsterdam, 1915, pp. 353–56, 357–61.

⁸ Jean Lemaire de Belges, *Œuvres*, ed. J. Stecher, vol. 1, *Les Illustrations de Gaule et Singularitez de Troye, Premier Livre*, Louvain, 1882, p. 210.

⁹ See *Œuvres*, vol. 2, prologue to the second book of the *Illustrations*, pp. 2 ff.

¹⁰ See J. Seznec, *The survival of the pagan gods*, New York, 1961, book II, sections I and III.

¹¹ *Michaelis Marulli Carmina*, ed. A. Perosa, Turin, 1951, pp. 115–16 (quotations given below are from this edition). See Laumonier's tabulation of the parallels between the *Hymnus Baccho*, and Ronsard's *Dithyrambes* and *Hinne de Bacus*, in *Ronsard, poète lyrique*, pp. 736–42.

¹² This and subsequent quotations from the *Hinne de Bacus* are taken from the text of Laumonier's edition (see above, note 1).

¹³ Lines 149–64; cf. Horace, *Odes*, II, 19. In another passage (lines 93–96), Ronsard professes amazement at the sacrifice of the goat at Bacchic festivals. This is consistent with the 1563 *Response aux injures et calomnies*, where Ronsard insists that the goat was not sacrificed at the 1553 *cérémonie du bouc* (Laumonier, XI, pp. 141–42): he seems in both poems anxious that the thoroughly pagan motif of a sacrifice should be dissociated from his poetry; cf. the first *Ode à la fontaine Bellerie*, where again Ronsard suppresses the sacrifice and blood which are central in the *Fons Bandusiae*. Likewise, although Ronsard makes use of Statius in the description of Bacchus's followers, he omits Statius's reference to the 'Mimallones' bearing 'semineces lupos' and 'scissas ursas' (*Thebaid*, IV, 659–60); again, in his adaptation of Marullus, he suppresses the sequence of two and a half lines in which Marullus refers to the 'sancta Mimallonum / Cohors' who tear apart living calves in their fury (*Hymnus Baccho*, lines 46–48). All this makes it clear that Ronsard

wishes to exclude the wantonly destructive aspects of Bacchus's power from his own image of the god.

[14] Cf. *Ars amatoria*, I, 549–50: 'Iam Deus e curru, quem summum texerat uvis, / tigribus adiunctis aurea lora dabat'; *Metamorphoses*, IV, 24–25: 'tu biiugum pictis insignia frenis / colla premis lyncum'; and *Thebaid*, IV, 656–8: 'et iam pampineos materna ad moenia currus / promovet; effrenae dextra laevaque secuntur / lynces, et uda mero lambunt retinacula tigres.'

[15] *Thebaid*, IV, 661–3: 'nec comitatus iners: sunt illic Ira Furorque / et Metus et Virtus et numquam sobrius Ardor / succiduique gradus et castra simillima regi.' The juxtaposition of 'le Somme' and 'le Discord' after a reference to 'la Creinte'—and indeed the group as a whole—also recalls the personifications which stand at the gate of hell in *Aeneid*, VI, 273–281 ('Metus', 'Sopor' and 'Discordia demens' appear in the company of 'mala mentis Gaudia', 'mortiferum Bellum', etc.). Virgil's group is expanded in Boccaccio's *De gen.*, *liber primus*, ch. 14 et seq., as children of Erebus; similar personifications are given as children of the Night at the opening of Hyginus's *Fabulae* (published at Basle in 1535 and 1549 in a collection of mythographical handbooks which also includes the *Mythologiae* of Fulgentius; see Seznec, *op. cit.*, pp. 307–9).

[16] Tibullus I, vii, 45 and 47. Cf. the πέπλον φοινίκεον πυρὶ εἴκελον of an Orphic fragrant quoted by Macrobius (*Saturnaliorum, liber* I, xviii, 22). In Philostratus, *Imagines*, I, 15, Bacchus is depicted wearing a red cloak and a wreath of roses as he approaches Ariadne; the author points out that these attributes indicate his amorous intent. Cf. Titian's 'Bacchus and Ariadne', in which the red cloak appears also. Lilies, roses and other flowers in association with wine occur in the *Anacreontea*, Nos. 5, 6, 18A, 43, 44, 50, 53, 55 (numbered according to the edition in the Loeb Classical Library, *Elegy and Iambus*, II, with *Anacreontea*, London and Cambridge, Mass., 1961).

[17] Cf. the often reprinted edition of the *Metamorphoses* with commentaries by Petrus Lavinius and Raphael Regius and the summaries of Lactantius: *P. Ovidii Nasonis metamorphoseos libri moralizati cum pulcherrimis fabularum principalium figuris*, Lyons, 1518, fol. 57v.

[18] M. Raymond, *Baroque et Renaissance poétique*, Paris, 1955, pp. 97–100. The polarization of moral values on the one hand, and the sense of a controlled energy on the other, were embodied also in the Platonic image of the charioteer and his good and bad (white and black) horses (*Phaedrus*, 246b and 249 ff.). Ficino's gloss on this image occurs immediately after his interpretation of the four Platonic furies (in which Dionysus allegorizes the second fury), and reduplicates it thus: 'Primus itaque furor, *bonum equum*, id est, rationem opinionemque, a *malo equo*, id est, a phantasia confusa et sensuum appetitu distinguit. Secundus malum equo bono, bonum *aurige*, id est, menti subicit (Marsile Ficin, *Commentaire sur le Banquet de Platon*, ed. R. Marcel, Paris, 1956, p. 259). On this image in Pléiade poetry, see R. V. Merrill and R. J. Clements, *Platonism in French Renaissance poetry*, New York, 1957, pp. 81 ff. The Seneca passage referred to above (note 6), also contains a 'chariot' image

illustrating the impetus of the inspired and liberated mind: 'efferatur et mordeat frenos et rectorem rapiat suum.' Moreover, a similar pattern appears in certain of the allegorical triumphs of the Renaissance; see, for example, Dürer's series of woodcuts, 'The large triumphal car of Emperor Maximilian', in *The complete woodcuts of Albrecht Dürer*, ed. W. Kurth, New York, 1963, plates 312–17.

[19] Pontus de Tyard, *Œuvres poétiques complètes*, ed. J. C. Lapp, Paris, 1966, pp. 168–9.

[20] It is perhaps relevant to note that he introduces in a previous stanza the *discordia concors* theme in its specifically musical sense ('Quel accor discordant bruit, / S'entremesle, et s'entrefuit, / Qui mes esprits espouvante?' (*ed. cit.*, pp. 167–68)).

[21] *Les Odes d'Olivier de Magny*, ed. E. Courbet, vol. 2, Paris, 1876, p. 56.

[22] Cf. D. and E. Panofsky, *Pandora's box*, New York, 1965, pp. 48–54. The relationship that the Panofskys establish in this book between iconography and poetry in a French context is highly relevant to the present study, particularly as it centres on questions of moral attitude. Magny's emphasis on moral clear-sightedness recalls the 'perspicacia' of Boccaccio; on the cosmic functions of Bacchus, also referred to in this passage, see above, p. 261, and below, note 30.

[23] See *Desiderii Erasmi operum omnium tomus quartus*, Hildesheim, 1962 (facsimile of edition published at Leiden in 1703), cols. 411–12, 412–13, 417–18, 429–30 (from the *Praise of folly*). For evidence of Ronsard's contacts with Erasmianism, see P. de Nolhac, *Ronsard et l'humanisme*, Paris, 1921, p. 37, and p. 243; see also J. C. Margolin, 'L' *Hymne de l'Or* et son ambiguïté', *Bibliothèque d'humanisme et renaissance*, 28, 1966, pp. 290–93.

[24] See E. Wind, *Bellini's 'The feast of the gods'*, Cambridge, Mass., 1948, pp. 45 ff. and 56 ff. Wind's analysis of the Bacchic mysteries in *Pagan mysteries in the Renaissance*, London, 1958, chs. XI and XII, is also relevant to the present study.

[25] Cf. E. Wind, *Pagan mysteries*, pp. 69–71; W. Kaiser, *Praisers of folly*, Cambridge, Mass., 1963, pp. 52 ff.

[26] Cf. *Natalis Comitis Mythologiae sive explicationis fabularum libri decem*, Padua, 1616, p. 273, col. 1. See also below, note 32.

[27] Pontus de Tyard, *Œuvres poétiques*, ed. cit., p. 168; cf. Olivier de Magny, *Odes*, vol. 2, *ed. cit.*, p. 56. Pontus de Tyard, *Solitaire premier*, ed. S. F. Baridon, Geneva, 1950, pp. 17 ff.

[28] Du Bellay, *Deffence et Illustration de la langue françoyse*, ed. H. Chamard, Paris, 1948, p. 106; Pontus de Tyard, *Solitaire premier*, ed. cit., pp. 22, 73–74; Ronsard, *Ode à Michel de l'Hôpital*, in *Cinquième livre des odes*, Laumonier, III, pp. 143, 144–45. Cf. G. Castor, *Pléiade poetics*, Cambridge, 1964, p. 35.

[29] See Merrill and Clements, *op. cit.*, pp. 10 ff.

[30] Marullus makes no reference to the dance and has no equivalent for 'animal': ' . . . tu libras pondera machinae / Medioque terram suspendis in aere stabilem' (*ed. cit.*, p. 116, lines 53–54). The point is further confirmed by an important variant of lines 274–76 of the *Hinne* which appears in all the editions from 1578:

> ... tu restaures le monde
> De ta longue jeunesse et de ta tresse blonde:
> Tousjours un sans estre un, qui te fais et desfais,
> Qui meurs de jour en jour, et si ne meurs jamais.

For a gloss on these lines, we may turn to Boccaccio, who reproduces the interpretation of Albricus: 'Dicebat tamen circa hoc Albericus Bachum animam mundi intelligendum, que quamvis membratim per mundi corpora dividatur, tamen se reintegrare videtur de corporibus emergens, et se reformans, et semper una eademque perseverans, nullam simplicitatis sue patiens sectionem' (*De Gen.*, 61c). This is an Orphic motif which is derived from the story of Bacchus's dismemberment by the giants and which was subsequently given a cosmic interpretation by Macrobius and others. Macrobius's version is as follows: '[Crater Liberi Patris] ebrietatem illic primum descensuris animis evenire silva influente significans. unde et comes ebrietatis oblivio illic animis incipit latenter obrepere ... haec est autem hyle, quae omne corpus mundi, quod ubicunque cernimus, ideis impressa formavit. sed altissima et purissima pars eius, qua vel sustentantur divina, vel constant, nectar vocatur, et creditur esse potus Deorum: inferior vero et turbidior, potus animarum. et hoc est, quod veteres Lethaeum fluvium vocaverunt. Ipsum autem Liberum Patrem Orphaici νοῦν ὑλιχὸν suspicantur intelligi, qui ab illo individuo natus in singulos ipse dividitur. ideo in illorum sacris traditur Titanio furore in membra discerptus, et frustis sepultis rursus unus et integer emersisse; quia νοῦς, quem diximus mentem vocari, ex individuo praebendo se dividendum, et rursus ex diviso ad individuum revertendo, et mundi implet officia, et naturae suae arcana non deserit (*In Somnium Scipionis*, I, 12). Cf. also *Saturnalia*, I, 18.

[31] Pontus de Tyard, *Solitaire premier*, section 3 (pp. 12–21; especially pp. 17, 19). Cf. above, note 18, quotation from *Symposium* commentary; in Marcel's edition, Ficino's analysis appears in chs. 13–14 (pp. 257–60).

[32] See Castor, *Pléiade poetics*, especially chs. 13–17; cf. also p. 189, on Ronsard's sense of an order underlying the flux of the world, and the connection of this view with the interpretation of *imagination*. The following lines from the *Hymne de l'autonne*, which includes a central statement of allegorical theory and a new development of the myth of Bacchus, are also relevant: 'Il [Ronsard's 'Daimon'] me haussa le cueur, haussa la fantasie, / M'inspirant dedans l'ame un don de Poësie, / Que Dieu n'a concedé qu'à l'esprit agité / Des poignans aiguillons de sa divinité' (Laumonier, XII, p. 46). It will be noted that the formulation 'des poignans aiguillons de sa divinité' is identical with line 188 of the *Hinne* (the rhyme on 'agité' is also the same). Cf. Alciati, *Emblemata cum commentariis*, Padua, 1621, p. 133: 'Sic veteres Bacchum Musis adiunxerunt, quia vino non minimum vires ingenii excitentur ... moveantur phantasiae, addatur impetus, subministretur fiducia.' Finally, a similar function of Bacchic inspiration is implied in Ronsard's expansion of Marullus's phrase 'tu robur addis consilio' to 'tu marie au conseil / De celuy qui te croit un pouvoir non pareil' (*Hinne*, lines 267–68).

[33] Cf. Wind, *Pagan mysteries*, p. 40. The 'pagan' nature of the Bacchic

myths is in the last analysis redeemed (as in the case of other myths) by this 'theological' allegory, according to which they embody a truth consonant with Christian belief (cf. above, note 32, quotation from *Hymne de l'autonne*, where God is unequivocally the source of inspiration). Indeed, Ronsard's use of the phrase 'du grand Jupiter' instead of Marullus's vaguer formulation ('tu das *deorum* sanctis accumbere dapibus') may result from a desire to emphasize that this 'heavenly feast' is indeed a Christian one, and that 'Jupiter' is the Christian God, who is the end of all contemplation. On the Christian Bacchus in the medieval tradition, see above, p. 251.

[34] Marullus, *Hymnus Baccho, ed. cit.*, lines 55–57: 'Per te remota coeli procul ardua colimus, / Nimio diffusi praecordia nectare gravia, / Tu das deorum sanctis accumbere dapibus.'

[35] Cf. Du Bellay, *Deffence et Illustration, ed. cit.*, pp. 36–37, 105, 179; and Pontus's *Solitaire premier*, p. 25.

[36] I refer to the well known passage in the *Hymne de l'autonne* (Laumonier XII, p. 50, lines 81–82).

[37] For a further study of Ronsard's use of Bacchic themes, see my article 'Ronsard's Bacchic poetry: from the *Bacchanales* to the *Hymne de l'autonne*', to be published in *L'Esprit Créateur*, summer 1970.

Guy Demerson

LE MYTHE DES AGES ET LA CONCEPTION DE L'ORDRE DANS LE LYRISME DE LA PLEIADE

Le principal intérêt de ce sujet est sa nouveauté; cet intérêt lui est retiré par la publication récente de l'excellent ouvrage de Madame Elizabeth Armstrong, *Ronsard et l'Age d'or.*[1] Ce qui distingue mes réflexions de celles de Madame Armstrong, c'est une conception générale de l'emploi de la mythologie: l'auteur a fort bien montré l'originalité[2] d'un grand lyrique dans le traitement d'un thème aussi banal: une interprétation souvent surprenante de la fable antique s'explique par la sensibilité et la sensualité d'un tempérament; par exemple, les images brutales de la nature déchirée par la charrue et par la hache à la fin de l'Age d'or sont autant de symboles des obsessions personnelles du poète; ces analyses séduisantes confirment que la mythologie d'un poète humaniste ne ressortit pas à un académisme archéologique, dont le but serait de fabriquer des copies de l'antique; la fable reprend vie.

Mais, à notre avis, si le lyrisme mythologique retrouvait cette vie par les poètes humanistes, c'est que, pour eux, il était bien autre chose que l'expression de sentiments individuels:

> *C'est le vrai but d'un poëte liriq de* célébrer *jusques à l'extrémité celui qu'il entreprend de louer*[3]

écrit Ronsard; le lyrisme est «de la littérature pratique»,[4] une intervention de la musique dans l'ordre politique, dont il s'agit de conserver ou de restaurer l'harmonie. Les moyens de cette efficacité, de ce *charme*, sont le rythme de formules envoûtantes (le son de la *lyre*), mais aussi l'emploi de mythes anciens, qui sont des modèles suggestifs, et qui portent une révélation et une admonition soigneusement voilées par les antiques théologiens; sur cette dernière question tout a été dit par M. Seznec.[5] La

légende païenne est redevenue efficace grâce au lyrisme parce
que, comme les mythes des sociétés primitives, elle traduit non
l'expression d'un *moi* et d'un *monde* achevés par l'effort de rational-
isation,[6] mais une aspiration collective à un achèvement, souvent
conçu comme un retour à une origine prestigieuse.[7]

C'est pour cela qu'il nous a paru utile de considérer non pas
un poète isolé, mais un groupe collaborant dans le même esprit:
les poètes qui écrivaient concuremment avec Ronsard exprimaient
leurs préoccupations selon des conventions communes, en des
mythes communément acceptés, et communément séduisants.

Un des premiers événements qui permit à cette brigade de
s'essayer à la poésie officielle est le retour de Boulogne à la
France en 1550. Le mythe des Ages tient une place essentielle dans
la structure des poèmes écrits, conjointement avec du Bellay, par
Ronsard et par Baïf.[8] Augé-Chiquet demande d'excuser chez
Baïf ce développement mythologique, comme une faiblesse de
débutant.[9] Or le grand avantage du mythe est précisément sa
banalité, cette banalité qui décourage le critique moderne:[10]
le lyrisme s'exprime par thèmes, c'est-à-dire par lieux communs;
le mythe, pour être vivant, doit être une *convention*, créer une
unanimité: les allusions obscures des odes de Ronsard étaient
littéralement *dé-concertantes*, symboles érudits et ornementaux,
mais non pas mythes. Au contraire le mythe des Ages est propre
à réaliser ce *concert* des esprits à quoi tend toute mythologie;
les poètes humanistes tiraient avantage de cette banalité dont
ils étaient conscients.[11]

Guillaume des Autelz, utilisant ce mythe, revendique la
liberté de «recueillir des thrésors poëtiques» qui «ne sont point
du tout fables légères».[12] Cette protestation répond à des attaques
dans le genre de celle que porte Ferrand de Bez qui, encore en
1563, reproche violemment aux poètes de chanter la paix en
idolâtrant les «faulx dieux», et leurs

> siècles divers,
> Car le siècle doré de Saturne le vieux [...]
> Ne faut tant exalter de plumes mensongères.[13]

La vivacité de cette polémique, que nous devinons, prouve que
l'on voyait dans cette fable bien autre chose que des métaphores
érudites désignant un temps de bonheur, ou de mauvais
moments:[14] c'était un véritable mythe, exprimant une conception
de l'ordre qui doit régner dans les vies et dans l'histoire.

I. *L'Age d'or et la spontanéité naturelle*

L'Age d'or est d'abord la vision d'une société où le lyrisme humaniste ferait régner l'harmonie: Marot jugeait que le Siècle d'or reviendrait lorsque le peuple chanterait les *Psaumes* et non plus les fables lascives de Vénus et de Cupido;[15] de même une ode, où Jodelle s'indigne d'abord de voir le paganisme s'instaurer dans les lettres françaises, finit par faire l'éloge de la «menteresse feinte», seule capable de «retramer» l'Age d'or en exprimant une vérité permanente.[16] Dans ses *Dialogues*, le penseur ami de la Pléiade, Loys Le Caron, qui montre que les mythes d'Astrée et des Ages servent l'ordre social, prête à Ronsard l'opinion que les fables «sont foi suffisante que le siècle heureux estoit doré & enrichi des poètes, qui chantoient la gloire de Dieu, les vertus des Héroës...»[17]

Le mythe des Ages traduit l'idéal d'une vie bien ordonnée; si les rêves du premier Age représentent les bocages de l'innocence pastorale, c'est qu'ils figurent un bonheur qui est à la fois *jadis* et *ailleurs*; ces rêves comportent une critique de la cour et de la ville, de toute organisation sociale qui est contrainte sociale parce que les relations humaines n'y sont pas spontanées mais soumises à la réflexion.[18] Cet ordre instable n'est que l'équilibre né de la concurrence des cupidités, il délimite le *mien* et le *tien*. Il est paradoxal que l'Age d'or tire son nom du métal qui sert de base aux échanges de cette civilisation technique: comme l'avait fait Lactance,[19] Ronsard relève ce paradoxe:

Ha, bel aage doré, où l'or n'avoit puissance![20]

Et Jodelle se fait sarcastique: l'or «de ce vieil siècle doré» avait la terre pour mère (ce qui l'apparentait aux Géants présomptueux), et il veut maintenant enterrer ceux des hommes qui sont fils du Ciel.[21]

L'Age de fer, c'est une civilisation mettant sa confiance en des artifices purement terrestres, c'est la raison mutilant la nature sous prétexte de l'organiser. Baïf encadre le tableau idyllique de sa *Vie des Chams* entre une exécration de l'Age de fer, conçu comme l'ère de Salmonée, qui mit «le foudre en la terre»,[22] et une malédiction de la faculté humaine qui est cause de tous ces malheurs:

la raison maline
Qui nous gouverne, outre ceux de nature,
Dix mille maux encore nous procure.[23]

A l'époque où les rapports humains n'étaient pas réglés par le souci de l'utilité, l'épanouissement de l'individu ne dépendait pas de l'acquiescement d'un autre: pour Ronsard, le poète, au temps de «Saturne le bon homme» n'avait pas à se *vendre* [...] *au service d'un Roy*.[24] De même l'amour répondait sans ambages à l'amour: à la présentation d'une terre féconde sans être sollicitée, on associait l'idée d'un amour libre des convenances contraignantes: Baïf écrit dans les *Amours de Francine*:

> Que le siècle revinst de celle gent dorée,
> Quand les ruisseaux de vin[25] par les prez se rouloyent,

> Quand l'amant & l'amie en franchise asseurée,
> Par les bocages frais sans soupson s'en aloyent:
> Ou mussez sous l'ombrage, à l'heure qu'ils vouloyent,
> Ils flatoyent de plaisir leur ame enamourée:

> Mais, ô siècle de fer qui l'amour désassemble,
> Ta mauvaise façon nous garde d'estre ensemble...[26]

Pour Ronsard aussi, l'actuel Age de fer est celui des anneaux, des contrats, des conventions de contrainte; le *oui* prononcé devant le prêtre n'est pas le *consensus* instinctif accordé à la loi de Vénus.[27]

Chez Ronsard, chez Baïf, cette nostalgie de la spontanéité n'appelle ni repentir ni rédemption; elle retrouve, peut-être inconsciemment,[28] la pensée du *Stulticiae Laus* érasmien: «dans sa simplicité, cette race du siècle d'or vivait sans être armée de lois, sous la conduite du seul instinct de nature.»[29] La louange de la vie pastorale de l'Age d'or est un éloge de la folie, un paradoxe[30] désespéré.

Vivre dans le mythe, c'est s'évader de l'univers rationnel et de son ordre illusoire; c'est mourir au monde, si bien que l'image de l'Age d'or ressemble souvent à celle d'une mort heureuse: l'ordre enfin retrouvé, c'est le Paradis céleste. Selon Belleau, le marquis d'Elbeuf, par son trépas (1566), s'est dérobé aux passions, aux discordes *de ce siècle de fer* pour prendre place auprès de Dieu parmi ses frères.[31] L'Ailleurs auquel on aspire dans le désordre présent est figuré avec des splendeurs d'au-delà du tombeau; l'Age d'or est assimilé explicitement aux Champs Elysées.[32] La mort est à la fois une réalité, un thème lyrique et un mythe.

Il en allait de même pour cette fuite qu'était l'expédition de colonisation: dans le *Dictamen metreficum*, Belleau, après avoir déploré que Paix soit remontée au Ciel et que le monde soit envenimé de troubles proprement diaboliques, s'écrie en son latin macaronique:

> Soulieris poudram secouemus; abire necesse est
>   procul hinc fugiamus, amici,
> Inque novas terras, Bresillum seu Calicutum
> Migremus...[33]

Dans ces terres neuves, des monts de fromage blanc complètent le paysage — traditionnel pour l'Age d'or — des fleuves de lait et de miel, d'un printemps spontanément fécond que ne troublent ni le Huguenot, ni la vipère.

Ce rêve d'une évasion de priviligiés qui échapperaient à l'Age d'airain est une parodie de la 16ᵉ *Epode* d'Horace; Horace s'inspirait d'ailleurs du mythe hésiodique des Ages: après leur mort, les Héros bénéficieraient d'une survivance de l'Age d'or en des lieux bénis.[34] Cette croyance en une permanence du Paradis terrestre est attestée par G. Postel, qui publie ses *Merveilles du Monde* en 1553;[35] 1553, c'est l'année où Ronsard s'inspire de la 16ᵉ *Epode* dans ses *Iles Fortunées*, qui fulminent d'ailleurs l'anathème contre les hérésies professées par Postel; Ronsard entend faire œuvre lyrique et mythologique, c'est-à-dire ne pas contaminer les créations de son imagination par l'illusion qu'elles pourraient se réaliser; ce qui l'intéresse, ce n'est pas d'embarquer la Pléiade des bons esprits vers des contrées réelles; il ne veut plus constituer une brigade engagée dans le combat pour le savoir: la «chère bande» dont il rêve est un groupe purement littéraire.

> Loin de l'Europe, & loin de ses combas,[36]

il veut imaginer un Ailleurs, et non travailler à modifier ce monde-ci. Dans cet univers qu'organise son rêve poétique, le travail de réflexion logique serait absurde et dégradant: l'Age d'or retrouvé est le règne de la spontanéité instinctive:

> Là, si quelqu'un d'un désir curieus
> Veut estre poète ou rechercheur des cieus,
> Ou bien disant, sans globe ni sans sphère,
> Sans invoquer les Muses, ni leur frère,
>
> Il sera fait bon poète *tout soudain.*

(p. 186)

L'inspiration, au pays fortuné, n'est pas *fureur* ni *travail*, ces deux passions forcenées dont la *Deffence et Illustration* demandait la conjonction paradoxale; elle est mouvement naturel.[37] Dans une nature apaisée, les hommes, enchantés par les chœurs lyriques, vivent

> Sains & dispos comme vivent les Dieus.
>
> (p. 185)

Créer des mythes, c'est rappeler à l'homme qu'il est dieu de droit divin.

2. *La radieuse organisation monarchique*

Un tel univers «spatial», difficilement articulé avec la géographie humaine réelle, définit un des aspects typiques du mythe selon les études de la pensée archaïque opérées par M. Rudhardt. Mais, selon le même auteur,[38] l'univers mythique définit également une société où l'autorité souveraine fait régner un ordre juste, en politique comme en morale. Cette analyse s'applique au mythe des Ages, dont les poètes de la Pléiade se faisaient une représentation plus politique que géographique. Le poète lyrique avait bien souvent pour fonction sociale d'orner les fastes de la monarchie; ses hymnes et ses mythes avaient alors pour but d'embellir une réalité provisoirement médiocre, de rendre visible un idéal de prospérité qui n'était encore que l'espoir lointain placé en une politique, parfois en contraste tragique avec le présent.[39]

A la fin de la *Prosphonématique*, chant d'acclamation composé par du Bellay pour l'entrée d'Henri II à Paris en 1549, la nymphe Seine prophétise une ère de paix et de gloire:

> Ce nouveau siècle, à l'antique semblable,
> Verra fleurir le sceptre de Valois.
> La Foy chenue, alors non violable,
> Tiendra le lieu des punissantes loix.
> Vice mourra: & les nopces pollues
> Ne seront lors par amours dissolues[40]

L'allusion à l'Age d'or d'Auguste est claire: selon la prophétie de Jupiter au premier livre de l'*Enéide* (v. 291-96), la *Foy chenue* règnera grâce à cet empereur et les deux derniers vers cités sont tirés de l'ode horatienne à Auguste.[41] Mais du Bellay contredit formellement Horace, qui ajoutait le trait suivant à son tableau de l'ordre impérial:

> La Peine menassante
> Suyt les talons de la coulpe naissante.[42]

Pour du Bellay l'ordre qui régit l'Age d'or politique n'est pas celui du droit répressif, mais un juste instinct, spontanément civique. Les fêtes dynastiques[43] tendaient à suggérer que la radieuse présence du souverain pouvait — comme cela s'était historiquement produit pendant l'Age d'or augustéen — inaugurer un ère où le royaume aurait la devise de Thélème.

M. E.-H. Gombrich a bien montré que la mise en forme du mythe de l'Age d'or par Virgile est fondamentalement monarchiste:[44] les humanistes italiens avaient su imposer à l'opinion publique — dont on découvrait alors l'importance — l'image d'un chef bénéfique; les poètes attachés à la famille des Médicis avaient développé cette propagande fondée sur un espoir messianique. Les poètes de la Pléiade ont fréquemment proposé au public ce portrait idéal des princes, sur fond d'or. Ainsi le nom de Catherine de Médicis est associé par Ronsard à de riantes images de prospérité et de liberté poétique:

> Si nous voyons le Siècle d'or refait,
> C'est du bienfait
> De la bergère Catherine.[45]

Pour faire entendre que l'harmonie politique inaugurée par le monarque est dans l'ordre des choses, dans l'ordre cosmique,[46] le retour de l'Age de Saturne est constamment associé au retour des saisons qui règlent le cours de l'an.

C'est ce qui explique l'aspect printanier des célébrations lyriques officielles: l'action du prince, l'Age d'or et la saison nouvelle[47] sont magnifiés conjointement comme trois aspects de l'ordre primordial, même si la pièce doit être déclamée en plein hiver;[48] le mythe a le pouvoir merveilleux de soumettre la nature à une représentation exaltante des Grands.[49] Ronsard voit cette lumière du Siècle d'or comme une sorte de halo ardent autour de la tête du roi, signe visible de son éminente dignité, comme il le proclame dans deux odes *Au Roi*, l'une de 1550, l'autre de 1567.[50] Le divertissement imaginé par Jodelle pour l'entrée de la reine Elisabeth d'Autriche le 30 mars 1571, après la paix de Saint-Germain, exprime clairement ces correspondances symboliques suggérées par le mythe; la déesse Esté, sans doute déguisée en Cérès «plus riche que l'or», chante l'harmonie mystique qut accorde l'âge du jeune[51] couple royal au siècle doré du monde e-à la saison des moissons mûres; un voeu appelle la pleine réalisai tion des bénédictions promises par cet ordre secret des choses: l'Age d'or va se renouveler car

> Du fruit des Rois dépend le fruit de tous.[52]

La présence quasi-magique des souverains suffit pour que tout ce qui était décadence et désordre, mort, échec en général, se transforme instantanément en renaissance, abondance, joie, amour et danse; c'est du moins un voeu fréquemment exprimé par Baïf;[53] inversement la mort de Pan (le roi Henri II) est décrite dans une *Eglogue* de Ronsard comme une métamorphose régressive, comme une involution de l'ordre de la nature: l'artichaut redevient chardon, on regrette la saison de la spontanéité dorée,

> Quand la terre portoit, sans estre labourée,
> Les bleds qui de leur gré par les champs jaunissoient[54]

La constante opposition de l'Age d'or à l'Age de fer est donc une façon d'embellir le réel par le mythe encomiastique. Mais une pensée active, une conception humaniste de l'ordre, préside à ces célébrations: Erasme écrivait au pape Léon X, le 4 avril 1516, que les conditions d'un retour de l'Age d'or étaient aux mains du prince: ces conditions étaient sa faveur pour les arts et son action pour la paix, mais aussi sa piété religieuse.[55] Cette analyse érasmienne trahit l'ambiguïté de la conception humaniste du progrès: le progrès est intervention de la grâce de Dieu, dont la faveur répond à la fidélité de son peuple, comme l'enseigne l'Ecriture; ou bien le progrès est la conséquence logique d'une politique animée par la volonté de réaliser l'harmonie de la cité humaine, comme l'enseignait la pensée antique retrouvée.[56] L'ordre de l'or, le désordre du fer sont-ils sanction morale, ou bien don gratuit et malédiction imprévisible?

3. *Les Ages et les œuvres*

D'après le mythe hésiodique, la succession des Ages est indépendante de la valeur morale de chaque race; mais le mythe proprement dit est suivi d'une parabole: l'allégorie de la Justice, de la récompense et de la punition qui sanctionnent les actes humains;[57] or la cité aux sentences droites est récompensée par une ère de bonheur dont la peinture inspirera précisément les descriptions de l'Age d'or dont les poètes de la Pléiade imiteront les traits:[58] prospérité agricole, inutilité du commence maritime, union et fécondité des familles; ce sont les *œuvres* de l'homme qui lui méritent une existence ordonnée à l'harmonie primordiale voulue par Zeus, ou au contraire la stérilité, la décadence, le désordre. L'age heureux se mérite: il n'est plus un paradis originel, mais un aboutissement; le temps mythique est devenu un modèle[59] pour l'action historique.

C'est, je pense, cette conception qui est à l'origine des mythes allégoriques du poème ronsardien de 1559, *La Paix au Roy*[60] et de nombreux poèmes contemporains;[61] dans ces œuvres, il est remarquable que les peintures de la restauration de l'Age d'or associée à l'idée d'un mérite collectif ou politique, loin de reprendre la notion d'une terre spontanément fertile, vantent, comme dans l'allégorie hésiodique de la Justice, le travail de l'agriculture: Guillaume des Autelz, dans l'*Eloge de la Paix à Pierre de Ronsard*, montre les laboureurs tranchant le ventre de la Terre, coupant le doux fruit de Cérès, après une apologie de la monarchie dont l'ordre reflète l'unité de Dieu, du Soleil, du cœur, de la raison, de la cité des abeilles;[62] le siècle heureux est doré par les richesses qu'acquiert l'industrie humaine; le mythe affirme la maîtrise du temps par l'homme.[63] Avant *Le Mondain* de Voltaire, Baïf apprécie le progrès par lequel l'humanité a cessé de se nourrir des fameux glands de l'Age d'or pour adopter le blé, plus comestible[64] et, comme dans les *Laudes industriae humanae* de Pontano,[65] il vante le commerce maritime, le voyage du marchand et le labeur du laboureur:

Saturne fut Roy sous une saison telle,[66]

dit-il au mépris de la tradition mythologique.

Dans cette vision progressiste, parfois l'Age d'or n'est plus patronné par le débonnaire roi Saturne, mais par des dieux civilisateurs, ceux que l'interprétation évhémériste désignait comme les bienfaiteurs de l'humanité; ainsi du Bellay fait du mythe des Ages une lutte de la déesse des arts et des lois contre le dieu des armes:

Règne Pallas sur le Dieu belliqueur,
Cède le fer à la saison dorée...[67]

Pour lui l'Age d'or se conquiert par une Musagnœomachie, c'est-à-dire par une lutte du savoir contre l'ignorance;[68] il a l'intuition que défaire «ce vil monstre Ignorance», c'est refaire «le bel aage doré», que c'est l'action du souverain, François I° ou Catherine de Médicis, qui ramène au monde

La belle Vierge au vieux siècle cogneue[69]

Dans l'esprit d'un humaniste, l'homme ne peut se rendre maître et dominateur effectif du monde que par le savoir civilisateur.

Comme Erasme dans sa lettre à Léon X, Marot, dans l'*Avant-naissance du troisème enfant de Madame Renée duchesse de Ferrare* avait

exprimé l'idée que l'excellence du siècle d'or s'éprouve sous un
roi qui éclaircit

tous les beaux arts par avant obscurciz[70]

Ronsard de même proclame fréquemment que l'humaniste met
son espoir en une hardie politique culturelle: si Madame Marguerite redore notre heureux siècle, c'est parce qu'elle soutient
non seulement la *science* mais l'innocente *conscience* des Muses.[71]
Dorat,[72] Tyard,[73] Magny,[74] Le Caron,[75] Baïf[76] répètent les
mêmes formules conquérantes; l'ode à Claude Colet de Jodelle
commence par une vigoureuse exécration de la lâcheté naturelle
dont le venin empêche le public de soutenir le combat des
champions du Siècle doré contre la rouille de l'Ignorance.[77] Le
fait que les artistes ne reçoivent pas la récompense qu'ils méritent
témoigne du désordre et de l'injustice d'un siècle pervers.
Ronsard formule cette critique avec véhémence:

Du Bellay qui avoit monté desus Parnase
Ne fust, siècle de fer! d'un seul bien advancé
Il faut donner des biens à ceux qui les méritent.[78]

Le siècle d'or est celui du mérite; son ordre est la justice distri-
butive du vrai mécénat, du mécénat qui sait *honorer* l'origine
divine des *ministres de Dieu*.[79] Le prince ne peut réorganiser le
monde sans associer les écrivains à cette œuvre.

C'est toujours une conception moralisante de la succession des
Ages qui explique les exécrations — nombreuses après 1562[80] —
contre l'actuel Siècle de fer. Un *Mime* de Baïf déplore les désordres
dans les familles, les sacrilèges, la disparition de la «bonne[81]
crainte» de Dieu; ce Dieu vengeur envoie donc sur terre la
famine, la guerre, la fière Ignorance, éclairs et comètes en des
saisons inaccoutumées:[82] les désordres cosmiques et sociaux
accompagnent le désordre moral; Baïf exprime alors une de ses
hantises:[83] la fin du monde lui apparaît comme la destruction
encourue par un Age de fer parvenu au comble du désordre, et
par conséquent incapable de subsister:[84]

Dieu, t'ennuis-tu de ton ouvrage?
Veus-tu bastir un nouvel âge
Ruinant le siècle pervers?

Peut-être enfin un monarque providentiel

Ordonera les saintes loix,
Fondant une ferme police.[85]

Baïf conçoit le temps humain comme une suite de sanctions, comme l'enchaînement historique des conséquences morales de l'action: craignez, dit-il à Monseigneur de Nevers,

> Kreignés du malfet mal renomés finir:
> Einsin des Eraus l'âje viendra[86]

C'est en termes hésiodiques que s'exprime sa vision morale de l'histoire; donc la régénérescence de la société et de l'univers sera un jugement de l'homme par Dieu, non pas Jugement Dernier, mais jugement partiel dans un temps soumis au progrès.

4. *Grâce et disgrâce*

Le bel ordre du siècle d'or, pour reprendre l'analyse d'Erasme, est imputable à une politique favorable à la paix et aux arts; les œuvres humaines sont à la source du progrès ou de la décadence. Mais cet ordre politique et moral est soumis à un autre ordre, celui de la grâce: si les hommes out fait fuir au ciel la Justice, c'est, selon des Autelz, qu'ils

> ont mescongneu d'estre aymez
> Du ciel.[87]

L'ingratitude des cœurs de fer consiste à refuser le bien, préparé, toujours selon des Autelz, par une Bonté Suprême qui ne désire rien d'autre que de mettre en ordre l'existence de sa créature:

> L'on dit que Jupiter, ayant vainqueur transmis
> Aus enfers les Titans, enjendra[88] Thémis,
>
> Bonne Loy, & Justice, & la Paix florissante,
> Qui l'ordre politique entre les peuples font.[89]

Toute œuvre humaine, et en particulier l'action royale, est déterminée par un ordre providentiel: c'est le ciel,

> Le ciel garde des provinces,
> Le ciel protecteur des Roys,

qui, selon du Bellay, fera revivre le siècle d'or car il est *le seul auteur de l'estre* d'un prince appelé à être bénéfique.[90]

Le retour de l'age heureux n'a pas à être acquis ou conquis, mais *attendu*: c'est ce qu'exprimait Belleau dans *La Vérité fugitive*, poème d'inspiration réformée de 1561:

> Pauvre Berger, il fault attendre encor
> Les jours heureux d'un aultre siècle d'or:
> La Vérité ne veult estre forcée...[91]

Ce ne sont pas les violents qui conquièrent le royaume de la Grâce.

Des esprits religieux, tels Postel[92] ou Denisot[93] pouvaient assimiler cette grâce de l'Age d'or àu Royaume de Dieu en Jésus-Christ, mais, pour les poètes de la Pléiade, elle apparaît comme le don providentiel d'une amélioration temporelle de la condition humaine. Ce peut être une impulsion initiale donnée au progrès humain: Belleau ne voit pas dans «ce fameux & bon vieil âge» une ère de brutale frugalité: chacun des dieux s'ingéniait à rechercher

> Quelque bien pour l'humaine race,
> Tant alors estoit [elle] en sa grace.[94]

Ils inventent le pain, le vin, le tissage, la navigation, l'or, les greffes. L'ère technique inaugure l'Age d'or si elle est due à une gracieuse initiative des dieux.

L'amélioration de l'homme peut être demandée à Dieu pour avenir lointain; Baïf formule cette prière:

> Par ta saincte & clémente grace,
> De nos fils amende la race,
> Ramenant un siècle plus doux.

Cette ère nouvelle serait due à un pardon général des péchés.[95]

Mais l'Age d'or instauré par Dieu désigne la plupart du temps les mutations d'une histoire plus proche. Ces progrès, selon Ronsard, ont une cause supérieure:

> C'est un segret de DIEU, lequel sage propose,
> Puis le conseil humain exécute la chose:

grâce à un «malheur bien heureux» (la captivité du Connétable de Montmorency), un siècle d'or va retourner (à la faveur du mariage de son vainqueur, le duc Emmanuel-Philibert, avec la sœur du Roi):

> Les chesnes désormais se chargeront de roses
> L'âge d'or reviendra en son premier honneur.[96]

Dieu propose, l'homme dispose... mais la grâce a bouleversé la nature, a fait fleurir les âmes dures comme le chêne.

Mais l'intervention de la Providence dans le temps humain n'amène pas seulement le Siècle d'or: dans l'*Avantvenue du Printemps* de Ronsard, la jalousie des dieux «changeant le premier vivre» de l'humanité heureuse,

> Fist une saison de cuivre
> En lieu du bel or premier.[97]

Le siècle de fer désigne donc une malédiction primordiale subie par l'humanité; si cette dégradation est la conséquence de quelque faute originelle, les hommes en sont solidaires historiquement, mais non responsables: après la fraude de Prométhée, les maladies, la mort, inconnues du premier Age, se sont abattues sur la terre; c'est alors que Dédale a coupé l'air d'ailes artificielles

> Aus hommes non données;[98]

sa présomption est une punition supplémentaire, mise sur le même plan que la naissance de l'exécrable Pandore et que l'envol d'Astrée. La dépravation n'est pas la cause de la malédiction, elle en est la conséquence.[99]

Dans *Les Armes* de Ronsard, le tableau idyllique de l'Age d'or s'interrompt brutalement:

> Mais si tost que le fer par malheur fut trouvé
> Au jour aveques lui la discorde & la guerre,
> Et le meurtre sortit[100]

Le changement de techniques, la mutation de la civilisation, donnent des moyens de se manifester à tous les vices latents, comme ceux d'Icare et de Salmonée. Le progrès du mal dans l'histoire a d'aveugles développements. On voit donc se dessiner, en définitive, chez les poètes de la Pleiade, grâce à une transposition du mythe des Ages, une conception de l'évolution des civilisations; l'histoire a un sens inflexible. Une sorte de fatalité, comme la contagion d'un venin ou la propagation de la rouille, dédore de bel Age, plombe les esprits.[101] Le mythe humaniste n'est pas la fable de l'Age d'or *ou* de l'Age de fer; il est celui de la métamorphose des temps sous la conduite de la divinité.

5. *Ages et temps: la spontanéité retrouvée*

Progrès *ou* décadence de l'homme? Histoire ordonnée par une providence[102] *ou* gouvernée par la volonté politique et organisatrice de l'homme? L'histoire de l'humanité est conçue comme un mythe parce qu'elle traduit les contradictions[103] de la pensée humaniste; elle n'est pas un cadre formel, une catégorie intellectuelle permettant de classer simplement les événements. L'interprétation du mythe des Ages par la Pléiade illustre bien la parole de Valéry:

[L'esprit] se forge le mythe des mythes, l'indéfini du mythe, le temps.[104]

Entre l'ordre naturel perdu et l'ordre culturel voulu, qui ressortissent tous deux à l'imaginaire, au *mythos*, se situe le champ des hypothèses logiques et des entreprises méthodiques, c'est-à-dire le *logos*.

Les poètes humanistes ne considèrent jamais[105] l'histoire de l'homme selon la division chrétienne des temps *avant la loi* mosaïque, *sous la loi* mosaïque et *sous la Grâce* de la Rédemption; ils voient les trois temps de ce développement comme la trilogie de trois ordres: l'ordre de la spontanéité naturelle, instinctivement droite; puis l'ordre de l'organisation légale, conçue comme une pédagogie qui doit promouvoir peu à peu le troisième ordre: l'ordre de la spontanéité rationnelle.[106] Le mythe des Ages est un moyen pédagogique, d'une efficacité puissante, pour permettre à l'esprit, d'une part, d'*analyser* ce que devrait être un ordre naturel en imaginant un passé que seule la spéculation peut recréer,[107] et d'autre part, de *prévoir* l'organisation idéale de la cité.

Cette organisation est surtout considérée sous son aspect politique; au temps des Valois, le passage de la royauté féodale à la monarchie absolue se marquait en particulier par l'institution de charges nouvelles, par la réorganisation de la Justice,[108] et par l'achèvement de la rédaction explicite des coutumes. Voici comment, dans sa conclusion, l'*Hymne* ronsardien *De la Justice* représente l'Age d'or:

> Et lors le siècle d'or en France retourna
> Faisant fleurir le Droict soubz nostre Prince juste,
> Soubz HENRY, dont le bras équitable & robuste
> Trancha[...] la teste, *avec ses loix,*
> Du Procès[109]

La loi juste fait revenir l'harmonie initiale à la place de la chicane chaotique qui prolongeait les litiges sous prétexte de les régler.[110] Baïf considère que l'ordre imposé par Henri II a mis fin à la dégradation naturelle de l'humanité:

> Et fust péry tout nostre genre humain
> Si Jupiter dessus n'eust u sa main[111]
> Qui nous soumit sous les bénines lois
> Des Roys issus du bon sang de Valois.[112]

Ce rôle attirbué à Jupiter, patron des rois législateurs, explique que, dans l'exposé du mythe des Ages qui prépare cette proclamation, Baïf n'appelle pas, comme Ovide,[113] Age de Jupiter, mais Age de Mars et du Fer le siècle qui succéda à celui de Saturne.[114]

Jupiter apparaît en effet souvent comme le dieu providentiel qui organise les lois rationnelles et positives après le temps saturnien des lois non écrites. Ficin pensait que Saturne symbolisait la contemplation solitaire du monde divin des Idées, la vie de l'âme pure, et Jupiter l'action incarnée dans la société humaine.[115] Les mythographes renaissants comme Conti,[116] Cartari,[117] Franciscus Georgius[118] ont vulgarisé cette doctrine. Ronsard, dans un *Hymne*, montre que la Philosophie ne se contente pas de la contemplation de l'ordre céleste: comme Astrée, après l'âge sylvestre de la spontanéité naturelle,

> Elle vint revisiter les Villes
> Et leur donna des polices civiles
> Pour les régir par Justice & par Loix.[119]

Ronsard se souvient ici d'Aratos qui présente Astrée enseignant «au peuple ignorant [...] les loix civiles [...] en ce bel âge d'or.»[120]

Belleau s'inspire du même passage quand il compose une ode *A Nogent* à propos de la rédaction les Coutumes du Perche le 20 juillet 1558: il chante cette entreprise civilisatrice qui dépouille sa province de son «langage forestier», digne des temps sauvages antérieurs aux inventions de Bacchus et de Cérès, antérieurs à la fondation des villes par les dieux et les héros: c'est Astrée qui règlera, par sa *police*, des esprits encore trop ignorants ou trop mauvais pour connaître les *loix civiles*.[121] L'âge heureux est celui de l'ordre.

Dans *La Claire*, L. Le Caron contredit l'opinion des philosophes qui distinguent un droit culturel, développé «par le cours successif du temps & usages accordément invétérés» et un droit naturel: ce dernier aurait été connu uniquement «au premier eage [...] qui estoit appellé le siècle d'or, au temps de Saturne, ainsi que les poëtes chantent.»[122] Pour Le Caron, «cette différence ne peut pour plusieurs raisons accueillir la faveur de vérité»: la loi de nature est un instinct permanent, qui porte encore les hommes à l'action; et le droit est double dans sa structure même, et non dans son développement historique: il se compose d'une part de la naturelle raison, célestement ordonnée, et d'autre part de la raison jointe aux constitutions des hommes, «lesquels ont fléchi cette trop simple droiture & bénine ordonnance de la meilleure Nature.»[123]

Ces lignes de Le Caron nous confirment dans l'idée que les contradictions que nous trouvons dans l'exposé du mythe des Ages: préférence pour l'état sauvage ou pour l'industrie, pour l'ordre légal ou pour l'ordre instinctif, confiance mise en la Providence ou en la technique politique, sont celles qui séparent le *logos* et le *mythos*; la mythe est, pour les humanistes, une façon de critiquer les usages de la raison néfastes à l'harmonie de l'existence: cupidité de l'ère technique, désacralisation de la nature, formalisme de la loi écrite; mais cette imagination est au service d'une raison supérieure, au service de la réconciliation des hommes entre eux, avec Dieu et avec le monde. Le mythe, c'est la raison se faisant; le mythe des Ages le montre bien: son expression ne doit pas être limitée à une métaphore facile, qui l'enfermerait dans un concept: il ne traduit pas une pensée finie, mais une pensée qui se cherche.

Le mythe des Ages est un mythe vraiment *lyrique*, au sens complet du mot; pour le lyrisme personnel, il représente le rêve d'un univers ordonné: comme l'écrit Baudelaire expliquant «quelle commodité et quelle beauté le poëte trouve dans les mythologies et dans les allégories», «tout poëte lyrique, en vertu de sa nature, opère fatalement un retour vers l'Eden perdu.»[124]

Mais le lyrisme est aussi un art de la collectivité; le mythe est alors une projection dans le temps et dans la logique de notions qui échappent au temps et à la logique; en ce sens, comme l'écrit M. J. Pépin, il est un instrument d'analyse et d'enseignement;[125] il permet par la spéculation poétique de suggérer que l'histoire a ses lois; il rattache le temps des projets politiques et des desseins logiques à un modèle primordial, antérieur au *Logos* et à la *Polis*. Valéry a écrit:

> Une société s'élève de la brutalité jusqu'à l'ordre. Comme la barbarie est l'ère du *fait*, il est donc nécessaire que l'ère de l'ordre soit l'empire des *fictions* – car il n'y a point de puissance capable de fonder l'ordre sur la seule contrainte des corps par les corps. Il y faut des forces fictives.[126]

C'est dire que la fable rétablit chez les individus et dans les groupes sociaux la spontanéité dans la soumission à des lois en lesquelles ils retrouvent la formule de leurs destins.

NOTES

[1] *Ronsard and the age of gold*, Cambridge University Press, 1968.

[2] Voir aussi Germaine Lafeuille, *Cinq Hymnes philosophiques de Ronsard* (dissertation), Cambridge, Mass., 1952 (dactylographiée), pp. 205-7.

[3] Ed. Laumonier, *STFM.*, I, 48 (nous désignerons cette éd. par le sigle Lm.).

[4] P. Laumonier, *Ronsard, poète lyrique: étude historique et littéraire*, (2º éd), Paris, 1923, p. 179.

[5] *La survivance des dieux antiques. Essai sur le rôle de la tradition mythologique dans l'humanisme et dans l'art de la Renaissance*, Londres, 1940.

[6] Cf. John Holloway, «The concept of myth in literature», in *Metaphor and symbol*, Londres, Butterworth, 1960, pp. 120-34; Jean Pierre Vernant, *Mythe et pensée chez les Grecs, études de psychologie historique*, Paris, Maspero, 1965, p. 12-15.

[7] Voir Mircéa Eliade, *Aspects du mythe*, Paris, Gallimard, 1963, pp. 48-53.

[8] Du Bellay, *Chant triumphal*, éd. Chamard, III, 75; Baïf, éd. Marty-Laveaux, II, 404; Ronsard, *Ode de la paix*, Lm., III, 3. (Nous désignerons l'éd. Chamard par le sigle *Chm.* et l'éd Marty-Laveaux par le sigle *M-L.*)

[9] *La vie, les idées et l'œuvre de J-A. de Baïf*, Paris Hachette, 1909, p. 57; cf. Chamard, *Histoire de la Pléiade*, II, 281.

[10] Voir Chamard, *ibid.*, III, 49; Alice Hulubei, *L'églogue en France au XVIe siècle*, Paris, 1939, p. 727; même M. Screech ne peut réprimer un bâillement lorsqu'il rencontre une mention de l'Age d'or dans les *Regrets* (éd. critique, Genève, Droz, 1966, p. 255, note du v. 3).

[11] Quand Ronsard, sur le conseil de ses amis, dédie une ode à Saint-Gelais pour le 1º janvier 1553, il ne fait allusion qu'à des mythes bien connus, dont celui de l'Age d'or, avec ses ruisseaux de miel (Lm. V, 169).

[12] *La Paix venue du Ciel*, Anvers, Ch. Plantin, 1559, sign. b 4 rº.

[13] *Esjouissance aux Chrestiens rendans graces à Dieu pour l'heureux advènement de la paix en France*, Lyon, Saugrain, 1563, sign. A 2 vº.

[14] C'est une des «comparaisons» du *De duplici copia* d'Erasme: «*aureum saeculum* pro magnopere felici laudatoque», et Baïf traduit par «siècle de fer!» l'expression *crudele saeclum* qu'il rencontre chez Marulle (*Les Amours*, éd. critique par M. Augé-Chiquet, Paris, Hachette, 1909, p. 36).

[15] *Aux Dames de France*, éd. Guiffrey, V, 200.

[16] *Ode à Claude Colet Champenois*, éd. Balmas, Paris, Gallimard, 1965, I, 89; nous désignerons cette éd. par le sigle *Bal.*

[17] *Les Dialogues*, Paris, 1556, fº 129 rº-vº. Ronsard pensait que «l'âge d'or reviendroit» si les chrétiens restauraient en faveur de leurs Saints les célébrations lyriques païennes (Lm. XVIII, 263-64); cf. *ibid.*, 486, ll. 104-7); voir aussi Baïf, *A Costeley*, M-L. IV, 224.

[18] Cf. Claude G. Dubois, *Problèmes de l'Utopie*, Archives de Lett. Mod., 1968¹, nº 85, p. 5; 20-25, *La Louange de vie rustique* d'Isaac Habert formule nettement cette nostalgie de l'âge d'or sur fond de ressentiment.

[19] *Divinarum institutionum*, Lib. V, cap. V, *Quae sub Saturno erat vera Justitia* et cap. VI, *Explosà Justitià... regnarunt vitia.*

[20] Lm. XIII, 102, *Bergerie* dédiée à la reine d'Ecosse.

[21] Bal. I, 111, *Sur le Monophile d'Estienne Pasquier*; on peut noter que, selon Ovide (*Metamorphoses*, 150 et suiv.) l'apparition des Géants a coïncidé avec la fuite d'Astrée.

[22] M-L. II, 42.

[23] *Ibid.*, 37.

[24] *Elégie* au Cardinal de Châtillon (1559), Lm. X, 14-15; du Bellay vante également l'autonomie de «noz bons vieux pères» des Ages d'argent et d'or, qui n'étaient pas soumis à l'arbitraire des «dieux de la cour» (*Ode au Prince de Melphe*, 1555, Chm. V, 355).

[25] A côté des traditionnels «sourgeons de doux lait», cette profusion bachique rappelle les munificences princières et municipales lors des fêtes, où l'Age d'or était vanté comme un temps d'abondance. Mais selon les Eglogues inspirées de Boèce, l'Age d'or ne connaissait que l'usage de l'eau (p. ex. J. Béreau, *Ode 7*).

[26] Ed. Caldarini, Genève, Droz, 1966, p. 44.

[27] *Discours* (1584), Lm. XVIII, 133-34; cf. *Les Iles Fortunées*, Lm. V, 185-86. Sur les origines de l'alliance des thèmes de l'age d'or et du naturalisme antimatrimonial, cf. Laumonier, *Ronsard, poète lyrique*, 552 n. 1; G. Raynaud de Lage, «Natura et Genius...», *Le Moyen-Age*, 1952, p. 131-32 et 136, et Hiram Haydn, *The counter-Renaissance*, New-York, Scribner, 1950, p. 497-503. Pour Pasquier, au contraire, ce fut «en cest aage doré» que «fut la première institution de mariage» (*Le Monophile*, éd. Balmas, Turin, 1957, p. 83).

[28] D'autres thèmes érasmiens sont discernables dans le pacifisme de *La Vie des Chams*.

[29] Ed. Froben, Bâle, 1515, sign. H. r⁰.

[30] Quand il fait le procès de la raison, Baïf adapte un passage de Philémon recueilli par Stobée (*Anthologium*, 34, 13) et, dans les premiers vers des *Passetems*, il ne craint pas de faire l'éloge du *logos*, de la «parolle» qui fait les hommes «divins» et les distingue de la «beste» (M-L. IV, 200; cf. I, vii; IV, 202; V, 401).

[31] Ed. Gouverneur, II, 266; nous désignerons cette éd. par le sigle Gv. Voir aussi Baïf, épitaphe pour les *Cueurs des Seigneurs de l'Aubespine*, 1561, M-L. IV, 328 et épitaphe *De Gilles Bourdin, ibid.*, 239-40.

[32] Voir J. Béreau, *Eglogue 3, de la louange de la vie rustique* (ed. Noscereau, Poitiers, 1565, pp. 30-31).

[33] Gv. I, 130.

[34] Voir la traduction des *Bezognes é Jours d'Eziode* donnée par Baïf, M-L. V, 332. Dans ses *Variae lectiones*, Cap. 21, *Insularum Fortunatarum descriptio & situs*, c'est le mythe homérique (*Odyssée*, IV, 561-68) que commente Muret, le destinataire des *Iles Fortunées* de Ronsard.

[35] *Des Merveilles du Monde, & principalement des admirables choses des Indes... Et y est monstré le lieu du Paradis Terrestre*, Paris, J. Ruelle, 1553.

[36] Lm. V, 182.

[37] Cf. Erasme, *Stulticiae laus*, éd. Froben, 1515, sign. H r⁰–v⁰: «pendant l'âge d'or il n'était besoin ni de grammaire, ni de rhétorique, ni de dialectique, ni de jurisprudence; on ne scrutait pas les mouvements des cieux.»

[38] Jean Rudhardt, «Une Approche de la pensée mythique: le mythe considéré comme un langage», *Studia Philologica*, Annuaire de la Société suisse de philosophie, 26 (1966), p. 223.

[39] Voir l'analyse de M. Weber, *Création poétique au XVIe siècle en France*, Paris, Nizet, 1956, p. 90.

[40] Chm. III, 74.

[41] *Carm. IV*, v, 21–22; du Bellay commence son *Hymne au Roy sur la prinse de Callais*, 1558, en entonnant les louanges d'Auguste «qui refeit l'aage d'or» (Chm. VI, 20); cf. Bérenger de la Tour, *Le Siècle d'or*, Lyon, J. de Tournes, 1551, Dédicace, p. 5–6; c'est sous Henri IV que le thème de l'age d'or augustéen a pris un essor extraordinaire: cf. C. Vivanti, *Lotta politica e pace religiosa...*, Turin, 1963.

[42] *Carm. IV*, v, 24, traduit dans l'*Hymne de France* de Ronsard (Lm. I, 25).

[43] Sur ces fêtes, voir notamment J. Chartrou, *Les Entrées solennelles et triomphales à la Renaissance (1484–1551)*, Paris, 1928; H.M.C. Purkis, «Les Intermèdes à la cour de Fr. au XVIe siecle», *BHR*, XX (1958), pp. 269–309; dans le recueil *Les Fêtes de la Renaissance*, Paris, CNRS, 1956, les articles de V-L. Saulnier, «L'Entrée de Henri II» p. 21–30; F-A. Yates, «Poètes et artistes dans les entrées de Charles IX et de sa reine», p. 61–84; R. Lebègue, «Les Représentations dramatiques à la cour des Valois», p. 85–92; Agnès Villadary, *Fête et vie quotidienne*, Paris, Ed. Ouvrières, 1968, pp. 78–81: «Le Mythe de l'Age d'or.»

[44] *Renaissance and golden age*, JWC Inst., 24 (1961), p. 306–9; cf. H. Leclerc, *Du Mythe platonicien aux fêtes de la Renaissance*, RHTh., 1959, p. 116.

[45] *Bergerie*, Le Chœur des Bergères, Lm. XIII, 79; cf. le *Chant d'Allaigresse sur la naissance de François de Gonzague*, traduit du latin de Léger du Chesne concurremment par Baïf (M-L. V, 292) et par Belleau (Gv. I, 156): le portrait du fils du duc de Nevers est inséparable de la représentation du printemps féerique de l'age d'or.

[46] Cf. H. Leclerc, RHTh, 1959, 131, et M.-M. McGowan, *L'Art du ballet de cour en France*, Paris, CNRS, 1963, p. 158 et 249.

[47] C'était une vieille idée mystique, que la création du monde commençait avec un printemps (cf. A-O. Lovejoy et G. Boas, *A documentary history of primitivism and related ideas*, t. I, Baltimore, Johns Hopkins University Press, 1935, p. 59, et Guillaume de Conches, *De philosophia mundi*, 1, 3, Migne, *PL.* 172, 57 A). Ronsard, peut-être sous l'influence de Jacques Peletier (*Description du Printemps*, *Œuvres Poétiques*, Paris, Vascosan, 1547, f° 64–65) et de Jérôme Fracastor (*Ver*), dépeint cette saison avec les couleurs caractéristiques de l'age d'or (*Hymne du Printemps*, Lm. XII, 29–30); et du Bellay, pour désigner le printemps, ne trouve pas de meilleure image que celle du règne d'Henri II, c'est-à-dire de l'Age d'or! (*Chant de l'Amour et du Printemps*, *Div. Jeux Rustiques*, éd. Saulnier, 1947, p. 40).

[48] Al. Hulubei ne voit dans cette convention qu'une bévue: le printemps n'a pas à apparaître dans un poème composé pour une cérémonie qui a lieu en janvier! (*L'Eglogue en France*, p. 426, n. 2).

[49] Voir la *Prosphonématique* de J. du Bellay, Chm. III, 61, v. 15–16; 26; 140; 205–6; Béreau, *Eglogue 10, De la paix publiée au moys d'avril l'an mil cinq cens cinquante et neuf.*

[50] Lm. III, 4–5, et XIV, 202.

[51] Elisabeth avait dix sept ans; Charles, à vingt et un ans, venait d'entrer sur la scène politique après dix ans de tutelle.

[52]Bal. II, 281; cf. le *Chant de Pan*, peut-être composé pour la paix de 1559 (*ibid.*, 259–60).

[53] Par ex. M-L. V, 141; 259.

[54] Lm. XII, 154–55.

[55] *Opera omnia*, Leyde, 1703, t. III, col. 166–67: «Tum autem publice seculo huic nostro, quod prorsus aureum fore spes est, si quod umquam fuit aureum, ut in quo tuis felicissimis auspiciis, tuisque sanctissimis consiliis, tria quaedam praecipua generis humani bona, restitutum iri videam: Pietatem illam vere Christianam multis modis collapsam; Optimas literas, partim neglectas hactenus, partim corruptas; & publicam ac perpetuam orbis Christiani concordiam, pietatis & eruditionis fontem, parentemque.»

[56] Cf. Emile Callot, *Doctrines et figures humanistes*, Paris, Belles-Lettres, 1963, p. 103.

[57] *Les Bezognes é Jours d'Eziode*, trad. Baïf, M–L. V, 333 et suiv.

[58] «Forse vitale la terre produit: les chênes de leurs mons / Portent le glan par an haut, o milieu lez abeillez é leur miel» (trad. Baïf, M-L. V, 334); cf. Erika Lipsker, *Der Mythos vom goldenen Zeitalter in den Schäferdichtungen Italiens, Spaniens und Frankreichs zur Zeit der Renaissance* (dissertation), Berlin, Michel, 1933, p. 20 et suiv.

[59] Cf. Ronsard, *Chant Pastoral sur les nopces de Mgr. Charles duc de Lorraine*, 1559, v. 65–76, Lm. IX, 79; cet emploi du mythe n'est pas sans rapports avec la mythologie des primitifs telle que la présente Mircea Eliade: par une *récupération* du «Temps sacré du mythe» l'homme conquiert «infatigablement le monde, il l'organise, il transforme le paysage naturel en milieu culturel» (*Aspects du mythe*, p. 172–73).

[60] Lm. IX, 108–13.

[61] Le mythe hésiodique est paraphrasé dans un mime de Baïf (M-L.V, 141–142) et dans la *Première Salutation au Roi sur son avènement* (1575, *ibid.*, 258–259); voir aussi François Habert, *La Harangue de la déesse Astrée*, 1556, A iv rº, et Loys Le Caron, *Panégyrique III. Du devoir des magistrats*, Paris, R. Estienne, 1567, B v rº–C v vº.

[62] *Remonstrance au peuple Françoys, de son devoir en ce temps, envers la majesté du Roy*, Paris, Wechel, 1559, fº 9 rº; cf. Le Roy, *De l'excellence du gouvernement royal. Avec Exhortation aux Françoys de persévérer en iceluy*, Paris, 1575, p. 2–3, 7.

[63] Cf. Gilbert Durand, *Les structures anthropologiques de l'imaginaire*, Grenoble, Allier, 1960, p. 365.

[64] *Au Roé*, M-L. V, 299, v. 10; cf. Lorenzo Buonincontro, *Rerum naturalium et divinarum*, Libri tres, Bâle, Winter 1540, p. 68–69.

[65] *De Hortis Hesperidum*, lib. II, cap. 5; Jodelle voit également dans le travail et le besoin le principe du progrès culturel: il oppose à la torpeur des siècles nourris de glands la *Virtus mascula* des hommes qui, par *Mars* et par *Ars*, conquièrent l'Honneur (*In honorem*, 1557, Bal. I, 122). Cf. Claudien, *De raptu Proserpinae*, III, début.

[66] M-L. II, 226; le thème de Saturne, qui a «les rommains induytz à

terre arer» et a quitter le gland pour le blé, était un mythe monarchiste: voir Rémy du Puys, *La tryumphante entrée faicte sur le nouvel advènement de Charles prince des Hespaignes en la ville de Bruges*, 1515, sign. F iv r°, et *Les Eschez amoureux*, manuel de mythologie ayant appartenu à Louise de Savoie, BN. ms. fr. (Rés.) 143, *Exposicion de Saturne*, f° 31 v°.

[67] *Au Pape* (Jules III), 1° janvier 1554, Chm. II, 264; cf. VI, 66, 89, 91, 36; I, 10; II, 198, 230, 214. Cf. A.-C. Keller, *Anti-war writings* . . . , PMLA, 1952, 240–50.

[68] C'est Dorat qui défait le monstre en dorant notre siècle (Chm. IV, 15).

[69] Chm. III, 70; cf. II, 268–69.

[70] Ms. de Chantilly, *Œuvres lyriques*, éd. C-A. Mayer, 1964, p. 65–66. Cf. E. Lipsker; *Der Mythos vom goldenen Zeitalter*, p. 81.

[71] Ode *A Madame Marguerite*, Lm. III, 98–99; cf. II, 88; XV, 28–29; III, 152: l'Ignorance *enferre* les Muses; ce rayonnement du fer maléfique les fait fuir (comme Astrée).

[72] M-L. II, 41, *Au Roy* et une lettre de 1538 à Robert Estienne in Goldast, *Philologicarum epistolarum centuria una*, Francfort, 1610, epist. 57, p. 235–43.

[73] Ode *Du Socratique*, *Œuvres Poétiques*, éd. Lapp, STFM, 1966, p. 172–73; cf. *ibid.*, p. 157–58.

[74] 1553: *Hymne sur la naissance de Mad. Marguerite de France*; les *Amours*: Ode à Bertrandi; 1559: *Ode de la Justice; Ode à Jean Bertrand*; cf. Jules Favre; *O. de Magny* (thèse), Paris, 1884, p. 137, 140, 150, 171, 269–71, et E. Armstrong, *Ronsard and the Age of Gold*, 103.

[75] Il est peu d'ouvrages de Le Caron où le thème de l'Age d'or ne soit exploité; les images de la *dorure* due à la culture sont très fréquentes p. ex; *La Poésie*, 1554, f° 46 v°; 63 v°; 72 v°; *Au Seigneur Pasquier*, en tête du *Monophile*.

[76] P. ex. M-L. V, 280.

[77] Bal. I, 88–89; cf. *ibid.*, 110–11, *Sur le Monophile d'E. Pasquier.*

[78] *Le Procès*, 1565, Lm. XIII, 26; cf. XV, 222, *Epitaphe* de Louys de Bueil (1563) et Baïf, *Passetems* II, M-L. IV, 274.

[79] *Le Procès*, Lm. XIII, 26.

[80] P. ex. l'épître de Baïf *à Nicolas Nicolaï*, 1567, M-L. II, 208–9.

[81] C'est Aïdôs qui, selon le mythe hésiodique, a fui avec Nemesis la terre des Hommes dépravés (*Trav.*, v, 200); cf. Baïf, M-L. V, 333 et 108–9.

[82] M-L. V, 32–34.

[83] Le mythe de l'insensé Phaéton symbolisait pour lui l'épouvante de la fin du monde (*Hymne de la Paix*, 1559–1572, M-L. II, 225; *Météores*, 1567, v. 43–48; 655–56; 925–36); il pense que notre siècle impie mérite un nouveau déluge (M-L. II, 379).

[84] Cf. Loys Le Roy, *Des différens et troubles advenans entre les hommes par la diversité des opinions en la Religion*, Paris, Féd Morel, 1562, Cv v°.

[85] M-L. V, 109; dans la conscience du poète le mythe comporte un messianisme: «Si l'homme de Dieu vient parestre / Un monde neuf il fera nestre» (*ibid.*, 204).

[86] M-L. V, 317.

[87] *La Paix venue du Ciel*, sign. b. 3 v°.

[88] «Phurnutus Jovem Justitiae patrem creditum ait», Giraldi, *De deis gentium*, Bâle, Oporin, 1548, 105 A. Cf. Ronsard, *Hymne de la Justice*, 1555, v. 130; les poètes insistaient sur cette filiation symbolique (François Habert, *Eglogue pastorale*..., Paris, J. Moreau, 1559, sign. B. ii rº; Belleau, *Chant de la Paix*, 1559, Gv. II, 26).

[89] *La Paix venue du Ciel*, sign. b. 2 vº–b 3 rº.

[90] *Ode sur la naissance du petit duc de Beaumont*, 1553, Chm. V, 283; cf. *ibid.*, 218: Jeanne d'Albret et Anne d'Este sont envoyées par le Ciel «pour tesmoignage / D'un nouveau siècle d'or»; et Chm. II, 170 et 196.

[91] Gv. II, 74.

[92] Voir son commentaire du *Pater* dans *La doctrine du siècle doré, ou de l'évangélike règne de Jésus, roy des roys*, Paris, J. Ruelle, 1553, et E. Armstrong, *Ronsard and the Age of Gold*, p. 152–53.

[93] Cf. l'*Hynne* au siècle d'or chanté par l'Ange du *Gloria* dans le *Cantique II du premier advènement de Jésuchrist par le Conte d'Alsinois*, Paris, Vve M. de la Porte, 1553, p. 27–30 et (p. 49) le début du *Cantique VI*, «de la beaulté du Soleil»: *jà ramenant l'âge de Saturne...*

[94] Gv. I, 89–90, *La Cerise*. Contrairement à ce qu'écrivent souvent les critiques (p. ex. J. Comblin, *Théologie de la paix*, Paris, Ed. Univ., 1966, p. 49; W-L. Gundersheimer, «Louis Le Roy's humanistic optimism», *JHId*, 23 (1962), p. 324–339), le mythe de l'Age d'or n'exprime pas toujours une conception pessimiste de l'histoire.

[95] M-L. V, 35.

[96] *La Bienvenue de Monseigneur le Connestable*, 1559, Lm. IX, 121–22; il est curieux de noter que l'apparition de roses dans les branches d'un chêne et de miel dans l'écorce du frêne soit considérée comme un *adynaton* par Ronsard en 1563 (*Eglogue Les Pasteurs*, Lm. XII, 103).

[97] Lm. I, 152–53.

[98] Lm. II, 112, *A Gui Peccate*. Cf. du Bellay, *de l'Innocence & et n'attenter contre la majesté divine*, Chm. III, 124–28, et son interprétation du péché d'Adam dans l'*Hymne Chrestien*, Chm. IV, 112, et dans l'*Hymne de Santé*, Chm. V, 269–70. Voir aussi Belleau, *Les amours de David*, Gv. II, 345.

[99] Comme l'écrit G. Lafeuille, «l'homme de l'âge de fer dans Ronsard n'est pas le méchant mais l'homme châtié» (*Cinq Hymnes philos.*, 221); cf. un important chapitre de la fin du *Roman de la rose*: «l'empirement des gens dénoté par le changement des métaulx», éd. Baridon, Milan, 1957, v. 20463 et suiv. Josse Bade voit également dans la fuite de Justice la première conséquence du «péché naissant» (Commentaire de la *Parthénice Mariana* de Baptiste de Mantoue, Paris, J. Petit, 1499, fº xiv rº).

[100] Lm. V, 205–6.

[101] Cf. Jodelle, Bal. I, 88; 276, son. 18; cf. l'interprétation du mythe des Ages par Melanchthon, *In Hesiodi Libros de Opere et Die Enarrationes*, Paris, J. Bogard, 1543, fº 15 vº et suiv.: «nam semper degeneramus...»

[102] La providence est la «raison & conduite de l'ordre des choses à leur fin proposée» (Guillaume Guéroult, traduction de I-P. Cermenat, *Discours de la droite administration des Royaumes & Républiques*, Lyon, Pesnot, 1561, p. 10.

[103] Sur ces contradictions, voir E. Armstrong, *Ronsard and the Age of Gold*, p. 24.

[104] *Petite lettre sur les mythes*, Paris, NRF, 1929, p. 4.

[105] Les tentatives pour faire coïncider l'histoire biblique et l'histoire mythique ne manquaient pas; un exemple de ce «concordisme» est donné par Guevara, *L'Orloge des Princes*, Paris, Galliot du Pré, 1540 (voir f° xii et lib. I, cap. xxxi, «l'acteur parle de l'aage dorée...»); cf. Jean Bouchet, *Epistres morales et familières du Traverseur*, Poitiers, 1545, *epistre cinquième*.

[106] La *Quatrième eglogue* de Virgile prophétisait une rénovation progressive du monde: le commerce, la technique, l'art militaire feront préférer pendant un temps les biens acquis par l'art aux bienfaits reçus de la nature (v. 31–36). Loys Le Caron insiste sur le devoir qu'ont les rois de *corriger* le désordre, dont le «premier aage» de l'humanité n'était d'ailleurs pas exempt (*Panégyrique II, ou Oraison de l'amour du prince et obéissance du peuple envers luy*, Lyon, 1568, Bii r°–v° (A Ronsard) et F v v°).

[107] Cf. Kant, *La Philosophie de l'histoire*, X, «Conjectures sur les débuts de l'histoire humaine», trad. Piobetta, Paris, éd. Montaigne, 1947.

[108] Le *Panégyrique III, Du devoir des Magistrats* de Loys Le Caron, 1567, assimile, à de nombreuses reprises, l'Age d'or, passé ou futur, au temps où juges, censeurs et royaux sénateurs observent la justice, et il place l'institution des charges à cette époque fabuleuse (B iii r°). Dans l'*Ample Discours sur le faict des Quatre Estats*, Du Bellay défend l'institution récente d'un quatrième état (1558) mais présente comme un âge d'or le temps où les charges n'étaient pas acquises «par le moien de l'or» (Chm. VI, 213).

[109] Lm. VIII, 71; cf. Magny, *Ode de la Justice*, str. 32.

[110] Sur les ordonnances et «évocations» royales en faveur de l'abréviation des procès», cf. G. Lafeuille, *Cinq Hymnes Philos.*, p. 194–95.

[111] Cf. le tableau de l'humanité primitive dans Platon, *Protagoras*, 322 b–c.

[112] *Sur la paix avec les Anglois*, M-L. II, 406.

[113] *Métamorphoses*, I, 114.

[114] M-L. II, 405; cf. Jodelle, *Au Peuple françois*, Bal. I, 121 (1556): «un bon siècle est retourné» sous Henry, «qui nous donne les loix.» J. Comblin, *Théol. de la paix*, p. 51: «le Roi n'est-il pas, par sa nature religieuse, le seul homme capable d'affronter le destin, [...] de faire revenir l'âge d'or?»

[115] *Omnia divini Platonis opera*, Bâle, Froben, 1551, p. 199, 206, 370, 783. Il est curieux de constater que *l'Ode à M. de l'Hospital* conçoit sur le même modèle l'histoire mythique de la *fureur* poétique: les poètes *divins* expriment «la nature sans art librement»; ensuite les poètes *«humains»* chantent la guerre, la technique («comme on tranche la terre»), la science, les «débatz des Roys chétifz»; après les prophètes romains, plus «lentement» agités par la «grâce», l'Ignorance *enferre* Princes et Provinces. (Lm. III, 148–52).

[116] *Mythologie*, trad. Montlyard, Rouen, 1611, II, 2, *de Saturne*, p. 92.

[117] *Imagini delli Dei de gl'Antichi*, Venise, Tomasini, 1627, p. 14, 19.

[118] *Promptuarium rerum et theologicarum, et physicarum*, Paris, J. Macé, 1564, 47 v°.

[119] Lm. VIII, 95–96.

[120] Gv. III, 242; cf. Virgile, *Enéide*, VIII, 321–25: l'Age d'or est le temps où Saturne donna des lois au Latium.

[121] Gv. I, 169–72; cf. les *Devis de la Langue francoyse* dédiés en 1559 à Jeanne d'Albret, Reine de Navarre, par Abel Mathieu (Paris, Richard Botton, f⁰ 27 r⁰–v⁰).

[122] *La Claire*, Paris, Cavellat, 1554, f⁰ 68 v⁰.

[123] *Ibid.*, 70 v⁰; cf. Jean de la Maison Neufve, *Colloque social de Paix, Justice, Miséricorde, et Vérité*, Paris, Martin l'Homme, 1559, sign. A iii r⁰; B iii r⁰.

[124] *L'Art romantique*, *Théodore de Banville*.

[125] Jean Pépin, «Le Temps et le mythe», *Les Etudes Philosophiques*, janvier–mars 1962, p. 55–68; cf. J-P. Vernant, *Mythe et pensée chez les Grecs*, p. 10–15.

[126] *Œuvres*, éd. Hytier, Paris, NRF, 1957, I, p. 508–9, introduction aux *Lettres Persanes*.

I. D. McFarlane

GEORGE BUCHANAN AND FRENCH HUMANISM

George Buchanan's career presents two unusual features: on the one hand, almost all his works, with the exception of certain translations and the *Jephthes*, were published after he had reached the age of 60, so that we are meagrely informed about the formative years of his life; and on the other, almost half his career was spent abroad and more particularly in France. Many of the ideas, influences and attitudes that inform his writings originate in the years he spent abroad; few men work out their fundamental views after their fiftieth birthday, and Buchanan is no exception. Yet little attempt so far has been made to relate the Scotsman to the main currents of French humanism and show his intellectual obligations to French scholars and writers, with many of whom he was on close terms of friendship and professional activity. This is understandable: Buchanan's role in Scottish affairs after his return home was far from negligible, and biographers have tended to see in his years abroad little more than a prologue to the part he played in a critical stage of Scotland's history. The clues that shed light on his years in France are scattered and fragmentary; we have no letters to or from Buchanan before his homecoming, and some of his most cherished friendships have left no trace in his writings. The object of this paper is not so much to review the biographical information we possess as to examine the implications of that evidence and to suggest avenues of enquiry that might be worth exploring in further detail.[1]

What I shall attempt here is to connect Buchanan's views on certain cardinal problems—education, history, political theory and religion—with the friends and groups he frequented in France. One of the most fruitful methods of approaching problems of intellectual and literary development is to study them through the centres and groups where they were shaped; in Buchanan's case, this means college centres, *officinae* of printers such as the Estiennes' and especially Vascosan, or literary groups such as the Pléiade. Quite apart from what we may discover about Buchanan's debts to such a *commerce intellectuel*, we shall learn that this Scotsman, who has appeared to many a cold, dour scholar for whom principles, political and religious, were hardly a matter of burning concern, showed a remarkable capacity for friendship; links forged in the 1520's persist throughout his life, and Buchanan is a true Renaissance humanist in the price he sets upon friendship. But, like many a Scotsman, he did not wear his heart on his sleeve, and he remained silent on ties that meant much to him.

The first group with which we know Buchanan to have been closely connected in Paris was active at Sainte-Barbe.[2] Two humanists in particular stand out—Nicolas de Grouchy and Guérente, a distinguished scholar whose personality does not emerge clearly, as he seems to play Horatio to Grouchy's Hamlet —but also members of the Gouvea family. When André de Gouvea moves to the Collège de Guyenne at Bordeaux, he follows the pattern of many a present-day vice-chancellor of a new foundation: he invites colleagues to join him from his former establishment, and so we find Buchanan, Grouchy and Guérente on the Bordeaux staff.[3] Later, when Gouvea is asked by John III of Portugal to reform the Faculty of Arts, the same three are among those selected to implement the new programme.[4] In the course of these peregrinations Buchanan was associated with other outstanding colleagues, such as Elie Vinet; and the importance of this group of scholars lay in its cohesiveness and unity of purpose, a sense of unity that did not fade out entirely even after the members had ceased to form a pedagogic team. One of the consequences is that there is a remarkable similarity between the programme of education established in Sainte-Barbe, Bordeaux, Coimbra and also Scotland. The first Book of Discipline remained a dead letter, but it was inspired by principles that are not only connected with developments in Geneva and Strasburg, where Johannes Sturm had fashioned so successful a school, but go back to Sainte-Barbe through the intermediary of men like Baduel and Mathurin Cordier, who taught for a time at the Collège de Guyenne.[5]

Buchanan's direct impact upon developments in Scottish

education is no doubt limited, but around 1567 he was asked to express an opinion 'anent the Reformation of the Universitie of St Androis'.[6] Throughout his life, he maintained a lively concern for educational developments: his first published work was a translation of Linacre's *Rudimenta*,[7] he not only taught in many establishments, but was also private tutor to the Earl of Cassillis and later to Timoléon de Cossé, and he was closely connected with the education of Mary Queen of Scots and James VI and I. He was at one time at work on an 'institution des enfants', as Montaigne tells us in an interesting passage where he links the Scotsman with Grouchy and Guérente:

> Et Nicolas Grouchi qui a escrit «de comitiis Romanorum», Guillaume Guerente, qui a commenté Aristote, George Bucanan, ce grand poëte Escossois, Marc Antoine Muret, que la France et l'Italie recognoist pour le meilleur orateur du temps, mes precepteurs domestiques, m'ont dict souvent que j'avois ce langage, en mon enfance, si prest et si à main qu'ils craingnoient à m'accoster. Bucanan, que je vis depuis à la suite de feu monsieur le Mareschal de Brissac, me dit qu'il estoit apres à escrire de l'institution des enfans, et qu'il prenoit l'exemplaire de la mienne: car il avoit lors en charge ce Comte de Brissac que nous avons veu depuis si valeureux et si brave.[8]

There is also extant a commentary by Buchanan on Virgil, which has recently been published,[9] and towards the end of his life he composed a manual of Latin versification for school use.[10] The *Opinion* is, however, his clearest statement of principle; apart from a substantial number of remarks on college structure and administration, Buchanan sketches a programme of learning spread over six classes. The bottom class studies Terence and the rudiments of grammar, and Latin is to be spoken, though the teacher 'shall give the interpretation in Scotts correspondant to the Latine, garring them all writt'.[11] In the fifth form, further grammar, Terence and Cicero form the staple diet, while the fourth class, continuing with these authors, also tackles the *constructio octo partium*, composes longer 'themes' and starts on the epistles and elegies of Ovid. The third class devotes time to verse composition, uses Linacre as a set book, studies rhetoric, and— most important—embarks on Greek. The two top classes read Cicero's speeches, Virgil, Horace, Ovid and some Homer; the 'auditors shall be dilligently exercised in verse and oration, and declamation, every month, ilk ane ther cours about',[12] and disputations take place regularly on Saturdays. Separate are the

colleges of philosophy and divinity, and in the college of philosophy we are told that

> the first regent read the dialect, analiter (analyticks) and moralis, in
> the first yeare and halfe; and the other yeare and halfe, the naturall
> philosophie, metaphisick, and principis of mathematick . . . [The
> regents] shall read such books of Aristotle or other philosophers as
> the principall shall prescribe to them.[13]

In all this one can see the similarities between Buchanan's
programme and those obtaining in Sainte-Barbe, Bordeaux and
Coimbra.[14] We have essentially what might be called a grammar
school *propédeutique*, in which great stress is laid on spoken Latin,
rhetoric and Latin verse composition. The stage at which Greek
is introduced is comparable in most cases; one will note the stress
on 'disputation', and the place given to Aristotle and mathematics in the college of philosophy. At this point one might ask
whether Buchanan played any role in the spread of Ramism in
St Andrews, which, with Oxford, was the first centre of Ramism
in the British Isles. We have abundant proof of cordial relations
between Buchanan and Ramus. In 1567 Ramus urged Buchanan
to make adequate provision for the teaching of mathematics in
St Andrews.[15] There is also the interesting reference to Ramus in
a letter from Buchanan to Daniel Rogers, dated 1571; curiously
enough Ruddiman omits this reference in his transcription,[16] but
it will be found in the MS extant in the Cotton collection,[17] and
Buchanan asks specially for news of his friend. The fact that there
were several books by Ramus in James VI's library may be connected in some measure with Buchanan's tutorial activity;[18] in
any case, Buchanan seems to have had a lively interest in mathematics himself.[19] No doubt he knew Ramus well when he was in
Paris after the Coimbra venture, either through persons connected with the Brinon circle, such as Jodelle, or through Scots-
men studying under Ramus;[20] there may also have been religious
sympathy between the two men. When, however, one gets down
to detail, it is less easy to say much that is clear-cut. Buchanan
may well have tried to press the claims of mathematics, but, given
his own background, he perhaps did not need Ramus' encouragement. On the other hand, there may be merit in Professor
Naiden's suggestion that Buchanan's insistence, in the *De
sphaera*, on the value of direct observation owes something to
Ramus, and in view of the biographical evidence (not mentioned

by Naiden) this hypothesis acquires added strength.[21] Finally, one would like to know whether Buchanan's distinction between 'dialect' (traditionally Aristotelian logic) and 'logic' is connected in any way with Ramus's 'dialectique'; the evidence is too thin for any conclusion to be reached, but in a more general context I think one must conclude that, if Ramus had any influence on Buchanan, it was in matters of detail. The pragmatist in the early Buchanan would remain satisfied with methods adequately tested in his own life at Sainte-Barbe, Bordeaux and Coimbra; the stress on Cicero and Aristotle is significant, and finally Buchanan's emphasis on the use of Latin links him with an earlier generation of humanists.

Insensibly we have moved from the Sainte-Barbe days to Buchanan's sojourn in Paris during the years 1552–60.[22] These years undoubtedly constitute a remarkable *regain de jeunesse* in a man who not so long before had written an *Adieu aux Muses*.[23] He was in the forefront as a poet, rubbing shoulders with members of the Pléiade, and particularly with Joachim du Bellay,[24] composing ceremonial verse for the court and the Guise *entourage*, correcting or perhaps setting down on paper poems inspired by the stay in Portugal, continuing with the Psalm paraphrases, and embarking on the *De sphaera*. Very little of this, however, was published at the time, though a goodly number of poems must have circulated in manuscript, and Buchanan's reputation rested on his gifts not only as a writer of Latin verse but also as a scholar of very considerable standing, more especially in the field of Greek studies. He was friendly with Dorat, and well received in circles where scholarship counted for much, such as those associated with Brinon and, later, Jean de Morel; several learned men publicly thanked Buchanan for his help in textual matters,[25] and Henri Estienne pressed him into service for translations of Greek poems.[26] Among his few publications to date were translations of the *Medea* (1544) and the *Alcestis* (1556, *privilège* 1553), and in 1554 there appeared the first edition of his *Jephthes*, which is very definitely Greek in inspiration. Though space does not allow development of the theme, one may well ask oneself whether Buchanan, by his teaching as well as by his publications, was not an early figure in the diffusion of Aristotle's views on drama in France. The conception of Jephthah himself is Aristotelian, and I recall Buchanan's close friendship with two outstanding Aristotelians: Julius-Caesar Scaliger, whom Buchanan knew in his Bordeaux days and who may very well have discussed aspects of his *Poetice* with him long before the posthumous publication of the work (1561), and Nicolas de Grouchy, who was bringing out parts of his edition of Périon's Latin translation of the philosopher at the time Buchanan was in Paris. And there is also the shadowy Guérente mentioned by Montaigne.[27]

I do not propose to treat of Buchanan's poetry here in any detail, as I have considered aspects of his Latin verse elsewhere. Broadly speaking, his Latin poems, with perhaps the exception of the early long satiric compositions begun in Scotland (*Franciscanus*, etc.), follow fairly closely in pattern and theme the activity of neo-Latin poets in the 1530's; even the Psalm paraphrases, though completed much later (*c.* 1565), follow an earlier humanist course: on the one hand, we have the example set by 'evangelical' writers such as Salmon Macrin and Nicolas Bourbon and, on the other, there is the encouragement probably given by Jean de Gagny, the theologian who published 75 verse paraphrases in 1547 and who afforded some patronage to Buchanan at that period. When Buchanan returns to Paris in 1552, his poetry follows in many ways the practice of the Pléiade and court poets associated with the Guise *entourage*. However, it would not be out of place to say something about Buchanan's interest in scientific poetry in the 1550's. These are the years in which Buchanan shows considerable interest in science and mathematics, and when he becomes tutor to Timoléon de Cossé he sets out on the composition of his *De sphaera*.

It is perhaps too *simpliste* to explain the origins of this poem solely in terms of tutorial requirements; we need to set them in the context of Buchanan's contacts in the middle 1550's. In the first place, a great number of Buchanan's friends are interested in science, Elie Vinet, Ramus and Pierre de Montdoré. Once again, one notes the presence of Grouchy, who is publishing some of Aristotle's scientific works at that time.[28] Then, let us not forget the interest shown by some members of the Pléiade in scientific or philosophic poetry. This is the period at which Ronsard is working at his *Hymnes*, strongly influenced by Marullus. I think it is highly likely Buchanan was acquainted with Marullus at that time; his love poetry shows something of the neo-Catullan inspiration we associate with Marullus and the Pléiade in its Petrarchan hangover, and we may see a clue in his changing the name of his *innamorata* from Corinna to Neaera. Finally, though one does not find a great deal of scientific or philosophic Latin poetry being written in France during the first half of the sixteenth century, I wonder whether Buchanan was not stimulated by the appearance of such poetry in Paris in the 1550's: the outstanding example is that of Antoine Mizault (Mizaldus) who wrote a number of scientific poems for pedagogic purposes, and one of whose works found its way into James VI's library.[29] In 1555 Gervais Sepin, a neo-Latin poet connected with the Du Bellay family, published a series of eclogues in which scientific and philosophical matters are discussed for the benefit of the poet's tutorial pupil;[30] finally, reference may be made to a scientific poem published by Vascosan in the same year, composed in four cantos, on the human body by Jean Lyège (Lygaeus).[31] Mizault, of all these poets, is the one most interested in astronomy, but the other writers do help, in a modest way, to promote this type of Latin poetry.

I have just mentioned Vascosan, and here we have one of the printers whose *officinae* and publishing interests have very close associations with Buchanan.[32] The Scotsman, of course, was on friendly terms with other printers, and notably the Estiennes (Robert I, Charles and Henri II); he also had some ties with F. Morel, who published a little of his work and was closely in-volved in the outburst of ceremonial and encomiastic Latin poetry of the years 1558–60;[33] but all these printers were related by marriage.[34] Buchanan's links with Vascosan go back to the years between his Bordeaux and Coimbra experiences: not only did Vascosan publish his *Medea* (1544) and the second edition of the *Jephthes* (1557), but Buchanan acted for a time under his roof as a corrector. I have suggested elsewhere that, after Coimbra, Buchanan renewed his associations with Vascosan.[35] Two points give substance to this belief, for not only does Vascosan publish the works of a great many friends and professional colleagues of Buchanan's,[36] but his interests are now moving along lines which were of particular concern to Buchanan at that time, science, history and political theory, with jurisprudence.

Though Buchanan claims that he was asked to write his history of Scotland on his return to his native land,[37] there is no doubt that the roots of the enterprise go back very much further than that.[38] In many ways it seems that Buchanan's original intention was to bring Boece up to date, if not actually to rewrite him totally. Now Boece's *History* first appeared in France in 1526 (n.s. 1527) from the press of Josse Bade, with a liminary poem by one of the foremost teachers of Greek, Pierre Rosset, also highly respected by the younger generation of neo-Latin poets.[39] Moreover, Buchanan was no doubt still impressed by the example set by his master, John Major, whom he still esteemed greatly at that stage in his career.[40] A few years later, Polydore Virgil's history was to come out;[41] in Paris during those years much interest is taken in the writing of history; humanism and patriotism go hand in hand, and Buchanan may well have wished to do for Scotland what humanists of a more recent vintage than Boece were doing for their own countries. Evidence of Buchanan's historical activity in the 1540's is provided by J. Ferrerius, who testified against the Scotsman before the Inquisition.[42] It may be that Buchanan obtained some information about contemporary events—notably in connection with the Duke of Albany—from sources in France, but he was also to use French written sources for his *History*, such as Monstrelet, Froissart and others. Now quite a number of these sources were being edited in Paris after 1545. Denys Sauvage in particular was bringing Nicolas de Gilles up to date and editing Commynes, Froissart and others. No evidence has so far turned up to prove that Buchanan and Sauvage knew each other, though it is highly probable.

However, when Buchanan returned to Scotland and set to work seriously on the *History*, his perspective was completely altered by the political circumstances he found himself in, and it is at this stage that the work becomes a large-scale pamphlet, expressing both a party programme and a conception of political theory highly relevant to the times. What is striking, and disappointing, is that the *History* moves from the chronicle to the pamphlet without succeeding on the way in developing anything resembling a philosophy of history. In many ways, Buchanan's view of history is that of the humanist chronicler of the 1530's, say of Polydore Virgil, whose work marks only a modest advance on medieval attitudes. As in Polydore Virgil,[43] we have some attempt at clear presentation (division into books, indexes, etc.), but the historical material blends the techniques of the chronicle with the rhetoric of the classical historian: history seen as a succession of kings in a timeless context, speeches, debates, moral reflections, duties of the ruler, role of fate and fortune, and so forth. And this is the more disappointing as Buchanan was on friendly terms with Louis Le Roy (who had a high opinion of him[44]), and was presumably

acquainted with *De la vicissitude.*[45] When Buchanan is not
absorbed by political considerations, he remains a *littérateur* in the
realm of history, and moreover one who eschews the vernacular
in favour of Latin. This is not the only example of Buchanan's
fidelity to aspects of French humanism which belong to the
1530's rather than to the age of Ramus and Leroy. His work does
have merits—it is after all, in its contemporary sections, the
record of a man who was a witness and sometimes an actor—and
I believe that an answer can be found to the case presented
against it by Father Innes[46] and more recently Dr W. A.
Gatherer;[47] but it makes no contribution to the development of
historiography.

The political theory that Buchanan injects into the *History* as
well as into the *De jure regni* and other texts has often been compared, and rightly, to the ideas put forward by contemporary
Calvinist pamphleteers such as Hotman, Languet and Duplessis-
Mornay; but Buchanan's own views had surely been developing
before these tracts saw the light of day, and indeed one may, once
again, trace part of their development against the background of
French humanism.

One cannot, of course, say anything very precise about
Buchanan's political ideas before he settled in Scotland, because
there are so few relevant documents; traces of a humanist conception of the king occur in the *Jephthes,*[48] and, since there is no
evidence that he had plans for returning home until quite
shortly before he left France, it would seem that his political
ideas, such as they were, harmonized with his support of the
Establishment and resembled those of a court poet on the
Pléiade pattern. Perhaps he was affected latterly by Marian
exiles, and in due course Goodman and Knox were to make some
impact, but not immediately; he also established close contacts
with some of the Calvinist pamphleteers (Languet, Duplessis-
Mornay), but this came rather later. On the other hand, his
humanist contacts in France do seem to have coloured the
political views he was to hold in Scotland.

One may perhaps detect three main strands in Buchanan's
conception of the ruler and his relationship to authority and to the
people over whom he rules. First, there is the theme, medieval in
origin, of the ruler as the dispenser of justice. Little needs to be
said on this score, except that Buchanan judges a number of
kings in his *History* by the extent to which they carried out this

aspect of their duties.[49] Second, one may find traces of the
Erasmian view of the ruler, or at least of a view that had currency
in France during the 1530's. This conception occurs in the
Jephthes, the first version of which was composed about 1542.
Jephthah is compared favourably with the tyrant.[50] He is the
defender of true religion, but it is in his conduct of war that he
reminds us of certain themes associated with the *guerre picro-
choline*: Jephthah is reluctant to resort to war, and when he has to it
is in self-defence; moreover, he is well armed against such a con-
tingency, and the war is brought to an efficient and rapid conclusion. When he has conquered, he spares certain categories of
the defeated—the old, women and children.[51] In the *History*, the
theme of clemency and the rejection of vengeance and the desire
for aggrandisement recur,[52] and certain humanist themes appear
in the definition of the generous mind[53] and in Buchanan's
portrait of the ideal monarch represented by James I.[54] The
De jure regni shows some of Buchanan's sources—Cicero, Aristotle,
Stoicism and Seneca—and he tends to return to certain warning
themes: the avoidance of luxury, idleness and the counsel of
false flatterers.[55] But in the essentials, the portrait of the ideal king,
so far as his character is concerned, reminds one forcibly of the
ideal advanced by humanists under the reign of Francis I; it is not
uninteresting to note, in this context, the number of *Institutions des
princes* of French origin that figure in James VI's library, including the edition of Budé's work prepared by Jean de Luxembourg,
who had at one time been a patron of Buchanan's.[56]

However, Buchanan's conception of the ruler is Erasmian only
in the matter of his character; the Scotsman has turned his back
on the benevolent despot, and his view of the source of authority
and of the obligations the ruler owes towards the people is very
different. The *History* stresses the role of the ruler as the chief
magistrate, his contract with the people, the invalidity of auto-
matic hereditary succession, the role of the estates, the refusal to
consider the ruler as 'legibus solutus', the circumstances in which
laws may be validly changed, and so forth. The ideas Buchanan
expresses in the *De jure regni* and the *History* are not new, nor are
they confined to Huguenot circles. Some of them are to be found
in John Major, though Buchanan's ultimate contempt for his
teacher probably rules him out as a source, except possibly in
some unconscious fashion. When Buchanan was first studying in
Paris, the works of Almain (Almanus) were fairly current,[57] but

there is no evidence to suggest that Buchanan took a serious interest in political theory so early; in any case, if he was following the Erasmian line in political thought as well as in religion, it is surely at a later stage that he concerns himself seriously with the theory that authority is vested in the people. Nevertheless, these 'democratic' ideas were current in France in the 1550's, and more particularly in books published by Vascosan or written by friends of Buchanan. I have elsewhere referred to the possibility that Buchanan owes something to the ideas expressed by his friend Nicolas de Grouchy in his *De comitiis romanorum libri III*, printed by Vascosan in 1555.[58] Now Grouchy had been at work on what he regarded as his *magnum opus* since his Bordeaux days, and Buchanan must have been closely associated with the development of the work; its significance for the Calvinist cause was not lost on contemporaries, for an *Epitome* was published later, together with works by Hotman.[59] In addition to Grouchy one must mention the work of various civilians, all affected by the teaching of Alciat, who was also, it will be remembered, heard by Calvin at Bourges. Among these civilians may be mentioned Duaren and Connat, whose commentaries were published posthumously.[60] Though the civilians vary in their stresses and qualifications, they mention to a greater or lesser extent the following propositions: (1) the origin of governmental authority is in God; (2) but authority must be transmitted through the people; (3) in consequence, the prince is under strict obligations to the people— hence the description Buchanan often gives of the ruler as the chief magistrate; (4) if the ruler fails in his duty towards the people, he may be deposed (the theory of tyrannicide, given such prominence by Buchanan, is another matter and developed in an idiosyncratic manner by him); (5) in government the 'nobles' should be regularly consulted. There are different views on the way in which the people appears to have handed over its authority and on what terms, but a democratic interpretation of authority is abundantly present in these commentaries as the remarks in note 60 and a quotation from Connat will suggest:

Quod si ita est, ne princeps quidem ipse legibus solutus est, quoniam ita praeest populo, ut unus tamen sit de populo. Digna vox est (aiunt Theod. & Val.) maiestate regnantis, legibus alligatum se principem profiteri, adeo de authoritate iuris nostra pendet authoritas: & reuera maius imperio est submittere legibus principatum.[61]

It is not, I think, unreasonable to suppose that Buchanan's exposure to these ideas in France facilitated his acceptance of 'democratic' views when the time came. Among the books purchased for James VI's library was a copy of Grouchy's *magnum opus*.[62]

In all the matters I have discussed there remains a factor that requires further consideration: religion. Much ink has run on the topic of Buchanan's beliefs, though we are not so richly documented as to be able to pronounce with firm confidence. Some have seen in him a political opportunist of no great personal courage whose interest in religion was superficial and perhaps, in the last analysis, a matter of indifference; others have seen in him a persistent crypto-reformer waiting for circumstances to take a favourable turn before declaring himself publicly. Though one can be reasonably certain about the point of departure (*c.* 1528–30) and the point of arrival (after the return to Scotland) I am not sure that Buchanan's views in the intervening years were as firmly fixed as has sometimes been stated; on the other hand, I very much doubt if he was the indifferent believer; if so, it is strange that he should have spent so much of his time reading and discussing theology. Nevertheless, there are difficulties in the way of interpretation: Buchanan, as we have seen, did not wear his heart on his sleeve, and there are few direct references to his feelings in the writings—though some of the lines in the plays are remarkable for their warmth of expression; moreover, his statements to the Inquisition, guarded and tempered by the circumstances, are sometimes ambiguous. I shall try to bring together a few facts and a little new evidence in the hope that a less extreme view of his attitude may be found acceptable.[63]

We may divide his religious evolution into three phases: before Coimbra, or perhaps slightly earlier; the years in Paris, 1552–60; the period of open Calvinism. The first period is the worst documented, and all I can do is bring a few disconnected elements together. Given his associations with Sainte-Barbe and the humanist outlook of the people he worked with, it is reasonable to suggest, at the very least, that Buchanan had an Erasmian view of religion: a suspicion of the outward gesture, a desire for a return to a more inward religion, criticism of numerous abuses, hopes for greater intellectual liberalism. It is certain that many of Buchanan's friends and colleagues at Sainte-Barbe or Bordeaux went over to Calvinism sooner or later. Buchanan admits in his

Vita that during his second sojourn in Paris he was infected by 'Lutheran' ideas.[64] He also admits to eating meat in Lent on more than one occasion, and we know that the Sainte-Barbe group was suspect in Bordeaux to the orthodox in that area. What exactly happened to Buchanan in Scotland on the religious front during the years 1535–39 is not easy to disentangle, but it is clear that both there and in France he had attracted suspicion, even if some of the charges brought against him were wild or simply malicious. On the other hand, he did not take the road to Geneva when several colleagues were shaking the dust of France off their feet; he did not go with Mathurin Cordier, Jean Ribit, or Baduel, or later Théodore de Bèze; and, as we shall see shortly, there are grounds for thinking that Buchanan was not sufficiently clear in his mind to cross his Rubicon then. In 1543 he claims to have availed himself of the mysterious pardon offered by the Pope, though one may prefer to remain sceptical about this statement to the Inquisitors;[65] but he remains in favour with various prelates of impeccable orthodoxy: the cardinal de Lorraine, Jean de Gagny, Jean de Luxembourg, and others.[66] Two other points should be made: first, whatever the precise colour of his religious views at that time, I do not think that Buchanan was affected by Paduan rationalism,[67] at least further evidence is needed to support this view. Second, one is led to speculate on his possible connection with Marguerite de Navarre. Buchanan did address two poems to her, and we know now that the beginning of the *Epithalamium* of 1558 for François the Dauphin and Mary Queen of Scots was originally addressed to Henri de Navarre.[68] There is also a curious comment in the *History* about Madeleine, James V's first wife: Buchanan regrets her early death, and makes special mention of the fact that she had been brought up by Marguerite de Navarre.[69] At literary level, I would point to the exceptional violence shown by both writers towards the Franciscans; if Buchanan had met Marguerite, he might quite well have let her see the *Franciscanus*, whose existence was well known, because Buchanan had made it a condition of service in Portugal that the poem would not be held against him.[70] However that may be, if Buchanan was in some measure connected with Marguerite, this would reinforce the impression that he professed an evangelical view of religion then.

The period 1552–60 is perhaps slightly better documented, but it is still controversial. Broadly speaking, it can be regarded as a

period of hesitation and *tâtonnement* before the outcome of the
Council of Trent. In particular, the interpretation of the *Jephthes*
presents some problems. This play is often described as an attack
on vows, and by implication on monastic vows in particular, and
it is also suggested that Buchanan was inspired by Calvinist
interest in the subject. Of course, the first version of the play,
going back to the Bordeaux days, may have been more daring in
some respects, but we have nothing to go on. Certain points
should be remembered:

(1) Buchanan is one of the humanists upon whom Greek culture
had made a very deep mark; his conception of drama is Greek,
and whatever his religious views, the subject of the vow must
have attracted him in part because Jephthah fitted very nicely
the Greek idea of the tragic hero: a good man brought to suffering
by a flaw. The links between the play and the *Iphigenia in Aulis* are
too well known to be repeated here. Buchanan's interest in writing a play and not a tract is further visible in the fact that neither
Jephthah nor the Priest present views that can be identified in
contemporary context as forming a coherent antithesis: 'new' and
orthodox ideas are expressed by both.

(2) It is highly unlikely that Buchanan—who had, incidentally,
got off very lightly in Portugal—would attract undesirable attention to himself by publishing, almost as soon as he had returned
to Paris, a work that smacked of heresy. Indeed, the first thing
that strikes one is that, after the Lisbon ordeal, Buchanan does
not set out for Geneva, or for that matter Scotland. A short
sojourn in England, and he is back in Paris as soon as he can get
there; and once there, he is very soon taken up by the Establishment, though he does refer to the dangers that can beset scholars
in the *dédicace* to his translation of the *Alcestis*.

(3) The whole problem of the vow is presented in terms that
recall, as Buchanan freely admits in the Defence before the
Inquisition, the debate between Latomus and Bucer in the
middle 1540's,[71] and indeed it is reasonable to assume that the
scene between Jephthah and the Priest was re-written (or written)
in the light of that exchange of views. Monsieur R. Lebègue may
have a point when he claims that Buchanan was 'hedging' in
saying that he approved of '*licita* vota' to the Inquisitors,[72] but the
fact remains that Jephthah is consistent with orthodoxy in going
through with his vow; moreover, this was one of the reasons why
St Thomas praised Jephthah, whose vow did, after all, have 'la

figure du bien'. The medieval views of Jephthah's vow were varied, and Buchanan remains well within the limits of orthodox discussion. The theme may have attracted him because of its theological complexity; moreover, neither Jephthah nor the Priest adopts attitudes that can be attributed in their entirety to Buchanan: it is not fair to point to Jephthah's argument that 'tis folly to be wise, that ignorance is the better course, in support of Buchanan's evangelical tendencies, when clearly Jephthah's ensuing denunciation of *bonae literae* would simply deny Buchanan's whole career.[73] Furthermore, the references to idols and false gods remain easily within the pale;[74] over the play as a whole there hangs the theme of human ignorance, error and pride, but again I doubt if much can be made of this in any discussion of Buchanan's religious affinities.

(4) One small final point: Fries remarks that Buchanan may have been influenced by a reference in Calvin's *Institutio* to Jephthah's vow;[75] but the reference does *not* occur in the first edition, nor in the 1541 translation into French. If anything, Calvin could have remembered Buchanan when he developed his section on vows!

There are, however, some other considerations relevant to this period in Buchanan's life. In the first place, Buchanan himself refers, in his Defence before the Inquisition, to the fact that he himself took a vow in 1543 that, once he was cleared of certain charges, he would impose a life-long exile on himself:

> Nam præter pœnitentiam a sacerdote mihi indictam ego mihimet ipse aliam indixi mea sponte ut videlicet perpetuum, mihi exilium consciscerem ubi me semel purgassem, praeterea ut meus labor Ecclesiæ semper deserviret nec ullos honores unquam aut fructus ex Ecclesia perciperem.[76]

This raises two points. First, it is extraordinary that Buchanan, allegedly so opposed to vows when he is writing the *Jephthes c.* 1542, should about a year later make a vow of his own. Furthermore, however much or little credence one gives to this statement to the Inquisitors, the fact remains that Buchanan does seem to have given up all idea of returning to Scotland; religious matters apart, many were the Scots humanists who decided to settle in France in the sixteenth century—Major, Florentius Volusenus, Robert and Bonaventura Irland, the Blackwoods and other legists connected with Poitiers. It seems, then, that his ultimate homecoming must have been decided at short notice.

If this is so, we would be wrong to read into his activities during the 1550's anything in the nature of conscious preparations for a return to his native land. Nor does he behave as if this were the case. On the contrary—and this is the second point—Buchanan is acting as if he were consolidating his position in France. He is not only in good standing with the Brissacs, but he is protected by the Guise family, whom he praises in the first version of the poem on the fall of Calais;[77] and in that poem he also refers to the Pope in a totally orthodox manner.[78] There are two other straws in the wind: first, he obtains *lettres de naturalité* in 1557.[79] The purpose of this cannot be clearly ascertained, but one would hardly interpret it as the action of one intending to go home. Second, Buchanan obtains a canonry in the diocese of Coutances.[80] This certainly is rather surprising if one considers the Scotsman to be a crypto-Calvinist all along. My own impression, for what it is worth, is that Buchanan was not entirely clear in his own mind about his religious beliefs, but that, not intending to return home, he was hoping, like many others, that the Council of Trent and the situation in France would end in some liberal compromise that would avoid the irrevocable step of schism. That he was reading theological works avidly at this period of his life is known from a statement in the *Vita*:

> Quod tempus maxima ex parte dedit sacrarum literarum studio, ut de controversiis, quae tum maiorem hominum partem exercebant, exactius diiudicare posset.[81]

It has been assumed that, in view of later developments, Buchanan was studying Huguenot tracts.[82] No doubt they formed part of his reading, but he was also perusing formal dissertations. This is proved by a hitherto unknown letter from an Italian humanist, Marcantonio Natta, who sent him a number of his own theological writings. We know little of Buchanan's links with Italy, and this letter is welcome on that count, among others:[83]

> Georgio Buchanano.
> Ostendit mihi Thomas Sandrinus[84] epistolam tuam, ubi quaeris, quid Bottacius[85] et Marcus Antonius Natta Mantuae moliantur in literis scilicet politioribus, quarum studio teneris. De bottacio nihil admiror: de me plurimum: nam me tibi effluxisse arbitrabar, qui nihil in me uiderem, quod tua cum magnopere dignum esset.
> Nos tenues sumus et fruges consumere nati. Ut Flacci utar carmine.[86] Attamen in tanta tenuitate fuimus audaces: nam Mantuae agens edidi nonnulla, quae ad te mitto, non quia valeant eruditos morari, sed ut monumentum sint amoris in te mei. Quaeres quaenam

sint ea. Sunt Oratiuncula duae, quarum habui ingrediens magistratus, alteram exiens.[87] Est etiam in diui Hieronymi natale non breuis Oratio.[88] Sequuntur de Oratione ad Deum,[89] et de Dei loquutione singuli libelli, scripsi etiam libros quindecim de Deo,[90] magnum sane opus ac multiplex, cuius nunc non teneo exemplaria, sed ab urbe Veneta expectantur: quae si tenerem, dubitarem utrum unum aliquod eorum ad te mitterem propter materiae ipsius robur et ubertatem; tanta enim res est, ut omnium obruar ora. Ora autem? imo et pectora et cogitatione, nec singulorum modo hominum, verum etiam uniuersorum. Itaque succubui oneri; et mihimet ipsi displicere aliquando cogor. Tibi mi Georgi inuideo, qui sublimi ueheris carmine, et tam vastam habes pectus, ut non finitimae modo, sed longinquae regiones tragicum tuum sentiant boatum,[91] eumque innumeris plausibus excipiant et prosequantur. Illa etiam tibi contigit foelicitas, quod ocio abundas, quo ego ualde egeo ob iurisdictionis curam, a qua non facile diuellor. Vale igitur, et ignosce ruditati harum literarum, nam properans scripsi. Memento item Marcum Antonium Nattam inter tuos numerare. Datis Caseli V. Id. Febr. 1560.

These various bits of evidence suggest that, though Buchanan had not made his mind up on various controversial points, he had reached a *modus vivendi* with the Establishment; and of course, he still accepted at political level the implication of the Auld Alliance, which only later was he to set aside in favour of a close association with England.

The third stage presents no particular problem, since Buchanan came out openly in favour of Calvinism soon after his return home, which, as I have suggested, appears to have occurred without lengthy premeditation. The fact that he had not declared openly for Calvinism before his departure can hardly occasion surprise in view of what I have said; and it must not be forgotten that some of his closest friends, and in particular Nicolas de Grouchy, did not cross the Rubicon until after the Colloque de Poissy and the end of the Council of Trent. It is after these dates that we become aware of Buchanan's close ties with certain humanists connected with Orléans, a town which he specially mentions in his *History*;[92] and the bitterness he displays against former patrons and Catholic France must be explained in part by the disappearance of certain friends at the time of the Saint-Barthélemy.

This chapter has been, inevitably, rather speculative, because of the numerous and large gaps in our knowledge of Buchanan's life before he returned home. I hope, however, to have brought out certain points of value: Buchanan's immense debt to his

humanist contacts in France, and at the same time, one aspect of
the spread of French humanism abroad; but this chapter has also
been a study in the importance which humanist groups and
centres have for the spread of Renaissance culture. Though
Buchanan's appeal to statesmen in his native country was based
on his international reputation as a scholar and a writer, his
brand of humanism belonged, in its essentials, to an earlier
generation, the generation of the 1530's, when he had recently
embarked on his career as a teacher. His attitudes to education,
historiography, literature, science, reveal in him the member of
a generation that preceded Ramus and Louis Leroy; his religion
has its roots in the Erasmianism of the middle years of Francis
I's reign, though political circumstances in Scotland compelled
him to develop a conception of the ruler that belongs to another
tradition. Towards the end of his career, when his political
ambitions had been destroyed by the death of the regent Moray,
his chief glory was that of a Scotsman who had carried certain
aspects of French humanism to high achievement.[93]

NOTES

[1] The standard biography is P. Hume Brown, *George Buchanan,
humanist and reformer*, Edinburgh, 1906. On Buchanan's links with
France, see John Durkan, 'George Buchanan: some French connections', *The Bibliotheck*, iv (1963), pp. 66–72; my article 'George Buchanan
and France', *Studies in French literature presented to H. W. Lawton*, Manchester and New York, 1968, pp. 223–45; and also my recently published article, 'George Buchanan's Latin poems from script to print: a
preliminary survey', which among other things deals with literary
matters only touched upon here (*The Library*, December 1969).

[2] J. Quicherat, *Histoire de Sainte-Barbe*, Paris, 1860, vol. i, *passim*.

[3] E. Gaullieur, *Histoire du Collège de Guyenne*, Paris, 1874, *passim*.

[4] See T. Braga, *Historia da Universidade de Coimbra*, t. I (1289–1555),
Lisboa, 1892; Mario Brandão, *A Inquiscão e os professores do Colégio das
Artes*, vol. i, Coimbra, 1948.

[5] My colleague, Dr J. K. Cameron, who is engaged on an edition of
the *First Book of Discipline*, is tracing its links with the ideas of continental
humanists, such as Sturm and Baduel.

[6] The text, based on a later transcript, is given in Appendix III of
David Irving's *Memoirs of Buchanan*, second edition, Edinburgh, 1817,
pp. 360–72; it has been reprinted in *Vernacular writings of George Buchanan*,
edited by P. Hume Brown (Scottish Text Society Publications), Edinburgh and London, 1892. Buchanan was also a close friend of Johann
Sturm and of Roger Ascham, author of *The scholemaster*, with whom he

had exchanged poems in 1568. Ascham himself owes a good deal to Sturm.

[7] The first edition was printed by R. Estienne in 1533; the book went through nineteen editions by 1559. It must have been on the syllabus of the colleges in which Buchanan taught, but its success suggests that it was used in other establishments too. The work was dedicated to the Earl of Cassillis, but there may be other reasons why the book was translated; another manual of Linacre's, *De emendata structura Latini sermonis libri sex*, was translated shortly before (1527), also printed by Estienne, and Buchanan may have been asked to translate the pendant. Strangely, the two books had little success in their English versions in their home country. Who prompted the translation into Latin for use in France is not known; perhaps Gentian Hervet, a former pupil of Linacre's and at one time a teacher at the Collège de Guyenne, played some part.

[8] Montaigne, *Essais*, I, xxvi, Paris, Editions de la Pléiade, 1946, pp. 184–85.

[9] C. P. Finlayson, 'An unpublished commentary by George Buchanan on Virgil', *Edinburgh Bibliographical Society Transactions*, iii (1957), part 4, pp. 271–88.

[10] The *De prosodia libellus*, published *c.*1596 and often printed with Despauterius, was prepared in accordance with a plan of the Privy Council (1575) for textbooks to be used in Scottish schools.

[11] D. Irving, *op. cit.*, p. 363.

[12] *Ibid.*, p. 364.

[13] *Ibid.*, p. 367.

[14] The above-mentioned books by Quicherat, Gaullieur and Braga contain relevant information; see also *Schola Aquitana—programme d'études du Collège de Guyenne au XVIᵉ siècle*. Réimprimé avec une préface, une traduction française et des notes par Louis Massebieau, Paris, 1886; T. W. Baldwin, *William Shakspere's small Latine and lesse Greeke*, 2 vols., Urbana, 1944; M-J. Gaufrès, *Claude Baduel et la Réforme des études au XVIᵉ siècle*, Paris, 1880; C. G. A. Schmidt, *La vie et les travaux de Jean Sturm*, Strasburg, 1855; L. Massebieau, *vie et les travaux de Jean Sturm*, Strasburg, 1855; L. Massebieau, *Les colloques scolaires du seizième siècle et leurs auteurs* (1480–1570), Paris, 1878; Emile Puech, *Un Professeur du XVIᵉ siècle, Mathurin Cordier. Sa vie et son œuvre*, Montauban, 1896.

[15] In his *Proemium mathematicum...*, Paris, A. Wechel, 1567, p. 60. On Ramism in England, see W. S. Howell, *Logic and rhetoric in England 1500–1700*, New York, 1961.

[16] *Opera omnia*, ed. Ruddiman (revised by P. Burmann), 2 vols., Leiden, 1725, vol. ii, pp. 726–27. Hereafter the abbreviation *OO* is used.

[17] British Museum, Cotton collection, Caligula C, iii, fol. 53 rᵒ.

[18] 'The library of James VI, 1573–83', *Miscellany of the Scottish Historical Society*, Edinburgh, 1893, gives a list of the books purchased for or presented to James VI's library. The Ramus volumes in question were: the *Dialectique*, 1555 ('acheté'), the *Scholae*, 1577, and the *Grammaire françoyse*. Since Buchanan and Peter Young were tutors to James VI, it is reasonable to suppose that the library's character was shaped to

some extent by the pedagogic principles of the two humanists. The library was rich in historians (both classical and French), 'institutions du prince', and classical texts. There were also some 'scientific' works.

[19] Among the books Buchanan left to the universities of St Andrews and Glasgow were a Euclid in Greek, M. Stifelius' *Arithmetica integra* (Nuremberg, 1543), and the *Ephemerides* of Nicolaus Simus (Venice, 1554). As we shall see later, Buchanan had many friends interested in mathematics.

[20] John Stewart, James V's illegitimate son, was studying under Ramus in 1556; in the Bibliothèque Nationale, ms. lat. 8479 fols. 39 ff. will be found his commentary on Ramus' *Dialogus in primum librum Institutionum et li[t]terarum*. N. Nancel, Ramus' biographer, wrote a letter to Buchanan (not realizing that the Scotsman had recently died), in which he mentioned his having come across Buchanan when he himself was studying under Ramus in the 1550's, *OO*, II, pp. 769–70.

[21] *The* Sphera *of George Buchanan (1506–1582)*, ed. James R. Naiden, 1952, pp. 60–61.

[22] Buchanan must have been in Italy from time to time because of his tutorial duties with the Brissac family; but Paris was his base. The exact date of Buchanan's return to Scotland is not known; 1560 (or 1561) is the date that seems most likely.

[23] This was the title given by Du Bellay in his translation of what later was published as *Elegia I*; on problems connected with its composition, see my article in *The Library*.

[24] See my article in the Lawton *Festschrift*, pp. 232–35.

[25] See acknowledgements in the *OO*, by Turnèbe, I, fol. k 4 v⁰ and II, p. 172; Lambin, II, pp. 170–71. H. de la Ville de Mirmont, *George Buchanan à Bordeaux*, Bordeaux, 1906, p. 36, mentions Elie Vinet's reference to Buchanan's deciphering of a Greek inscription.

[26] These renderings were published by H. Estienne's edition, *Olympia, Pythia, Nemea, Isthmia, caeterorum octo lyricorum carmina*, . . . Geneva, 1560, 2 vols. The work was reprinted more than once.

[27] In his *Vita*, Buchanan draws attention to the fact that the choice of scholars recruited for the College of Arts at Coimbra was determined by their ability to teach Latin and Greek, and to expound 'philosophiae Aristotelicae rudimenta'. The *Vita*, which is reprinted in *OO*, I, may be conveniently consulted in J. M. Aitken, *The trial of George Buchanan before the Lisbon Inquisition*, Edinburgh and London, 1939. The reference to the teaching of Aristotle will be found on p. xxi.

[28] *De caelo*, 1552; the *Meteorologica*, 1552 and 1554; the *De natura*, 1552. Vicomercati's commentaries on the *Meteorologica* were published by Vascosan in 1556. Buchanan's outlook, generally, is conservative, as one can see by the way he reacts to Copernican theory; even if he shares in some measure Ramus's interest in direct observation, his whole approach to astronomy is orthodox.

[29] The catalogue refers to Mizault's *Cosmographia*, presumably his *De mundi sphaera libri tres*, 1552. His *Planetae* appear in 1553. A perusal of the British Museum *STC* of sixteenth-century French books will show the impressive output of this humanist in prose and verse at this time.

[30] Sepin's eclogues were reprinted in Gherus' *Delitiae poetarum gallorum*, vol. III. The original edition (of which a rare copy is held in the library of Trinity College, Cambridge) appeared in 1555 under the title *Menalcas . . . Alexis Ecloga septima*. On Sepin see A. Hulubei, *L'Eglogue en France au XVIe siècle*, Paris, 1938, pp. 453–62.

[31] *De humani corporis harmonia libri IIII*, Paris, M. Vascosan, 1555. The poem was reprinted in the second volume of R. Gherus' anthology mentioned in the previous note.

[32] See Charles du Bus, *Vie et œuvres de Michel Vascosan*, 2 vols. This monograph has not been published, but a typescript copy is kept in the Réserve of the Bibliothèque Nationale, and I am grateful to Mme J. Veyrin-Forrer for bringing its existence to my notice.

[33] J. Dumoulin, *Vie et œuvres de Fédéric Morel Imprimeur à Paris depuis 1557 jusqu'à 1583*, Paris, 1901.

[34] Robert Estienne and M. Vascosan both married daughters of Josse Bade; Vascosan's daughter married Fédéric Morel I.

[35] Lawton *Festschrift*, p. 229.

[36] Vascosan printed works by Grouchy, Guérente, Elie Vinet, L. Le Roy, Pierre de Montdoré, Oronce Finé, J-P. de Mesmes (*Les institutions astronomiques*). Little is known about Buchanan's links with F. Morel; this printer published many of the ceremonial and encomiastic Latin *plaquettes* of 1558–60; he was one of Du Bellay's printers, and he published some of Mizault's works. He was a considerable scholar in his own right.

[37] *OO*, vol. I, fol. A v⁰.

[38] See H. R. Trevor-Roper, *George Buchanan and the ancient Scottish constitution, The English Historical Review*, supplement 3, 1966.

[39] P. Rosset wrote a number of lengthy Latin poems in the style of Baptista Mantuanus; some of his works were published posthumously by a discipline, H. Sussannaeus, who in 1532 had composed a *Deploratio* on Rosset's death (this poem seems very rare, but there are two copies in the Bodleian). Rosset's reputation is reflected in the posthumous tributes paid to him, not only by Sussannaeus, but by certain members of the Lyons *sodalitium*, active *c.* 1536–38.

[40] John Major's *Historia Maioris Britanniæ* was published by Bade in 1521. We do not know just when Buchanan's admiration for his teacher turned to contempt, but since Major remained strictly orthodox in his adherence to the Sorbonne, the reasons for Buchanan's change of heart are surely religious, at least in part.

[41] Polydore Virgil's *Anglicae historiae libri XVI* came out at Basel in 1534. See also Denys Hay, *The* Anglica Historia *of Polydore Virgil*, London, 1950, and *Polydore Virgil, Renaissance historian and man of letters*, London, 1952.

[42] See H. R. Trevor-Roper, *op. cit.*, p. 18. Ferrerius' knowledge of Buchanan's work on the *History* would seem to go back to the time when relations between the two men were cordial; in his letter of 2 May 1555 Ferrerius writes to Bishop Robert Reed: 'Libri tres de Comitiis Romanorum Nicolai Gruchii, qui superioribus annis in Lusitania docuit cum Buchanano, cuius per te ad ea quae nunc molior historiam Scoticam

habere cuperem' (*Papal negotiations with Mary Queen of Scots during her reign in Scotland, 1561–67*, ed. John Hungerford Pollen SJ, Scottish Historical Society, 37), Edinburgh, 1901, p. 416. The original MS is in the Bibliothèque Nationale, fonds Moreau.

[43] See Denys Hay's useful introduction to his edition of Polydore Virgil, whose *History* is mentioned by Buchanan.

[44] Leroy refers favourably to Buchanan in *De la Vicissitude...*, Paris, 1576, fol. 101 v⁰.

[45] A copy eventually reached James VI's library. Le Roy was on good terms with members of the Pléiade in the 1550's, and one must presume that his views on history were being worked out a good time before they saw print.

[46] T. Innes, *A critical essay on the ancient inhabitants of the northern parts of Britain*, Edinburgh, 1885.

[47] W. A. Gatherer, *The tyrannous reign of Mary Stewart*, Edinburgh, 1958. A convincing and beautifully lucid answer has been provided by H. R. Trevor-Roper in his monograph.

[48] See especially lines 223–341.

[49] For instance, *OO*, I, p. 107 (IV, xii).

[50] By the chorus in lines 341–430, *passim*.

[51] Lines 338–39.

[52] *OO*, I, pp. 169–70 (VI, x–xi).

[53] As, for instance, in the last paragraphs of book XII (*OO*, I, pp. 437–39).

[54] *OO*, I, pp. 359–60 (X, lvii). From time to time Buchanan praises a king for his interest in learning or the posts he gave to men of scholarly bent.

[55] *OO*, I, p. 103 (IV, viii); but the theme recurs frequently.

[56] Aitken, *op. cit.*, pp. 28–29.

[57] The *Libellus de auctoritate ecclesie* appeared in 1512, and also in 1526, as an addition to the *Moralia*.

[58] Lawton *Festschrift*, p. 230.

[59] The *Epitome* appeared with Hotman's *Commentarius verborum juris* in Basel, 1558, and with his *Novus commentarius* in 1563 (also Basel).

[60] Duaren's *Opera* came out in Paris in 1550 and in Lyons in 1558; Connat's *Commentarii* appeared in 1553 at Paris, from Kerver's press; a further edition was published in Basel in 1557 and from Vascosan in 1558. The last two printings show that Hotman was closely involved. I quote from the Basel edition of 1558 (copy in the British Museum). Connat, among other things, believed that kings were originally chosen for their virtue, and that when they abused power they were expelled or had laws imposed. In France he thought that the authority of kings bound men by laws, but that this state of affairs had the consent of the people. Kings are not bound to take counsel, but are advised to do so. What I am suggesting here is not that Buchanan's ideas go back to any particular civilian—it might be difficult to prove any such theory—but rather to show the presence of such ideas in his immediate neighbourhood during the 1550's.

[61] *Commentarii . . .*, fol. 41 r⁰.

[62] It appears as bought in November 1575 (see p. xlvi).

[63] I leave aside the *Baptistes* for the present. Though written, it seems, before the *Jephthes*, it was not considered by Buchanan to be so satisfactory at literary level; it may well have been revised later for this reason, among others. When it came out in 1577 it had probably been altered for reasons of content too. At all events, it is risky to see in a text, probably revised late, an accurate reflection of attitudes held by Buchanan in 1540 or thereabouts.

[64] Aitken, *op. cit.*, pp. xiv–xvi. Buchanan is no doubt using loosely, at the very end of his life, a term which in any case could mean more than limited reference to Luther; Buchanan's ideas, like those of his friends, were no doubt Erasmian in character, with harmonics that remind one of the groupe de Meaux. In the *History*, it is interesting to note Buchanan's criticism of a monk, Austin, as one who was more interested in ceremony than principle: 'Eo [Aidano] regnante, venit in Britanniam a Gregorio Romano Pontifice missus Augustinus quidam monachus: qui sua ambitione, dum novam religionem docet, veterem vehementer turbavit: nam non tam Christianam disciplinam, quam caerimonias Romanas docebat' (*OO*, I, p. 153, book V, xxxvi).

[65] *Ibid.*, p. 26.

[66] *Ibid.*, p. 28.

[67] This seems to be implied by H. Busson, *Le rationalisme dans la littérature française de la Renaissance, 1533–1601*, 2nd ed., Paris, 1957, pp. 76 and 108–9, because of the company Buchanan kept in Bordeaux.

[68] See my article in *The Library*.

[69] *OO*, I, p. 501 (XIV, lii).

[70] Aitken, *op. cit.*, p. xxii.

[71] *Ibid.*, p. 12. Buchanan may well have known Latomus in his Sainte-Barbe days.

[72] R. Lebègue, *La Tragédie religieuse en France—les débuts (1514–73)*, Paris, 1929, p. 231. It could be argued that Buchanan tried to work out the problem in the drama precisely because he had not yet come to a conclusion satisfactory to himself.

[73] *OO*, II, p. 202, lines 978–81.

[74] *OO*, II, p. 189, lines 362–63.

[75] C. Fries, 'Quellenstudien zu George Buchanan', *Neue Jahrbücher für Pädagogik*, III (1900), pp. 251–52.

[76] Aitken, *op. cit.*, p. 26.

[77] *Miscell. lib.* I, 11.37 ff and 67 ff, *OO*, II, pp. 408–9. The poem on the siege of Metz, also in the *Miscell. lib.*, viii, contained in the MS versions a reference to the duc de Guise and not to Biron in l. 37.

[78] *Miscell. lib.*, i, 11.76–77.

[79] Bibliothèque Nationale, fonds Dupuy, vol. 755, fol. 109 v°.

[80] Bibliothèque Nationale, ms. fçs 4901, fol. 11 v°: 'Anno Domini 1557 Die martii 25 ante pasca apud Fontembleaudii. D. Stephanus Martel Episcopus Constantiensis contulit canonicatum siue prebendam De Mulleville Georgio Buchanan clerico Glasguensis Diocesis cujus procurator Nicolaus De Pierrepont canonicus possessionem adeptus

318 I. D. MCFARLANE

est. Die Lunae 25 mart. an. 1558.' Buchanan of course obtained this charge through the Brissac family.

[81] Aitken, *op. cit.*, p. xxiv.

[82] E.g., J. R. Naiden, *op. cit.*, p. 177.

[83] We know that Buchanan served on Brissac's council of war (testimony of H. Estienne quoted by Ruddiman, *OO*, I, fol. h 3 v°); and some of the *Icones* in book II of the *Epigrams* were written for Timoléon de Cossé and inscribed on the walls of the Marshal's residence in Turin, according to a statement in the Rasse des Noeux papers, Bibliothèque Nationale, MS. fçs 22561, fol. 32 r°–v°. This letter is to be found in Mantua, Biblioteca Communale, MS. A. III, fol. 225 v°; it is mentioned in P. O. Kristeller's invaluable *Iter italicum*, and I am grateful to the Librarian for arranging for a microfilm of the letter to be sent to me.

[84] Professor U. Limentani, who has kindly given me some bibliographical references, has been unable to identify this friend of Buchanan's among Italian humanists; Sandrinus may not of course have been Italian.

[85] Gioan Iacopo Bottazzo of Casale di Montferrato, is mentioned by G. M. Mazzuchelli; *Gli Scrittori d'Italia*, 1888–89, as the author of some *Dialoghi maritimi*, 1547, a copy of which is in the British Museum. The intention was that four dialogues should be printed: the first on geography, the second on the winds, the third on the sphere, the last on the fate of Alexander the Great (one of Buchanan's bugbears), but, as a note on fol. 127 v° indicates, this is deferred to the second book, which did not, so far as I am aware, appear. The book presumably interested Buchanan—if indeed he read it—on account of the third dialogue which could be seen superficially as germane to the composition of his own *De sphaera*; but the dialogue with its Neoplatonic colouring, is less scientifically orientated than Buchanan's poem.

Marcantonio Natta himself is rather better known (cf. M. E. Cosenza, *Biographical and bibliographical dictionary of the Italian humanists*, III, 2421; G. M. De Rolandis, *Notizie sugli scrittori astigiani*, p. 64; O. Derossi, *Scrittori Piemontesi, Savoiardi, Nizzardi*, pp. 88 and 197; L. Torre, *Scrittori Monferrini*, p. 62). A native of Asti, he was at school at Pavia, where he later taught jurisprudence, and he appears at one time to have been a prominent member of the Venetian Academy, with marked Platonist interests. Nevertheless, his prolific output is mainly of a theological character, and most of the books he mentions in his letter to Buchanan deal with religious matters.

[86] Reference to Horace, *Epist*, I, ii, l. 27: 'Nos *numerus* sumus et fruges consumere nati.' Either Natta's memory has played him a trick or he was using a faulty edition—which seems unlikely, as this was not a line that caused textual problems.

[87] I have not seen a first edition of the two *oratiunculae*; but they were reprinted in 1562 in: *De libris suis: de principum doctrina; oratio in funere I. F. Nattae; laudatio in obitu H. Adurni; pro se et fratribus, seu pro familiarum Rotae; post absolutionem gesti magistratus oratio; de Christianorum eloquentia liber.* Venice, Aldus, 1562, folio (Bodleian).

[88] This I have not seen.

[89] *De Oratione ad Deum Dialogus, qui Marinus inscribitur. Noviter impressus, ac omni una a mendis excussus, opus maxime fidelibus necessarium.* Venice, Franciscus de Portonariis, M.D. LVII. 4⁰ (Cambridge University Library).

[90] *De Deo libri XV.* Venice, Aldus, M.D. LIX. Folio (British Museum, Bibliothèque Nationale, John Rylands, Manchester).

De Dei locutione . . . In Academia Veneta, 1558, 4⁰ (British Museum, Bibliothèque Nationale, John Rylands).

[91] This refers surely to the *Jephthes* (1554, second edition 1557).

[92] *OO*, I, p. 587 (XVII, i).

[93] I am grateful, on this occasion as on others, to Dr J. K. Cameron for his kind scrutiny of the typescript.

INDEX